창의적 비판적 사고

창의적 비판적 사고

케리 S. 월터스 편

김광수 감수 및 책임번역
박미영 · 신혜운 · 유원실 역

철학과현실사

Re-Thinking Reason

New Perspectives in Critical Thinking

Edited by Kerry S. Walters

차 례

1부 포괄적 사고 모델

감수의 글
창의적인 비판적 사고

이 책은 Kerry S. Walters, ed., *Re-Thinking Reason: New Perspectives in Critical Thinking*(Albany: State University of New York, 1994)을 번역한 것이다. 나온 지 24년 된 책이지만 번역하기로 하였다. 그럴 만한 엄중한 이유가 있기 때문이다.

우리나라는 불과 반세기 만에 산업화와 민주화를 이룩하였고, 이 점에 대하여 우리는 큰 자부심을 품어도 좋을 것이다. 운동도 잘하고, 노래도 잘하고, 드라마도 잘 만든다. 그리고 이제 남북통일도 가시권에 들어와 있다. 한반도가 앞으로 어떻게 세계를 놀라게 할지 상상만 해도 가슴 뿌듯하다. 그러나 문제가 있다. 유독 정신문화가 후진국 수준인 것이다. 이웃 나라 일본은 여러 분야에 걸쳐 노벨상을 26개나 수상하였다. 그러나 우리는 달랑 평화상 하나이다. 더욱 안타까운 일은 미래이다. 오늘의 토양에서는 이렇다 할 정신문화의 열매를 기대할 수 없기 때문이다.

무엇이 문제인가? 여러 각도에서 생각해볼 수 있겠지만, 나는 우리가 도구적 이성의 덫에 걸려 있다는 점을 지적하고 싶다. 이성은 인간이 생각으로 세상을 경영해갈 수 있게 한다. 그래서 우리의 이성이 어떻게 작동하는가에 따라 세상이 달라지고 우리 삶의 질이 결정된다. 그런데 우리의 이성은 어떤가? 우리의 이성은 돈, 권력, 취업, 출세, 쾌락 등의 '궁극적 목적'을 이루기 위한 도구로 전락해 있다. 그래서 도구적 이성이 섬기는 목적들은 인재들을 사장시키는 블랙홀이 되어 있다. 그렇지 않았더라면 미구에 노벨상을 타고도 남을 인재들이 돈 앞에 줄을 선다. 인재 양성의 보루이어야 할 대학들도 취업에 도움이 되지 않는 학과들을 퇴출하는 등 취업 학원 급으로 전락해 있다. 유치원으로부터 대학에 이르는 17년여의 교육과정은 체계적으로, 그리고 착오 없이, 인재를 사장시키는 과정이라 해도 과언이 아니다.

어떻게 해야 하는가? 이성의 위상을 회복해야 한다. 그렇지 않으면 우리의 정신문화는 가망이 없다. 적어도 지각 있는 자라면 이제 '잘 먹고 잘 사는 것'을 넘어선, 보다 높은 가치와 의미에 대하여 깊이 성찰해 볼 때가 되지 않았는가? 이성이 현세적 가치를 추구하는 도구로 전락한 토양에서는 고귀한 열매를 기대할 수 없는 것이다.

물론 도구적 이성의 역할은 중요하다. 누구나 자신의 꿈을 이루기 위하여 궁리하고 노력해야 한다. 그러나 이제라도 세속적 의미보다는 더 고귀한 의미에 목말라하는 인재들에게 험난하지만 보다 의미 있는 길이 있음을 알려주어야 한다. 그들이 도구적 이성 대신 사변적 이성으로 인류의 미래를 선도할 수 있도록 해야 한다.

도구적 이성은 주어진 목적을 맹목적으로 받든다. 반면 사변적 이성은 물음을 멈추지 않는다. 사변적 이성은 그래서 인간을 초라한 즉물적 덫으로부터 해방시켜 역사 발전을 추동하는 창의적 동력이 된다. 내가 이 책을 번역하기로 한 이유는 바로 여기에 있다. 나는 이 책이 우리의 잠든 사변적 이성을 깨우는 데 기여할 수 있다고 생각한 것이다.

인재 양성의 필요조건들 중 가장 중요한 것은 비판적 사고 능력이다. 인간 문화는 수많은 판단의 산물이고, 비판적 사고는 최선의 판단을 내릴 수 있게 하는 방법론이기 때문이다. 필자가 『논리와 비판적 사고』 (철학과현실사)*로 한국 사회에 비판적 사고를 최초로 도입한 것은 뜨거운 아스팔트 위에서 최루탄과 화염병의 대결이 난무하던 1990년이었

---

* 몇 번의 개정을 거쳐 2007년에 쇄신판이 나왔다.

2

다. 그 후 우리 사회는 폭력과 불의를 극복하고 민주화와 합리화를 이루어갔고, 그 과정에서 이 책이 적으나마 기여하였으리라 자부한다. 우리 교육계도 사고력 교육의 중요성에 눈뜨게 되었다. 국가적으로는 대학입시의 경향이 사고력에 무게를 두게 되었고, 상위 대학들은 논술 시험을 도입하고, 앞다투어 사고력 신장을 위한 교과목들을 개설했으며, 대학입시 학원은 물론 심지어 초등학생들을 상대로 한 사교육 시장까지 사고력 교육에 열을 올려온 실정이다. 현재 대부분의 대학은 교양과정에 비판적 사고 유의 강좌를 개설하고 있다.

그러나 안타깝게도 비판적 사고 교육은 제 몫을 감당하지 못해왔다. 비판적 사고 교육이 형식논리와 오류 교육에 치우쳐, 정작 중요한 창의적인 비판적 사고의 교육에 눈을 돌리지 못한 것이다. 일찍이 미국도 이러한 문제에 부딪쳤으며, 이 책에서 미국 교육계의 선도적 학자들은 이러한 문제를 놓고 연구하고 대안을 제시하고 있다. 필자는 우리나라 비판적 사고 교육의 새로운 방향을 모색하는 데 이 책이 좋은 길잡이가 될 것이라 확신한다.

이 책은 좁게는 미국 내의 비판적 사고 운동을 주도한 1세대들의 활동을 평가하는 내용들로 구성되어 있으며, 넓게는 교육 일반이 지향해야 할 궁극적 목적을 성찰하는 교육철학적 논문집이다. 여기 수록된 각 논문은 큰 틀에서는 미국 내 교육계의 논리주의적 경향에 대한 의문을 제기하고, 제2의 물결로서의 비판적 사고 교육의 방향을 구체적으로 정립하고자 시도한다.

이 책은 무엇보다도 우리나라 교육의 고질적 병폐인 '정답'과 '정보' 위주의 수동적 교육 경향을 반성하고, 능동적이고 창의적인 비판적 사고 교육으로 안내하는 길잡이 역할을 할 것이다. 이 책은 학자들로 하여금 사고력 교육의 근본적인 개혁이 더는 미룰 수 없는 과제임을 자각하게 하고, 적절하게 움직이도록 할 것으로 기대된다.

80을 바라보는 나이에 혼자서 전문서적을 번역한다는 것은 과욕이다. 그래서 재직 시절 이 책을 가지고 함께 세미나를 하였던 제자들을 동원 하였다. 그들의 영어 실력을 믿고, 또 이미 연구해본 책이어서 맡길 만 하였다. 그러나 나는 내가 만족할 만한 수준의 번역이 나오도록 특단의 조치를 강구하였다. 구글 문서에서 공동 작업을 하기로 한 것이다. 각자 번역한 것을 구글 문서에 올려 공유하고, 다 같이 검토하고, 댓글을 달 고, 댓글을 반영하여 수정하고, 마지막으로 내가 엄격한 기준으로 꼼꼼 하게 감수하는 방식의 번역 작업이었다. 그래도 아쉬운 점이 있음은 숨 길 수 없다.

이 책을 번역하는 동안 촛불 혁명이 일어나고, 대통령이 탄핵되어 수 감되고, 새로운 대통령이 선출되어 적폐 청산을 진행하고, 전전 대통령 도 수감되고, 미투 사건들이 폭로되고, 남북통일이 현실로 다가오는 등 의 엄청난 사건들로 한반도는 요동쳤다. 그래서 2년여의 작업에 지친 가운데에서도 힘을 내었다. 이 책이 세상에 나가 해야 할 일이 있기 때 문이다. 이 책이 사고력 교육을 위한 그간의 모든 철학적, 교육학적 목 적들은 물론 인문학 일반의 교육 목적들을 반성하게 하고, 좋은 내일을 꿈꾸는 철학자들과 교육학자들뿐만 아니라, 교육에 종사하고 교육과정 을 설계하는 모든 관계자들의 곁에서 창의적 수준의 비판적 사고 교육 을 위한 소크라테스적 등에의 역할을 할 수 있기 바란다.

번역 기간 중 경사도 있었다. 두 아기가 태어난 것이다. 진웅과 하진 은 자라서 비판적 사고의 달인이 되어 우리 사회의 믿음직한 동량이 될 것임에 분명하다. 부분적이지만 신솔문과 조중식의 수고에 대하여 감사 한다. 이 책의 출판을 기꺼이 수락한 철학과현실사의 전춘호 사장님과 편집인들에게도 감사의 마음을 보낸다.

2018년 6월 20일
김광수

머리말

정치적 과제로서의 비판적 사고

　케리 월터스(Kerry S. Walters)가 편집하고 서문을 쓴 이 책은 비판적 사고를 둘러싼 논쟁에서 중요한 한 획을 긋는다. 비판적 사고를 비판적 교육학에 대한 인식론(예컨대 의미는 역사적으로 인종, 계층, 그리고 젠더에 대한 관심에 입각한 경쟁 담론들의 범위 내에서 구축된다고 하는 인식론)의 관점에서 접근하는 사람의 입장에서 보건대, 나는 비판적 사고 연구 및 교육학에서 "제2의 물결"이라는 입장을 토로하는 월터스의 시도를 높이 사고 싶다. 자신의 모범적인 서문에서 월터스는, 비판적 사고를 형식적이고 객관적인 논증의 명제적 표현 또는 완고한 계산법으로 환원시킴으로써, 흔히 창의성과 상상을 훌륭한 생각에 상반되는 것으로 여기도록 착시 효과를 일으키는, "제1의 물결" 비판적 사고자들의 기호 논리적 계략을 비판한다. 월터스는 본질적으로, 비판적 사고와 이를 응용한 교육학에 대한 "제1의 물결"의 주류가 안고 있는 문제점이, 정당화되지 않고 때로는 위험하기까지 한, 이성의 숭배 및 보편성, 객관성, 추상성에 대한 규범적, 방법론적 기준들에 있다고 본다. [그는 글레이저(Edward Glaser), 에니스(Robert Ennis), 그리고 시겔(Harvey Siegel)을 지목한다.] 월터스에 의하면, 이러한 문제점은 전체주의화, 탈주관화, 그리고 탈맥락화를 초래할 뿐이다.

　추론적 절차의 신성화로 인하여, 깨달음, 공감, 본능적 또는 육감적 지식(bodily knowledge)[내가 선호하는 용어는 "육화(肉化, enfleshment)"이다]의 보다 창의적인 양상들, 그리고 개연성과 애매모호성에 대한 이해와 관용이 배제된다. 그러나 월터스가 비판적 사고를 단순히 결정론적이고 비인격적인 형식을 가차 없이 적용하거나 규격화된 절차를 모아놓은 것 이상이라고 말하는 것이 아니다. 그는 물리적 체계들의 존재론적 개방성을 모델로 한 예측 불가능성이 언제나 인식론의 특성임을 인식하고, 사고가 본질적으로 고립 불가능하다는 중요한 사실을 부각시키고자 한다. 달리 말해서 사고는 사고 작용이 일어나는 맥락들로부터 분리될 수 없다. 제1의 물결 비판적 사고자들이 그들의 폐쇄된 담론 체계를 정립시키고자 하는 순간, 그들은 부지불식간에 지식이 공정하고, 중립적이고, 탈정치적이라는 잘못된 가정에 기인하는 권력의 이해관계들을 재생산한다.

구상 단계에서 불가피한 대담한 행보로서, 월터스는 비분석적, 상상적, 맥락적 사고방식들, 즉 사고자 자신의 이념적 입장을 고려하는 사고방식을 고무시키고자 한다. 모든 사고자가 (고의로 또는 부지불식간에) 자신이 처한 입장에서 생각을 펼치는데, 이와 같은 입장의 정치(the politics of location)를 특히 중요시하는 것은, 연구 대상의 특수성과 특이성을 존중하고, 담론의 맥락적, 메타담론적 형식을 필요로 하는, 탈근대 사회 이론의 진보적 입장에 비추어 볼 때, 정당한 행보이다. 모든 사고는 어떤 입장에서 발생한다. 그리고 제2의 물결 비판적 사고자들은 의미가 권력과 특권에 관한 보다 큰 담론으로부터 철저히 고립된 상태에서 이해될 수 있다는 신화를 해체한다. 의미의 수레 (또는 의미의 "연주") 역할을 하는 모든 기호 체계들은 선행 의미들로 가득 차 있다. 언어적 체계들과 담론들 자체는 결국 기호들을 놓고 벌이는 역사적 투쟁의 산물이며 지성적이고 실질적인 입장에서 벌인 전쟁들의 결과물이라 할 수 있다. 이는 물론 월터스가 지목하는 모든 제2의 물결 이론가들이 통합적, 동질적 견해를 가졌다는 것을 뜻하는 것은 아니다. 웨인스타인

(Mark Weinstein)이 선견지명을 가지고 지적한 바와 같이, 비판적 사고는 (심지어 몇몇 제2의 물결 지지자들에게 있어서도) 여전히 "담론 형식들의 특수성을 넘어서는 추리와 논리의 절차들과 원칙들을 가정하기"(Weinstein, 1993, p.101) 때문이다. 웨인스타인이 바르게 지적하는 것처럼, 그러한 점을 간과하는 것은 여성주의자들, 사회적 구조주의자들, 그리고 탈근대주의자들이 이룬 성과를 놓치는 일이다.

  비판적 사고와 비판적 교육학이 모두 같은 형용사를 쓰고 있지만, 그들의 역사적 궤적들, 개념적 전통들, 그리고 윤리적, 정치적 기반을 고려해볼 때, 그들의 차이는 분명하다. 두 용어가 흔히 동의어 또는 적어도 근친 관계인 것처럼 함께 사용됨으로 인하여, 양자의 교육적 과업들은 끊임없이 혼선을 빚는다. 비판적 사회 이론에 뿌리내리고, 인종, 젠더 및 계층 평등을 강조하는 지적 활동의 결과, 비판적 교육학은 한 세대의 비판적 사고자들을 배출하였다. 그런데 그들은 비판적 사고 옹호자들과 지속적인 대화를 하기 어렵다고 토로한다. 비판적 사고 옹호자들이 다음과 같은 핵심적 가정들을 심각하게 고려하지 않기 때문이라는 것이다. 첫째, 지식은 자연의 기록 보관소에 선(先)존재론적으로 저장되어 사고자가 올바른 형식으로 발견하기를 기다리는 것이 아니라, 오히려 본질적으로 사고자가 택한 분석 언어의 영향을 받는다. 둘째, 모든 이론적, 철학적 담론들은 역사와 문화의 영향을 받는 역학 관계의 범위 내에서 이루어진다. 셋째, 논리적 사실들은 결코 가치 영역으로부터 고립될 수 있거나 이념적으로 각인된 형식들로부터 분리될 수 있는 것이 아니다. 넷째, 대상과 개념의 관계 그리고 대상과 기표, 기의와의 관계는 결코 안정되거나 고정된 것이 아니고, 흔히 자본주의적 생산과 소비의 사회적 관계들로부터 영향을 받는다. 다섯째, 언어는 주관 (의식적이고 무의식적인 인식) 형성에서 핵심적 역할을 한다. 여섯째, 어느 사회에서든 어떤 집단은 다른 집단에 대하여 특권을 누리며, 특권 행사의 방식은 그 이유가 사뭇 다를지라도, 복종하는 계층이 그들의 사회적 신분을 자연적이라거나, 필요하다거나, 불가피한 것으로 받아들일 때, 현재의 사회를 특징짓는 복종과 지배 관계는 가장 강력하게 재생산된다. 일곱째, 억압은 많은 얼굴을 가지고 있는데, 다른 얼굴은 못 보고 하나의 얼굴에만 초점을 맞추는 것(예컨대 인종차별을 못 보고 계층 억압만 보는 것)은 흔히 두 얼굴 간의 상관관계를 보지 못하게 한다. 여덟째, 주류를 이루는 연구와 교육 그리고 사고 훈련은 일반적으로, 아주 흔하게 부지불식간에 일어나는 일이겠지만, 계층, 인종, 그리고 젠더의 억압 체계를 재생산하는 일과 연루되어 있다(Kincheloe and McLaren 참조).

간단히 말해서 형식과 종류를 불문하고 모든 사고는 사회적 관행을 반영하고 있고, 따라서 모든 사고는 사회적, 문화적, 정치적 형식들에 영향을 미치고 개입할 수 있는 힘을 가지고 있다. 어떤 종류의 이념적, 정치적 입장이 어떤 성향의 비판적 사고와 관계되어 있을까? 비판적 교육학이 백인 지상주의와 자본주의 문화, 특히 우리 자신의 문화를 문제시하면서 본질적으로 초학제적 탐구 방법을 요청하는 가운데, 제1의 물결 비판적 사고자들이, 자신들은 "좋은 의도에서"라고 말함에도 불구하고, 부지불식간에 기존 역학 관계들을 재생산하는 동인(動因)이 된다는 사실은 놀라운 일이 아니다.

많은 논자들은 사회적 삶을 투명하게 반영하는 것으로서의 경험 개념 또는 사회적으로 형성된 표상 체계의 기호로서의 경험 개념을 거절한다. 오히려 경험은 우리가 보는 것과 우리의 인식이 사회적, 문화적, 정치적, 그리고 제도적 결정 인자들을 통해서 어떻게 우리에게 주입되어 왔는지를 말해준다. 개인들의 결정은 변하기 쉽다. 한편으로 개인들은 (몇몇 후기구조주의자들이 주장하는 것처럼) 소비자 자본주의의 담론에 의해 기구축된 담론의 종잡을 수 없는 결과물 이상이며, 단순히 단일하고 이성적인 데카르트적 주체들, 즉 자동적 제정권자(制定權者)(autoconstitutive subjects)로 환원되는 것이 아니다. 오히려 주체들은 역사적, 사회적으로 정착된 방식에 따라 언명 영역들을 선택하고, 통합하고, 배치하는 종잡을 수 없는 형식을 취하기 마련이다(Thibault, 1991). 비판적 교육학의 지지자들에 의하면, 비판적 사고는 주목할 만하고 종잡을 수 없는 제약으로 가득한 세계 속에서, 어떻게 하면 사회적 변화에 영향을 끼칠 수 있는 인간의 주체성과 능력을 구현할 수 있을지를 심각하게 고려해야 한다(Giroux and McLaren, 1993). 비판적 교육학은 다면적 의지 형식 속으로 역사적 주체를 끌어들인다. 달리 말하자면, 비판적 사고는 스스로를 가다듬고 나아가 인간의 욕망을 산출하는 억압적 사회 조건들을 변화시키는 일을 하는 것이다. 비판적 교육학이 원하는 것은 비판적 사고가 예컨대 초국가적 협력과 소비의 논리, 그리고 저개발 국가들의 경제적, 정치적 조건들을 착취하는 데 봉사하는 것이 아니다. 오히려 비판적 교육학은 비판적 사고를 사회적 변화와 사회정의를 구현하는 국지적 차원의 과업들과 지구적 차원의 과업들 양자와 연계시키고자 한다.

비판적 교육학의 관점에서 볼 때, 교육과정의 한 부분으로서의 비판적 사고의 주류 형식은 개인들이 학교, 교회, 그리고 정부 기관과 같은 공적 영역에서 숙고하고 논쟁할 수 있도록 준비시키는 것이 전통이었다. 그러나 이들 공적 영역에서 변화가 일어날 때 무슨 일이 일어날 것인가? 우리의 탈근대적 삶의 맥락에서 사회 통합의 새로운 양상이 전개되어, 일방적인 결정의 양상으로 몰아가는 기술 관료적 소비사회 메커니즘을 통해 개인들과 집단들이 길들여지면 무슨 일이 일어날 것인가? 확실히 비판적 사고는 그러한 환경에서 할 일이 있다. 그러나 제1의 물결 비판적 사고자들이, 사회정의를 위한 투쟁의 장에서 모든 이론적 전통들이 책임질 일이 있다는 비판을 조소로 묵살해왔다는 사실은 놀라운 일이 아니다.

이 책이 비판적 교육학의 영역과 비판적 사고의 영역을 연결하는 견고한 다리를 놓는다는 점에서 월터스는 칭찬받아 마땅하다. 나는 이 다리가 일방통행로가 아니라는 사실을 분명히 하고 싶다. 비판적 사고 영역을 확장하기 위해 다리 너머로 운반되는 것은 단지 비판적 교육학이 아니다. 비판적 교육학의 프로젝트를 심화시키고 개선하기 위하여 비판적 사고 영역의 많은 것들이 동시에 운반될 것이다.

나는 월터스의 "제2의 물결" 비판적 사고자들 안에 "제3의 물결"이라고 부를 수 있는 입장이 잠재해 있다고 믿는다. 이 잠재력은 사회 정치적 활동으로서의 추리 행위에 대한 비판적 교육학의 우려에 주목한다(이 책의 Giroux, Warren 참조). 나는 비판적 사고가 맥락적으로 이해되어야 한다는 인문학자들의 주장(지배와 억압의 관계들 안에서 비판적 사고자 자신들도 공모한다는 점을 충분히 부각시키지 못하는 입장)과, 지성인이 할 일은 어떤 특정한 정치적 과제의 맥락에 비추어 보아 윤리 정치적으로 이해되어야 한다는 주장 사이에 차이가 있다고 믿는다. 제3의 물결 사고자들은 후자의 입장을 받아들인다.

이 새로운 "제3의 물결"은 이해한다는 것이 무엇인지를 반사적으로 안다고 추정하지는 않지만, 분석철학과 이를 떠받치는 논리가 유포시킨 언어적 관념론 및 모든 기능적인 것을 넘어서려고 한다. 그렇게 함으로써 제3의 물결 비판적 사고자들은 의미를, 단순히 명제 논리의 이해와 연결시키는 것이 아니라, 언어 자체가 의미를 형성하고 주관성을 형성하는 데 있어서 하는 역할의 이해와 연결시킨다. 이것은 결정적으로 "탈근대적" 물결이다. 이러한 반토대주의를 사고에 관한 유지될 수 없는 가설들을 성급하게 받아들이는 것이라고, 즉 내가 대다수의 제1의 물결 비판적 사고자들과 몇몇 제2의 비판적 사고자들의 입장을 반영한다고 확신하는 것이라고 보는 것은 잘못이다. 왜냐하면 표상에 대한 제3의 물결의 탈근대적 비판은 철학적 수사법이 정치적 기능을 가지고 있음을 드러내고, 표상들이 진리의 구성요소임을 주장하기 때문이다. 상징

10

및 은유와 역설 형식에 담긴 우발적 요소들은 일상적 맥락에서 필요한 문자 그대로의 성격을 변형시킨다(Laclau and Mouffe, 1985, p.114).

비판적 사고자들은 표상의 정치 바깥에 사고는 없다는 점을 인식할 필요가 있음은 물론, 이론들의 정치판에 나타나는 우발적인 요소들의 역할에 유의할 필요가 있다. 우리는 사고가 "비판적"이라고 하면서, 두서없고, 윤리적이고, 문자 그대로의 언명 조건들을 무시할 수는 없다. 이 책이 탁월하게 밝히는 것이 바로 이 점이다. 이는 비판적 사고자들이 논리적 일관성이나 검증 가능성의 물음들에 무관심할 필요가 있다는 것을 말하는 것이 아니라, 논리 중심적인 추론에서 중추적 역할을 하는 동일성의 논리를 효과적으로 약화시켜야 한다는 것을 말한다. 비판적 사고는, 사고와 교육학에 대한 주류 접근 방식인 소위 "객관성"과 "과학성"을 인식론적으로 종료시키기 위해, 다툴 수 있는 정도까지 발전할 필요가 있다. 그렇게 함으로써 비판적 사고는, 설명에 대한 정치적, 윤리적으로 무익한 집착에서 벗어나, 사회정의의 교육학과 정치를 개발하는 방향으로 움직여갈 수 있을 것이다. 이 책이 깨우쳐주는 것이지만, 이 점은 지식의 객관성을 해치는 입장이 아니라, 인간의 관심사와 사회 권력 내에서 지식의 객관성이 암시하는 것을 강조하는 입장인 것이다. 여기서 강조되는 것은 사고 과정의 절차적 특징이 아니라 그러한 사고에 기인한 사회적 결과이다. 이러한 강조점에 비추어 볼 때, 비판적 사고는 자아 인식과 새로운 형식의 자아 성찰 및 형성을 위해서 만이 아니라, 사회 변혁을 위한 투쟁에서 권한 이양을 성사시키기 위한 사고와 인간의 의지와 욕망을 개편하기 위한 사고 간의 고리를 강화할 필요가 있다.

어떤 형식의 비판적 사고든지 모종의 사회적, 정치적, 제도적 관행들과 유착되어 있어서, 비판적 사고에 대한 접근 방식들은 대단히 많을 것이다. 우리가 하는 비판적 추론과 관계없이, 우리는 결코 우리의 욕망의 방향을 결정짓는 사회적 세력들을 무시하기는 어렵다. 그러나 이 점은, 어떻게 그러한 사회적 세력들이 그러한 사회적 세력들에 맞선 예술가들, 사회운동가들, 혁명가들, 그리고 그람시가 "유기적 지성인들(organic intellectuals)"이라 부른 문화 종사자들, 진보적 학생들 및 교육자들의 삶이 보여주는 엄청나고 부단한 저항들과 연루되어 있는지를 무시하게 하는 구실이 되는 것은 아니다. 우리는 비판적 사고에서 무엇이 비판적인지에 대한 범위를 확장할 필요가 있고, 이 점은 규제적 이상으로서의 진리 개념을 포기하지 않는 것을 의미한다. 그러나 이는 그러한 이상이 하나 이상이어야 한다는 것을 시사한다.

이 책은 논의의 한계를 비판적 사고 너머로 확장하고 있다. 이 책은 또한 논의의 주요 범주들을 명백하게 고양시키고 개선한다. 이 책은 비판적 사고에 대한 동일하거나 단일한 접근 방식에 맞서고, 이질성이 필요하다는 비판적 사고의 원칙에 입각한 확신에 힘입어 이성의 정치와 보다 폭넓게 충돌한다. 이러한 평가는, 비판적 추리에 대한 논의에서 도덕적으로나 정치적으로 위험에 처에 있는 상황에 대한 경각심을 높이고, 교육적 맥락에서 사고의 역사를 눈여겨보는 것이 중요함을 일깨워준다. 만일 우리가 사회적, 문화적 정의를 위한 투쟁에서 추론이 가진 생산적 가능성을 탐구해야 하는 교육자로서의 책무를 심각하게 받아들인다면, 이 책이 가져올 성과는 시의적절하고 빛날 뿐 아니라 또한 긴급히 요청되는 것이다.

피터 L. 맥라렌(Peter L. McLaren)*

University of California, Los Angeles

---

* [역주] 피터 L. 맥라렌(Peter L. McLaren, 1948-) : UCLA 명예교수, 채프먼 대학교(Chapman University) 교수. 45권의 저서를 집필 및 편집한 비판적 교육학의 선구자적 인물.

참고문헌 ━━━━━

Giroux, Henry and McLaren, Peter(eds.)(1993). *Between Borders*. New York and London: Routledge.

Kincheloe, Joe and McLaren, Peter(in press). "You Can't Get to the Emerald City from Here: Rethinking Critical Theory and Qualitative Research." in Norman K. Denzin and Yvonna S. Lincoln(eds.), *Handbook of Qualitative Research*. Newbury Park, Calif.: Sage Publications.

Laclau, Ernesto, and Mouffe, Chantal(1985). *Hegemony and Socialist Strategy: Towards a Radical Democratic Politics*. London: Verso.

McLaren, Peter(1993). *Life in Schools: An Introduction to Critical Pedagogy in the Social Foundations of Education*. 2nd edition. New York: Longman.

McLaren, Peter and Lankshear, Colin(eds.)(1993). *Politics of Liberation: Paths from Freire*. London and New York: Routledge.

McLaren, Peter and Leonard, Peter(eds.)(1993). *Paulo Freire: A Critical Encounter*. London and New York: Routledge.

Thibault, Paul J.(1991). *Social Semiotics as Praxis*. Minneapolis: University of Minnesota Press.

Weinstein, Mark(1993). "Critical Thinking: The Great Debate." *Educational Theory* 43:1, pp.99-117.

수록논문 출전

Peter Elbow, "Teaching Two Kinds of Thinking by Teaching Writing," from *Change: The Magazine of Higher Learning* 15(1983), pp.37-40. Reprinted with permission of publisher.

Blythe McVicker Clinchy, "On Critical Thinking and Connected Knowing," from *Liberal Education* 75(1989), pp.14-19. Reprinted with permission of publisher.

Delores Gallo, "Educating for Empathy, Reason, and Imagination," from *Journal of Creative Behavior* 23(1989), pp.98-115. Reprinted with permission of publisher.

Kerry S. Walters, "Critical Thinking, Rationality, and the Vulcanization of Students," from *Journal of Higher Education* 61(1990), pp.448-467. Reprinted with permission of publisher.

Anne M. Phelan and James W. Garrison, "Toward a Gender-Sensitive Ideal of Critical Thinking: A Feminist Poetic," from *Curriculum Inquiry* 24(1994). Reprinted with permission of publisher.

John E. McPeck, "Critical Thinking and the 'Trivial Pursuit' Theory of Knowledge," from *Teaching Philosophy* 8(1985), pp.295-308. Reprinted with permission of publisher.

Connie Missimer, "Why Two Heads Are Better Than One: Philosophical and Pedagogical Implications of a Social View of Critical

Thinking," from *Philosophy of Education. Proceedings*(1988), pp.288-302. Reprinted with permission of publisher.

Karl Hostetler, "Community and Neutrality in Critical Thought: A Non-objectivist View on the Conduct and Teaching of Critical Thinking," from *Educational Theory* 41(1991), pp.1-12. Reprinted with permission of publisher.

Karen J. Warren, "Critical Thinking and Feminism," from *Informal Logic* 10(1988), pp.31-44. Reprinted with permission of publisher.

Richard W. Paul, "Teaching Critical Thinking in the Strong Sense: A Focus on Self-Deception, World Views, and a Dialectical Mode of Analysis," Revised Version. Original appeared in *Informal Logic* 4 (1982), pp.2-7. Reprinted with permission of publisher.

Henry A. Giroux, "Toward a Pedagogy of Critical Thinking," from *Teachers as Intellectuals: Toward a Critical Pedagogy of Learning.* Bergin & Garvey, 1988, pp.60-65. Reprinted with permission of publisher.

Laura Duhan Kaplan, "Teaching Intellectual Autonomy: The Failure of the Critical Thinking Movement," from *Educational Theory* 41(1991), pp.361-370. Reprinted with permission of publisher.

Thomas H. Warren, "Critical Thinking Beyond Reasoning: Restoring Virtue to Thought," from *Philosophy of Education. Proceedings* (1988), pp.201-209. Reprinted with permission of publisher.

Lenore Langsdorf, "Is Critical Thinking a Technique, or a Means of Enlightenment?" from *Informal Logic* 8(1986), pp.1-17. Reprinted with permission of publisher.

서문
논리주의를 넘어서는 비판적 사고

케리 S. 월터스

훌륭하게 생각한다는 것은 무엇인가? 학생들에게 "훌륭한 사고"의 기초를 가르치는 가장 효과적인 방법은 무엇인가?[1] 이 두 물음은 특히 지난 두 세기 동안 학계를 사로잡은 중요한 문제의식을 반영한다. 그러나 이 물음들은 오늘날 보다 긴급해졌다. 이 물음들에 대한 전통적인 답변들은 이제 철학, 심리학, 교육학, 여성주의 이론, 그리고 비판적 교육학으로부터 나오는 비판적인 목소리들로 인해 의문시되고 있기 때문이다. 이러한 초학제적 도전의 결과로서, 일반적으로 사고 기법의 이론과 교육학으로 불리는 "비판적 사고"의 여러 방법은 새롭고 전도양양한 방향으로 발전하고 있다. 교육학, 인문학, 그리고 사회과학의 학자들이 집필한 이 책의 논문들은 이러한 변화를 반영하는 최첨단의 관점들을 피력한다. 이 논문들은 분야와 수준과 관계없이 어떻게 하면 학생들의 사고 기법을 가장 잘 계발시킬 수 있을지를 고민하는, 그래서 현재와 미래 교육자들에게 흥미가 있을, 비판적 사고 연구와 교육학의 "제2의 물결"을 대변한다. 비록 논문들은 기본적으로 비판적 사고의 기반과 성격에 대한 기존의 이론적 설명을 검토하고, 도전하고, 재구성하고자 하지만, 이론 때문에 교육을 희생시키지는 않는다. 대부분의 논문은 명쾌하게 제2의 비판적 사고 물결을 교육에 확고하게 적용하는 일을 논의하거나 그러한 교육이 나아갈 방향을 제시한다.

각 필자는 현재 대학에 안주해 있는 비판적 사고 모델의 "논리주의적" 경향에 이의를 제기한다. 내가 "논리주의"라는 말로 뜻하는 것은 훌륭한 사고가 논리적 사고로 환원될 수 있다는 부당한 가정을 하는 입장이다. 비판적 사고에 대한 논리주의적 접근은 학생들에게 사고가 오직 비형식논리(그리고 보다 드물게는 형식논리)의 절차들을 따를 때만 정당하고, 훌륭한 사고자는 필히 분석적, 추상적, 보편적, 그리고 객관적 검토와 평가의 방식을 따라야 한다는 메시지를 보낸다. 이러한 사고 모델은 전통적인 학계의 불문율로 대단히 견고하게 각인되어 있어서, 많은 교육자는 이 입장을 계율로 받아들인다.

논리주의적 모델과는 대조적으로, 이 책의 필자들이 옹호하는 사고 기법 연구 및 교육학의 제2의 물결은, 훌륭한 사고는 논리적 계산을 포함하지만 철저하게 논리적 계산만으로 정의되는 것은 아니며, 따라서 비판적 사고 교육은 곧바로 논리적 분석에 관한 전통적인 교육으로 환원되는 것이 아니라고 주장한다. 논리적 기법은 훌륭한 사고에서 필요한 기능이지만, 상상과 직관과 같은 비분석적 기법도 그러하며, 일반적으로 훌륭한 사고자는 상상과 직관을 사용할 줄 안다. 비슷한 이야기로서, 어떤 형식의 사고는 추상적인 형식의 작업을 수행해야 하지만, 이는 그러한 작업이 반드시 보편적으로 적용된다는 것을 뜻하는 것이 아니다. 다른 정당한 형식의 사고는 형식논리적 적절성보다는 규범적 가정들과 세계관의 추정에 초점을 맞추는 맥락적 접근 방식을 택한다. 마지막으로 공정성은 모든 상황에서 훌륭한 사고가 바라는 것인 반면, 주체 중립적인 사고를 고집하는 독단적 객관주의는 그렇지 않다. 사고자는 언제나 사고의 행위 속에 존재하고, 사고 행위란 사고자가 정확하게 모든 수반되는 정서적, 이론적, 그리고 규범적 전제들을 가지고 적극적으로 참여하는 행위를 말하는데, 어떤 분석일지라도 공정해지기 위해서는 이러한 점을 고려해야 한다.

이 책의 논문들은 이처럼 최근에 부상하는 재평가의 입장에서 비판적 사고를 탐구한다. 각 논문은, 사고 기법 교육이 전통적인 논리 분석에 거의 전적으로 의존하는 기존 모델을 넘어설 경우 학생들이 훌륭하게 생각하는 법을 보다 효과적으로 배울 수 있다는 확신을 가지고 출발한 다. 어떤 논문들은 논리적 편향성을 피하는 사고의 성격을 이론적으로 검토하는 데 주로 집중하는가 하면, 다른 논문들은 보다 직접적으로 비 논리적인 교육학적 전략에 관심을 둔다. 어떤 논문들은 직접적으로 훌 륭한 사고의 인식론적, 인지적 기반들을 검토하고, 다른 논문들은 여성 주의적이거나 프레이리적* 관점에서 비판적 사고의 문제에 접근하고, 또 다른 논문들은 단지 분석 기법이 아니라 해방과 개인적 성장의 수레 역할을 할 수 있는 비판적 사고방식에 관심을 두고 있다. 더구나 이 책 에서 옹호된 관점들이 항상 이구동성인 것은 아니다. 제2의 물결 옹호 자들 간의 대화는, 모든 건강한 토론의 특징으로서, 어떤 점들에 관하여 서는 개방적이며, 경우에 따라서는 의견의 불일치를 보인다. 그러나 접 근 방식이 다양하지만, 모든 논문은 비판적 사고 이론과 교육학을 근본 적으로 재정립하고 강화한다는 동일한 목표를 지향하고 있다. 결과적으 로 그들의 목소리가 내는 합창은 불협화음보다는 화음이 많다.

각 논문은 스스로 말한다. 그리고 나는 이 서문에서 논문들이 주장하 는 것들을 상세히 논할 생각이 없다. 그러나 사고 기법에 관한 최근의 논쟁들을 개괄함으로써, 논문들이 선을 보이는 기회를 마련하는 것은 도움이 될 것이다. 이 목적을 위하여 나는 여기서 종래의 비판적 사고의 논리주의적 경향을 검토하고, 그에 대한 반론들과 제2의 비판적 사고 물결 기법 연구가 내놓는 대안들을 개괄할 것이다.

---

* [역주] 프레이리(Paulo Reglus Neves Freire, 1921-1997) : 비판적 교육학의 선도적 옹호자였던 브라질의 교육학자이며 철학자.

비판적 사고 폭발

1983년, 『위기에 처한 국가(*A Nation at Risk*)』는 적어도 한 세기에 걸쳐 교육자들과 일반인들이 모두 걱정하였던 점, 즉 모든 교육 계층과 분야의 공식 교육과정에서 사고 기법 교육이 강조되어야 한다는 점을 지적하였다.2) 이러한 확신이 촉발된 것은 교육자들이, 비판적이고 반성적인 사고법을 모르는 학생들의 경우 학업 과정에서 전공 분야의 자료를 소화할 준비가 안 되었다는 사실을 점차 깨닫게 되었기 때문이었다. 국가적 학업 성취도 및 대학수능시험(SAT) 점수의 하락, 수학과 과학 분야에서 곤두박질치는 학업 수준, 놀라운 비율의 학생들이 단순한 논증의 이해와 구상을 어려워한다는 점, 이 모든 것들은 "읽기(reading), 쓰기(writing), 셈하기(arithmetic)"의 교육에 네 번째 "R", 즉 추론하기 (reasoning) 교육을 보완함으로써 교육과정에 활기를 불어넣을 필요가 있음을 말해주는 증거들이었다.

학업 성취 수준에 대한 우려에 덧붙여, 공공 정책 분석가들을 비롯한 많은 사람은 학생들이 장래에 다원주의적 민주사회의 시민이 될 것이기 때문에, 교과과정을 통해 사고 기법을 향상시킬 필요가 있다고 강조하였다. 논증 분석과 주장 평가의 기본을 모르는 사람들은 정치적 이념, 상거래 기법, 대안적인 세계관, 그리고 경쟁하는 가치 체계와 매일 직면해야 하는 생활 세계에 대처할 준비가 되어 있지 않은 것이다. 개인적, 사회적 행복의 정도는 시민들이 자신들에 관계된 개인적, 공적 문제들에 대하여 생각할 수 있는 능력과 밀접한 관계가 있다. 위기 상황뿐만 아니라 일상적인 의사결정 상황에서 반성적이고 책임감 있게 참여하기 위해서는 건전한 판단을 할 수 있어야 하는데, 전통적인 교육은 건전한 판단을 위해 필요불가결한 비판적 분석 습관을 장려하는 데 실패하였다고 많은 사람이 우려하였다.

이 두 필요를 충족시키기 위해 미국 전역의 대학들은 교과과정에 비판적 사고 교육을 포함하였다. 때로는 특별 수업으로 제공되기도 하고 (보통 철학과가 담당함), 때로는 일반 교과목에 포함되기도 하는 등, 비판적 사고 교육은 지난 10년간 수백의 교육기관들이 극구 칭송하는 교육목표가 되었다. 개설된다 해도 한때는 선택 과목이나 보충 과목으로 제공되었던 것이, 이제는 많은 경우에 졸업 필수 과목이 되어 있다.

이처럼 비판적 사고 교육에 대한 관심이 교육계에서 급등하자, 여러 분야의 학술지들은 매년 사고 기법 이론과 교육학을 논하는 많은 논문들을 게재한다. 교수들과 행정가들에게 비판적 사고 교육의 최신 방법을 교육하고자 하는 국가적, 지역적 워크숍이 정기적으로 열린다. 출판사들은 비판적 사고 교재와 안내서를 계속 찍어낸다. 비록 처음에는 사고 기법 교육을 제도화하자는 교육계의 조직적 캠페인이 어느 정도 회의적인 시각에 부딪치기도 하였지만, 이제 대부분의 교육자는 비판적 사고가 교육학적으로뿐만 아니라 규범적으로도 필요하다고 인정하고 있다. 1985년에 한 교육자가 말한 바와 같이, 사고 기법 교육은 "교육적 선택의 대상이 아니다. 학생들은 비판적으로 사고하는 법을 교육받을 도덕적 권리를 가지고 있다."3)

간단히 말해서 1970년대에 시작하여 현재에 이르는 기간 동안 사고 기법 교육에 대한 교과과정의 추세는 단지 비판적 사고 폭발이라고밖에 말할 수 없는 경지에 이르렀다. 이는 교육목표로서의 비판적 사고가 새로운 발상이라고 말하는 것이 아니다. 곧 알게 되겠지만, 학생들에게 지금 우리가 "비판적 사고"라 부르는 것을 가르치자는 이상은 일찍이 1940년대에 분명히 제시되었다.4) 1970년대와 1980년대에 걱정되리만큼 분명해진 학생 수학 능력의 저하, 그리고 학생들을 책임 있는 시민으로 보다 잘 교육할 필요가 있다는 인식은 국가로 하여금 즉각적으로 보완책을 마련할 필요성이 있다는 점에 주목하게 하였으며, 마침내 비판적 사고는 핵심 교육과정의 관심사가 되어 그 진가를 발휘하게 되었다.

비판적 사고의 기존 모델

논리적 분석의 기법에 집중적, 배타적으로 초점을 맞추며 지난 20년 동안 교육계에 확산된 비판적 사고에 대한 관심의 폭발은 내가 앞에서 논리주의적이라 특징지은 성향에 기반을 두고 있다. 결과적으로 비판적 사고의 표준적 교재와 교육과정은 학생들이 전형적으로 논증(귀납적, 연역적 추리, 오류 인식, 계량적, 통계적 계산, 증거 평가, 그리고 문제 풀이)의 기법을 연마하게 하는 연습과 강의에 집중했지만, 상상에 의한 창의성, 개인적 성향, 자기검열, 또는 담론과 설득의 맥락적 국면에 대한 민감성을 강조하는 사고방식은 무시하거나 기껏해야 최소한으로만 주목하는 정도였다. 사실 대학 및 대학교의 요람을 검토해보면, 많은 대학이 강의 계획서에서 "비판적 사고"라는 표현과 "비형식논리"라는 표현을 대체 가능한 것으로 사용하고 있음이 드러난다. 커피스(Joanne Kurfiss)가 정확하게 지적하듯이, " '비판적 사고 교육'은, 적어도 입문 수준에서는, 비형식적 응용논리학의 방법과 거의 동의어가 되어 있다."[5]

비판적 사고 기법에 대한 현행 접근 방식의 옹호자들은 비판적 사고를 곧 논리적 분석이라고 함으로써 논리주의적 환원을 하는데, 이는 그들이 비판적 사고를 정의하는 방식이다. 우리가 물어야 할 분명한 물음은, "왜 비판적 사고가 이러한 논리주의적 방향으로 나아가게 되었는가?"이다. 이에 대한 적절한 설명으로 특히 다음 네 가지를 들 수 있다.

첫째, 엄격한 논리적 분석 기법을 구사하는 능력이 성공적인 학습의 필요조건이라는 분명한 사실이다. 학생들은 서로 경쟁하는 여러 분야의 논증들 및 주장들과 씨름하게 되어 있는데, 비형식(그리고 보다 드물게는 형식)논리학의 기본적 기법을 적용하는 능력에 따라 적절하게 판정하는 수준이 결정된다. 추론, 평가, 판단의 아주 초보적인 규칙들마저 잘 모르는 학생들에게 논리적 분석의 기법을 크게 강조하는 것은 이해할 만하다. 그래서 논리주의적 비판적 사고의 경향에서 의미 있는 점은, 학문적/지성적 담론의 엄격한 세계로 안내할 분석적 전략들을 가지고 학생들을 훈련할 실제적 필요성이 있다는 사실이다.

둘째, 흔히 간과되는 점이지만, 대부분의 비판적 사고 과정을 가르치는 강의자들이 전공의 특성상 전형적으로 논리학을 엄격하고 체계적으로 연구해야 하는 철학자들이라는 사실이다. 게다가 아주 최근까지 대부분의 표준적인 비판적 사고 교재들은 철학자들이 집필한 것이다. 비판적 사고 기법에 대한 학부 교육을 철학과가 담당하는 (또는 때때로 떠맡는) 실질적 독과점으로 인하여, 비판적 사고의 대부분의 과정은 철학과의 논리적 분석에 대한 높은 배려를 반영하여 그렇게 짜인 것이다. 이 점은 철학자들이 독창성이 없는 궤변론자라는 것을 시사하는 것이 아니라(나도 기실 철학자이다!), 그들 대부분은, 그들의 지적 전통과 훈련 때문에, 사고 기법 과정을 기초적 논리 기법 과정으로 생각하는 경향이 있다는 것을 시사하는 것이다. 이 점에 있어서 그들은 분명 외롭지 않다. 비판적 사고 교과과정의 책임이 통상 철학과에 주어져왔다는 사실은, 다른 분야의 교수들과 행정가들이 모두 훌륭한 사고는 곧 논리적 사고라고 생각하거나, 적어도 사고가 무엇인지에 대하여 철학자들이 말하는 것을 신뢰한다는 사실을 함의한다.

셋째, 사고 기법을 가르쳐본 사람이면 다 인정하는 것이지만, 단순하게 간단명료한 논리적 기법을 가르치는 교과과정을 기획하는 것보다, 상상과 맥락 등을 중시하는 사고 방법을 가르치는 교과과정을 기획하는 것이 훨씬 어렵다는 점을 들 수 있다. 비형식논리의 해석과 판단에는 (예를 들어 오류를 다루는 데 있어서) 논리적으로만 분석하기가 애매모호한 점들이 불가피하게 발견되는 반면, 학생들에게 논리적 분석의 기초를 가르치는 것은 비교적 쉽다. 강의자와 학생의 입장에서 볼 때, 논리적 기법도 가르치고 주류 경향에서 벗어난 평가적 전략도 가르치는 것은 대단히 복잡한 일이다. 논리적 기법에 집중하는 강의 계획서를 작성할 경우 강의자는 엄청난 양의 참고 자료를 이용할 수 있다. 반면에 비분석적 사고 방법에 대한 관심은 최근에야 부상했으며, 따라서 활용할 수 있는 교육 자료는 별로 없다. 현재 시장에는 논리주의적 전망이 아닌 사고 기법을 다루는 교재는 눈여겨볼 만한 것이 없다. [이 주장을 옹호하는 글로 이 책에 수록된 카플란(Laura Duhan Kaplan)의 논문을 참조하라.] 결과적으로 현존하는 교재를 이용하는 강의자들은 강의 내용에서 대안적 전략들과 방법들을 무시하든지, 교재에 자기 자신이 고안한 연습 문제들과 강의 방식을 보충할 수밖에 없는 실정이다. 편리한 참고 자료들이 부족하다는 점을 고려해볼 때, 후자의 방식은 정말로 부담스러운 일이다.

넷째, 전통적 방식으로 비판적 사고 교육에 접근할 수밖에 없는 부분적 이유는, 강사들이 채택할 만한 비논리주의적 교재가 의심의 여지없이 상대적으로 부족하기 때문이다. 그러나 문제는 단순히 대체할 수 있는 교재가 부족하다는 사실 외에 보다 근본적인 이유가 있다는 점이다. 대안이 될 수 있는 자료를 찾기 어렵다는 사실은 비판적 사고를 교육학적으로 적용하고 결정짓는 비판적 사고에 대한 이론적 분석의 주류가 무엇을 가정하는지를 말해준다. 즉, 그들은 훌륭한 사고가 논리적 사고로 환원될 수 있고, 따라서 학생들에게 훌륭하게 사고하는 법을 가르치는 적절한 방법은 분석적 기법을 전적으로 존중하는 것이라고 가정하는 것이다. 사고의 성질에 관한 이러한 이론적 확신을 주목해보면, 근본적으로 왜 전통적인 비판적 사고 교육이 논리주의적 관점에서 이루어지는지가 의미 있게 설명된다. 물론 이론이 언제나 실천을 강요하는 것은 아니다. 때로는 실천이 이론을 불러오기도 한다(Sometimes the practical tail wags the theoretical dog). 그러나 비판적 사고의 맥락에서 볼 때, 훌륭한 사고에 대한 이론적 설명이 교육 방법에 미치는 영향은 분명할 뿐만 아니라 광범위하게 확산되어 있는 실정이다.

비판적 사고에 대한 가장 정통적인 이론적 설명에 의하면, 훌륭한 사고의 궁극적 기능은 (그리고 이에 따르는 기본적 사고 기법의 교육목표는) 주장 또는 신념이 정당화되는가 아니면 정당화되지 않는가를 구분하는 데에 있다. 이 일은 진술이 참인지 그리고 논증이 타당하거나 건전한지를 결정하기 위하여 명제적 표현에 대한 형식논리와 비형식논리의 규칙 및 기법을 적용함으로써 이루어진다. 그러면 정당화되는 주장과 신념은 엄격한 논리적 분석 테스트를 통과한 것이고, 정당화되지 않는 주장과 신념은 분명 그러한 테스트를 통과하지 못한 것이다. 따라서 훌륭한 사고자는 논리적 기법을 구사할 수 있고, 그에 따른 결론을 흔쾌히 받아들일 수 있는 사람이다.

그러나 왜 전통적인 비판적 사고 이론은 논리적 규칙을 신념의 정당성 판단을 위한 필요충분한 지침으로 받아들이는가? 표준적인 답변은, 추론과 평가에서 정당화되는 주장과 정당화되지 않는 주장을 구분하자면, 논리적 규칙들이 필요하다는 것이다. 이 원칙들은 기술적(記述的)일 뿐만 아니라 규범적이다. 건전한 사고를 하기 위해서는 이 원칙을 따라야 한다. 이 원칙을 따라야 건전한 사고의 결과인 정당화되는 신념들을 확보한다. 세 가지 기본적인 원칙은 객관성, 추상성, 그리고 보편성이다. 훌륭한 사고는 사고자가 당면한 문제에 대한 정서적 반응은 물론 이론적, 규범적 전제들을 유보한 채, 탐구 대상으로부터 거리를 둔 비인격적 관계를 가지라고 요구한다. 이 객관적 태도는 명료한 분석의 필요불가결한 조건들로 여겨지는 공정성과 불편부당성을 보장한다. 나아가 훌륭한 사고는 사고자가 전적으로 논리적 적절성에 집중하기 위하여, 검토 중인 주장 또는 논증을 보다 넓은 맥락으로부터 분리할 것을 요구한다.

이러한 추상성은 무관한 것으로 여겨지는 역사적, 이념적 고려사항들을 청소하여, 사고자가 탐구 대상을 "관계없는" 요소들로부터 분리하여 검토할 수 있게 한다. 마지막으로 훌륭한 사고에 적용되는 분석적 절차들은, 시간, 공간 또는 내용으로부터 독립된 논리적 규칙들에 의해 정의된다는 의미에서 형식적이기 때문에, 지식을 논하는 모든 주장에 동등하게 적용된다. 그래서 분석적 절차들의 보편성으로 인해, 사고자는 어떤 담론 맥락에서든 그러한 절차들을 주장의 정당성을 판단하는 수단으로 이용할 수 있게 된다.

훌륭한 사고에 관한 이러한 생각은 대부분의 전통적 비판적 사고 이론가들이 지지하는 입장이다. 이 점은 전통적 비판적 사고자들이 옹호하는 특별한 사례들을 살펴보면 분명해진다. 가장 대표적인 세 사람, 글레이저(Edward Glaser), 에니스(Robert Ennis), 그리고 시겔(Harvey Siegel)의 견해를 간단히 살펴보기로 한다.

1940년대에 심리학자 글레이저는 당시 영향력이 있던 비판적 사고 모델, 즉 훌륭한 사고를 논리적 사고로 환원하는 것을 전제한 비판적 사고 모델을 옹호하였다. 글레이저에 의하면, 비판적 사고 또는 훌륭한 사고를 보여주는 인지 활동은 일반적으로 다음 세 가지 기능적 특성, 즉 "(1) 자신의 경험 범위 내의 문제들과 주제들을 사려 깊게 고려하는 태도, (2) 논리적 탐구와 추론의 방법에 대한 지식, 그리고 (3) 이 방법을 적용하는 기법"으로 정의될 수 있다.6) 이 세 가지 특성에 대한 글레이저의 논의를 볼 때, 첫째 특성인 깊은 사려 성향은, 그가 둘째 특성에서 말하는 "논리적 탐구와 추론의 방법"을 냉정하고 객관적인 자세로 따르고자 하는 의지와 능력임이 분명하다. 이러한 방법들이 전적으로 분석적이라는 것은, 정의, 추리, 과학적 방법 및 태도, 편견, 과장, 가치 및 논리와 같은, 글레이저가 제시한 비판적 사고의 주요 관심 사항들을 보면 알 수 있다. 더구나 이들 각각의 관심사에서 발휘되는 형식적, 분석적 기준들의 적용 능력은 모든 분야의 담론 형식들에도 전용될 수 있는 기법이다. 이 기법은 탐구의 맥락이나 사고자의 심리적, 이론적 혹은 규범적 전제들에 의존하지 않는다. 논리적 기법은 건전한 사고를 위한 충분한 평가 기준을 적절하게 제공하는 추상적, 방법론적 청사진으로 이해된다.

훌륭한 사고를 논리적 사고로 보는 다음 지지자는 철학자 에니스이다. 매우 영향력 있는 논문인 「비판적 사고의 개념(A Concept of Critical Thinking)」(1962)에서 에니스는 단도직입적으로 비판적 사고를 "진술의 정확한 평가"라고 정의한다.[7] 에니스에 의하면, 비판적 사고자의 특징은 명제들 간의 관계를 판단하고("논리적" 차원), 다른 사람들의 주장들을 평가하고("표준적" 차원), 그리고 자신의 신념을 설득력 있게 방어할 수 있는("실용적" 차원) 분석적 작업에 통달해 있다는 점이다. 보다 구체적으로 말하자면, 이러한 기법들을 성공적으로 행사하기 위해서는, 애매모호성, 모순, 연역적 필연성, 귀납적 힘, 특이성, 그리고 증거의 신뢰성을 고려하여 주장들을 평가하는 등, 본질적으로 논리적인 열두 가지 작업을 할 수 있어야 한다. 합리성의 세 가지 기능(논리적, 표준적 및 실용적 차원)을 능숙하게 발휘하기 위해서는 논리의 규칙들과 절차들을 활용할 수 있는 능력이 필요하다. 추후 발표된 논문들에서 에니스는 훌륭한 사고는 논리적 기법을 사용하는 능력뿐만 아니라 그럴 의지도 포함한다고 말한다.[8] 그러나 비판적 사고에서 그가 성향의 역할을 인정한다 할지라도, 이론의 논리적 경향에는 변함이 없다. 에니스의 경우 "훌륭하게" 사고하는 성향은 전형적으로 논리적 전문 지식을 기꺼이 행사하고자 하는 마음의 자세를 뜻한다.

여기서 내가 마지막으로 고려하고자 하는 전통적 비판적 사고 이론가는 비판적 사고의 "이유 개념"으로 알려진 견해를 옹호하는 철학자 시겔이다.[9] 시겔은 "비형식논리 운동"의 선두 주자들 중 한 사람이고,[10]

그의 비판적 사고 모델은 강의실에서 논리주의적 전략을 반영하고 독려한다.

시겔은 비판적 사고의 이유 개념을 다음과 같이 설명한다.

> 비판적 사고자는 이유에 따라 적절하게 움직인다. 합리적 인간은 이유에 근거해서 믿고 행동한다. 그래서 이유의 개념을 통하여 비판적 사고자와 합리적 인간 간에는 깊은 개념적 상관관계가 형성된다. 결과적으로 비판적 사고와 합리성이 교육적으로 어원이 같은 말이라 생각하는 것이 최선이다. 비판적 사고는 신념과 행위의 합리성과 관계된 모든 것을 고려한다. 그리고 비판적 사고 교육은 합리성을 진작시키고 합리적 인간을 계발하고자 하는 교육 외에 아무것도 아니다.11)

이 인용문은 분명 다음과 같은 물음을 즉각 묻게 한다. 시겔은 "합리성"이라는 말로 무엇을 의미하는가? 그는 합리성이 "이유의 적절성과 동연적(同延的)"이고, 합리적이거나 비판적인 사고자는 "이유의 중요성과 설득력"에 따라 움직인다고 답한다.12)

이러한 진술이 의미하는 바는 시겔이 "이유의 적절성"이라는 표현으로 무엇을 의도하는지를 알면 분명해진다. 비록 그는 비판적 사고와 비형식논리를 동일시하기를 원하지 않는다고 분명히 말하지만,13) 적절한 이유(또는 그가 다른 곳에서 쓴 말인 "원칙")는 논리적 분석의 규칙들과 기준들에 의해 결정된다. 주장은 "독단, 모순, 편파성을 거부하고, 보편적이고 객관적인 기준의 구속력을 전제할"14) 경우 적절하게 뒷받침되고 정당화된다. 그가 이 기준들에 부여하는 보편성과 객관성의 형식적 속성들에 비추어 볼 때, 시겔은 단지 논리적 분석에 적절한 방법론적이고 평가적인 기준들을 마음에 두고 있을 수밖에 없다. 후일의 에니스처럼 시겔도 "합리적으로", 즉 논리적으로 생각하는 성향이 없는 단순한 능력만으로는 불충분하다고 주장한다. 사실 이 주장은 자신이 비판적 사

28

고를 비형식논리와 동일시하는 것이 아니라는 사실을 뒷받침하는 것처럼 보인다. 그러나 거듭 말하건대 에니스의 경우처럼, 훌륭한 사고를 논리적 사고로 환원하는 시겔의 논리주의는, 이성적으로 생각하는 성향이라는 것이 다름 아닌 논리적 속성의 형식적 제한 사항들에 흔쾌히 따르고자 하는 사고자의 마음가짐 외에 아무것도 아니라는 것을 함의한다.

글레이저, 에니스, 시겔 및 동일한 생각을 가진 다른 이론가들은 전통적 비판적 사고의 논리주의적 접근을 정당화하고자 한다. 만일 훌륭한 사고가 사실상 논리적 사고와 동일하다면, 학생들이 더 훌륭하게 생각하게 하는 최선의 방법은 그들에게 논리적 분석 훈련을 시키는 것이 될 것이다. 이와 같은 가언적 입장이 바로 전통적 비판적 사고 이론이 받아들이고 또 교육학이 적용하고 있는 입장인 것이다.

제2의 비판적 사고 물결

훌륭한 사고를 하기 위해서는 필히 비형식논리와 형식논리의 분석적 절차들을 다룰 수 있는 능력이 필요하다. 제2의 비판적 사고 물결 옹호자들은 이 점에 한결같이 동의한다. 그들은 비합리주의자들이 아니다. 그러나 그들은 훌륭한 사고를 논리적 사고로 환원하는 논리주의가 그 이론적 모델과 교육학적 경향이 안고 있는 문제들을 호도한다고 주장한다. 논리적 조작을 강조하는 이론적 모델은 개념적으로 경직되어 있을 뿐만 아니라 합리적인 사람들이 실제로 생각하는 방법을 다루지 못한다. 논리적 분석의 기법을 강조하는 교육학적 경향은 논리적 사고가 유일한 사고방식이라는 인상을 주는 위험을 초래하고, 그로 인해 훌륭한 사고자가 될 가능성이 있는 학생들을 기계적 논리 도끼(mechanical logic-choppers)로 전락시킬 가능성을 초래한다.

보다 분명하게 말하자면, 제2의 물결 이론가들은 논리주의의 보편성,

객관성, 그리고 추상성의 규범적, 방법론적 기준들이, 비논리주의적 관점에서 볼 때, 사실상 전체주의화, 탈주관화, 그리고 탈맥락화를 은밀하게 정당화시키는 것이라고 주장한다. 이러한 비난들 각각을 검토하는 가운데, 우리는 제2의 물결이 논리주의를 비판하는 이유를 알게 될 것이고, 나아가 논리주의에 대한 대안을 모색하는 핵심 논증에 접근하게 될 것이다.

보편화/전체주의화　비판적 사고에 대한 논리주의적 모델은 논리적 분석의 추론 규칙 및 평가 특성을 다음 두 가지라고 주장한다. (1) 훌륭하게 사고하는 방법에 관한 충분한 지침, 그리고 (2) 정당화된 신념들을 결정하기 위한 충분한 기준. 바꿔 말하자면, 논리적 사고는 어떤 정당한 탐구에도 적용될 수 있는 방법론과 평가 기준을 제공한다. 물론 보편적 적용 가능성에 관한 주장은 기존 모델의 옹호자들이 장점들 중 하나로 내세우는 것이다. 그들은 보편성이 사고를 이끌고 규제하는 균일한 기준, 원칙, 그리고 기법을 보장하는 것으로 본다.

그러나 비논리주의적 관점에서 보면, 전통적 모델이 주장하는 보편성은 정당화되지 않는 전체주의화의 방향으로 나아가게 한다. 평가 기준에 대한 방법론을 전체주의화하는 것은 그러한 방법론이 유일하게 가능하고 적절한 방법론이라고 여기는 것이며, 나아가 대안적 접근과 기준들을 무시하는 일이다.15) 논리주의적 모델은 논리적 사고가 유일하게 훌륭한 사고 형식이고, 논리적 기법이 주장들의 정당성을 결정하는 유일한 방법이라고 주장하는 점에서 전체주의화이다. 논리적 작업과 분석은 단순히 훌륭한 사고의 가능성을 위한 필요조건이 아니라, "논리적으로 사고하는 성향"과 더불어 충분조건으로 인식된다.

보편성의 논리주의적 이상이 초래하는 전체주의화는 비판적 사고의 이론과 교육학에 직격탄을 날리는 세 가지 결과를 초래한다.

첫째, 전체주의화는 논리적 분석의 대세에 편입되지 않는 어떤 유형의 사고나 평가 기준도 배제하는 경향이 있다. 예컨대 창의적 상상, 직관 또는 통찰과 같은 인지적 활동은, 명백하게 논리적 분석과 연관된 추론의 절차들을 따르지 않기 때문에, 즉각적으로 의심의 대상이 된다. 이는 훌륭한 사고의 전통적 모델이 그러한 것들을 완전히 무시한다고 말하는 것이 아니라, 오히려 그러한 것들을 위장된 혹은 불투명한 추론 과정으로 환원해버리거나, 보다 흔한 일로서, 교육학이 그러한 것들을 무시하거나 최소한으로만 다루는 경향이 있다는 것을 말한다. 이에 더하여 갈로(Delores Gallo)와 월터스(Kerry Walters)가 이 책에 수록된 논문들에서 주장하는 것처럼, 훌륭한 사고란 전통적인 비판적 사고가 옹호하는 전적으로 논리적인 방식뿐만 아니라, 상상과 공감적 직관과 같은 비분석적 사고방식에 따라서도 이루어지는 것이다. 훌륭한 사고자는, 비록 제시된 주장들과 문제들에 반응하는 능력이 대단히 중요할지라도, 그러한 주장들과 문제들에 단순하게 반응하지 않는다. 그는 종종 주장들과 문제들 자체에 매이지 않고, 새로운 가능성, 창의적 절차들, 그리고 잠재적인 기발하고 신선한 문제들을 생각해보기 위하여 엄격한 추론의 규칙들과 증거들을 창의적으로 유보한다. 결과적으로 사고 기법을 효과적으로 연마하기 위해서는 분석적 능력뿐만 아니라 창의적 능력을 강화시키는 전략과 훈련이 필요하다.16)

둘째, 논리주의의 전체주의화 경향은 비합리적인 공격적, 적대적 태도를 유발할 수 있다. 훌륭한 사고를 논리적 사고로 환원시키는 입장은, 엘보(Peter Elbow)와 폴(Richard Paul)이 자신들의 논문에서 각각 "의심하기 놀이"와 "궤변술"이라 명명한 인지 방식을 강조하는 경향이 있다. 비판적 사고자는, 훌륭한 사고가 상대의 논리적 약점을 발견하기 위하여 모든 주장을 샅샅이 해부하는 것이라는 논리주의적 가정에서 상대의 논리와 증거에 시비를 걸어, 모든 대화를 단지 상대를 제압하고자 하는 일종의 법정 다툼으로 전환시키는, 선험적 회의주의를 전제한다. 이러한 태도는 논리적 기법을 건전한 사고의 충분조건이라고 전체주의화하는 모델을 따를 경우에만 예상되는 것이다.17)

그러나 이러한 적대적 태도는 제2의 비판적 사고 물결 옹호자들의 관점에서 볼 때 훌륭한 사고에 큰 도움이 되지 못한다. 맥락에 따라서는 비판적 사고자가 논증의 논리적 건전성과 신념들의 근거를 따지는 것이 당연하겠지만, 훌륭한 사고를 하기 위해서는 때때로 충분할 정도로 오랫동안 회의(懷疑)를 유보하여, 자신의 견해와 반대되는 견해를 사심 없이 검토하고, 그 내용은 물론 방식까지 살펴, 논쟁의 여지가 없는 방식으로 문제의 견해를 받아들일 수 있어야 한다. 엘보는 이러한 수용적 정신을 "믿기 놀이"라 부르고, 클린치는 "연계판단"이라 부르며, 이 책의 다른 필자들 대부분은 이 정신이 훌륭한 사고에 기능적으로 중요하다는 것을 논변한다. 논리주의의 적대적 태도를 공감적이고 연결된 방식으로 완화하고자 하는 그들의 마음가짐은, 논리적 분석이 신념들을 적절하게 평가하는 유일한 방식이라는 전체주의적 주장을 거부하는 데 입각한 것이다.

마지막으로, 전통적 비판적 사고의 논리 전체주의화는 애매모호성이나 해결되지 않은 반대 관계를 포용하는 사고방식을 감내하지 못하는 이론적 틀과 교육학적 태도를 형성하게 된다. 논리주의적 기류 속에서 기존 모델은 애매모호한 진술들을 일단 의심스럽게 여기고, 반대되는 주장들을 해결되지 않은 혼동으로 본다. 건전한 사고라면 각 단계가 부드럽고 투명하게 다음 단계로 넘어가는 정확한 추론 형식으로 표현된다. 비슷한 말이지만, 건전한 사고는 신념들이 서로 일관성 있어야 한다. 그래서 훌륭한 사고자는 애매모호성을 제거하고 긴장 관계들과 반대들과 상반된 것들을 해결한다. 그렇지 않으면 분석은 실패한다.

제2의 비판적 사고 물결에 의하면, 애매모호함과 반대들을 해결하고자 하는 욕구는, 어떤 맥락에서는 적절하기도 하지만, 다른 맥락에서는 잘못된 것이다. 일관되지는 않지만, 상호 보완적인 인지적 접근 방식이 아주 흔히 효과적이어서, 다양한 인지적 접근 방식들이 있음을 인식하는 능력은 부분적으로 훌륭한 사고자가 갖춰야 할 능력이다. 어떤 경우에는 최대한의 명료성과 문제 해결을 목표로 하지만, 다른 경우에는 추론 과정과 결론에서 공히 애매모호함과 역설까지 수용한다. 예컨대 필랜(Anne Phelan)과 개리슨(James Garrison)은 자신들이 "여성주의적 시학"이라고 부르는 사고방식을 옹호한다. 월터스는 자신이 사고의 "발견 모형"이라 부르는 것, 즉 어느 정도의 애매모호함을 용인하는 모형과 이를 용인하지 못하는 "정당성 계산" 모형을 대조시킨다. 그리고 클린치와 엘보는 반대되는 것들을 항상 제거하기보다는 때에 따라 "포용적인" 비판적 사고를 옹호한다. 이들 필자는 명료하고, 정확하고, 논리적인 사고의 장점들을 부정하는 것이 아니다. 그들은, 어떤 사고방식에서는 애매모호함이 편안하고, 추론 과정과 신념의 형성 과정에서 불가피하게 애매모호함이 발생하는 일이 흔하고, 따라서 비논리주의적 비판적 사고자는 애매모호함을 엉성한 사고일 뿐이라고 자동적으로 일축하지는 않는다는 점을 주장하는 것이다.

전통적인 비판적 사고가 옹호하는 보편성의 방법론적, 평가적 기준이 전체주의로 기울기 때문에, 훌륭한 사고에 대한 논리주의적 해석은 "프로크루스테스적"으로 보일 수 있다. 알다시피 프로크루스테스는 해괴한 직업관을 가진 전설적인 여관 주인이었는데, 그는 자기 여관 침대의 길이를 벗어나는 고객들의 다리를 잘라버렸다. 그렇게 하는 것보다 더 지각 있는 행위는 자기 침대를 고객들의 키에 맞추는 것이었겠지만, 그런 생각은 해보지 않았던 것 같다. 유사한 방식으로 논리주의적 비판적 사고의 전체주의화 경향은 논리적 분석의 틀에 맞지 않는 사고와 탐구 방식을 제거해버린다. 어떤 사고방식이 논리적 침대에 잘 맞는다는 것은 사실이다. 그러나 다른 사고방식은 그렇지 않으며, 제2의 비판적 사고 물결이 지향하고자 하는 것은 후자이다.

객관성/탈주관화 비록 점차 도전받고 있지만, 서구에는 오래된 전통이 있는데, 그 전통에 의하면 객관성은 훌륭한 사고와 신념의 정당화를 위한 필요조건이다. 이러한 의미에서 사고자가 객관적이기 위해서는, 심리적이든 이론적이든 규범적이든 관계없이, 개인적인 신념들, 전제들 또는 편견들에 의해 사고가 오염되지 않도록, 사고 행위와 사고 대상으로부터 자기 자신을 분리시켜야 한다. 그렇게 티 하나 없이 깔끔한 접근을 보장하기 위해서는, 논증의 논리적 구조와 증거에 집중하고, 사고자의 개인적인 (그리고 따라서 무관한) 취향을 무시하는 형식적이고 분석적인 방법을 따라야 한다.

비판적 사고의 기존 모델은 객관성에 관한 이러한 전통적 개념을 지지한다. 논리주의적 비판적 사고 교육은 학생들에게 주장의 정당성 탐구와 논증 평가로부터 개인적 고려사항들을 분리함으로써만 유지되는 태도인 "공정한 마음가짐"을 갖도록 훈련하는 방향으로 나아간다. 훌륭한 사고는 그래서 익명의 사고로 환원된다.

반면에 제2의 비판적 사고 물결에 의하면, "탈주관화" 사고의 이상은 불가능하고, 설사 그렇지 않다고 하더라도, 탈주관화가 반드시 최선의 훌륭한 사고를 낳는 것은 아니다. 사고는 언제나 사고 과정에 능동적으로 참여하는 주체가 하는 행위이다. 더구나 사고 과정에 주체가 참여하는 것은, 그 결과를 훼손하기는커녕, 사실상 그 질을 높일 수 있다.

훌륭한 사고를 탈주관화된 (또는 익명의) 사고로 보는 전통적 가정은 앎의 구성주의적 차원을 무시한다. 앎의 주체는 형식주의적 블랙박스 안에서 익명적으로 처리되는 정보를 단순하게 받아들이는 수동적 관망자가 아니다. 대신 그는 일단의 복잡한 전제들과 사전 지식을 가지고 인식하고, 이들 전제와 사전 지식은 필연적으로 자신이 집중할 정보의 유형과 어떻게 그것을 변형시킬지를 알려준다. 그러면 앎의 주체와 앎의 객체 또는 앎의 주체와 앎의 행위 사이에 근본적인 구분은 없다. 이 점은 모든 사고가 돌이킬 수 없이 주관적이라거나 사적이라는 것을 함의하는 것이 아니다. 듀이(John Dewey)가 즐겨 지적했던 바와 같이, 우리가 사고 과정에 끌어들이는 개인적 사전 지식과 편견들을 반성적으로 깨닫게 되면, 그 자체로 우리는 극단적 개인주의의 함정에 빠지지 않게 된다. 비록 주체가 항상 사고 과정에 능동적으로 참여하지만, 그런데도 그는 자기 자신이 선호하는 것들을 인식할 수 있고, 그렇게 함으로써 자신이 선호하는 것들이 다른 대안들을 제국주의적으로 무력화시키는 것을 막을 수 있다. 이 수정된 객관성 개념은, 전통적인 것과는 달리, 탈주관화가 초래하는 공정성이라든가 중립성을 주장하지 않는다. 대신 이 개념은 우리가 구성주의적 접근을 인식함으로써 자만에 찬 주관적 시도들을 충분히 막을 수 있다고 주장한다. 우리는 참여와 개입 어느 쪽으로든 우리 자신을 무비판적으로 내던지지 않으면서 양자를 받아들이는 것이다.[18]

덧붙여 말하자면, 주체가 사고 행위에 반성적으로 참여하게 되면, 논리주의적 모델의 탈주관화가 거부하는 논증, 주장, 그리고 상황에 대한 개인적 반응의 여지가 생긴다. 이 입장은, 엘보, 클린치, 그리고 갈로가 지적하는 것처럼, 대안적 전망들에 반응하고 이를 평가하는 데 있어서, 간주관적, 정서적, 그리고 공감적 요소들이 중요하다는 것을 인정한다. 이 입장은 사고자가 비판적이면서도 비적대적인 태도로 자신의 세계관은 물론 타인의 세계관을 검토하도록 독려하고, 그렇게 함으로써, 폴이 주장하는 것처럼, 사고자가 자신의 관심이 배제된 불모의 탐구 방법에 매몰되지 않도록 해준다. 나아가, 호스테틀러(Karl Hostetler), 지루(Henry Giroux), 그리고 카플란이 시사하는 것처럼, 사고자가 자기를 인식하는 방식으로 사고 행위에 참여하게 되면, 신념들과 평가 방식을 비인격적이고 수동적인 자세로 자신의 삶에 아무런 의미 있는 충격을 주지 않는 현상이라고 여기기보다는, 공동체와 해방에 대한 문제의식을 제고(提高)하는 신념들과 평가 방식이 필요하다는 깨달음에 조금씩 다가가게 된다. 간단히 말해서 주체는 자신이 생각하는 것과 개인적이고 흔히 규범적인 이해관계 속에 있는데, 사고 행위로부터 거리를 두라고 강하게 요구하는 것은 자기기만 또는 그럴듯하게 합리화된 무관심에 빠지게 하는 일이다. 따라서 훌륭한 사고는 익명적 사고를 추구할 필요가 없다. 훌륭한 사고자는 다양한 견해들을 공정하게 듣는 것이 중요하다고 인정하지만, 그러한 이상이 자신의 입장에 인위적 중립성을 요구한다고 생각하지 않는다.

전체주의화로 치닫는 전통적 비판적 사고의 경향이 프로크루스테스적 정신을 보여주는 것처럼, 탈주관화는 정당화되지 않는 구체화(具體化)를 시사한다. 익명적 사고의 이상은, 학생들이 개인적 관심사가 아니고 자신들이 참여할 여지가 아주 적은 둘 이상의 논증들을 평가하도록 고안된 수업 상황에는 적합할 수 있으나, "진짜 세계"에서 탐구하고 평가하는 방식으로는 명백히 부적절하다. 인간은 무심한 사고체(思考體)가 아니다. 인간은 필연적으로 자신의 개인적 시각으로 정립된 입장에 서서 의사결정을 하고 주장을 평가하는, 체현(體現)되고(embodied), 정서적이고, 참여하는 주체이다. 개인적 차원을 떠난 비인격적 분석을 강조하는 모델을 채택함으로써 사고의 복잡성을 간과하는 것은 아마도 학생들을 "논리 게임"에 능숙하도록 훈련하기는 하겠지만, 이는 또한 학생들에게 훌륭한 사고를 잘못 가르치게 되는 일인 것이다.

추상성/탈맥락화 논리주의적 비판적 사고가 객관성을 탈주관화로 해석함으로써 발생하는 구체화는 또한 추상성을 받아들이면서 방법론적이고 평가적인 기준으로 부상한다. 객관성에 대한 논리주의적 개념에 의하면 장차 비판적 사고자가 되려는 사람은 자신을 사고 행위로부터 분리시켜야 하고, 그래서 추상성에 대한 논리주의적 개념에 따라 사고의 대상은 그 환경으로부터 분리되어야 한다. 전자의 경우 구체화의 대상은 내적이고 주체 지향적이며, 후자의 경우 구체화의 대상은 외적이고 대상 지향적이다.

비판적 사고에 대한 기존 모델이 옹호하는 추상성 개념에는 논증의 기원, 이념적 성향, 역사적 배경, 또는 흔히 대안적 논증들과의 관계조차 고려하지 않고, 전적으로 단일한 논증의 논리력과 증거력에만 초점을 맞추도록 의도적으로 노력하는 것이 포함된다. 전통적인 견해에 의하면, 이러한 요소들은, 사고 주체가 개인적으로 전제하는 것들 및 수용하는 것들과 무관한 것처럼, 논증의 비판적 검토와는 무관하다. 이러한 요소들을 검토하는 것은 분명 논증의 기능을 보다 넓은 맥락으로 연결하는 통찰을 제공할 수 있으나, 논리적 사고의 목적은 첫째도 최선도 논증의 내적 논리적 구조를 검사하고 평가하는 것이다. 결과적으로 훌륭한 사고자는, 논리적 강점과 약점을 곧바로 잡아내기 위하여, 자기가 검토하는 논증들과 주장들을 제시되는 맥락들로부터 고통스럽게 추상화하게 된다.

제2의 물결 교육자들이 주장하는 바에 의하면, 논리주의적 추상성의 개념은, 탈주관화의 경향만큼 문제가 있는, 사고의 탈맥락화를 초래한다. 제2의 물결 교육자들은 사고 주체들이 사고 과정으로부터 분리될 수 없듯이, 사고 자체도 사고가 발생하는 맥락으로부터 분리될 수 없다고 주장한다. 모든 사고는 구체적 상황에서 구체적 개인들에 의해서 이루어지고, 이들 두 배경 중 어느 것으로부터의 추상화도 주장이나 논증의 전체적 의미, 목적, 그리고 미묘한 차이를 잃어버리게 할 위험이 있다. 사고방식은 물론 관념들 그 자체는 장소, 시간, 가치, 그리고 세계관과 같은 담론의 보다 넓고 보다 복잡한 환경들과 불가피하게 연결되어 있다. 그래서 이 환경들을 무시하는 것은 사고의 기능과 범위를 정당화 되지 않는 방식으로 제한하는 것이다.

예컨대 워렌(Mary Warren)은 여성주의와 비판적 사고에 관한 논의에서, 모든 사고는 "개념틀"로 무엇을 지시하는지에 따라 (비록 불가피하게 결정되는 것은 아니지만) 조건 지어진다고 주장한다. 이 개념틀은 우리의 사고뿐만 아니라 사고방식에 관한 개념적, 방법론적 논조를 결정한다. 예컨대 가부장적인 지시 체계의 방법론적 절차들과 개념적 청사진은, 비가부장적 체계와는 사뭇 다르게, 권위적인 것이 되어버린다. 따라서 개념틀이 가정하는 것들을 비판적으로 검토하지 않는 것은 사실상 역사적으로 조건 지어진 인식론적, 방법론적 원칙들을 은밀하게 신성시하는 위험을 초래한다. 이것이 논리주의적 추상성이 놓치는 점이다. 그 방법론적인 탈맥락화는 체계 자체를 비판적으로 검토하는 일 없이 개념틀 안에서 특정한 논증들에 초점을 맞추게 한다. 유사한 관점으로서, 미시머(Connie Missimer)가 자신의 논문에서 지적하는 것처럼, 비판적 사고에 대한 탈맥락화의 접근법(그가 "개인적 관점"이라 부르는 것)은 대안적 논증들이나 전형적인 예들을 고려하지 않고, 기존의 체계가 정의하는 전통적 방식에 맞지 않으면, 대안적 논증들과 전형적인 예들을 일고의 가치가 없는 것으로 일축해버리기까지 한다. 훌륭한 사고는, 늘 대안적인 것들에 비추어 보면서 논증들과 주장들을 검토하는, 탐구공동체에 기반을 둔, 사회적 작품이다. 그러나 논리주의적 모델은 추상성을 강조함으로써, 훌륭한 사고를 고립된 개인이 자신의 단일한 개념틀 내에서 독자적 논증들과 주장들에 초점을 맞추는 사고로 환원시켜버린다.

맥펙(John McPeck)과 폴이 자신들의 논문에서 지적하는 바와 같이, 탈맥락화의 접근법은 비판적 사고 교육학을 훌륭하게 생각한다는 것의 의미를 사소한 것으로 만들어버리는 교육학으로 전락시킨다. 맥펙에 의하면, 전통적 모델이 옹호하는 추상성은 비판적 사고를 본질적으로 담론이나 검토의 맥락에 의존하지 않는 "일반적 능력"이라고 가정한다. 그래서 이러한 사고의 구체화 기법으로 인해 비판적 사고 교육은, 학생들이 논리적 분석의 기법에 따라 주장들과 논증들을 다룰 수 있도록 보다 넓은 맥락으로부터 분리하는, 일종의 "사소한 추구(trivial pursuit)" 놀이로 변질되어버린다. 유사한 방식으로 폴은, 탈맥락화된 논증들에 초점을 맞추는 비판적 사고 교육이 학생들을 훌륭한 사고가 아니라 궤변으로 훈련한다고 주장한다. 이러한 "약한 의미"의 비판적 사고 교육관으로 사고 기법을 가르치면, 학생들은 자신들의 신념들과 논증들과 관계없이 기계적인 오류 찾기가 주목표인 "원자적" 분석으로 오도되어 이론적, 규범적 세계관을 반성하지 못하게 된다.

신념들과 논증들을 보다 넓은 관심사들로부터 분리하는 것은 또한 개인의 행복과 성실성을 위해 필요한 자기검열과 의미 추구를 하지 못하게 하는 경향이 있다. 모든 사고는 개념틀로부터 나오기 때문에, 훌륭한 사고자는 다른 사람들의 선택들과 전제들뿐만 아니라, 자기 자신의 선택들과 전제들도 검토해야 한다. 그러나 사고를 탈맥락화하는 것은, 사고방식과 개념의 보다 넓은 맥락들로부터 신념들을 분리함으로써, 이와 같은 반성을 하지 못하게 한다. 랑스도르프(Lenore Langsdorf)가 자신의 논문에서 말하고 있듯이, 사고의 탈맥락화는 사고자로 하여금 분석대상인 주장들과 보다 넓은 기반들과의 관계, 즉 문제의 주장들과 유기적으로 연결되어 있는, 문화적일 뿐만 아니라 개인적인, 기반들과의 관계를 탐구하도록 하는 자기반성적 "판단"을 하지 못하게 하면서, "도구적 이성"의 기법(예컨대 문제 풀이의 기법)에 초점을 맞추도록 강요한다. 랑스도르프의 우려에 공감하는 워렌(Thomas Warren)의 주장에 의하면, 비판적 사고의 전통적 모델은 탈맥락화된 신념들의 분석에 너무나 전적으로 초점을 맞추기 때문에, 훌륭한 사고에서 "숙고"와 "경이"

의 핵심적 역할을 무시하게 된다. 그는 효과적인 사고가 분리된 주장들을 평가하는 계산 전술을 훨씬 넘어서는 사고라고 주장한다. 효과적인 사고는 플라토닉 사랑과 유사하게 자아 탐구의 성향에 따른 "의미의 탐구"가 성공함으로써 이루어진다. 그래서 랑스도르프와 위렌은, 비판적 사고자에게 개인적 깨달음은 논리적 기법의 숙달만큼이나 중요한 목표가 된다고 결론 내린다. 그러나 불행하게도 사고 기법 교육에 대한 논리주의적 전략은 전자를 회피하고 후자를 지나치게 중시하는 경향이 있다.

사고 기법에 대한 전통적 모델의 탈맥락화 접근법에는 한 가지 문제점이 더 있다. 즉, 그것은 지성적 책임과 관계된 물음들뿐만 아니라, 이념의 정치적, 사회적 형식들로부터의 해방과 관계된 물음들까지 분리해 주장과 논증을 평가하게 하는 경향이 있다. 학생들로 하여금 다원주의적 민주주의 사회의 책임 있는 시민이 되게 할 수 있도록 준비시키는 것이 교육적 열망들 중 하나라는 전통적 모델의 주장을 놓고 볼 때, 이 점은 특히 역설적인 결과이다.

카플란과 지루와 같은 제2의 물결 옹호자들에 의하면, 훌륭한 사고자는 지성적, 정치적 시장에서 경쟁하는 견해들에 대하여 반성적 자율성을 가지고 반응하는 자이다. 그런데 반성적 자율성은 보다 넓은 관심과 대안적 전망의 배경에 비추어 주장들의 정당성을 가늠해보는 능력이 있어야 발휘된다. 그러한 맥락적 분석이 시도된 후에만 비판적 사고자는 경쟁하는 두 입장 중에서 어느 것을 택하거나, 또는 둘 다를 제3의 입장으로 대치할 수 있게 되는 것이다. 전통적 사고 기법 교육은, 논증들에 대한 탈맥락화된 분석을 강조하는 점에 비추어 볼 때, 학생들에게 이와 같은 보다 높은 수행 능력을 준비시키지 못한다. 대신, 카플란에 따르면, 전통적 사고 기법 교육은, 사고자가 전적으로 자신에게 주어진 현상 유지적 대안들에 갇혀서 판단하게 하는가 하면, 동시에 지루가 말하는 것처럼, "인간의 관심들, 규준들 및 가치들"로부터 분리된 상태에서 지식을 논해서는 안 되고, 이들을 배경으로 논해야 함에도 불구하고, 이러한 인식을 방해하는, 판단에 대한 "담쌓기 접근법"을 부추긴다. 결국, 만일 훌륭한 사고의 주된 기능이 고립된 논증들의 논리적 값에 초점을 맞추는 것이라면, 논증의 사회적, 규범적 함의들을 걱정할 필요는 없을 것이다. 이러한 근시안적 접근법은 오직 효과적 사고를 파탄 낼 뿐이다. 그것은 또한 가공할 여러 가능성들을 야기할 수 있는 윤리적 무관심과 사회적 안주를 조장할 뿐이다.

제2의 비판적 사고 물결은, 그래서, 전체주의화, 탈주관화 및 탈맥락화로 치닫는 논리주의의 불행한 경향들을 수정하는 이론과 교육학을 제시한다. 기존의 모델을 대신하여 제2의 비판적 사고 물결이 옹호하는 훌륭한 사고는, 논리적 분석과 창의적 사고방식의 중요성을 강조하고, 신념 평가에 있어서 정서적, 문화적, 규범적 요소들의 영향을 인정하고, 공감적, 간주관적, 그리고 연계적 방식으로 논리주의적 비판적 사고의 부정적 성격을 보완하고, 사고의 과정과 기준들을 강조하는 맥락적 방법에 예민하고, 훌륭한 사고의 해방적, 계몽적 기능을 진지하게 받아들인다. 간단히 말해서 제2의 물결 비판적 사고자들은 인간의 사고와 담론의 체화되고 역사적이고 다의적인 성격을 고려하는 비판적 사고 모델을 제공하고자 하는 것이다.

제2의 물결 도전

논리주의적 모델에 대한 제2의 물결 도전이 목표로 하는 것이란 다름 아닌, 합리적이고 반성적인 사람이 된다는 것이 무엇인지에 대하여 철저하게 재고하는 것이다. 이 목표는, 우리가 확인한 바와 같이, 논리적 분석이 훌륭한 사고에 중요한 기능을 한다는 것을 제2의 물결이 무시한다는 것을 의미하는 것은 아니다. 그러나 그것은 비판적, 논리적 사고에 대한 지금까지의 전통적 인식이 재검토되어야 하고, 사고 기법에 대한 이론과 교육이 보다 풍부하고 보다 통합된 차원으로 도약하는 것을 함의한다. 대학 교과과정의 핵심 부분인 비판적 사고 교육은 우리 생활의 일부이다. 이제 교육자들이 당면한 문제는, 훌륭한 사고를 향한 여정에서 부딪치는 다양한 복잡성을 보다 잘 반영하는 전략을 받아들이기 위하여, 논리주의에 대한 충성심을 멀리하는 일이다. 이 목표를 달성하기 위하여 두 가지, 즉 훌륭한 사고의 다기능성, 맥락성, 해방적 성격을 인정하는, 보다 포괄적인 비판적 사고의 이론적 모델, 그리고 제2의 물결이 강조하는 통찰들을 기존의 비판적 사고 강의실에 통합시킬 수 있는 교육학적 접근이 필요하다.

이 책에 수록된 논문들이 이 두 가지 요건 중 어느 것을 확정적이고 완전한 방식으로 제안하는 것은 아니다. 사실 두 가지 요건이 언제고 완전히 충족될 수 있을 것 같지는 않다. 제2의 물결이 주장하는 것처럼, 사고는 제약 없는 문답식 과정이고, 명백하게 사고 그 자체에 대한 사고를 포함한다. 그러나 여기에 수록된 열네 편의 논문들은 사고 기법에 관하여 진행 중인 담론에 활력을 불어넣는 긴 여정에 오르고 있다. 그들은 논리주의를 넘어서서, 분석적이지만 창의적이고, 엄격하지만 경직되지 않고, 비판적이면서도 공감적인 사고방식을 향하여 나아가는 길을 예비한다. 이 새로운 형식은, 제2의 물결이 주장하는 바와 같이, 논리주의의 전체주의화와 구상화를 막고, 결과적으로 경험에 바탕을 둔 앎, 평가, 그리고 비평과 같은, 대안적 방법에 대하여 열린 사고 모델을 제공한다. 그 모델은 학생들이 마음을 담은 삶의 세계로, 그리고 구체적인 관계와 책임의 세계로 나아갈 수 있도록 준비시킬 것을 진지하게 약속한다.

1) 여기서 그리고 이 서문 전체에서 나는 "훌륭한 사고"라는 표현을 보다 친근한 "합리성"이라는 표현 대신에 사용할 것이다. 왜냐하면 후자가, 적어도 널리 사용되는 것만을 보더라도, 전적으로 탐구와 평가의 분석적 과정을 함의하기 때문이다. 그러나 제2의 비판적 사고 물결이 제안하는 바와 같이, "합리성"을 논리주의적으로 이해하는 것은 반성적이고 건전한 사고자가 된다는 것이 무엇인지에 대하여 선결문제 요구의 오류를 범하는 일이다. 아마 모든 비판적 사고 논의에서 "합리성(rationality)"이라는 말 대신 보다 덜 부담스러운 "합리적임(reasonableness)"이라는 말을 써야 할 것이다.

2) 교육 발전에 관한 국가 평가서, *A Nation at Risk: The Imperative for Educational Reforms*(Washington, D.C.: U.S. Government Printing Office, 1983). 이 책이 발간된 2년 후 실시된 한 갤럽 조사는 학생들의 사고 기법 증진이 미국 교육자들이 생각하는 우선순위 1위라고 발표하였다. A. Gallup, "The Gallup Poll of Teachers' Attitudes Toward the Public Schools," *Phi Delta Kappan* 66(1985), p.327 참조.

3) Stephen P. Norris, "Synthesis of Research on Critical Thinking," *Educational Leadership* 42(1985), pp.40-45.

4) 분명 학생들에게 사고 기법을 가르치자는 이상은 고대부터 있었다. 아리스토텔레스가 비판적 사고의 효시였다는 것을 보여주는 좋은 예가 있다. 그의 『분석론 전서(*Prior Analytics*)』는 삼단논법을 소개하고 있으며, 『분석론 후서(*Posterior Analytics*)』는 증명 이론을 펼치고, 『변증론(*Topics*)』은 귀납추리의 교본이며, 『소피스트적 논박(*De Sophisticus Elenchus*)』은 오류의 여러 형식을 검토한다. 더구나, 논증 방식으로서의 궤변술은 비판적 사고의 고전이라 할 수 있다. 내가 여기서 주장하는 것은 사고 기법 교육이 1940년대에 새로이 고안되었다는 것이 아니라, 단지 가장 최근의 논리주의로의 치환이 그때 이루어졌다는 것이다.

5) Joanne G. Kurfiss, *Critical Thinking: Theory, Research, Practice, and Possibility*(Washington, D.C.: ASHE-ERIC Higher Education Report, No. 2, 1988), p.14.

6) Edward M. Glaser, *An Experiment in the Development of Critical Thinking* (New York: Teachers College of Columbia University, Bureau of Publications, 1941). 왓슨(G. Watson)과 함께 글레이저는 널리 사용되었던 고등학교와 대학 수준의 추론 기법에 대한 선다형 시험인 "왓슨-글레이저 비판적 사고 평가(Watson-Glaser Critical Thinking Appraisal)"를 개발하였다.

7) Robert H. Ennis, "A Concept of Critical Thinking," *Harvard Educational Review* 32(1962), pp.81-111. 에니스도 그에 앞선 글레이저처럼 사고 측정 테스트인 "Cornell Tests of Critical Thinking Ability"를 공동 제작하였다.

8) 예컨대 다음을 참조하라. Robert H. Ennis, "A Conception of Rational Thinking," in J. R. Coombs, ed., *Philosophy of Education 1979: Proceedings of the Thirty-fifth Annual Meeting of the Philosophy of Education Society*(Bloomington, Ill.: Philosophy of Education Society, 1980), pp.3-30; 그리고 "Rational Thinking and Educational Practice," in J. F. Soltis, ed., *Philosophy and Education: Eightieth Yearbook of the National Society for the Study of Education, Part 1*(Chicago, Ill.: The National Society for the Study of Education, 1981), pp.143-183.

9) 시겔(Harvey Siegel)이 솔직하고 또 고마운 마음으로 인정하듯이, 그의 비판적 사고 "이유 개념" 모델은 교육철학자인 셰플러(Israel Scheffler)에게 크게 빚지고 있다. 교육 및 사고 기법에 대한 셰플러의 견해는 예컨대 그의 다음 저서들을 참조하라. *Conditions of Knowledge*(Chicago, Ill.: Scott Foresman, 1965) 그리고 *Reason and Teaching*(New York: Routledge & Kegan Paul, 1973).

10) 비판적 사고의 논리주의적 모델을 선도하고 대중화시킨 "비형식논리 운동"은 1978년에 비형식논리 및 사고 기법에 대한 첫 국제회의를 개최하는 데 이르렀다. 그 회의록은 다음 책에 수록되어 있다. J. Anthony Blair and Ralph H. Johnson, eds., *Informal Logic: The First International Symposium* (Inverness, Calif.: Edgepress, 1980). 이 책에 실린 다음 논문은 비형식논리 운동의 역사를 잘 소개해주고 있다. J. A. Blair and R. H. Johnson, "The Recent Development of Informal Logic," op. cit., pp.3-28.

11) Harvey Siegel, *Educating Reason: Rationality, Critical Thinking, and Education*(New York: Routledge, 1988), pp.32-33.

12) Ibid, p.33.

13) Ibid, p.7.

14) Ibid, p.34.

15) 나는 "전체화"라는 용어를 "이데올로기들의 총체"에 대한 만하임(Karl Mannheim)의 논의에서 차용하였다. "이데올로기들의 총체"는 그것들이 충분한 설명과 평가 기준들을 제공하며, 따라서 반대 관점들의 권리를 선험적인 방식으로 박탈한다고 공언한다는 의미에서 닫힌 개념틀이다. 다음을 보라. K. Mannheim, *Ideology and Utopia: An Introduction to the Sociology of Knowledge*, trans. Louis Wirth and Edward Shils(New York: Harcourt,

44

Brace, 1956). 나는 *The Sane Society Ideal in Modern Utopianism*(New York and Toronto: Edwin Mellen Press, 1989)의 첫 번째 장에서 만하임적 의미에서의 이데올로기적 전체화를 확장시켜 다루고 있다. 나는 다음의 논문에서 닫힌 개념틀의 문제들을 보다 풍부하게 논의한다. "On Worldviews, Commitment, and Critical Thinking," *Informal Logic* 11(1989), pp.75-89.

16) 사고 기법에 대한 효과적 교육뿐만 아니라 훌륭한 사고를 위해 상상과 직관이 중요함을 논하는 것으로서 특별히 다음 두 책을 추천한다. Kieran Egan and Dan Nadaner, eds., *Imagination and Education*(New York: Teachers College Press, 1988); Nel Noddings and Paul J. Shore, *Awakening the Inner Eye: Intuition in Education*(New York: Teachers College Press, 1984).

17) 논리주의적 모델의 전체주의화 경향에 적대적인 입장에 대하여 더 논의하는 자료로 필자의 다음 논문들을 참조하라. "Critical Thinking and the Danger of Intellectual Conformity," *Innovative Higher Education* 11(1987), pp.94-102; "On Bullshitting and Brainstorming," *Teaching Philosophy* 11(1988), pp.301-313.

18) 켈러(Evelyn Fox Keller)는 *Reflections on Gender and Science*(New Haven: Yale University Press, 1985)에서, 자신이 "역동적 객관성"이라 부른 변형된 객관성의 개념을 옹호한다. 사고자의 익명성을 고집하는 전통적 "객관주의"와는 대조적으로, 역동적 객관성은 앎의 객체를 철저하게 자아 폐쇄적인 개인주의로 몰아넣는 일 없이, 앎의 주체와 앎의 객체 사이에 주관적 경험의 인식론적 역할을 인정하는 공감적 연결의 여지를 마련한다. 특히 다음을 보라. 6장 "Dynamic Objectivity: Love, Power, and Knowledge," pp.115-126.

1부

포괄적 사고 모델

　1부의 다섯 편의 논문들은 주류의 비판적 사고가 지지하는 사고 모델보다 더 포괄적인 사고 모델을 옹호함으로써, 사고 기법 이론과 교육학을 풍요롭게 한다. 주류의 비판적 사고는 훌륭한 사고를 논리적 사고와 같다고 보는 경향이 있고, 그로 인하여 필연적으로 논리적 분석의 기준들을 엄밀하게 따르지 않는 사고 방법들, 의사결정 전략들, 그리고 사고 성향들을 훌륭한 사고에서 배제한다. 그러나 1부의 필자들은 훌륭한 사고자는 논리적일 뿐만 아니라, 상상력을 발휘하고, 창의적이며, 공감하는 사고 능력이 있다고 주장한다.

　엘보(Peter Elbow)의 논문은 상보적인 두 가지 사고방식인 (직관적이며 창의적인) "1차 사고"와 (분석적이고 추론적인) "2차 사고"를 구분하며, 1부의 기조를 마련한다. 훌륭한 사고자는 이 두 사고 모두를 활용하며, 엘보는 보다 전통적인 추론적 글쓰기뿐만 아니라 자유로운 탐험적 글쓰기를 강조하는 작문 훈련을 통하여 어떻게 두 사고가 교육학적으로 향상될 수 있는지를 보여준다.

클린치(Blythe Clinchy)의 논문은 "분리사고(separate thinking)"와 "연계사고(connected thinking)" 간의 차이를 분명히 함으로써 문제의식을 공유한다. [이 논의는 벨렝키(Mary Belenky), 골드버거(Nancy Goldberger), 타룰(Jill Tarule)과의 공저 『여성들이 아는 방식들(*Women's Ways of Knowing*)』에서 상당 부분 논의되었다.] 종래의 비판적 사고 교육학이 옹호한 사고방식인 분리사고는, 사고자가 회의적으로 거리를 두는 방법론적이고 성향적인 접근법을 옹호한다. 그러나 연계사고를 통하여 사고자는 검토 중인 사안에 공감적 자세로 인격적인 관여를 한다. 두 방식의 사고 모두 훌륭한 사고의 핵심이기에, 클린치는 "우리가 비판적인 (즉 분리된) 사고만 가르치면 문제가 생긴다."는 결론을 내린다.

갈로(Delores Gallo)의 논문은 보다 구체적으로 공감과 같은 성향적 태도와 비판적 사고의 관계에 집중한다. 갈로에 의하면, 지배적인 비판적 사고 모델은 훌륭한 사고자를 냉정하고 "객관적인" 사고자로 보지만, 이와 반대로 공감적 연결 관계들은 비판적 사고와 창의적 사고 모두를 향상한다. 그녀는 교육 현장에서 공감과 함께 사고력과 상상력을 제고시키기 위한 구체적 전략 이론을 제시한다.

월터스(Kerry Walters)는 논문에서 두 가지의 인지적 기능들인 "정당성 계산"과 "발견의 양상"을 구분하면서, 비판적 사고와 창의적 사고의 관계를 보다 깊이 탐구한다. 정당성 계산은 분석적 기법들로 구성되고, 발견의 양상은 상상, 직관, 통찰과 같은 비분석적 능력들로 구성된다. 이 두 범주의 기능들의 활용은 어느 하나로 환원되지 않지만 상보적이며, 훌륭한 사고 또는 "합리성"에 필수적이다. 그러나 공교롭게도 종래의 비판적 사고는 발견의 양상을 희생하여 정당성 계산을 강조하고, 그로 인하여 학생들에게 왜곡된 사고 기법 모델을 가르친다.

1부는 필랜(Anne Phelan)과 개리슨(James Garrison)의 논문으로 마무리된다. 이 논문에서 필자들은 그들이 "여성주의적 시학"이라고 부르는, 의심하기와 믿기[클린치는 이 둘을 분리판단(separated knowing)과 연계판단(connected knowing)이라고 명명한다] 중 하나를 제거하기보다는, 양자 모두를 방법론적으로 포용하는 "새로운" 논리를 제안한다. 필랜과 개리슨에 의하면, 그러한 접근은 종래의 비판적 사고가 해소할 수 없는 반대 명제들을 불쾌하게 여기며 제거하고자 하는 반면, 예컨대 의심하기와 믿기 같은 역설들, 모순들, 그리고 반대 명제들의 화해 불가능성의 가치를 제대로 평가한다. 그러나 역설과 해소되지 않는 반대 명제들에 대한 전통적 혐오는 부당할 정도로 배타적인 젠더 편향을 드러낸다. 필랜과 개리슨은 이런 편향에 대한 대안을 제시하고자 "객관주의"에 대한 [루딕(Sarah Ruddick), 켈러(Evelyn Fox Keller), 벨렝키(Mary Belenky)의] 최근의 여성주의적 비판에 호소한다.

1

글쓰기 교육과 두 가지 생각법

피터 엘보

초고를 쓸 때 조심하고 자제하는 대신, 자유로운 마음으로 빠르고 탐험적으로 쓰라고 부추기는 것을 보고 많은 독자는 내가 비이성적 글쓰기를 옹호한다고 여길 것이다. 누군가는 "그래, 좋아. 우리 모두 생각하기를 멈추고 좀 쉴 필요가 있어"라고 말한다. 다른 누군가는 "저런! 우리가 사람들에게 지나치게 경계하지 말라고 권한다면, 그들은 긴장이 풀어져서 비판적으로 생각하는 능력을 상실할 거야"라고 말한다. 그러나 단언컨대 나는 생각하는 법을 가르치고 있다.

물론 자유로운 글쓰기가 글쓰기를 통하여 생각하기를 가르치는 유일한 방법은 아니다. 나는 또한 신중하고 의식적이며 비판적인 교정에 방점을 둔 생각하기를 가르친다. 즉, 나는 두 종류의 사고를 가르치는데, 그것들을 각각 1차 사고와 2차 사고라 부르기로 한다.

1차 사고는 직관적이고 창의적이며, 의식적으로 방향을 설정하거나 조정하지 않는다. 어떤 예감이 들거나 전태(全態, gestalt)*를 마주할 때, 유사성을 발견하거나 은유를 감지하거나 콜라주(collage) 작업에서 조각을 배열할 때, 우리는 이러한 1차 사고를 한다. 검토 없이 빠르게 글을 쓰고, 어휘들이 예상치 못하게 연상과 직관으로 치달을 때도 역시 1차 사고를 한다.

2차 사고는 의식적이며 방향을 가진 통제된 사고이다. 우리는 방향을 조정하고, 글이 잘 연결되어 흐르는지 세심하게 검토한다. 2차 사고에서는 정확성에 신경을 쓰고, 논리적이며 통제된 사고를 하려고 노력한다. 예컨대 우리는 전제들을 검토하고 각 추론의 타당성을 평가한다. 2차 사고는 "비판적 사고"에 관해 이야기할 때 대부분의 사람이 염두에 두는 것이다.

이러한 두 가지 사고는 각각 고유한 장점과 단점이 있다. 나는 1차 사고가 사람들로부터 최선의 지성적 사고를 이끌어낸다는 사실을 강조하고 싶다. 만약 사람들을 실제보다 더 어리석어 보이게 만들고 싶다면, 그들에게 어려운 질문을 던지고 다음과 같이 말하면 된다. "자, 곰곰이 생각해봐." 곰곰이 생각하기란 어떤 것을 생각하면서도 동시에 그런 생각 자체를 생각하려 노력한다는 것을 의미하며, 이는 사람들을 자주 어리석게 만든다. 평소에 명민하고 분별 있는 학생들이 종종 실제로는 믿지 않는 것들을 엉터리 추론으로 옹호하는 글을 쓰는 것을 볼 수 있는데, 주된 이유들 중 하나가 바로 이것이다. 만일 친구와 편하게 생각하며 이야기한다면, 이런 과오는 발생하지 않을 것이다.

---

* [역주] 독일어 게슈탈트(gestalt)는 외부에서 주어지는 여러 자극이 패턴이나 관계에 의해 조직되고 구조화된 상태를 뜻하며, '전체, 형태, 모습' 등으로 번역되었다. 그러나 이러한 기존의 번역어는 게슈탈트의 의미를 온전히 담아내지 못하는 점이 있어, '전체 형태'를 뜻하는 '전태(全態)'로 번역한다. 예를 들어 정육면체 상자가 눈앞에 있다면, 우리는 그것을 특정한 선, 면, 꼭짓점, 색 등과 같이 개별적으로 지각하는 것이 아니라, 하나의 '네모난 상자'라는 특정한 전체 형태, 즉 전태로 지각한다.

다른 한편, 사람들의 통찰력을 현저하게 높여주고 싶다면, 어려운 질문을 던지고 다음과 같이 말하면 된다. "곰곰이 생각하지 말고, 그냥 그 질문이 연상시키는 서너 가지 이야기나 사건들을 써봐. 빠르고 탐험적으로 자유롭게 말이야." 사람들은 이렇게 계획하지 않았던, 회화적(會話的)이고 서술적이고 탐험적인 글쓰기(또는 말하기)를 통해 자연스럽게 매우 예리한 개념적 통찰에 이른다. 이러한 참신한 통찰들은 경험에 뿌리를 둔 것들이어서, 그 사람의 편견, 상투적 반응, 또는 단지 일관되고 싶은 욕구를 반영한다. 즉, 그 통찰은 일반적으로 그 사람이 오랫동안 견지해온 확신보다 더 예리하다. 게다가 (글쓴이의 관심을 드러내기 위해서) 이런 통찰은 대개 생생하고 인간적이며 경험적인 언어로 표현된다.

마지막으로, 계획적이고 통제적인 글쓰기를 단념하고 한 걸음 비켜서서, 생성적인 글쓰기(generative writing)를 통하여 단어와 이미지와 생각들이 저절로 더 나은 단어와 이미지와 생각들을 불러일으키도록 할 때, 우리는 흔히 제재(題材)가 더욱 품위 있게 구상되거나 구성된다는 것을 알 수 있다. 즉, 신중하게 개요를 작성하거나 의식적으로 계획하여 나오는 것보다 더 온전한 글이 나올 수 있다. 그것은 거친 초고가 그 자체로 완전하게 구성된다는 의미가 아니다. (경우에 따라서는 그 초고가 완전한 것일 수도 있다.) 흔한 일이지만, 탐험적으로 요리조리 글을 쓰다 보면 결국 글쓴이는 다음의 사실을 퍼뜩 깨닫게 된다. "그래, 바로 이 점이 전체 쟁점을 다룰 수 있게 하는 실마리야. 깊이 생각하고 신중하게 계획하여 쓰려고 했더라면 찾아내지 못했을 거야."

그러나 나는, 어떤 사람에게는 부주의한 사고처럼 보일 수 있는 직관적 사고의 구상력(構想力)에 심취해 있음에도 불구하고, 이러한 사고의 다른 측면을 알고 있다. 즉, 우리는 1차 사고에 놀아날 수 있는 것이다. 1차 사고를 할 때 우리는 자신의 생각을 반성하지 못하며, 따라서 우리의 가정, 무의식적 편견, 검증되지 않은 관점에 의해 아주 쉽게 조종될 수 있다. 또한 구상이나 구성이 전혀 떠오르지 않는 일이 흔하고, 마구잡이 생각들만 나열될 수 있다. 그렇다면 1차 사고가 우리에게 가치 있는 무언가를 준다고 간주할 수만은 없는 것이다.

따라서 상술한 두 가지 사고는 서로 상반되는 장점과 단점을 가진다. 2차 사고는 점검의 방법이자, 우리를 더 의식적으로 만드는 방법이고, 생각이 우리를 이끌어가게 내버려두기보다는 우리가 생각을 이끌어가는 방법이다. 특히, 우리가 2차 비판적 사고로 신중하게 평가하기 전까지는, 1차 사고의 직관적이며 경험적인 결과물을 신뢰해서는 안 된다. 그렇지만 단지 평가하는 능력만 사용하면, 평가에 필요한 흥미로운 관점들이나 가설들을 충분히 확보하지 못할 것이다. 풍부한 통찰들을 산출하려면 1차 사고가 필요하다. 그리고 1차 사고는 우리에게 더 많은 통찰력을 줄 뿐만 아니라, 더 빠르게 준다. 반면 2차 사고의 초기 단계는 흔히 잘못된 방향으로 천천히 뒷걸음질 친다. 그렇다고 2차 사고의 필요성에 반대한다는 말은 아니다. 핵심은 지식의 탐조등으로 초점을 맞춰 더욱 열심히 더욱 깊이 탐색하는 것이, 드러나지 않은 지식의 경계를 확장하는 길인지 의심스럽다는 것이다.

우리는, 어떻든 우리 학자연하는 사람들끼리의 이야기이지만, 사고가 전적으로 논리적이거나, 모든 단계에서 사고 자체를 비판적으로 인지하고 있지 않는 한, 사고는 사고가 아니라고 가정하는 습관이 있다. 그러나 나는 1차 사고를 일종의 진정한 사고라고 부르지 않을 수 없는데, 이는 1차 사고가 의미를 찾는 과정이고, 여러 요소를 함께 생각해보는 과정이기 때문이다. 비록 의식적으로 조정되거나 통제되지는 않을지라도, 1차 사고는 여전히 목적이 분명한 훌륭한 사고이다.

사고력 기르기

 글쓰기 과정과 이 두 종류의 사고는 명백하게 연계된다. 나는 1차 창의적 사고를, 계획을 세우고 통제하며 조직하고 검열하는 일을 미루는, 자유로운 글쓰기 및 초고 단계의 탐험적 글쓰기와 연계시킨다. 2차 사고는 느리고 신중하게 다시 쓰거나, 모든 것을 철저하게 검토하는 퇴고와 연계되며, 우리는 이런 사고로 모든 것을 항상 비판적으로 면밀하게 검토한다. 그러나 나는 이 두 과정이 단지 연결되어 있다고만 주장하고 싶지 않다. 두 가지 글쓰기 과정은 두 가지 사고 과정을 향상시키는 것이다.

 신중한 교정이 2차 사고를 어떻게 향상시키는지는 명백하다. 만일 어떤 언어(어떤 "2차 상징체계")를 가지고 있어도 우리의 사고가 그만한 영향을 받는다면, 문자언어가 그러한 영향력을 광범위하게 행사할 것임은 명백하다. 우리는 생각들을 글로 적으면서, 그 생각들을 잠시 접어두고 새로운 비판력과 신선한 관점으로 그 생각들을 되돌아볼 수 있다. 사유하면서 "사유의 바깥에 있기"는 언제나 어려운 일인데, 글쓰기는 이 일에 도움이 된다. 그래서 글쓰기를 통해 우리는 더 훌륭한 비판을 할 수 있는 것이다. 개요는 글을 쓰기 시작할 때보다는 교정을 하는 동안 더 잘 작성할 수 있다. 이는 교정 단계에서야 비로소 풍부하고 흥미 있는 개요 거리가 드러나기 때문이다. 퇴고는 내가 필자와 독자 모두에게 글 속에 있는 추론의 핵심을 고립시켜서 집중적으로 생각해보도록 요구할 때 하는 일인데, 이는 주장이 무엇이고 그 주장은 어떤 전제들의 뒷받침을 받고 있는지를 묻는 일에 해당한다. 이것이 최고의 비판적 사고 훈련인 이유는, 학생 자신과 단절된 식상한 훈련이 아니라, 그 자신이나 다른 이의 생생한 담화로 구현되는 사고를 평가하고 강화하는 훈련이기 때문이다. 우리는 주제에 대해 생각하고, 그 주제에 대한 생각을 (다시)

생각하는 까다로운 목표를 향해 노력하고 있기에, 우리의 생각을 종이에 적는 것은 우리에게 성공의 가능성을 높여준다. 그러나 주목할 점은 이러한 비판적 의식을 가장 고취하는 것은 우선 단어들을 적고 보는 것이 아니라, 본문으로 돌아가 그것을 내적으로 (시간적으로) 듣기만 하는 대신, 외적으로 (공간적으로) 그것을 다시 보는 것이다.

그런데 자유롭게 글을 쓰거나 검열 없이 생성적으로 글을 쓰는 것은 정말 창의적인 1차 사고를 향상시킬까? 혹자는 창의적인 자유연상법을 사용하거나, 혹은 토론이나 논쟁을 주고받는 것이 창의적 사고 향상에 더 좋은 방법이라고 말할 수도 있다. 그러나 그런 방법은 우리가 다른 사람을 잘 이용하는 경우에만, 다시 말해서 다른 사람이 우리의 창의적 사고 향상에 도움을 주는 경우에만 작동한다. 반면 자유로운 탐험적 글쓰기는 학습이 필요하지만, 언제나 할 수 있는 일이다. 그리고 창의적 사고의 목표는 직관을 사용하는 것, 즉 상상력에 우리 사고의 통제권을 내어주는 것이기 때문에, 말하기보다는 독자 없이 홀로 글을 쓰는 것이 종종 더 생산적이다. 청중을 향해 말하게 되면 예외 없이 일리가 있는 말을 하고 그것을 추론으로 뒷받침하라는 청중의 압력을 받기 마련이다.

말없이 숙고하거나, 산책을 하거나, 하룻밤 자며 생각해보거나, 또는 물음을 의식적으로 집중해서 다루는 방식에서 벗어나 전의식(前意識)에 물음을 넘기는 여러 다른 방법들을 사용하면, 직관적 사고가 아주 효과적으로 향상된다고 주장할 수도 있다. 그러나 이러한 비언어적인 과정을 시도할 경우 실제로는 생산적이기보다 단지 생각하기를 미루기만 하는 일이 발생할 수 있다. 다른 한편, 자유로운 글쓰기와 탐험적 글쓰기는 말과 말법의 자율적이며 생성적인 힘을 잘 활용하기 때문에 생산적이기 마련이다. 일단 우리 스스로 탐험적이면서도 검열되지 않은 방식으로 글을 쓰게 되면, 솟아 나오는 말들과 말법 자체가 생생하고 놀라운 힘으로 새로운 말들과 말법을 생성하게 된다. 단어는 단어를 부르고, 생각은 더 많은 생각을 부른다. 언어와 사고에 탄력이 붙고, 펜을 계속 움직임으로써 그 탄력을 높이게 된다는 것을 알게 된다. 조금만 연습하면 당신은 다음과 같이 말할 수 있게 된다. "저것 좀 봐! 단어들을 이렇게 죽 나열해보니, 단지 숙고하거나 윤곽을 그렸더라면 제안하지 못했을 그런 통찰이라든지 연결 관계 혹은 구조에 도달했어. 나는 이끌어간 것이 아니라, 이끌려온 거야." 요컨대 나는 이러한 두 가지 방식의 글쓰기 과정을 통해서 상반되는 두 가지 능력, 즉 우리가 이끌려가게 하는 능력만이 아니라, 최종 관점을 비판적으로 평가하는 능력까지도 향상하게 되는 것이다.

실천적 결과들

생각하기와 글쓰기를 위한 단 하나의 옳은 방법 같은 것은 없다. 우리 모두는 수많은 훌륭한 사상가나 저술가들의 글쓰기 방법들이 상충하는 것은 물론, 심지어 자기 자신의 방법들에서마저 일관되지 않다는 사실을 안다. 그러나 생각하기와 글쓰기 방법들이 상충한다는 사실은 오히려 우리가 알고자 하는, 훌륭한 사고와 글쓰기가 무엇인지에 대한 건설적이고 구체적인 그림을 보여준다. 훌륭한 방법이 많이 있지만, 풍부한 독창성과 강력한 비판력이 겸비되어야 탁월한 글이 될 수 있다는 것은 분명하다. 독창성과 비판성을 동시에 추구하는 글쓰기 모형은 훌륭한 저술가와 사상가들의 기법이 왜 그렇게 다양한지를 시사한다. 이들 저자들이 상충하는 방법들로 생각하고 글을 쓰는 일에는 이해할 수 없는 점이 있다. 성공적인 글쓰기는 다양한 형식을 취하기 마련인데, 더러는 불가사의하거나 놀라운 것들이다.

이 두 가지 분명한 목표를 염두에 두는 것이 좋은데, 특히 선생으로서 학생들에게 다음과 같이 말할 때 그렇다. "그녀는 분명 똑똑한데, 왜 그렇게 자주 틀릴까?" 또는 "그녀는 분명 열심히 그리고 신중하게 생각하는데, 막상 하는 일을 보면 왜 그렇게 유난히 재미없고 비생산적일까?" 나는 누구에게나 또는 그녀가 쓴 어떤 글에 대해서도 다음과 같이 물을 수 있다. "그 글을 쓰는 데 사용할 만한 제재들이 충분히 있는가?" 그리고 "그 제재들을 충분히 신중하고 비판적으로 평가하는가?"

나는 생각하거나 글을 쓰는 단 하나의 최선의 방법 같은 것은 실제로 없으며, 생각과 글쓰기에서의 탁월성은 놀라운 방식으로 숙달될 수 있는 신비한 것임을 조심스럽게 인정한다. 그래서 나는 역으로 문제를 간단히 해결하기 위한 두 가지 실천적 규칙을 강조하고 싶다.

첫째, 창의적 사고와 비판적 사고는 상반되며, 서로 충돌하는 심적 상태이다. 이런 이유로 이 두 가지 사고를 번갈아 가며 익히는 것이 사람들 대부분에게 도움이 된다. 창의적으로 생각하거나 생성적으로 글을 쓰려고 하면, 대개는 우리가 동시에 비판적으로 생각하거나 교정하는 데 방해가 된다. 즉, 비판적 사고와 교정은 우리가 어떤 생각을 해내기도 전에 우리가 생각하고 있는 것을 거부하게 만든다. 혹은 문장이나 절을 마무리하고 어떤 것을 전개하기도 전에 우리가 썼던 것을 지워버리게 한다. 그러나 비판과 교정을 잠시 미루면, 편안하게 생성적으로 생각을 하거나 글을 쓸 수 있게 된다. 마찬가지로 우리가 비판적 사고에 전념하는 데 일정 시간을 할애하면, 비판적 평가는 더욱 명민하고 강력해질 수 있다.

어리석어 보이거나 틀릴 수도 있다는 두려움은 우리가 가능한 한 창의적으로 생각하는 것을 방해하는 주된 원인 중 하나이다. 전폭적인 비판과 교정을 통하여, 그런 어리석음이 제거될 수 있음을 알게 되면, 이러한 걱정은 사라진다. 마찬가지로 가능한 한 비판적으로 생각하는 것을 방해하는 주된 요소 중 하나는 모든 것을 반대해야 하고 결국 아무

것도 남지 않으리라는 두려움이다. 그러나 우리가 작업에 필요한 아주 풍부한 자료들을 이미 확보했다는 사실을 알게 되면, 이러한 걱정 또한 사라진다.

둘째, 먼저 창의적인 사고와 탐험적인 글쓰기로 시작한 다음, 작업에 필요한 것들이 충분히 확보된 후 비판적 평가에 착수하고 교정하는 것이 좋다. 그렇지만 두 가지 독립적 단계로 글을 쓰려고 억지로 애쓸 필요는 없다. (물론 모든 일이 순조롭게 진행될 때에는 이러한 두 단계를 거치는 것이 좋다.) 교정이나 비판의 단계에 들어가기 전에 생성적 1차 사고를 모두 끝내지 못하는 경우가 종종 있다. 게다가 때때로 비판 작업을 하는 도중에도 새롭게 생성적 사고가 분출하기도 한다. 심지어 우리가 비판과 교정을 하고 있는 중에도, 직관적인 생성 작업은 결코 끝난 것이 아니라고 할 수 있다.

나는 학생들이 교정과 비판의 단계로 넘어가기 전에 창의적이고 생성적인 글쓰기를 잘하도록 가르쳐야 한다고 생각해왔다. 그러나 어떤 학생들은 열심히 비판적으로 생각하고 교정한 다음까지도 쉽사리 창의적 사고에 이르지 못한다. 그들은, 내가 차원 높은 비판적 글쓰기가 무엇인지 시범을 보인 다음에야 비로소 경직된 비판적 자세를 늦춘다. 학기 초에 때때로 나는 학생들에게, 초안으로 작성한 것을 고수하지 말고 재고하고 교정하라고 요구함으로써, 신중한 비판적 사고가 큰 차이를 만든다는 점을 가르친다.

그러나 생성적 글쓰기가 흔히, 계획을 세워 시작하고, 비판적으로 생각하며 개요를 작성하는 일을 방해한다는 사실은 여전하다. 학기 초에 나의 강의는 학생들의 자신감을 고취시키고, 그들이 방대한 양의 어휘와 생각을 떠올리는 법을 빠르게 터득할 수 있도록, 생성적 글쓰기, 자유연상법, 비판 유보하기를 강화하는 데 집중된다. 그런 후에 우리는 생성하기와 비판하기를 주고받는 방향으로 서서히 나아가게 된다. 1차 사고와 생성하기로 수업을 시작하고, 그 흐름을 좀 더 오래 타면서, 가능한 한 비판하기를 늦추는 훈련을 통해, 나 자신의 글쓰기와 사고뿐 아니라 학생들의 글쓰기와 사고도 돕고 있다는 것을 발견한다. 이 두 사고를 주고받아라. 바로 그것이다. 그러나 서두르는 대신 각각의 사고방식이 잘 자라게 할 시간이 필요하다.

상호 보강

우리는 문화사적으로 이성과 감성, 합리성과 비합리성, 논리와 충동 간의 다툼을 자주 경험해왔다. 직관적인 1차 사고는 느낌, 비합리성, 충동과 분리될 수 없으므로, 결국 훈련된 비판적 사고와 검열되지 않은 창의적 사고가 확고하고 불안하게 적대하고 있는 상황에 직면하게 된다. 논리와 이성은 단지 최근에서야 가까스로 사고의 기준이 되기 위한 다툼에서 승리한 것처럼 보이며, 따라서 이성과 논리의 주창자들은 비판적 경계를 늦추는 모든 것을 비판하려는 경향이 있다. 유사하게, 창의적인 1차 사고의 옹호자들은 적법성 싸움에서 이기기 위해서라도 비판적 사고를 비판해야 한다고 가끔 느낀다.

그러나 이것은 불행한 역사적 사고(事故)이자 여전히 진행 중인 사고이다. 우리가 생각하기와 글쓰기에 대한 진실을 직시한다면, 그 상황은 "이것 또는 저것"이 아니라, "둘 다"라는 점이 명확하다. 즉, 1차적으로 생각하는 만큼 2차적으로 생각하게 되며, 그 역도 마찬가지다. 그것은 무서운 투쟁의 정신보다는 상호 보강의 정신으로 두 가지 상반된 사고방식을 익히는 문제이다.

2

비판적 사고와 연계판단

블라이스 맥비커 클린치

우리는 비판적 사고의 이점들에 관하여 무수히 듣는다. 즉, 비판적 사고를 가르치는 것이 얼마나 중요한지, 비판적 사고를 가르치는 것이 얼마나 어려운 일인지, 어떻게 하면 비판적 사고를 더 잘 가르칠 수 있을지에 관해서 말이다.

나는 비판적 사고의 옹호자이자 비판적 사고를 옹호하는 교육기관에 속해 있다. 우리는 우리가 가진 높은 기준들에 자부심을 가지고 있으며, 이 기준들에 맞도록 학생들을 길러내기 위해 열심히 노력한다. 종종 우리는 실패한다. 적어도 나는 그렇다. 얼마 전 나의 학생이 이런 높은 기준들에 도달하는 데에 실패하였을 때, 나는 그것이 그녀 혹은 나의 잘못 때문이라고 생각했다. 아마도 그녀가 게을렀거나, 섣불렀거나, 준비가 덜 되었으리라고 생각했다. 나의 교육 방법을 보다 향상시킬 필요가 있지 않을까도 생각해보았다.

그러나 최근에 나는 우리의 학생들이 정해진 기준들에 도달하지 못하여 비판적 사고자가 되는 데에 실패했을 때, 잘못은 그들이나 내게 있는 것이 아니라, 기준들에 있을지도 모른다고 생각하게 되었다. 문제는 그들이 아둔한 학생들이라든가, 내가 무능한 교육자라는 것이 아니라, 우리가 하는 일에 무언가 심각하게 잘못된 점이 있다는 것이다.

비판적 사고를 가르치려는 것에는 아무 문제가 없다. 그러나 우리가 **단지** 비판적 사고만을 가르치려 할 때는 무언가 잘못되어간다. 적어도 여학생 교육에서, 다른 사고방식들을 실질적으로 배제하는 비판적 사고를 강조할 때 무언가 문제가 생기는 것이다.

게다가 그런 체제 속에서도 훌륭한 비판적 사고자가 되었으며, 자신들의 말로는, 최우수 성적으로 졸업하고 파이 베타 카파(Phi Beta Kappa)*의 일원이 됨으로써 "체제를 이겨낸" 몇몇 성공적인 여성들조차 비판적 사고 학습에서 실패한 이들만큼이나 피해를 보았다고 나는 생각하게 되었다. 나는 이런 여성 중 몇몇에 관한 이야기를 하고자 하며, 만일 대학들이 우리가 소위 "연계판단(connected knowing)"이라 부르는 비(非)비판적 사고의 형식을 보다 강조하게 된다면, 그녀들의 이야기가 보다 행복한 것이 될 수 있음을 논술하고자 한다.

나는 특히 두 가지 연구에 근거해 이 점을 논할 것이다. 그중 하나는 내 동료 짐머만(Claire Zimmerman)과 함께 웰즐리(Wellesley)대학에서 수행했던 추적 조사인데(1982, 1985a, 1985b), 이 조사에서 우리는 4년간 매해 학부생들을 인터뷰했다. 또 다른 연구는 벨렝키(Mary Belenky), 골드버거(Nancy Goldberger), 타룰(Jill Tarule)과 함께 수행한 것으로, 이는 다양한 교육기관에 속한 학부생들과 졸업생들 및 다양한 연령층의 사회적, 인종적 배경이 다른 135명의 여성들을 인터뷰한 것인데, 『여성들이 아는 방식들(*Women's Way of Knowing*)』(1986)이라는 책에서 보고되었던 것이다. 나는 대체로 여성에 관해서만 언급하는

---

* [역주] 미국 내 최우등 졸업생 모임.

데, 내가 잘 아는 분야이기 때문이다. 우리가 "사람들"이라는 단어를 쓰기보다 "여성들"이라는 단어를 사용할 때 남성들을 배제하려 한 것은 아니나, 이 두 연구에서는 여성들만을 인터뷰하였다.

인식론적 입장

『여성들이 아는 방식들』에서 우리는 여성들이 가지고 있는 것으로 보이는 지식에 대한 다섯 가지 다른 관점들을 검토한다. 페리(William Perry, 1971)와 마찬가지로, 우리는 이 관점들을 "입장들"이라고 부른다. 우리의 입장은 그의 입장에 상당 부분 빚지고 있으며 그의 입장에 근거하여 구축되었으나, 양자는 다르다. 인식론적 입장에 대한 우리의 정의들은 지식과 진리의 본성보다는 근원들을 강조하는 것이다. 인터뷰를 읽어 내려가면서 우리는 스스로 이렇게 물었다. "어떻게 해서 그녀는 자신을 인식자로 여기게 되는가?" "지식은 자아 안에서 기원하는 것처럼 보이는가, 아니면 자아의 바깥에서 기원하는 것처럼 보이는가?" "지식은 한 사람에서 다른 사람에게로 온전히 전수될 수 있는가, 아니면 사람마다 자신의 내부에서부터 솟아 나오는 것인가?" "지식은 별다른 노력 없이 직관이나 계시의 형태로 나타나는 것인가, 아니면 오직 고된 탐구의 과정을 통해서만 얻어지는 것인가?" 등등.

비판적 사고와 연계판단에 관한 논의의 장을 마련하기 위해서 이들 두 입장을 비교해볼 필요가 있다. 이 입장들은 가르치는 이들 모두에게 친숙한 것들이다.

수용주의 일부 여성들은 인터뷰를 할 때 우리가 '수용주의'라고 부르는 자세를 취한다. 페리가 말하는 이원론자처럼, 그녀들은 자신들에게 옳은 대답을 제공하는 권위자들에 의존한다. 그녀들에게 진리란 외적인 것이다. 그녀들은 지식을 흡수할 수는 있지만, 스스로 지식을 평가하거나 만들어내지는 못한다. 수용주의자들은 자리에 앉아 필기할 태세로 교사가 말하는 것이라면 뭐든지 적을 준비를 하는 이들이다.

주관주의 우리가 말하는 두 번째 앎의 양상은 '주관주의'이다. 주관주의자는 페리가 말하는 다원론자와 많이 흡사하다. 어떤 면에서 그녀들의 지식 개념은 수용주의자들과는 반대이다. 즉, 주관주의자들은 지식을 얻기 위해 자신의 내면을 들여다본다. 그녀들은 스스로 권위자들이다. 그녀들에게 있어 진리는, 가슴속에 있든 뱃속(gut)에 있든 내적인 것이다. 페리가 말하는 다원론자들처럼, 그녀들에게 진리는 개인적인 것이다. 즉, 당신은 당신의 진리를 가지고 있고, 나는 내 진리를 가졌다는 식이다. 주관주의자는 개인적 경험에서 습득한 지식에 의존한다. 그녀는 자기 경험의 부스러기들을 직관의 형식으로 내면화하고, 그 직관들을 신뢰한다. 그녀들은 "모든 것을 아는 체하는" 이들, 그리고 그녀들에게 "자신들의 생각을 강요하려는", 그녀들이 "소위 권위자들"이라고 부르는 이들을 신뢰하지 않는다.

주관주의자는 느낌으로 판단을 내린다. 즉, 옳다는 느낌이 든다면 그 생각은 옳다. 웰즐리 연구에서, 우리는 학생들에게 어떤 시에 대한 해석이 분분할 때 어느 해석이 옳은지를 어떻게 선택하는지를 물었다. 어떤 이는 이렇게 말했다. "견해들이 오갈 때, 저는 종종 제 입장이 그중 한 견해와 유사하다는 것을 알게 돼요. 모르겠어요. 제 견해들은 그저 그런 것이에요… 저에게 이것은 다른 견해들을 제쳐두고 어떤 한 견해를 선호하느냐의 문제예요. 그러니까, 어쩌다 보니 제가 하나의 견해에 동의하거나 제 입장을 맞춰나가게 되는 거죠."

우리 학생들 대다수는, 특히 신입생 때는, 학교생활에서는 수용주의자로, 그리고 "실제" 혹은 "사적인" 삶이라고 일컫는 생활에서는 주관주의자로 행세한다. 일부 학생들은 보다 섬세한 구분을 하는데, 그들은 교육과정에 따라 다른 자세를 취한다. 즉, 그들은 과학 과목들에서는 수용주의자의 자세를 취하고, 인문학 같은 애매모호한 영역에서는 주관주의자의 자세를 취한다.

발달심리학자로서, 나는 수용주의와 주관주의를 존중하는 것을 배워왔다. 수용주의자들 중 몇몇은 살아오는 동안 다른 사람들로부터 배우지도 못했고 남의 말을 이해하지도 못했다고 고백한다. 이제 그들은 이런 말들을 이해하고 받아들이는 스스로의 능력에 황홀해한다. 그리고 주관주의자들은, 말을 무기 삼아 자신들의 경험들과는 아무 관계가 없는 진리의 원칙들을 강요하는 권위에 속절없이 의존했었는데, 이제 그로부터 자유로워졌다고 감격해한다. 이 여성들에게는 자신들만의 경험에 따라 자신들만의 진리를 정의하는 것이 진정한 성취이다.

그러나 분명히 두 입장들 모두 한계는 있다. 특히, 이 여성들이 나의 연구 보조원들이 아니라 내 학생일 때, 그런 입장들은 이점보다는 한계가 더 커 보이는 것 같다. 예를 들어, 나는 아동발달을 가르칠 때 내 학생들이 피아제(J. Piaget)의 관찰들에 관한 해석들을 아무 생각 없이 소화시켜버리지 않기를 바라면서도, 피아제가 말하는 것에 대해 보다 집중해서 듣기를 바란다. 나는 학생들이 자신들의 해석을 청산유수로 피력하면서 데이터를 무시하는 것은 원치 않는다. 수용적 인식 혹은 주관적 인식에 의존하는 학생들은 어떤 의미에서는 진정한 생각을 하고 있지 않다. 수용적 인식자의 생각은 권위에서 온다. 한편 주관주의자의 입장들은 "바로 자신들에게서 온다." 이 둘 중 어떤 것에도 새로운 생각을 발전시킨다거나 타당성을 검증하는 절차 같은 것은 없다. 교사로서 나는 이러한 학생들이 생각들을 이해하고 판단하기 위한 체계적이고 깊이 있게 생각하는 절차를 발전시킬 수 있도록 돕고 싶다.

분리판단

우리는 이해를 위한 절차로서 크게 수용주의와 주관주의가 있음을 확인하였다. 비판적 사고는 쉽게 말해 "분리판단(separate knowing)"이라 할 수 있다. 그냥 "생각하기"라고 하는 사람도 있다. 전에는 우리도 그랬지만, 우리가 이제 주장하는 것은 비판적 사고가 단지 생각하기의 한 종류라는 것이다.

분리판단에서의 핵심은 냉정함이다. 분리판단자는 자신들이 분석하려고 하는 대상으로부터 줄곧 물러서 있다. 그녀들은 무사심(無邪心)의 태도를 취한다. 그녀들은 자신들의 판단이 편견에 치우치지 않았다는 것을 보장하는 특정한 규칙이나 과정을 따른다. 이렇듯 어떤 분야나 직업이든 대상 분석을 위한 객관적인 절차가 있다. 모든 영역은 평가를 위한 객관적인 표준, 예컨대 어떤 소설이 잘 쓰였는지, 어떤 실험이 적절히 수행되었는지, 누군가를 정신분열증 환자로 진단하는 것이 옳은지를 결정할 수 있게 하는 기준을 가지고 있는 것이다.

우리 학자들은 무사심을 높이 쳐주는 경향이 있다. 예를 들어 우리 중의 일부는 이름을 안 보고 채점하는 것을 자랑스럽게 여긴다. 즉, 우리는 누가 그것을 썼는지 알지 못한 채 논문을 읽고 평가한다. 이는 특정인에 대한 느낌이 그녀의 결과물을 평가하는 데 영향을 주지 않도록 하기 위해서이다. 분리판단을 할 때, 우리는 판단의 대상으로부터 그 작성자를 분리한다. 우리가 글쓴이에 대하여 알지 못할수록 글을 더 잘 평가할 수 있다.

우리가 신입생 학제 간 협동과정에서 강의할 일련의 강좌를 기획할 때, 우리 중 몇몇이 당시 마르크스주의를 가르치던 강사로 하여금 학생들에게 마르크스를 한 인간으로서 가르치도록 한 적이 있다. 그 강사는 마르크스의 전기가 마르크스의 이론과는 무관하며 학생들을 오도할 뿐이라고 주장하였다. 결국 그는 마지못해, 그의 표현에 따르자면, 지적 전통 안에 "마르크스의 자리를 찾아주는" 데 동의하였다. 그것은 그가 의도한 만큼 사적인 것이었다.

분리판단은 흔히 반대의 형식을 취한다. 분리판단자에게 가장 중요한 논의 양식은 논쟁이다. 우리가 인터뷰한 한 여성은 다음과 같이 말하였다. "누군가 내게 어떤 견해를 피력하면 나는 즉각적으로 그 관점에 반대되는 관점을 머릿속에서 생각하기 시작해요. 누군가 뭔가를 말할 때는 그 견해를 뒤집어엎어버릴 수밖에 없어요." 또 다른 여성은 이렇게 말했다. "나는 누군가가 말하는 것을 한 번도 당연시한 적이 없어요. 나는 단지 반대 관점을 찾으려는 경향이 있죠. 난 누군가가 말하는 것에 반대되는 주장을 하기도 하고, 그 사람의 주장에 대한 예외를 생각하고, 그와는 다른 논리적 흐름을 생각해보는 등, 선의의 비판자(devil's advocate) 역할을 좋아해요."

이 젊은 여성들은 피터 엘보가 "의심하기 놀이"라고 부른 놀이를 한다. 그들은 자신들이 설명하고 있는 텍스트, 그림, 사람, 그 어떤 것에서든 무엇이 잘못되었는지 찾아낸다. 그들은 반대 관점을 생각해낸다. 의심하기 놀이는 학문의 장에서 꽤 인기가 높다.

하지만 교사들은 여학생들을 의심하기 놀이에 참여시키느라 어려움을 겪는 일이 흔하다고 보고한다. 스미스대학(Smith College)에서 학생들을 가르치는 고라(Michael Gorra)는 『뉴욕 타임즈』(1988)에 「작고 부드러운 목소리 듣기를 배우기(Learning to Hear the Small, Soft Voices)」라는 제목의 글을 기고했다. 고라는 자신이 선의의 비판자 역을 자처하여 학생들을 유도하려고 해도 학생들은 자신과 논쟁하길 거부하고, 자기들끼리 서로 논쟁하기도 거부하여, 토론을 순조롭게 시작하기가 어렵다고 토로했다. 고라는 두 명의 학생이 번갈아 가며 오든(Auden)의 시에 관해 상충하는 견해를 제시했던 사건에 관해 이렇게 언급한다. "뒤이어 말한 학생"은, "내가 생각하기로는 남자들이 흔히 하는 방식으로, 자신의 해석이 앞서 말한 학생의 해석에 반대된다고 밝히지 않았다. 그녀는 '저는 그 해석에 동의하지 않습니다'라고 말문을 열지 않았던 것이다. 그 학생은 자신이 학우의 입장에 동의하지 않는다는 것을 전혀 의식하지 못했으며, 내가 그 점을 지적해주었을 때 놀라는 듯하였다."

고라는 이런 현상을 이해하려고 애쓰는 중에 여성주의 시인 리치(Adrienne Rich)가 도움이 된다는 것을 알게 되었다. 「여학생 진지하게 생각해보기(Taking Women Students Seriously)」(1979)라는 논문에서 리치는 여성이 어린 시절부터 "작고 부드러운 목소리로" 말하도록 교육받아왔다고 주장한다. 고라는 증언한다. "리치는 우리의 학생들이 단호한 주장은 비여성적이라고 배운 것 때문에 심지어 여자대학까지 와서도 여전히 고통을 겪고 있다고 말한다. 그들은 나의 선의의 비판자 역에 대해서뿐만 아니라 서로의 주장에 맞서 자신의 견해를 옹호할 수 있어야 한다는 점을 불안해한다. 그들은 만일 자신의 발언이 친구들의 일치된 의견과 부딪치는 것을 의미한다면, 차라리 말보다 침묵을 택한다. 그러나 그러한 일치된 의견은 지성적이라기보다는 대체로 감정과 어조 문제인 경우가 많다."

나 역시 이와 비슷한 경험을 한 적이 있고, 몇 년 전에 위와 거의 같은 방식으로 여학생들을 평가하고 분석했던 듯하다. 그러나 우리의 연구는 여학생들을 다소 다르게 보게 한다. 내가 고라에 공감하지 않는 것은 아니다. 나는 그에 동의하며 그가 가르치려고 하는 것을 높이 평가한다. 분리판단은 매우 중요하다. 분리판단은 우리 자신의 생각과 다른 사람들의 생각을 비판할 수 있도록 한다. 이러한 분리판단을 하지 않고서 우리가 논문을 재검토할 수는 없고, 납득할 만한 논증을 전개한다거나 미심쩍은 논증을 탐지할 수도 없을 것이다. 분리판단은 지식을 얻는 강력한 방법이다.

게다가 논쟁은 강력한 토론 양식이다. 우리 모두는 논쟁하는 방법을 알 필요가 있다. 우리는 인터뷰를 통해서 다수의 젊은 여성들이 논쟁에 참여하기를 주저한다는 고라의 느낌이 사실임을 확인하였고, 나는 이 점이 한계라는 데에 동의한다. 그러나 논쟁만이 유일한 담화 형식은 아니며, 만일 여성에게 다른 방식으로 말해보라고 권하면 — 길리건(Carol Gilligan, 1982)의 표현대로 다른 목소리를 내도록 권하면 — 여성들은 유창하고 힘 있게 발언할 수 있을 것이다.

우리 교수 대부분과 마찬가지로 고라 역시 자신의 수업에서 다른 목소리로 말하기를 허용하지 않기에, 내가 그랬듯이 그 역시 다른 목소리에 관해 알지 못할 것이다. 왜냐하면 자부심을 가지고 토론을 장려하는 강의자들이 이끌어가는 대부분의 수업이 그러하듯, 그의 수업에서도 토론이란 의견 충돌이고, 학생들은 반대와 침묵 중에서 선택해야 하기 때문이다. 다소 다른 관점을 취하기 위해서 고라는 리치의 또 다른 논문 「여성 중심의 대학을 위하여(Toward a Woman-Centered University)」(1979)를 거론하고자 할 수 있다. 여기서 저자는 우리의 교육적 관행이 "남성적이고 대립적인 담론 형식"에 근거하고 있음을 지적하며, 침묵의 문제를 여성들의 결함이 아닌 우리 교육제도의 한계로 정의한다.

나는 논쟁이 학문의 장에서 매우 선호되는 최선의 토론 방식이라는 데에 동의한다. 그러나 다른 목소리도 있다.

연계판단

우리는 학부 여학생들로 하여금 다른 학부생들의 견해를 평가해보도록 하였다. 우리는 그들에게, "누군가 내게 어떤 견해를 피력하면 나는 즉각적으로 그 관점에 반대되는 관점을 머릿속에서 생각하기 시작해요."라는, 앞서 인용한 대답을 읽도록 한 후 어떤 생각이 드는지 물었다.

학생들 대부분은 그와 같은 대답을 그다지 선호하지 않았고, 자신들은 그런 적이 별로 없었다고 말하였다.

이 여성들은 의견의 불일치를 인지할 수 있었지만, 그 불일치를 논증으로 대처하지는 않았다. 어떤 학생은 누군가의 의견에 동의하지 않을 때 자신의 머릿속에서 논박을 생각해보지는 않으며, 그 대신 자신이 상대가 처한 상황 속으로 들어가보는 것을 상상하려 한다고 말하였다. 즉, 그 학생은 다음과 같이 말하였다. "뭐랄까요, 저는 마음속에서 저 자신을 그 학생의 상황에 들어가게 한 다음, '네 말이 뭔지 알겠어'라고 해요. 첫 단계에서 저는 이야기 속으로 들어가고, 다음엔 토끼 굴에 빠진 앨리스처럼 되는 거죠."

이 여성이 하는 말을 알아듣기까지는 오랜 시간이 걸렸다. 당시 우리는 그녀가 비판적 사고에 무능함을 드러내고 있는 것이라고만 생각했다. 그녀의 대답은 또 다른 사고방식의 존재를 의미한다기보다 어떤 유형의 사고 결함, 즉 차이가 아닌 결핍을 의미했다. 이제 우리는 이를 "연계판단"이라고 부르는 지식의 한 사례로 이해하며, 이런 경우를 어디서든 발견한다. 수많은 여성에게 연계판단의 성향이 있음이 분명하다.

연계판단을 보여주는 설명과 분리판단을 보여주는 설명을 대조해보자. 당신이 선의의 비판자 역을 할 때는, 심지어 당신이 상대의 입장에 동의하고 그 입장이 직관적으로 옳아 보일지라도, 당신은 상대방과 반대되는 입장에 선다. 한편 우리가 인터뷰한 여성들은, 자신들이 상대방에 동의하지 않을지라도, 자신의 입장을 상대방의 입장에 맞춘다. 또 다른 학생도 이와 같은 관점을 보여준다. 그녀는 자신이 선의의 비판자 역을 맡는 경우는 드물다고 말한다. "저는 약간 카멜레온같이 행동하는 경우가 많아요. 상대에게 반대하려고 하는 대신에, 그들이 말한 것에서 참인 것을 조금이라도 찾으려고 진심으로 노력해요. 그들과 협력한다고나 할까요?" 이런 여성들은 엘보(Elbow, 1973)가 말하는 믿기 놀이를 한다. 즉, 다른 이들의 생각에서 오류를 찾는 대신, 어째서 그 견해가 이치에 맞는지, 어떻게 그 견해가 옳을 수 있을지를 모색하는 것이다.

연계판단자들이라고 해서 감정에 치우치지도 않고 편파적이지도 않은 관찰자들인 것은 아니다. 그들은 의도적으로 검토 중인 입장에 호의적 자세를 취한다. 그들은 검토 대상에 들어가 그 입장에 친밀하게 접근하고자 한다. 연계판단에서 가장 중요한 것은 상상적인 접근이다. 즉, 상대방의 관점 이면으로 접근하여, "상대방의 관점에서 검토 대상을 바라보"고자 한다. 이것이 엘보가 의미하는 "믿기"이다. 당신은 불신을 유보하고, 당신 자신의 관점을 제쳐놓은 상태에서 상대의 생각 속에 있는 논리를 이해하고자 해야 한다. 당신이 그 생각에 최종적으로 동의해야 할 필요는 없다. 그러나 엘보의 주장은, 당신이 그러한 자세를 취하고 있는 한, "옳다"고 해야 한다는 것이다. 당신은 상대의 입장에 공감하고, 함께 느끼고 생각해야 한다. 분리판단에서와는 달리 연계판단에서는 감정을 금지하지는 않지만, 이성 역시 존재한다.

연계판단자는 누군가가 말하고자 하는 바를 이해하려면 반드시 그 사람의 용어를 수용해야 하고 판단은 삼가야 한다고 믿는다. 이런 의미에서 연계판단은 비판적이지 않다. 그렇다고 연계판단이 무사유인 것은 아니다. 연계판단은 감정이 있는 인격적 사고방식이다. 연계판단자는 철학적인 논문 같은 비인격적인 글도 인격적으로 접근한다. 웰슬리의 여학생이 표현하듯 이런 여성은 텍스트를 "마치 친구처럼" 받아들인다. 부버(Martin Buber)식 용어*로 말하자면, 텍스트란 "그것"이라는 분석

---

* [역주] 마르틴 부버는 그의 저서 『나와 너(Ich und Du)』에서 실존적이고 인격적인 만남을 강조하기 위하여 '나-그것'의 만남이 아닌 '나-너'의 만남을 참된 만남이라고 주장한다. 이 두 관계는 모두 일종의 존재 양식이지만, 부버는 대상을 객체화하여 다루는 '나-그것'의 관계와 대비하여 주체의 전인격을 관계 속에 투사하는 '나-너'의 존재 양식을 관계의 적합한 양식으로서 묘사한다.

대상이 아니라 "너"라는 주체인 것이다.

분리판단자가 액면 그대로는 아무것도 받아들이지 않는 반면, 어떤 의미에서 연계판단은 모든 것을 액면 그대로 받아들인다. 그녀는 자신이 검토하는 관점을 평가하려고 하기보다, 그것을 이해하고자 한다. 그녀는 "이것은 옳은가?"라고 묻지 않고, "이것은 무엇을 의미하는가?"라고 묻는다. 그녀가 "왜 그렇게 생각하지요?"라고 물을 때 뜻하는 바는, "그 입장을 뒷받침하는 당신의 근거는 무엇이지요?"가 아니라, "당신을 그런 관점으로 이끈 경험은 무엇이지요?"이다. 그녀는 생각 뒤에 숨은 이야기를 찾고 있는 것이다. 분리판단의 목소리는 논쟁이고, 연계판단의 목소리는 서사이다.

여성들은 자신들의 경험을 공유하는 데에 많은 시간을 쓰며, 대학 신입생들은 대부분의 시간을 이런 식으로 보내는 듯하다. 이 점은 대학생들의 지적 발달에 관한 대부분의 연구가 보여주는 사실, 즉 학생들의 주요 성장이 대학 생활 첫 일 년 동안에 이루어진다는 사실을 설명하는 데에 도움을 줄 수 있다.

더불어 사고하기

내가 여성들이 연계판단을 추구하는 경향이 있다고 할 때, 여성들이 사고하기를 할 뜻이 없다거나 할 수 없다고 말하는 것이 아니다. 나는 많은 여성이 누군가에 반대하기보다는 더불어 생각하고자 한다고 말하는 것이다. 나는 사고하기를 분석적이고 단절적이며 감정에서 분리된 것으로 간주하는, 불필요하게 위축된 관점에 반대하는 것이다.

마찬가지로, 나는 분리판단보다 연계판단이 낫다고 말하는 것도 아니다. 나는 학생들이 두 영역 모두에서 출중하기를 바란다. 나는 그들이 연계판단과 분리판단 모두에서 유연한 능력을 갖추도록 도와주고 싶다.

비판적 사고에 능한 러셀(Bertrand Russell)도 이러한 견해를 보인다. 그는 자신의 저서 『서양철학사(*History of Western Philosophy*)』(1961)에서 "철학자를 연구하는 적절한 태도는 존경도 경멸도 아니다."라고 말한다. 그는 "저자의 이론을 신뢰할 수 있다는 느낌이 올 때까지 공감"하며 읽어나가야 한다고 말한다. 러셀에 의하면, 우리가 이렇게 할 수 있을 때에만 "비판적" 태도를 취할 수 있다. 러셀은 더 나아가 다음과 같이 말한다. "연구 가치가 있는 견해를 지닌 사람이 일정 수준의 지성을 갖췄다고 여길 수 있다는 사실, 그러나 어떤 주제든 간에 완전하고 궁극적인 진리에 도달했을 것 같지는 않다는 사실, 이 두 가지를 기억해야 한다. 어떤 지성인이 우리가 보기에는 명백히 부조리한 견해를 표명할 때, 우리는 그것이 어떻게든 참이라는 것을 증명하려고 해서는 안 되고, 그것이 어째서 참인 듯 보이게 되었는지 이해하려 해야 한다."

존경하는 것도 경멸하는 것도 아니며, 다가서는 것이자 물러서는 것이며, 수용적이면서도 비판적인, 통합적 접근법이 이상적이다. 우리가 인터뷰한 것을 놓고 볼 때, 강의자가 통합 접근법을 활용할 때, 즉 러셀이 권한 것처럼, 독자가 철학자를 대하는 방식으로 교육할 때, 학생들은 통합 접근법을 배우게 된다.

먼저 믿고, 그 다음에 의심하라. 우리가 학생들에게 자신들을 성장시킨 선생들에 대해 말해보라고 했을 때, 그들은 자신들을 신뢰했고, 자신들이 써낸 글에서 뭔가 "옳은" 것을 보았고, 뒤죽박죽인 글에서도 생각의 싹을 분별해냈으며, 일그러진 점토 덩어리에서 아름다운 조형물을 알아본 선생들의 이야기를 들려주었다. 이 선생들은 몇몇 실패까지 포함한 자신들의 경험과 학생들의 노력을 연결시켰다. 일단 선생들이 관계의 맥락을 형성하게 되면, 학생들은 선생들의 비판을 견딜 수 있으며, 심지어 비판을 기꺼이 받아들이기까지 한다. 비판이란, 이런 맥락에서는, 젠체하는 것이 아니라 협력인 것이다.

나는 이런 선생이 되고자 노력하고 있지만, 쉬운 일은 아니다. 학생의 글에서 잘못된 점을 지적하는 것이 옳은 점을 말하는 것보다 쉽다. 나는 답안지의 여백에 적절하고 구체적인 비판을 써넣을 수 있다. 그런데 칭찬은 "좋은 지적이야"와 같은 다들 쓰는 단조로운 표현에 머무는 경향이 있다. 연계교육이란, 내 동료 벨렝키(Mary Belenky)가 "성장요소"라고 부른 것, 즉 학생의 생각에서 "좋은" 것이 무엇인지를 정확히 가려내고자 부단히 노력하는 것을 의미한다. 연계교육은 학생에게 그 "성장요소"를 지적하여, 학생들이 거기서부터 다음의 작은 한 걸음을 내딛게 하는 것이 무엇인지를 고려하는 것이다. 이러한 종류의 교육을 "맹목적"이라고 할 수는 없다. 이런 교육은 학습 대상으로부터 학습자를 분리하지는 않기 때문이다. 논문과 같은 과제물을 평가하는 것이 중요한 게 아니라, 그 논문을 학습자를 이해하는 데에 활용하는 것이 중요하다. 즉, 그녀가 어디 있고 무엇을 필요로 하는지를 이해하는 것이 중요한 것이다.

우리가 여성들에게 자신들의 성장을 도운 수업들에 관하여 말해보라고 했을 때, 그녀들은 논쟁의 형식이 아니라, 우리가 "연계적 의사소통"이라고 부르고 여성들이 "진정한 대화"라고 부른 형식의 수업들을 언급하였다. 이런 수업에서 각자는 서로의 생각을 끌어내는 산파 역할을 하고, 다른 사람들의 생각들을 형상화하고, 그 생각들 안으로 들어가고, 그 생각들을 구체화하고, 심지어 열정적으로 논쟁까지 하며, 혼자서는 결코 궁리해낼 수 없는 진리를 함께 발굴한다.

남학생들과의 인터뷰를 포함한 최근 연구는 많은 학생 간에 배움의 차이가 있다는 것을 보여주는 듯하다. 분리판단과 연계판단에 대한 태도를 알기 위해 남녀 학생들을 인터뷰해보자. 비록 우리가 그 데이터를 이제 막 분석하기 시작했을지라도, 전반적으로 남성들이 여성들보다 적대적 형식을 더 편하게 느끼는 것으로 보인다. 연계판단에 대한 질문을 받고 남성들은, 논쟁에 대한 여성들의 태도와 유사한 상반된 감정을 드러낸다. 그들은 다른 사람의 관점으로 들어가도록 노력해야 한다는 것은 알고 있지만, 어렵고 불편하여 그렇게 잘 하게 되지 않는다고 말한다.

이런 남학생들은 일종의 연계적 토론 수업이 진행되는 중에, 우리가 스미스대학의 수업에서 여성들이 느꼈으리라고 예상하는 느낌과 같은 위축되는 느낌을 받았을 가능성이 있다. 그러한 수업에서 남학생들은 침묵하는 시간이 길어질 것이며, 선생들은 자신들의 교육에서 무엇이 학생들의 지적 발달을 저해하는지 걱정할 것이다.

그러나 모든 남성이 침묵하지는 않을 것이다. 비록 우리의 조사가 여성보다 더 많은 남성이 분리판단 성향을 보이고, 남성보다 더 많은 여성이 연계판단 성향을 보인다는 점에서 두 판단 양식이 젠더와 관련이 있음을 시사하지만, 이러한 판단 양식들이 특정 젠더에 배타적이지 않다는 점은 분명하다.

책을 출간한 후 첫 강연에 나섰을 때, 나는 내 강연 끝에 어떤 구 척 장정이 일어나 내 생각을 통렬하게 공격하는 환상을 가졌었다. 그런 일은 일어나지 않았다. 발생한 사건이라고는 보통 키의 남자가 일어나서, "왜 선생님은 '여성의' 인식 방식이라고 말하는 것이지요? 저 역시 연계판단자인데요. 왜 저는 포함시키지 않으세요?"라고 물은 것이다. 루딕(Sara Ruddick, 1984)의 말을 달리 표현하자면, 대학은 사람들이 관심을 가지는 것들에 관해 사유하도록 장려하는 곳이자, 그들이 사유하는 것들에 관해 관심을 가지도록 장려하는 곳이 되어야만 한다. 나는 비판적 사고뿐만 아니라 연계판단에 가치를 두는 대학이야말로 그러한 곳일 수 있다고 믿는다.

참고문헌 ━━━━━━

Belenky, Mary B., Clinchy, Blythe McV., Goldberger, Nancy R., and Tarule, Jill R. *Women's Ways of Knowing*. New York: Basic Books, 1986.

Buber, Martin. *I and Thou*. New York: Charles Scribner's Sons, 1970.

Clinchy, Blythe and Zimmerman, Claire. "Epistemology and Agency in the Development of Undergraduate Woman." in P. Perun(ed.), *The Undergraduate Woman: Issues in Educational Equity*. Lexington, Mass.: Lexington Books, 1982.

____. "Connected and Separate Knowing." Paper presented at a symposium on "Gender Differences in Intellectual Development: Women's Ways of Knowing," at the Eighth Biennial Meeting of the International Society for the Study of Behavioural Development, Tours, France, 1985a.

____. "Growing up Intellectually: Issues for College Woman." *Work in Progress*, No. 19. Wellesley, Mass.: Stone Center Working Papers Series, 1985b.

Elbow, Peter. *Writing Without Teachers*. London: Oxford University Press, 1973.

Gilligan, Carol. *In a Different Voice: Psychological Theory and Women's Development*. Cambridge, MA: Harvard University Press, 1982.

Gorra, Michael. "Learning to Hear the Small, Soft Voices." *The New York Times Sunday Magazine*(1 May 1988), p.32, p.34.

Perry, William G. *Forms of Intellectual and Ethical Development in the College Years*. New York: Holt, Rinehart and Winston, 1970.

Rich, Adrienne. *On Lies, Secrets, and Silence: Selected Prose — 1966-1978*. New York: W.W. Norton, 1979.

Ruddick, Sara. "New Combinations: Learning from Virginia Woolf." in

C. Asher, L. DeSalvo and Sara Ruddick(eds.), *Between Women.* Boston: Beacon Press, 1984.

Russell, Bertrand. *History of Western Philosophy.* London: George Allen and Unwin, 1961.

3

공감, 이성, 상상력을 위한 교육

델로리스 갈로

교육은 문학, 역사, 과학, 예술 분야의 풍부한 지식 체계를 개인에게 안내할 뿐만 아니라, 인간의 본질적 능력들, 즉 복잡성을 유의미하게 다루는 능력과 개인의 효과적인 반응 능력과 같은 인간의 본질적 역량들을 제고시키고자 하는 소임을 맡고 있다. 이러한 역량들의 발휘 여부는 폭넓은 지식 기반, 명료하고 지략 있는 사고, 그리고 행동하려는 의지를 지니고 있는가에 따라 좌우된다. 그래서 교육의 주된 목적은 열린 마음으로 인간을 이해하고 반응하는 능력을 배양하는 것이라고 말할 수 있다.

진정한 열린 마음은 다면적이고 때로는 역설로 보이는데, 이는 거리를 둔 참여와 기꺼이 단념하는 끈질김의 성향을 특징으로 하기 때문이다. 진정한 열린 마음은 문제에 개입하여 행동으로 나아가게 하는 건전한 이해에 도달할 것을 요구하지만, 다른 관점들의 의미와 가치에 대한 인식을 왜곡하는 모든 관점과 거리를 둘 것을 요구한다. 진정한 열린 마음은 사물들을 새롭게 인식하기 위하여 지속적으로, 나아가 규칙적으로 개념들의 포기를 모색하는 능력이다. 진정한 열린 마음은 잘못된 것으로 판명될 수 있음을 기꺼워하면서 동시에 자신이 선택한 입장을 견지하는 자세이다. 진정한 열린 마음은 한계와 누락된 요소들에 신경 쓰며 사심 없이 정보를 모으는 능력이다. 즉, 그것은 현존하는 지식에 대한 거부할 수 없는 새로운 증거와 의문들 또는 새로운 관점들에 부응하여 자신의 견해를 수정하는 능력이다. 이러한 능력들이 발휘되자면 차원 높은 인식, 즉 자기인식, 지식이 구축되는 최적점에 대한 인식, 상이한 판단 기준과 가치 체계들에 비추어 정보를 판단할 때 가용한 여러 가지 건전한 평가들에 대한 인식이 요구된다. 이러한 능력들의 행사는, 집중된 탐구, 지속적인 조사 능력, 그리고 문제 해결 및 과제를 완수하려는 추진력과 함께, 개인의 성향과 동기, 그리고 모호성과 복잡성과 유보된 판단들에 대한 관용에 달려 있다. 중요한 점으로서, 이러한 대조되는 능력들은 인지적이고 개인적인 유연성을 가지고 동반되는 위험성을 수용하면서 기능하는 능력에 입각해 있다. 그래서 근본적으로, 교육의 목표는 필수적이며 우선적인 특성과 가치들, 즉 자기존중과 용기, 진리 추구에 대한 가치 부여, 그리고 복잡한 문제들에 대한 포괄적이고 명쾌한 처리 능력을 기르는 것이다. 그러므로 교육은 제대로 상상하고 추리하기 위한 가치관과 표현력, 성향과 능력을 갖춘 전인적 개인을 육성할 책임을 지는 것이다.

이러한 육성의 과정은 친숙하면서도 거리가 있는 생각들, 사건들, 그리고 사람들에 대한 대리 체험과 공감적 일체화에 따른 성숙의 과정이다. 더 자세히 말하자면, 그 과정에서 본질적인 것으로 보이는 것은, 단지 문화적으로 인정된 다양한 진리들이나 믿음들이나 절차들에 지적으로 노출되는 것이 아니라, 그 대상들과 그들의 인간적 원천에 공감하며 참여하는 것이다. 이러한 설명에 의하면, 감정으로서의 공감이 별개의 정신적 능력으로서의 이성에 어떠한 긍정적 영향도 줄 수 없다는 오래된 믿음은 잘못되었다.

사고와 감정의 관계 재고

철학과 심리학에 공히, 통제 수용력 면과 합리성 및 도덕적 행위에 대한 가치 면에서 사고와 감정이 근본적으로 다르다고 주장하며 구분 짓는 오래된 전통이 있다. 이제 이러한 전통에 도전할 만한 이유가 있다. 최근의 연구가 시사하는 바에 의하면, 모든 감정이 합리적 사고보다 본성상 더 약하거나 일시적이거나 변덕스러운 것은 아니며, 적어도 사회적 이해에 있어서, 정서적 반응에 인지적 요소가 있다거나 정서와 인지가 뒤얽혀 있다는 점은 더는 불분명한 것이 아니다. 나아가 보통 이타적 감정이나 공감으로 불리는 특수한 감정들은 다양한 맥락들에서 논증적 판단에 실제로 긍정적 영향을 끼친다.

이 논문의 목적은, 사고와 감정의 관계, 특히 사고력과 상상력과 공감의 관계를 탐구하고 나서, 공감이 비판적이고 창의적인 사고를 기르며, 공감력의 향상이 중요한 교육적 목적으로 채택되어야 한다는 논제를 제시하는 것이다. 이 논문은 관련 용어들을 명확하게 정의한 다음, 비판적이며 창의적인 사고가 보통 여겨지는 것보다 훨씬 더 통합적인 과정이라는 보완 논제를 제시할 것이다. 그리고 사고력과 상상력을 행사하는 데 공감이 긍정적 영향을 끼칠 수 있다는 주장을 지지하는 이론적 근거와 경험적 근거를 차례로 살펴볼 것이다. 이론적 근거는 도덕 추리를 검토하는 철학자와 심리학자가 제시하는 자료에만 의존하지만, 경험적 근거가 확립한 바에 의하면, 공감하며 이해하기의 혜택을 받는 추리는 바로 도덕 추리만이 아니라 추리 일반이다. 이어서 심리학적 관점에서 추리를 개괄적으로 검토한 후, 성공적인 추리의 양상들과 그 저해 요소들을 확인하고 이것들을 공감과 관련지을 것이다. 다음으로 성공적인 창의적, 비판적 사고에서의 공감의 역할을 검토하고 설명할 것이다. 마지막으로 역할 맡기의 전략들이 공감을 생성하고, 비효과적인 추리와 상상적 사고 과정들을 조정한다는 점을 논할 것이다.

용어들을 정의하기에 앞서, 주제와 관련된 가정들을 밝힐 필요가 있겠다. 사고와 행동은, 인지적인 요소들과 정서적인 요소들 모두를 포함하는 것으로 볼 때 가장 유의미하고 포괄적으로 이해되며, 이 요소들은 말의 외연과 내포만큼이나 불가분의 관계에 있다. 나아가 이러한 지적이고 행동적인 사건들은 개인적이고 사회적인 맥락 속에서 발생하며, 따라서 성향과 동기의 영향을 받는다. 이 점을 고려하면, 인지적이고 정서적이며 동기부여적인 요소들의 역할 및 그들의 상호작용을 탐구하는 것이 효과적인 사고를 이해하는 데에 필수적임이 드러난다.

공감, 추리, 상상 정의하기

이 논문은 다양한 문헌 간의 연관성을 파악하고자 함으로써 상당한 정도로 용어상의 문제들에 직면하게 되는데, 그러한 종합을 시도하자면 당연히 어느 정도의 정확성은 포기할 수밖에 없다.

이 논문에서 내가 사용하는 "공감적 반응"이라는 용어는 인지적 차원과 정서적 차원 모두를 포함한다. 사회심리학의 영역에서 우리는 적어도 공감이라는 용어가 두 가지 방식으로 사용되는 것을 확인할 수 있다. 하나는 타인이 어떻게 느끼는지를 이해하는 인지 중심적 반응을 의미하며, 다른 하나는 타인과의 정서적 교류를 의미한다. 후자의 경우 공감은 타인의 입장이 되어보는 것과 그의 행동을 예측하는 것을 의미할 수 있다. 혹은 더욱 극적인 변형, 즉 타인의 사고와 감정과 행위들에 자신을 상상으로 투사하는 것을 의미할 수도 있다.

공감은 보통 역할 맡기, 즉 타인의 역할과 관점을 취하는 능력과 동일시된다. (뒤에서 나는 이 점이 시사하는 교육적 기회들에 대하여 논할 것이다.) 공감은 때로는 사회적 감수성, 직관, 이타성, 투사와 바꿔 쓰기도 하고 구분되기도 한다. 어떤 연구자들은 공감이 내적 성향이나 특성을 가리켜야 한다고 보고, 다른 연구자들은 그것이 외적인 상황적 환경에 대한 반응을 의미해야 한다고 본다. 이 논문에서 나는 공감에 대한 로저스(Carl Rogers)의 다음과 같은 정의를 채택할 것이다. "공감의 상태 또는 공감하고 있음은, 마치 그 사람인 것처럼 가정하되 그 '가정'을 결코 망각하지 않고, 그 사람에게 있다고 여겨지는 감정적 요소들과 의미들을 고려하여 다른 사람의 내적 준거틀을 정확하게 파악하는 것이다."(Rogers, 1975) 따라서 공감은 인지적 차원과 정서적 차원 모두를 지니는 상태이다. 즉, 공감은 자기 자신으로 남아 있으면서도, 자신의 추리 및 예측을 타인의 추리 및 예측과 일치하게끔 만들 수 있을 정도로 타인의 생각들, 감정들, 그리고 동기들을 정확하게 지각하고 이해하는 능력을 포함한다.

마지막으로 분명히 해야 할 것이 하나 있다. 연구자들이 정서나 그 영향력을 연구할 때, 흔히 강도(强度)의 특성에 주목한다는 것이다. 그들은 강렬한 정서가 지각장을 좁히고 판단을 흐리게 한다고 자주 지적한다. 공감은 지각의 폭이나 정서적 경험의 범위를 확장한다. 공감은 정서적 반응을 심화시키지 않는다. 그것은 정서적 반응의 폭을 넓힌다.

"추리", "논리적 사고", "논리적 문제 해결", 그리고 "비판적 사고"라는 용어들은 상호 교환 가능한 것으로 사용될 것이다. 이들의 현격한 특징은 이들 중 어느 것이 작동할 때 그 기저에 수렴적 처리 과정이 두드러진다는 것이다. (수렴적 처리 과정이 두드러진다고 해서 배타적으로 사용된다는 것은 아니다.) 심리학적 관점에서 볼 때, 이러한 활동들은 과제와 유관한 자료나 경험에 대한 선택 및 집중적인 처리, 용이한 도식화, 그리고 낮은 빈도의 도식 수정으로 이루어진다. 그 과정은 주어진 상황과 관련된 것으로 결정된 요소들에 집중하거나, 그 요소들을 수렴하는 것이 특징이다. 즉, 이러한 과정은, 이전에 배운 것을 재생산하고 새로운 경험을 유사한 경험의 사례로 범주화하여, 단일하고 독특하게 결정된 반응을 낳는 방향으로 나아간다. 그 과정은 최적의 수행을 위하여 오차 허용 맥락이 낮을 필요가 있으며, 전통적인 지능검사들이 평가하고자 하는 기준이 된다.

철학자들은 보통 비판적 사고를, 생각들을 분석하고 비판하고 옹호하며, 귀납적이고 연역적으로 추리하며, 검증된 진리 언명들에 근거한 건전한 추리를 통하여 판단과 결론에 이르는 능력, 혹은 이러한 과정들 어딘가에서 실패하였는지를 파악하는 능력으로 기술한다. 그러므로 철학자들은 또한 분명한 기준에 근거하는 추론 및 평가의 수렴 과정을 강조한다.

나는 "상상적 사고", "상상", "창의적 사고", "창의적 문제 해결"이라는 용어들을 상호 교환 가능한 것으로 사용할 것이다. 이들의 현격한 특징은, 그들 중 어느 하나가 작동할 때 그 기저에 발산적(divergent) 처리 과정이 필요하고 또 두드러진다는 점에 있다. 발산적 처리 과정은 문제를 재현하는 데 있어서, 신속하고 보통 극적인 변화를 가능하게 하는, 매우 유연한 지적 기능을 강조한다. 발산적 사고는 수렴적 사고보다 덜 직접적이어서, 특수한 과제와 관련 요소들을 탐색할 때, 유연하게 움직이는 과정을 보여준다. 발산적 사고는 물음, 대안들, 가설들 그리고 문제 진술들을 생산해내는 특징이 있으며, 다수의 다양한 반응을 낳고, 독창적인 생각들과 논리적 가능성들을 산출한다. 또한 최적으로 작동하기 위하여 오차 허용 맥락이 높을 필요가 있다. 발산적 사고는 유명한 "토렌스 창의적 사고력 검사(Torrance Tests of Creative Thinking)"가 사용하는 판단 기준이다. 철학자들은 대개 비판적 사고를 상상력으로 기술하는 것을 선호하며, 직관이 상상력의 발휘에 기여한다는 점에 자주 주목한다.

추리와 상상력의 관계

비판적 사고와 창의적 사고를 첨예하게 대립하는 것으로 보는 통상적인 견해는, 흔히 창의적 사고를 합리적 사고와는 별개의 반대항으로 보도록 하기에, 기만적이다. 이러한 구분은 평가적, 수렴적, 비판적 과정들이 효과적이고 창의적인 결과를 낳는 데 이바지하는 바를 낮추고, 효과적인 비판적 사고에 대한 사색적, 발산적, 상상적 과정들의 중요성을 모호하게 한다. 추리와 상상은 서로 다르지만, 그 차이는 별개의 기능들이 작동하는 것으로 설명되는 것이 아니라, 오히려 과제 처리 과정에서 나타나는 다양한 지적 사건들과 상이한 입지들에도 불구하고, 발산적이면서도 수렴적인 동일한 기능이 작동한 것으로 설명되는 듯하다. 매우 잘 정의된 과제들은 수렴적으로 처리될 수 있으며, 최소한의 혹은 유예된 발산 작용만을 필요로 할 것이다. 반면 매우 부실하게 정의된 과제들은, 선별방식을 규정하고 문제에 대한 정의를 확립하기에 앞서, 문제의 재구성이 가능하도록 발산적 처리 과정의 즉각적인 작동이 필요할 것이다. 이러한 과제들은 가능한 적절한 규칙들과 작동들을 확인한 다음, 사용할 규칙들, 가능한 문제 목표들, 그리고 추구하는 선택의 결과물들을 확인하기 위하여, 생성적 양식과 평가적 양식 모두를 주기적으로 되풀이하여 사용할 필요가 있을 것이다. 두 가지의 간략한 구체적 사례를 가지고 이 점을 명확하게 설명해 보자. 뉴스 기사를 효과적으로 비평하는 데 필요한 방식이 무엇인지 묻는다면, 사람들 대부분은 평가적 양식, 즉 비판적 사고를 언급할 것이다. 비판적 사고는 분명 예측된 방식들로 작동한다. 그러나 철저한 비평은 또한 새롭고 적절한 검사들 또는 주어진 요소들에 대한 그럴듯한 설명들을 고안해내기 위하여, 쟁점에 적합한 요소들 중 누락된 것이 없는지 묻기 위하여, 그리고 면밀한 검토가 필요한 숨은 가정들과 전제들이 있는지를 확인하기 위하여, 발산적 과정의 작동이 필요하다. 이와 유사하게, 대개 창의적 사고 활동으로 기술되는 제품 광고 개발과 같은 과제 역시, 시청자, 목표, 적절한 소재, 그리고 주제를 정의하고, 그 과제에 가장 품격 있고 알맞은 반응을 얻어내기 위하여, 때로는 사변적 과정과 함께 평가적 처리 과정이 필요하다.

철학자 패스모어(John Passmore)는 또 다른 관점에서 이 쟁점에 접근하면서, 효과적 사고의 이중적 성격에 대한 이와 같은 개념에 동의한다. 패스모어는 「비판적이기 위한 교육에 관하여(On Teaching to be Critical)」에서 "비판-창조적(critico-creative)" 사고를 학습자의 목표로 소개하는데, "그 이유는 비판적 사고가 반론들을 생각해내는 능력에 불과할 수 있기 때문이다. 위대한 전통들에서도 볼 수 있듯이 비판적 사고는 상상과 비판을 단일한 형식의 사고로 통합한다."(Passmore, 1980)

추리: 이론적 관점들

공감이 추리에 긍정적 효과를 줄 수 있다고 보는 관점들이 있다. 그러나 이러한 주장을 하려면 철학과 심리학의 오랜 전통을 재검토하고 여기서 벗어날 필요가 있다. 양 진영의 저명한 일부 학자들이 그러한 재검토를 시작했는데, 이들 중 블룸(Larry Blum)과 길리건(Carol Gilligan)은 도덕적 추리에 관심을 기울였다. 나는 공감이 추리에 긍정적 효과를 줄 수 있다는 가설을 지지하기 위하여, 블룸과 길리건의 저작이 보여주는 증거와, 다양한 쟁점들을 가지고 비판적 사고를 연구한 다른 연구자들의 논증들을 제시하고자 한다.

『크리톤(Crito)』에서 소크라테스는 건전한 결정(이 사례에서는 도덕적 결정)을 하려면 우리가 반드시 이성을 사용하고 정서의 영향을 피해야 한다고 충고한다. 이러한 관점은 모계사회적인 사회 정치적 구조들과 종교적 믿음들이 부계사회적인 것들로 전환되고, 이에 따라 여성성과 연관된 특성들을 평가절하하는 유산으로 이해될 수 있다. 그 기원이 무엇이든 간에, 소크라테스의 충고는 정서와 건전한 추리의 관계에 대한 인식에 지속적으로 중대한 영향을 미쳤다. 그 충고에는 정서가 논증적 판단에 한결같이 부정적인 영향을 미친다는 점이 함의되어 있다. 이제는 이 충고에 의문을 제기할 때이다.

블럼은 『우정, 이타심, 도덕성(*Friendship, Altruism and Morality*)』에서 현대의 영미 전통 도덕철학이 동정심, 공감, 인간적 관심과 같은, 그가 이타적 정서들이라고 부른 것에 거의 관심을 기울이지 않았다고 지적한다(Blum, 1980). 동정심은 동류의식(fellow-feeling)이나 타인과 고통을 나누는 것으로 정의되며, 공감은 자아 밖 타자들의 경험 속으로 들어가거나 그 감정을 이해하는 것으로 정의되기 때문에, 나는 동정심에 대한 블럼의 진술들을 여기서 연구되는 공감과 관련된 것으로 여길 것이다. 블럼은, 도덕적 삶에서 이타적 감정에 실제적 역할을 부여하는 것을 방해해온, 사고와 철학적 태도의 강력한 전통들을 평가하면서, 칸트적 견해에 초점을 맞춘다. 이 견해에 의하면 "감정들과 정서들은 이성 및 합리성과 전적으로 구분된다. 감정들과 정서들은 지식을 산출하지 않고, 사실상 우리가 도덕 지향적 사고와 판단을 하지 못하도록 견제한다. … 어떠한 상황에서 옳음과 그름에 대한 명확한 관점을 갖기 위해서는, [감정들과 정서들은] 일시적이고, 가변적이며, 변덕스럽고, 약하기 때문에, 우리는 자신을 자신의 감정들과 정서들에서 끌어내어 거리를 두어야 한다."(Blum, 1980) 칸트적 견해에 의하면, 만약 어떤 행위가 오로지 이타적 감정에 기반을 둔다면, 그 행위는 어떠한 도덕적 가치도 지니지 않는다. 행위가 도덕적 가치를 지니기 위해서는 행위자는 이타적으로 행동하려는 이성에 기반을 둔 의무에 따라 행동해야 하는 것이다. 이타적 감정들에 기반을 둔 행위는 "이성과 합리성의 최우선이자 제일의 과제인" 도덕성을 특징짓는 보편성, 공정성, 그리고 의무의 정의적 특성을 결여한다(Blum, 1980). 블럼은 이어서 다음과 같이 말한다.

종합적으로 말하자면, 감정들과 정서들 및 도덕성에 대한 칸트적 견해는 사고에 대한 막강하고 영향력 있는 전통을 구축하는데, 그 전통은 도덕성과 도덕적 동기에 있어서 공감, 동정심, 그리고 관심의 실제적 역할을 부정한다. 이러한 방식의 사고가 철학 고유의 사고에서만 나타나는 것은 아니라는 사실을 아는 것이 중요하다. 오히려 그러한 사고방식들은 우리의 도덕 문화에 뿌리를 내리고 있다. 칸트적 견해는, 정서에 따른 자연발생적 행위보다는, 의무에 복종하고, 개인의 저급한 이기적 본성에서 나오는 감정들과 성향들을 통제하고, 원칙에 따른 양심적 행동을 강조하는, 도덕성에 대한 확고한 프로테스탄트적 전통과 밀접한 관계가 있다. 그러한 전통은 영국인들과 미국인들의 도덕적 사고와 경험에 깊은 영향을 미쳐왔다.

블럼은 칸트적 관점과 프로테스탄트적 관점을 강하게 비판하는 논증을 제시하고, 이타적 감정들의 도덕적 중요성을 주장하며 다음과 같이 말한다. "정서는 그 자체로 흔히 행동을 도덕적으로 올바르거나 그 상황에 적절한 행동으로 만드는 데 부분적으로 기여한다." 그는 계속 주장하기를, "훌륭한 판단은 결코 공감, 동정 혹은 관심에 의해서 보장되지 않는다. 그러나 훌륭한 판단은 공감, 동정 혹은 관심에 결코 적대적이지도 않다." 나는 공감이 결코 효과적 기능을 보장하지 못한다는 점에 동의하면서도, 공감이 개인으로 하여금 쟁점에 더 참여하게 하고 공정한 판단을 내리도록 한결 더 동기를 부여함으로써 보다 효과적인 추리를 하게 할 수 있다고 제안하고자 한다.

건전한 판단(이 경우 도덕 판단)에 도달함에 있어서 정서와 배려의 가치를 재고하라는 두 번째 요청은 길리건으로부터 나온다. 길리건에 의하면, 심리학적 발달이론은 여성의 관심들 및 경험들을 적절하게 표현하지 못하였고, 계약적 정의 개념은 심각한 한계가 있으며, 도덕적 원리화에 있어서 배려하기를 포기하면서까지 원칙에 충실할 것을 장려하는 윤리적 성숙 모델은 거부된다(Gilligan, 1982). 이를 통해 길리건은 건전한 윤리적 판단들에 도달함에 있어서 이타적 감정인 배려의 가치를 인정할 것을 간접적으로 논한다.

이타적 감정으로서의 공감을 건전한 추리와의 관계에서 새롭게 평가하는 이론적 관점들을 검토하였으니, 이러한 관점에 대한 경험적 문헌에서 발견되는 근거로 눈을 돌려보자.

추리: 경험적 관점들

추리 과정을 경험적으로 살펴보는 데 있어서, 개인의 정보와 이론들, (가능한 곳에서는) 이들을 산출하는 데 적용된 과정들, 그리고 개인의 추론적, 예측적 행위 간의 차이를 구분할 필요가 있다. 인지심리학자들은 믿음들과 이론들을 종종 지식의 구조로 보는데, 특히 "도식화되고 추상적인 지식에 선행하는 체계"라고 정의한다(Ross, 1982). 이들은 이러한 지식의 구조들을 보통 판단적 발견법이라 불리는 정보 처리 방법들과 구분하는데, 이 같은 일반적인 인지 전략들은 일상적 지각과 문제 해결에서 사용되는 처리 과정들로서, 우리에게 경험의 흐름을 빠르고 손쉽게 이해하게 해준다.

이러한 시도에서 특히 중요해 보이는 두 전략은, 두드러진 두 가지 특징을 연결하는 "전형 발견법"과 "대상들이나 사건들이 인지적으로나 지각적으로 '가용한' 정도로 개연적으로나 인과적으로 유효하다고 판단하기 위한 … 가용성 발견법"이다(Ross, 1982). 특정 진동수를 가진 어떤 소리가, 예컨대 아기의 울음, 고양이의 울부짖음, 오보에의 비감 어린 선율로 각각 어떻게 그리고 왜 범주화될 수 있는지를 이해하는 것은 쉽지 않지만, 그러한 범주화는 도식 보강, 전형성, 그리고 가용성 발견법의 상호작용을 통하여 이루어진다.

로스(Lee Ross)는 "직관적 사회과학자"로서 일반인 성인 모델을 채택하고, 추리와 관련해서 선정된 연구들을 검토하는 가운데, 효과적인 추리 및 비효과적인 추리 활동에 관한 몇 가지 흥미로운 관찰을 제시한다. 로스에 의하면 사람들이 건전한 결론과 건전하지 않은 결론을 추리할 때, 그들이 사용하는 방법은 크게 다르지 않다. 성공적인 비판적 사고자들과 덜 성공적인 비판적 사고자들을 구분하는 것처럼 보이는 요소들 중에는, 초기의 자료 부호화, 자료의 일반화 가능성을 평가하는 데 있어서 표본의 크기와 가능한 편견들에 대한 민감성, 그리고 믿음을 고수하는 데 영향을 미치는 요소들이 있다. 이러한 요소들에는 공변(covariation) 평가, 인과적 평가와 예측, 그리고 이론들의 검사와 수정이 포함된다. 덜 유능한 비판적 사고자들은 경험적 공변들을 탐지하고 평가하는 데 어려움을 겪는다. 로스는, 자신의 연구와 아마빌(Amabile), 제닝스(Jennings) 등의 연구를 요약하면서, "직관적 과학자의 사전 이론들과 선입견으로부터 예측할 수 없는 경우 심지어 비교적 강력한 경험적 관계들조차 파악되지 못하거나 그 중요성이 사소한 것으로 평가되는 경향이 있다."(Ross, 1982)고 지적한다. 인과적 판단들에서 오류가 생기는 한 가지 중요한 이유는 "경제성(parsimony) 개념"과 관련이 있음이 분명하다. 즉, 어떤 사람이 일단 하나의 만족스러운 설명이나 현상의 원인을 파악하고 나면, 그는 필시 동등하게 충분한 다른 원인들 찾기를 그만두고 (또는 그만두거나) 그것들을 인지하지 못할 수 있다. 여기에는 분명히 성향과 동기의 요소들이 개입되어 있다.

믿음 고수에 대한 연구들은 열린 마음과 비판적 사고를 이해하는 데 특히 중요하다. 로스는 믿음 고수에 대한 연구를 검토하면서 이론들과 믿음들이 완강하다고, 즉 이론들의 조정이 더 적절할 때조차, 새로운 자료를 기존의 믿음들에 동화시키는 일이 거듭된다고 지적한다. 덜 유능한 추론자들은 성공적인 추론자들보다 더 강한 완고함을 드러낸다. 실험 참여자들은 그들이 현재 지니고 있는 가치들에 비추어 애매모호한 정보에 노출되었을 때, 그 정보를 액면 그대로 받아들이면서 자신의 기존 믿음들을 강화하는 방향으로 태도를 취하는 경향이 있다. "그 정보가 명시적으로 그들의 믿음들에 반할 때, 그들은 그 정보를 더욱 비판적으로 평가한다. 그들은 피해를 덜 주는 대안적 해석들을 모색하고, 자신의 믿음을 조금만 바꾸려는 경향이 있다."(Ross, 1982) 그러한 믿음 고수는 단지 새로운 증거에 대한 대응에서 뿐만 아니라, 기존 증거의 신빙성을 떨어뜨리는 데 대한 대응에서도 생겨난다. 많은 연구는 "세계의 기능적 연관들에 대한 이론들은 애초에 그러한 믿음들을 불러일으켰던 증거가 논리적으로 가장 강력한 도전에 직면하는 경우에서조차 살아남을 수 있다."는 점을 보여준다(Ross, 1982).

퍼킨스(D. Perkins)는 「일상적 추리에서의 어려움들(Difficulties in Everyday Reasoning)」에서 9학년에서 4년 차 박사 과정에 이르는 학생들로부터 학위가 없는 성인까지를 대상으로 관련 분야에 대한 광범위한 연구를 진행하였는데, 이러한 다양한 모집단 전반에서 보이는 추리의 어려움 대부분은 논리적 오류들이나 다른 논리적 성격의 문제들이 아니라, 오히려 가용한 정보를 충분히 활용하지 못하여 발생하는 문제였다고 한다. 실험 참여자들에게 주어진 정보를 평가하기보다는 자신의 논증들을 제시하고 평가하도록 요구한 상황에서, 퍼킨스는 이들의 수행을 평가하며 다음과 같이 요약한다.

건전한 논증을 구성하는 데 있어 실험 참여자들이 직면했던 어려움에 관하여 분석해본 결과 논증의 형식적 특성의 문제로 인하여 어려움을 겪었던 이들은 전체의 1/4에 불과했다는 사실이 드러났다. 나머지 실험 참여자들은 고려 중인 상황을 더욱 정교하게 실제적으로 분석함에 있어서 가용한 지식을 제대로 사용하지 못하는 소위 부적절한 모델 구성의 잘못을 범한 것으로 드러났다. 예컨대 일반적인 실수 중 하나로서 반례를 간과하는 것은, 주어진 정보에서 연역적이거나 확률적으로 추리할 때의 오류가 아니라, 관련 정보 검색에 실패하는 오류이다. (Perkins, 1982)

퍼킨스는, 단순한 추론자는 "수긍의 인식론(make-sense epistemology)"을 가진 반면, 세련된 추론자는 주어진 상황에 대한 도전적이고 정교한 모델들을 구성하는 기법들을 이용하는 "비판적 인식론"을 가지고 있다고 지적한다. 퍼킨스는 이러한 기법들이 교육될 수 있다는 근거를 제시한다.

추리에 대한 이러한 연구들을 보면 몇 가지 양상이 드러난다. 성공적으로 추리하기 위해서는 진실을 밝히려는 끈질김과 개방적인 유연성 사이를 오가는 것이 필요하다. 성공적 추리를 막는 다양한 장애물이 나타나 지각, 믿음 형성, 믿음 유지, 동기부여적 태도들과 성향들의 지속과 같은 여러 단계의 추리 과정에 영향을 줄 수 있다. 추리에 서툰 사람들은 문제와 그 요소들(예컨대 특수한 자료, 표본의 성질, 또는 문제의 구조)에 관하여 피상적이거나, 편협하거나, 획일적이거나, 거친 지각 양상을 보여준다. 이는 당연히 건전한 경험적 절차들에 대한 자료나 지식을 이용할 수 없기 때문이라고 치부될 수 없다. 이 사례들을 보자면, 진실을 밝히려는 끈질김의 부족이 이러한 어려움의 원천이며, 이는 모험을 피하려는 태도, 즉각적이고 단순한 해법들에 대한 욕구, 흠결이 있지만 손쉽게 의존할 수 있는 결과들에 대한 자기만족 등의 성향적 요소들에 기인한 것으로 보인다. 나는 이러한 태도들이 지속적인 연구를 방해하며, 애매모호성과 복잡성을 잘 감내하지 못하기 때문에 나오는 것이라고 믿는다.

효과적인 추리를 방해하는 두 번째 요인은 부적절한 믿음을 고수하는 것이다. 이 요소는 단순하지 않은데, 어떤 식의 믿음 유지는 학습뿐만 아니라 개인의 정신 건강에도 긴요하기 때문이다. 모든 것이 불가피하게 변한다는 것은 우리를 화나게는 하지 않더라도 좌절시킨다. 더구나 어떻든 이론은 천천히 변한다. 쿤(Thomas Kuhn)은 과학혁명의 역사를 추적하면서 중요한 문화 이론이 변화하자면 보통 수 세기 동안 축적된 증거, 즉 보통 과학적 방법에 상당히 숙달된 사람들도 "보지 못하는" 증거가 필요하다는 전거를 제시한다(Kuhn, 1970). 이를 고려하더라도, 우리는 믿음들을 지니고 유지하는 완고함이 성공적인 추론자와 덜 성공적인 추론자를 구분하게 한다는 것을 알 수 있다. 내가 믿기로는 유보된 판단과 애매모호성을 감내하지 않는 한 믿음들과 이론들을 수정하는 데 필요한 인지적 유연성은 발휘되지 않는다.

효과적인 추리를 방해하는 세 번째 요인은 추리의 필수 기반인 적절한 성향들과 동기의 결여이다. 이러한 요소들 중 일부는 믿음 형성 및 유지와 관련하여 이미 소개되었다. 훌륭하게 추리함과 동시에 유보된 판단, 애매모호성, 그리고 복잡성의 감내에 가치를 부여하는 것은 성공적인 추리를 위하여 특히 중요하지만, 몇몇 다른 태도들과 상호관계들도 언급할 필요가 있다.

호기심, 경이감, 그리고 깊이 이해하려는 욕구도 성공적인 사고의 근본적인 성향들이다. 또한 신중하고, 회의적이며, 독자적으로 판단에 접근하는 능력, 즉 자기존중과 용기에 기반한 능력도 매우 중요한 성향인데, 이러한 능력을 행사하자면, 스스로 제기한 의문과 도전의 결과를 수용하는 위험을 무릅써야 하는, 거리를 둔 자기신뢰가 필요하기 때문이다.

　이러한 태도들이 또래의 인정을 받고 싶어 하는 욕구와 동기가 강한 사춘기에 진정으로 나타나기는 대단히 어려울 것이 분명하다. 그러나 의심, 즉 도전하고 위험을 감수하는 것은 성인에게도 여전히 어려운 일로서, 이는 진정한 회의주의와 진실을 밝히려는 탐구로 인하여 수용된 세계관이 주는 안락함이 상실되기 때문이다. 그것은 보통 일시적으로 혼란을 야기하기 때문에, 독립적 추리는 (예컨대 사회와 권위와 같은) 타자뿐만 아니라 자기 자신과의 관계에서도 불안정하고 혼란스럽다. 그것들을 견디기 위한 약간의 불편, 스트레스, 용기, 의지는 성공적인 비판적 사고 과정의 한 부분임을 알아야 한다. 건전한 추리 계발 프로그램은 인지 활동을 수행하는 데 필수적인 태도와 성향의 양성에 진력해야 한다. 이를 도외시하는 것은 값지고 좋은 씨앗을 메마르고 황폐한 땅에 날려버리는 것이다.

창의적 사고: 관점들의 연결망

　공감과 상상물 간의 관계를 보는 많은 관점들이 있다. 전통적인 전기적(傳記的) 자료들과 최근의 경험적 연구들은 모두 창의적인 사람이 비범한 지각적, 개인적 개방성 및 두드러진 타인과의 공감 능력이 있음을 시사한다. 극단적으로 이것은 한 개인의 자기인식이 창의적 생산의 도구인 무아적(無我的) 수단에 의한 자기인식이 되는 조건을 만든다. 유연한 자기통제와 낮은 방어 자세는, 공감적 성향의 특징들과 동일한 특징인, 자기의 경계를 넘어서서 반응하는 창의적인 사람의 욕구와 능력을 나타낸다. 보고된 연구에 의하면, 다양한 영역에서 매우 창의적인 사람들의 관찰 가능한 행동은 다소 차이를 보이지만, 연구된 직업군에서 창의적인 사람들은 서로 다르기보다는 비슷하다. 바론(Barron)이 진술한 바와 같이, 주요 연구자들은 "여러 학문 분야에 걸친 두드러진 유사성은 창의적 인물들의 분야를 막론한 특성에 대하여 타당한 의견을 개진하도록 한다."는 사실에 동의한다(Gallo, 1973).

개방성은 창의적인 사람의 두드러진 특성이다. 개인의 고유한 인식 양식은, 자기신뢰와 개인적으로 결정된 가치 및 독립성에 기반하며, 어린아이와 같은 감수성, 경이감, 판단을 거치지 않은 자연스러운 반응이라는 특징이 있다. 워즈워스(William Wordsworth)는 「입장 바꾸기 (Tables Turned)」라는 시에서 전통적 관점을 간결하게 설명하며, 창의적 인식 양식을 조율의 상태, 즉 "바라보고 수용하는 마음"으로 묘사한다. 그는 「충고와 대답(Expostulation and Reply)」에서 그 상태를 다음과 같이 요약한다.

눈, 그것은 보지 않을 수 없고
우린 귀에게 가만있으라고 청할 수 없네.
우리의 몸은 어디에 있어도 느낀다네.
우리의 의지에 반하든지 따르든지

그에 못지않게 나는 생각하네. 큰 힘들이 있어
저절로 우리 마음에 새겨지니
그것으로 우리의 마음을 키워갈 수 있네.
지혜롭게 수동적으로

경험적 연구에 의하면, 워즈워스식의 "지혜로운 수동성"은, 비록 그 특징을 가리키는 용어들이 다양할지라도, 창의적인 사람들의 두드러진 특징이다. 크러치필드(Crutchfield)는 그러한 태도를 "실재와 완전히 접촉하는 개방성"이라 부르고, 브루너(Bruner)와 월러치(Wallach)는 그러한 특성을 개방적 인지 양식과 관련짓는다. 로저스(Rogers)는 이 특성을

"침투 가능한 경계들"로, 매슬로(Maslow)는 "담대하고 호방한 명쾌함"으로 명한다. 길포드(Guilford)와 토렌스(Torrance)는 그 특성을 "감수성"으로 표현하고, 애빌슨(Abelson)과 브라운(Brown)은 "호기심과 탐구하는 마음으로 나아감"과 같은 표현으로 기운다. 메드닉(Mednick)과 말츠만(Maltzman)은 이를 "이미 존재하는 것들로부터의 자유"의 패턴으로 본다. 매키넌(Mackinnon)은 "창의적인 사람은 인식적으로 열린 태도로 삶에 접근한다."고 간결하게 진술한다(Gallo, 1973). 그래서 일치된 의견은, 창의적인 사람은 "놓치는 것이 아무것도 없는 사람"이라는 제임스(Henry James)의 관찰로 잘 포착될 수 있다(Gallo, 1973).

창의적인 사람은 인식적으로 열려 있고, 애매모호성의 감내와 복잡성에 대한 강한 기호를 함께 지니면서, 극단적으로는 과제나 일에 홀린 것으로 볼 수 있는 유연한 자기 조절 능력을 지니고 있다. 매키넌에 의하면, 창의적인 사람은 자기 자신을 통제할 수 있다고 확신하기에, 그러지 못할 것이라는 두려움 없이 자기 통제를 완화하고 자기 역할을 내려놓을 수 있다(Gallo, 1973). 「자아 확산과 창의적 지각(Ego Diffusion and Creative Perception)」에서 바론은, 창의적인 사람은 심리적으로 안정적인 분위기에서 "자아의 과제"를 무시할 수 있으며, 자아와 비아(非我)간의 어떠한 차이도 경험할 수 없다고 보고한다. 대신 창의적인 사람은 생산적 조화를 만들어내는 모든 것들과의 융합을 위해 자신을 양도할 수 있다(Gallo, 1973).

나아가, 상상력이 풍부한 사람은 자발적이며, 억압에 대한 방어기제를 통하여 충동 조절을 피한다. 바론은 "창의적인 남성은 충동성 척도 점수가 더 높고, 자아 통제 척도 면에서는 점수가 과소 통제 방향으로 나아간다."고 보고하였다(Gallo, 1973). 이들 및 다른 척도들은 낮은 수준의 방어 억제를 시사한다. 낮은 방어기제는 창의적인 사람이 자신과 세계의 비합리성을 수용하는 것과 관련 있다. (직관 대 감각, 지각 대 판단, 감정 대 생각, 내향성 대 외향성의 범주를 사용하여) 사람을 지각-인지적 유형으로 분류하는 마이어-브릭스 유형검사(Myer-Briggs Type Indicator, MBTI)에 의하면, 창의적인 사람은 판단하기보다는 지각하고, 사고뿐만 아니라 감정들에도 반응하는 것으로 드러난다. 대단히 놀라운 사실은 인구의 오직 25퍼센트만이 직관적인 반면, 바론과 매키넌이 발견한 바에 의하면, 창조적인 건축가들 100퍼센트와 박식한 창조적 집필가들 92퍼센트가 직관적인 방식을 선호한다는 것이었다(Gallo, 1973).

비합리적인 것에 사로잡힐 수 있는 능력에 필적할 만한 것은 과제나 결과물에 사로잡힐 수 있는 창의적인 사람의 능력이다. 브루너는 그 상태를 "목표에 지배당하는 능력"으로, 키츠(Keats)는 "부정적 능력"으로 명명한다. 이 시인은 이 상태를 "사실이나 이유를 찾으려 안달하지 않으면서, 불확실성, 신비, 의심 속에 머무르는" 상태라고 기술하는데, 창의적 인간은 "모든 것이자 동시에 아무것도 아닌 자아를 가지고 있지 않"기 때문이다. 예술가의 "몰아적" 몰두에 대한 견해는 학술지와 개인 보고서에서 나타나는 전통적인 관점과 일치한다. 이러한 문헌들은 예술가를 작품의 도구, 즉 영감을 통해 작품을 전달하는 매체로 표현한다. 제임스(Henry James)는 그의 소설 『특사들(*The Ambassadors*)』의 서문에서 자신이 쓴 "우화"에 대한 자신의 지배력과 그 우화에 바친 자동적이고 비자발적인 작업을 기술한다. 그는 다음과 같이 기록한다.

나의 우화에서 그 단계들은 스스로 신속하고 말하자면 기능적인 확신에 차 있었는데, 그것은 내가 줄거리에 대하여 사실상 대단히 멍청했더라면 틀림없이 논리를 무시할 꼭 그러한 분위기였다. … 이러한 것들은, 심지어 그들의 해설자가 그들 주변에서 머리를 긁적거리고 있는 동안에도, **그들 자신의 역량과 형식에 따른 산뜻한 행위인 것처럼**, 계속 서로 어울렸다. 그들이 항상 그보다 앞서 있음을 아는 것은 쉬운 일이다. 그 사태가 완벽했으므로, 그는 … 숨을 죽였고 다소 당황하였다.
(강조는 필자)

이것은 창의적인 예술가가 자신의 창작 작업에 빠져드는 것을 설명하는 많은 사례들 중 단지 하나에 불과하다. [기셀린(Ghiselin)의『창의적 과정(The Creative Process)』에는 다른 설명들이 있다.]

그래서 공감에 특징적인 인식적 개방성과 유연한 자기조절은 고도로 창의적인 개인들의 특성들과 명백히 관련이 있다. 자발적인 반응 능력도 중요하다. 관련된 몇몇 태도적 요소들도 확인해볼 수 있다. 그 가운데 중요한 것은 높은 자기존중과 과제에 대한 열의이고, 무질서, 애매모호성 및 복잡성을 잘 감내하는 일, 인지적이며 개인적인 혼란을 처리하고, 그 과정에서 생기는 위험을 감수할 용기, 그리고 창의적인 모험심에 대한 큰 가치를 부여하는 일이다. 우리는 이러한 특성들을 성공적인 추론자들의 특성들과 비교하는 가운데 중요한 유사성을 발견한다. 우리가 비판적 사고와 상상력의 이중적 본성 개념을 받아들인다면, 이러한 발견은 놀라운 것이 아니다.

역할 맡기: 추리, 상상, 공감 능력의 향상 전략

경험에 대한 평가적 반성에 이어 다양한 관점들에서 공감적 역할 맡기를 연습하면, 추리와 상상력의 발전을 촉진할 수 있다.

내 생각에는, 역할 맡기 경험은 다음 특징들을 지닌다. 역할 맡기는 주어진 쟁점이나 문제 또는 학습자가 제기한 쟁점이나 문제에서 시작하는데, 각 참여자는 연기를 통하여 문제나 쟁점을 정의하고, 상술하고, 그에 대한 해결책을 제시하는 역할을 맡는다. 참여자들은 역할들을 돌아가며 맡거나, 새로운 역할을 만들어 연기한다. 각 참여자는 적어도 세 가지 대조적인 관점들에서 쟁점을 다룬다. 학생들의 참여를 최대화하고, 교육 시간을 효율적으로 사용하며, 연기가 가져올 심리적 부담을 줄이기 위하여, 청자 없이 연기하고 동시에 진행되는 여러 역할 맡기에 참여하는 훈련이 권고된다. 주제들과 문제들은 비교적 직접적이고 친밀한 것에서부터 보다 추상적이고 낯선 것으로 서서히 발전하며, 쟁점들은 어떤 분야의 것이라도 사용될 수 있다. 참여자들은 역할 맡기 과정에서 쟁점이 몇몇 관점들로부터 정의되고 상술되는 반성적이며 평가적인 논의에 참여한다. 그 다음에 이 관점들은 정교하게 다듬어진 문제 모델로 통합된다. 해결책들과 다양한 결과들은 분명한 기준에 따라 평가된다. 설명적이면서 상상적인 많은 글쓰기 과제들이 그러한 경험에서 자연스럽게 나오고 또 권장되는데, 왜냐하면 과제들은 참여자들로 하여금 과제들과 씨름하게 하여, 세부 사항들, 비교되는 점들, 결론들, 그리고 결과들에 대한 더욱 지속적인 탐구를 하도록 하기 때문이다.

이미 살펴보았듯이, 성공적인 추론자들과 서툰 추론자들은 믿음 형성, 믿음 고수, 그리고 이에 영향을 미치는 성향들과 태도들의 세 측면에서 서로 다르다. 나는 공감적 역할 맡기 연습이 성공적인 추론자들이 보여주는 행위들과 태도들을 향상시킨다는 논증을 제시하고자 한다.

첫째, 상술한 바와 같이, 역할 맡기는 문제와 쟁점에 관한 정교한 모델을 개발하도록 할 것이다. 역할 맡기는, 대조적인 관점에서 쟁점을 지속적으로 검토하게 함으로써 더욱 관련 있는 자료들을 산출하고, 상이한 관점에서 제시된 항목들에 대한 반례들을 떠올리게 할 가능성이 있으며, 결국 문제를 몇 가지로 정의하고, 이어서 그 정의들을 하나 이상의 정교한 문제 모델들로 통합시킬 것이기 때문에, 적어도 일시적으로 쟁점에 관하여 개인이 가졌던 원래의 인식과 그 내용을 수정하도록 할 것이다. 그 활동은 특수한 자료의 의미와 증거 및 실례들의 적절성에 대하여 문제를 제기할 것이다. 그 활동은 증가해가는 요소들을 동시에 고려할 것을 제안하고 실천하도록 하여, 피아제(J. Piaget)가 중심화(centration)에서 탈중심화(decentration)로의 전개라고 부르는 것을 가능하게 한다. 역할 맡기를 규칙적으로 연습하면 참여자는 복잡성, 애매모호성, 판단 유보를 점차적으로 잘 감내하게 될 것이다.

여기서 인간 이해에 대한 매우 중요한 무언가가 발생한다. 나의 제안은 공감적 역할 맡기가 성공적으로 수행될 때, 각 관점에서 기존의 몇몇 지식을 의심하고 추가적인 새로운 지식을 산출할 뿐만 아니라, 새롭거나 변화된 지식 구조인 정보를 지적이면서도 감정-상태에 속하는 요인들로 구성하도록 한다는 것이다. 역할 맡기는 그 과정의 영향력을 설명해주고 인간 이해를 증가시키는 새롭거나 변형된 구조와 나아가 새롭고 의심스러운 정보의 자기생성적 본성을 창조하는 행위인 것이다.

둘째, 공감적 역할 맡기가 믿음들을 유연하게 갖도록 하는 두 가지 방식이 있다. 먼저 역할 맡기 과정은 참여자가 듣기만 하는 것이 아니라 자신의 관점과 다른 관점들을 제시할 것을 요구한다. 다른 관점들이 제시되는 데에 따라, 이러한 견해들은 전형적으로 열린 태도로 검토되고 일시적일지라도 "심각하게 고려될 것이다." 나아가 관점을 규칙적으로 전환하면, 어떤 관점에서는 결과적으로 멀어지고, 본래 동떨어졌던 관점과는 더욱 긴밀해질 것이다. 따라서 역할 맡기는 자아의 고유한 관점이라는 특징을 감소시키는 반면, 다른 견해들의 성립 가능성은 증진시키는 경향이 있다. 이러한 방식으로 역할 맡기는 보다 효과적인 형식 조작적 사고와 관련 있는 활동인, 자기중심성에서 비자기중심성으로의 전개를 향상시킬 것이다(Higgins, 1980).

마지막으로 역할 맡기는 효과적인 추리에 도움이 되는 태도들과 성향들을 기른다. 역할 맡기는 추리의 긍정적 태도인 추리 활동에 대한 흥미를 북돋운다. 역할 맡기는 결단력, 위험 감수, 용기, 그리고 복잡성, 애매모호성, 독립적 판단에 대한 인내심을 길러준다. 역할 맡기는 비판적으로 탐구하려는 동기와 태도에 큰 영향을 끼친다. 역할 맡기는, 전인적 참여를 유도하고, 결단력을 요구하고, 참여자에게 학습 상황에서 책임감과 능력 혹은 형세 통제력을 길러주기 때문에, 본질적으로 동기부여적이다. 능동적 참여와 형세 통제가 아동과 성인 학습자들에게 동기부여적 요소들이라는 것과, 행동은 자신을 드러낼 기회가 필요하다는 것은 확립된 학습 원리이다.

진정한 비판적 사고는, 시간과 노력을 투자해야 할 뿐만 아니라, 자신이 옳다고 여기는 안전하고 친숙한 믿음들로부터 자기 자신을 분리할 것을 요구하고, 보다 엄격하고 가치 있는 일련의 기준들에 따라 스스로를 올바른 방향으로 나아가게 하기 위하여 자기 자신이 잘못되었음을 의도적으로 또 체계적으로 증명하도록 한다는 점에서 부담스럽고 위험한 활동이다. 그 위협들은 명백하다. 역할 맡기는, 진정으로 위험을 감수하게 하되 개인적 거리 두기와 적당한 심리적 안전 조건 하에서 진행되는 일이기 때문에, 비판적 탐구에 대한 긍정적 태도와 용기를 길러준다. 역할 맡기 상황을 자연스럽게 설정하려면 복잡하고 애매한 작업에 친숙한 것을 더해 어느 정도 편안하게 느끼도록 해줄 수 있다.

이렇게 이타적 정서로서의 공감이 추리를 잘하는 사람이 회피하는 성향이 아니라, 오히려 건전한 비판적 판단을 고취시키는 역할 맡기를 통해 더 잘 길러지는 성향이 될 것이라고 주장하였으니, 공감적 역할 맡기가 효과적인 창의적 사고와 연결되는 몇 가지 방식들을 밝히고자 한다. (이들의 관계는 심리학과 교육학에서 널리 인정되고 있어서 간결하게 논의할 것이다.)

창의적 사고는, 여기서 논의된 것처럼, 자발적으로 반응하고, 전혀 관련 없는 요소들의 연결 관계를 파악하기 위한 지각적 개방성, 유연한 자아-통제, 업무에 몰두하는 능력의 도움을 받는다. 역할 바꾸기는 유연한 자아-통제와 동일한 사건을 새롭게 그리고 다른 적절한 관점에서 개방적으로 보는 능력을 훈련시키고 육성한다. 역할 바꾸기는 참여자가 역할과 어울리는 방식들로 분석하고 추리하고 예측하고 행동할 수 있도록 각 역할에 몰두하게 하여 과제에 충실하도록 한다. 그렇게 하는 가운데 역할 바꾸기는 자발적이고 독창적인 반응을 끌어낸다. 중요한 것으로서, 내가 정서적 차원과 인지적 차원을 함께 묶어 변형된 지식 구조들이라 명명했던 것을 개발하고 반성적으로 평가하는 과정은, 이전에 관련이 없는 요인들 간의 미약한 연관성이나 새로운 연결 관계를 발견하거나 구상하는 데 필요한 최적의 상황을 만들어낸다. 그래서 공감적 역할 맡기는 당면해 있는 복잡한 문제들에 몰입하여, 전체적이고 자발적이며 놀라운 반응의 기회들을 제공함으로써 상상력을 촉진한다. 그렇게 하는 가운데 역할 맡기는 자기존중 및 용기뿐만 아니라, 상상력, 복잡성, 그리고 애매모호성과 같은 인내를 요하는 과제에 대한 본질적 동기부여를 훈련하고 육성한다.

결론

이 논문에서 나는 공감을 특징짓는 속성들이 효과적인 비판적 사고 및 상상력의 속성들과 관련이 있다고 논술하였다. 물론 이러한 상관관계는 인과적 관계가 아니다. 즉, 공감할 줄 아는 사람, 창의적인 사람, 그리고 합리적인 사람의 속성들이 중첩된다고 제안하는 것은, 이 속성들이 공감, 합리성 혹은 창의성의 설명에 필요한 조건들의 집합에서 중요해 보인다고 제안하는 것이다. 그 상관관계는 결코 이러한 속성들이 필요충분한 집합을 이룬다고 제안하는 것이 아니다.

그런데도 그러한 상관관계는 유의미한 통찰들을 끌어내고 중요한 교육적 함의들을 가진다. 첫째, 이 상관관계는 정서적 요인이 합리적 사고와 상상적 사고 모두에서 긍정적 효과를 낼 수 있다는 점을 보여준다.

둘째, 공감이 다중적 관점 갖기와 진정한 열린 마음에 본질적인 정서의 폭을 확장시키기 때문에, 이 상관관계는 공감을 고취할 필요가 있는 정서 또는 정서적 성향이라고 제안한다. 셋째, 이러한 목적들로 교육하는 가운데, 역할 맡기는 문제 인식, 믿음 관리, 그리고 관련 태도들과 성향들에 긍정적 영향을 미치므로, 유망한 전략이다. 역할 맡기는 성급하고 피상적인 문제 검토를 저지하고, 문제 모델들이 더욱 충분히 상술되고 가능한 한 참신하게 구성되도록 한다. 역할 맡기는 믿음의 경직성과 자아의 관점 내세우기를 막고, 인지적이며 개인적인 유연성을 고무한다. 역할 맡기는 쟁점에 대한 끈질기고 철저하며 헌신적인 검토를 하는가 하면, 다른 한편 융통성 있게 포기하고 반성적으로 거리 두기를 번갈아 연습하도록 한다. 그래서 역할 맡기의 전략은, 독창성 발휘에 매우 중요한 인식적 개방성, 유연한 자기조절 및 자발성을 실행하는 가운데, 건전한 추리에 대한 장애물 모두를 다룰 수 있는 잠재력이 있다. 공감적 역할 맡기는 개방성과 참여, 유연성과 연속성 모두를 결합하고 실행함으로써, 효과적인 추리와 상상을 특징짓는 인지적, 정서적 양식들을 조성할 수 있고, 열린 마음과 인도주의적 반응을 고취시킬 수 있다.

참고문헌

Blum, L. *Friendship, Altruism and Morality*. Boston: Routledge & Paul, 1980.

Gallo, D. "The Traits and Techniques of Creative Production." Unpublished doctoral dissertation. Harvard University, 1973.

Gilligan, C. *In a Different Voice: Psychological Theory and Women's Development*. Cambridge, Mass.: Harvard University Press, 1982.

Higgins, E. "Role Taking and Social Judgment: Alternative Developmental Perspectives and Processes." in J. H. Flavell and L. Ross (eds.), *Social Cognitive Development: Frontiers and Possible Futures*. Cambridge: Cambridge University Press, 1980.

Kuhn, T. *The Structure of Scientific Revolutions*. Chicago: University of Chicago Press, 1970.

Passmore, J. "On Teaching to be Critical." in J. Passmore, *The Philosophy of Teaching*. Cambridge, Mass.: Harvard University Press, 1980.

Perkins, D. "Difficulties in Everyday Reasoning and Their Change with Education," Cambridge, Mass.: Harvard Project Zero, Final Report to the Spencer Foundation, November 1982.

Rogers, C. "Empathic: An Unappreciated Way of Being." *Counseling Psychologist*, 1975, 5, pp.2-10.

Ross, L. "The 'Intuitive Scientist' Formulation and Its Developmental Implications." in J. H. Flavell and L. Ross(eds.), *Social Cognitive Development: Frontiers and Possible Futures*. Cambridge: Cambridge University Press, 1982.

4

비판적 사고와 합리성, 그리고 학생들 불칸 만들기

케리 S. 월터스

스팍주의자의 프롤로그

오래된 텔레비전 시리즈물 「스타트랙(Star Track)」의 팬이라면 누구나 스팍(Spock)*이라는 배역이 유난히 마음을 사로잡는다는 것을 알 것이다. 그가 예의 무표정한 얼굴로 눈썹을 치켜뜨고 어떤 논증을 "논리적이야. 흠잡을 데 없이 논리적이군."이라고 사무적으로 선언할 때, 우리는 그의 전문적인 분석 능력에 대한 경외감으로 어안이 벙벙해지지 않을 수 없다. 심지어 우리는 스팍이 레이저같이 날카로운 논리적 기법들을 사용해 인간 동료의 엉성한 추론을 반론의 여지없이 무자비하게 비판할 때 (비록 다소 찜찜한 느낌이 들더라도) 기뻐하기까지 한다. 때로는 스팍의 냉철함이 우리를 짜증나게 할 수 있으나, 대체로 우리는 수

---

* [역주] 스팍은 미국 텔레비전 시리즈물 「스타트랙」의 등장인물로서 고도의 논리적 사고 능력을 지닌 불칸족과 지구인 어머니 사이에서 태어났다.

사적인 겉치레, 일시적인 감정, 인지적인 혼돈에 빠지지 않고 논증의 핵심에 도달하는 그의 능력을 찬양하고 부러워한다. 스팍이 유기적 계산기 이상은 아니라고 투덜거리는 맥코이(McCoy)의 비난에 우리는 때로 재미있어하고 심지어는 동조까지 할 수 있지만, 그런 비난을 그다지 심각하게 여기지는 않는다. 우리가 찬양하는 자는 호감이 가지만 흥분 잘하는 본즈(Bones)*가 아니라 초논리적인 스팍인 것이다.

다들 알다시피 스팍은 전적으로 논리에 충성하도록 타고난 불칸족이다(실제로는 반만 불칸이지만 개의치 말자). 불칸들은 태생적으로 비논리적으로 생각하거나 행동할 수 없다. 그들은 절대 결론으로 비약하지 않으며, 무분별하게 행동하지도 않고, 감정의 연무(煙霧)가 건전한 추리 활동을 방해하도록 내버려두지도 않는다. 불칸은 오직 결론을 뒷받침할 충분한 증거가 있을 때만 결론을 도출하며, 논리적 개연성의 한계를 넘지 않으려 한다. 예컨대 커크 선장(Captain Kirk)이 종종 강력한 증거가 없는 상황에서 스팍에게 추측을 해보라고 요구할 때, 그의 통상적인 반응은 "추측이라고요, 선장님? 추측은 논리적이지 않습니다."이다. 스팍은 그가 인간의 불행한 성향으로 여기는 것, 즉 예감과 직관으로 논리적 절차를 건너뛰는 성향을 (불칸족이 경멸할 줄을 안다는 한에서) 경멸한다. 정립된 추론 규칙을 노골적으로 무시하는 것은 흔들림 없는 불칸을 십중팔구 혼란에 빠뜨리는 일이다.

불칸족은 증거에 충실하며 그로부터 적절하게 논리적 결론을 도출해내는 데에도 탁월하기에, 그들은 문제를 해결하고 비판적인 분석을 해낼 때 빛을 발한다. 어떤 불칸에게 논리적인 문제를 해결해달라고 요청해보라. 그러면 필시 당신의 요청이 채 끝나기도 전에 답이 나올 것이다. 이는 불칸족이 논증이나 문제를 단순한 구성요소로 환원하고, 무관

---

* [역주] 「스타트랙」의 또 다른 등장인물인 의무실장 맥코이의 별칭이 '본즈' 이다.

한 요소들을 제거하고, 비형식적인 오류들을 잡아내며, 전제와 결론의 추론적 연관성을 검토하는 속도가 컴퓨터의 계산 속도만큼 빠르기 때문이다. 불칸족은 논증을 옹호하거나 문제를 분석할 때 결코 궤변에 의존하지 않는다. 그 대신 불칸족은 논리가 어디로 끌고 가든 상관없이 논리의 명령을 따른다.

아마도 이것이 우리가 불칸족을 칭송하는 이유 중 하나일 것이다. 불칸족은 자신들의 사고 과정과 평가에 있어서 대쪽같이 정직하며, 편견, 숨은 의도, 정서적인 혼란에 굴복하는 일이 결코 없다. 그들은 전통적으로 서양철학의 인식론에서 성우(聖牛, sacred cows) 중 하나로 여겨져온 객관성의 전형을 보여준다. 불칸족은, 우리가 그래야만 하지 않는가 하고 생각은 하지만 유감스럽게도 그렇게 되기 어려움을 인정해야 하는, 즉 흠잡을 데 없이 논리적인 사고자의 상징인 것이다.

그렇지만 모든 전문화에는 대가가 따르기 마련이며, 불칸족의 지나친 논리적 명민함도 예외는 아니다. 스팍은 다른 동료 불칸족과 마찬가지로 논리적 정당화의 대가이지만, 놀랍게도 상상력, 직관, 통찰력, 혹은 비유적 사고에 대한 이해를 결여하고 있다. 그에게 과연 창조적인 구석이 조금이라도 있는지, 그가 살아오는 동안 독창적인 사고를 해본 적이 있는지 의심스럽다. 본즈는 스팍이 기막히게 훌륭한 계산 기계이고 추론상의 어떤 약점이든 순식간에 파악할 수 있다는 점을 지치지 않고 강조한다. 그러나 스팍은 본성상 목전의 논증들을 정당화하기 위한 기계적인 탐색 이상을 해내지는 못한다. 스팍의 사고에는 상상을 통한 추측과 새로운 상황에의 실용적인 적용을 방해하는 말문이 막히게 할 정도의 고지식함이 있다. 그의 추론은 언제나 반사적이며 전혀 창조적이지 않다. 그의 추론은 논리적 분석의 규칙들을 최대한 충실히 따르지만, 추론의 규칙들을 접어두어야 할 곤경에 처해서도 그 규칙들을 유보할 수 없다. 그는 태생적으로, 비분석적인 사고인 "만약 ~라면 어떨까"라든가 직관적인 어림짐작을 하지 못한다. 간단히 말해, 그의 흠결 없는 논리적 성향은 그의 최고의 장점이자 최대의 약점인 것이다.

스팍의 문제(보다 정확히는 모든 불칸족의 문제)는 그가 훌륭한 사고 또는 소위 합리성을 논리적 사고와 같은 것으로 여긴다는 점이다. 그에 관한 한, 합리적 인간이란 자신의 사유 과정들이 문제 해결과 논리적 분석을 위한 형식주의적 규칙들과 명백하게 일치하는 사람이다. 그러나 내가 여기서 주장하는 바이지만, 합리성은 단지 논리적 과정이나 내가 "정당성 계산"이라고 부르는 것보다 훨씬 더 많은 것을 포함한다. 합리성은 상상, 개념적 창의성, 직관, 그리고 통찰력과 같은, 논리적이지는 않지만 아주 적법한 인지적 활동도 포함한다. 이들이 내가 일반적으로 "발견양상(pattern of discovery)"이라 부르는 것들의 기능들이다. 정당성 계산의 특징인 분석적인 역할과는 달리, 발견양상의 과정은 형식적인 면에서 규칙 지향적이거나 추론적으로 투명한 것도 아니다. 그것은 단순히 반사적인 것도 아니다. 그것은 목전의 문제들에 대한 분석을 넘어서며, 추론자로 하여금 새로운 대안적 패러다임들과 문제들을 고안해 낼 수 있게 한다. "발견양상"은 본성상 흔히 암묵적이며, 결론에 도달하는 것도 비연속적인 방식에 의해서이다. 이처럼 "발견양상"은 정당성 계산에서 필수적인 분석적 기능을 보완하며, 비록 논리적이지는 않지만, 합리성을 가능하게 하는 본질적인 요건이다.

그러나 불행하게도 합리성의 이중적인 특성은 대학의 교육과정에서 대부분의 비판적 사고 옹호자들이 간과해온 점이다. 교육자라면 누구나 잘 알고 있듯이, 학생들에게 비판적 사고, 분석적 기법, 문제 해결 방법을 훈련하는 것이 최근 몇 년간 교육의 최우선 과제가 되었다. 비판적 사고 교육은 현재 고등교육기관에서 규범이 되어 있다. 최소한 하나의 주립대학 — 캘리포니아주 — 의 대학 시스템은 학생들에게 비판적 사고 수업이나 이에 준하는 수업을 아홉 시간 이상 이수할 것을 요구한다

(Moore, 1983). 일반적으로 철학과 교수진이 가르치는 정규 비판적 사고 강좌들 외에도, 인류학에서 동물학에 이르기까지 각 학과들은 전공 강좌를 통해 저마다의 비판적 사고 기법을 점점 더 강화해나가고 있다. 그 결과 비판적 사고 교재와 매뉴얼을 출판하는 산업이 호황을 누리게 되었다. 더 나아가 비판적 사고 기법을 자기 강좌에 결합하는 방법을 훈련하는 지역적, 국가적 단위의 교수진 연수의 수가 폭발적으로 증가하게 되었다. 마침내 전문적인 문헌들이 비판적 사고에 대한 교육학적 강조를 반영하기에 이른다. 폴(Paul, 1985)은 1977년과 1984년 사이에 출간된 방법론에 관한 논의들만 1,894건이라고 집계한다. 비록 참고할 만한 통계 자료는 없지만, 지난 5년간 이러한 팽창이 둔화되었다고 추정할 근거는 없다. 변화가 있었다면, 오히려 증가 쪽일 것이다.

비판적 사고를 교육적으로 옹호하는 데 방해가 되는 것은 비판적 사고가 스팍 및 그의 동료 불칸들이 받아들이는 것과 동일한 합리성의 모델을 가정한다는 점이다. 인식론적인 관점에서 볼 때, 이 모델에 의하면 사고란 논리적일 경우 그리고 오직 그 경우에만 적절한, 즉 이성적인 것이다. 교육학적인 관점에서는 거의 전적으로 학생들을 정당성 계산의 체계적인 규칙들을 반복적으로 훈련하는 데에 초점을 맞추며, 발견양상의 인지적 기능 훈련을 (배제하여 평가절하함과 동시에) 무시한다. 한마디로 통상적인 비판적 사고 교육은 학생들을 불칸으로 만드는 방향으로 경도되어 있다. 비판적 사고 모델의 옹호자들은 이런 종류의 비난에 통상 충격을 받는다. 그들은 그러한 비난이 비판적 사고를 창의적이지 못한 오류 찾기로 보는 그릇된 고정관념이라고 항의하고, 그들의 목적은 실상 학생들을 책임감 있고 자유로우며 유연하게 사고하도록 교육하는 것이라고 주장한다. 그러나 그들이 옹호하는 인식론적 가정과 교육학적 기법들은 그와 같은 이상이 거짓임을 보여준다. 그들의 의도가 무엇인지와는 관계없이, 그들의 합리성 모델의 실제적인 결과는 학생들을 불칸으로 만드는 것이다. 이것은 당황스러운 일이다. 비판적 사고의 정당성 계산을 교육학적으로 강조하는 것은 학생들로 하여금 어느 정도 스팍의 논리적 탁월성을 배우도록 하여 텍스트를 분석하게 할 수 있겠지만, 학생들을, "합리적"이라는 말의 가장 넓은 의미에서도, 합리적으로 만들 수는 없을 것이다.

아래에서 나는 두 가지 근거로 이 주장을 옹호하고자 한다. 첫째, 나는 비판적 사고의 통상적 모델을 검토하여, 이 모델의 인식론적이고 교육학적인 초점이 전적으로 정당성 계산에 맞춰져 있음을 보임으로써, 통상적 모델이 합리적 사고를 논리적 사고와 동일시한다는 내 주장을 뒷받침할 것이다. 둘째, 나는 발견양상의 특징을 지닌 인지적 기능들에 주목하여 교육함으로써, 어떻게 이 합리성 모델이 인식론적인 면과 교육학적인 면 모두에서 보완될 필요가 있는지를 보일 것이다. 학생들은 물론 책임감 있고 자유로우며 유연한 사고를 하도록 교육될 수 있으나, 이는 오직 현재의 교육과정을 지배하는 비판적 사고 모델이, 학생들을 불칸화하는, 정당성 계산에 대한 전적인 충성을 포기하고, 스팍의 이상이란 위험할 뿐만 아니라 정직하지도 못하다는 것을 깨달을 때만 가능하다.

비판적 사고와 정당성 계산

대학의 교과과정에서 주류가 되어 있는 통상적인 비판적 사고는, 명제적 논증의 분석에 사용되는 일련의 규칙들을 제공함으로써, 학생들에게 믿음을 합리적으로 정당화하는 방법을 가르치는 기술임을 주장한다. 이 기술이 옹호하는 방법은, 내가 다른 논문에서 주장한 바와 같이 (Walters, 1986), "분석적 환원주의"라는 말로 가장 잘 표현될 수 있다. 이 방법은 논증들을 가장 간단한 구성요소들— 전제들과 결론들— 로

110

구분하는 방법을 가르친 다음, 논증이 연역적이든 귀납적이든, 전제로부터 결론이 논리적으로 도출되는지를 조사하게 한다. 논리적 건전성 여부를 판별하는 방법으로서, 비판적 사고는 학생들에게 증거를 평가하도록 반복적으로 훈련하고, 유관한 명제와 무관한 명제를 식별하는 법을 알려주며, 숨은 전제들과 숨은 결론들이 있는지 잘 살필 것을 강조하고, 설득력이 없는 논증인데도 그럴듯한 논증으로 위장시키는 일련의 비형식적 오류들을 경계하도록 한다. 게다가, 표준적인 비판적 사고 교재들은 전형적으로 적절한 정의를 위한 기준, 어휘들의 외연적, 내포적 의미, 그리고 언어의 다양한 기능들과 같은 어느 정도 의미론적인 문제들에 대하여 개괄하고 있다. 마침내 비판적 사고의 기법들에 관한 표준적인 설명들은, 분석적 도구들이 그 어떤 명제적 지식 주장을 평가하는 데에도 적용될 수 있다고 주장함으로써, 그 보편성을 강조하기에 이른다. 비록 일부 교재들(Beardsley, 1975; Copi, 1986; Kelly, 1988; Ruggierio, 1984; Scriven, 1976)은 인식론적 토대들과 가정들에 대한 이론적 논의를 간략히 하는 대신 주로 비판적 사고의 환원주의적 분석 기술에 초점을 맞추지만, 교재 대부분은 그렇지 않다. 보통 표준적인 교재는 개념적 문제들을 전적으로 무시하거나 대충 언급하며(Walters, 1989), 그 대신 학생들이 분석의 규칙들을 확실하게 적용할 수 있도록 훈련하기 위한 논증들과 예제들의 분석 규칙들을 제공하는 데 집중한다. 핵심은 인식론이 아니라 논리인 것이다. 커피스(Kurfiss, 1988, p.14)가 정확히 지적하듯이, " '비판적 사고' 교육은, 적어도 개론적 수준에서는, 응용적인 비형식논리학의 방법과 동의어가 되었다."

비판적 사고 기법의 배후에 놓인 인식론적 가정들을 탐구하기 위해서, 이제 우리는 교재보다는 전문적인 문헌에 주목해야 한다. 비록 어느 정도 의견들이 엇갈리지만(De Bono, 1977, 1984; McPeck 1981, 1985; Walters, 1986, 1987, 1988, 1989, 1990a, 1990b, 1992), 비판적으로 사고하는 법을 교육의 최우선 과제로 옹호하는 대부분의 교육자들, 심리학자들, 철학자들이 비판적 사고를 그렇게 보는 것은 그들이, 은연중으로든 명시적으로든, 비판적 사고와 합리적 사고를 동일시하기 때문이다. 예를 들어 글레이저(Glaser, 1941, p.5)는, "논리적 탐구와 추론"을 위한 비판적 사고 기술의 형식주의적 규칙들이, 비판적 사고의 실천자들로 하여금 "자신의 경험 범위 내에서 발견되는 문제들과 주제들을 사려 깊게 생각해보도록 한다."고 주장한다. 비판적 사고를 이처럼 모든 인간 경험에 광범위하게 적용 가능하다고 하는 글레이저의 제안에 호응하여, 에니스(Ennis, 1985, p.45)는 비판적 사고가 합리적으로 행위하고 생각하는 "성향"일 뿐만 아니라, "무엇을 믿거나 행해야 하는지를 결정하는 데에 초점을 맞춘 반성적이고 이성적인 사고"라 정의한다. 결과적으로 비판적 사고는 어떤 분야나 주제에 있어서든 "진술들에 대한 정확한 평가"를 위한 충분조건인 것이다(Ennis, 1962).

비판적 사고와 합리성을 동일시하는 견해들 중 가장 두드러진 것은 셰플러(Scheffler, 1965, 1973, 1980)와 시겔(Siegel, 1988)이 옹호하는 "이유 개념"이다. 이 모델이 주장하는 바에 의하면, 교육자는 "합리성의 이상과 이 이상이 강조하는 비판적이고, 의문을 제기하고, 책임감 있는, 자유로운 정신을 가장 중요한 덕목으로 지켜야 한다." 결국 합리성이란 "이유들의 적절성과 동연적(同延的)"(Scheffler, 1965, p.107)이라고 이해하는 것이 최선이다. 즉, 자신의 논증들과 견해들을 건전한 정당화(이유들)로 옹호할 수 있고, 다른 이들의 논증들과 견해들에 관한 정당화(이유들)를 평가할 수 있을 경우 그리고 그 경우에만 한 개인은 합리적이다. 우리는 어떤 정당화와 그것이 옹호하려는 결론과의 논리적 적절성을 받아들이거나 거부함으로써 그 정당화가 건전한지 여부를 결정하는데, 이를 위한 최선의 방법은 비판적 사고의 원리들과 추론 규칙들을 적용하는 것이다. 즉, 비판적 사고는 "합리성과 교육적 동족어(同族語)

이다."(Siegel, 1988, p.32) 따라서 합리적 인간 교육은 반드시 비판적 분석, 문제 해결, 텍스트 비판에 관한 논리적인 기법들의 교육을 포함해야 한다. 시겔(Siegel, 1988, p.32)이 말하듯, "비판적 사고는 믿음 및 행위의 합리성과 관련된 모든 문제에 공을 들인다. 그리고 비판적 사고 보급에 목표를 둔 교육은 다름 아닌 합리성의 증진과 합리적 인간 계발을 목표로 하는 교육이다."

앞서 언급한 학자들 외에 통상적인 비판적 사고 모델의 또 다른 옹호자들(Binkley, 1980; Johnson and Blair, 1980; Passmore, 1967; Scriven, 1980; Woods, 1980) 역시 합리성 혹은 훌륭한 사고를 비판적 사고의 규칙 지향적인 추론 절차들과 동일시하는 경향이 있다. 물론 이는 합리성을 비형식논리와 형식논리의 규준들로 환원하는 것이다. 그러한 환원이 명백하게 함의하는 바는, (가) 훌륭한 (혹은 합리적인) 사고는 전적으로 논리적이고 분석적이며 문제 해결에 도움이 되는 인지적 과정으로 정의되고, (나) 비논리적이고 분석적이지도 않으며 문제 해결에 직접적으로 도움이 되지 않는 인지적 과정들은 즉시 의심의 대상이 된다는 것이다. 훌륭한 (혹은 합리적인) 사고자는 (가)와 같은 인지적 과정을 연마하여 (나)의 상황에 빠지지 않고자 한다. 게다가, 훌륭한 (혹은 합리적인) 교육자는 이와 마찬가지로 (가)를 가르치는 데에 집중하며, 자신의 학생들을 (나)와 같은 상황에서 구출하고자 한다.

이러한 합리성 모델은 내가 "정당성 계산"이라고 하는 것에 해당한다. 이 모델은 훌륭한 사고를 전적으로 분석적인 계산의 논리적 원리들에 경도된 인지 과정들과 동일시하고, 합리성을 목전의 논증들에 대한 비판적인 검증보다 나을 것이 없는 것으로 환원한다. 이런 관점에서 볼 때, 합리성의 유일한 고유 기능은 논증들을 지지하거나 문제 해결을 자처하는 정당화들을 검열하는 것이다. 보다 구체적으로, 합리성의 정당성 계산 모델은, (가) 사고란 논증의 정당화와 평가를 위한 정확한 절차를 규정하는 추론의 논리적 규칙에 흔들림 없이 충실할 정도로 형식주의적일 경우 그리고 그 경우에만 적절하다는 것을 시사한다. 이러한 추론 규칙들은 이 절의 서두에서 논의된 통상적인 비판적 사고의 분석적 환원주의 특유의 방법론적인 절차들에 해당한다. (나) 분석적 환원주의 원리에 의해 정의된 추론 과정은 투명하다. 결론으로 이끄는 정당화를 위한 일련의 전제들 속에 그 어떤 애매성이나 암묵적인 가정들이 없어야 한다. 더 나아가 모든 전제는 반드시 명확하게 정립되거나 적어도 개연성이 높은 증거들에 의해 지지되어야 한다. 그렇지 않으면, 그 전제들은 탁상공론으로서 결론을 정당화하는 데 기여할 수 없다. (다) 분석적 환원주의의 원리에 의해서 정의된 추론 과정은 반드시 순차적이어야 한다. 모든 전제들의 집합이 필연적으로 결론을 도출하게 될 때까지, 곧바로 전제 A는 전제 B로, 전제 B는 전제 C로 이어져야 한다. 추론의 연속성에 어떤 단절이 있다는 것은 숨은 전제가 적절히 밝혀지지 않았다든가 추론이 사실상 합리적으로 옹호될 수 없음을 뜻한다. (라) 분석적 환원주의의 원리에 의해 정의된 추론 과정은 반드시 예측 가능해야 한다. 이 점은 앞의 세 가지 특징으로부터 도출된다. 합리적 사고는 투명성과 순차성을 요구하는 추론의 논리적 규칙을 따르기 때문에, 논증을 구축하고 평가하는 단계가 절차적으로 결정적이다. 훌륭한 사고자는 기계적으로 전제들을 확인하고, 그것들을 지지하는 증거를 조사하며, 무관한 증거들을 제거하고, 오류들을 찾아내고, 하나의 전제에서 다른 전제로의 논리적 흐름을 분석하여, 일련의 전제들이 결론을 정당화하는지를 규명함으로써 종결짓는다.

합리성에 대한 정당성 계산 모델의 일반적인 두 특성이 네 가지 구체적인 특징들로부터 따라 나온다. 첫째, 그것은 내가 "증거적"이라고 부르는 것으로서, 적절한 전제는 어떤 것이든 다른 전제들과 논리적으로 정합해야 할 뿐만 아니라, 증거적 정당성이라는 타협의 여지가 없는 엄격한 기준에 부합해야 한다는 것이다. 베리(Barry, 1984)는 귀납논증들 속의 경험적인 전제들이 관찰이 이루어질 때의 물리적인 조건들, 관찰자의 감각적 예민함, 관찰자가 자신의 관찰에 적용한 배경지식의 신빙성, 관찰자의 "객관성", 그리고 다른 "객관적" 관찰자들로부터의 보강 증언의 유무를 고려하는 방식으로 적절히 분석될 수 있다고 주장함으로써 대부분의 비판적 사고 옹호자들을 대변한다. 이들 다섯 가지 조건들 모두는 주어진 전제의 참이나 개연성을 판단하는 데 필수적이다. 결국 이 조건들 각각을 만족시키지 못하는 전제는 일단 의심의 대상이 된다. 이처럼 엄격하게 증거주의적인 규범은, 창조적 탐구 맥락에서라면 유의미한 전제 역할을 할 수 있는데도, 경험적인 기반 위에 견고하게 정립되지 않았다는 이유로, 직관적이고 상상적인 가정들의 권리를 즉시 박탈한다. 그와 같은 전제들은 정당성 계산에 의하여, 수용 가능한 증거의 범위를 벗어날 뿐 아니라, 형식적 규칙 엄수의 기준들, 논리적 투명성, 추론의 순차성, 그리고 방법론적인 예측 가능성을 위반하는, 모호하고 탁상공론적인 시도들로 간주되어 거부된다.

나아가 합리성의 정당성 계산 모델은 반사적이다. 이 모델은 훌륭한 사고를 논리적 분석과 동일시하기 때문에 기존의 논증들과 문제들에 대한 비판적인 검토에 치중한다. 그렇기에 합리적 사고자는 계산적인 분석을 형식주의적으로 적용하여 논리적 정당성을 충실하게 검사하는 자이며, 막연한 상황에서 "~라면 어떨까"라고 환원주의적인 규범을 위반하는 창의적 사고를 회피하는 자이다. 이러한 평가를 놓고 볼 때 정당성 계산 모델은, 인식론적으로는 지성적이거나 미학적인 발견과 발명에 대한 인지적 행위들을 간과하고, 교육학적으로는 비록 논리적으로 곧바로 정당화되지는 못할지라도 대안적인 패러다임들과 (통상적인 문제 해결과는 달리) 문제의 구상을 위한 필요조건들인, 사고 과정들에 관한 훈련을 최소화한다.

논리적 사고와 합리적 사고를 동일시하는 통상적인 비판적 사고의 경향과 그 경향이 수반하는 정당성 계산 훈련에 대한 교육학적인 강조는, 결국 이 입장의 옹호자들이 지지하는 목적의 파기로 귀결된다. 비판적 사고의 옹호자들은 다음 세 가지 정당화 중 어느 하나 또는 세 가지 모두에 호소함으로써 자신들의 방법을 옹호한다. 첫 번째 입장을 지지하는 이들은(Barry, 1984; Johnson, 1980; Nosich, 1982; Scriven, 1976), 오늘날의 세계에서 비판적 논증 분석 능력이 실용적으로 필요한 이유는 이 능력이 학생들로 하여금 기만적인 선동가들과 불온한 이념들의 공격을 감내할 수 있도록 준비시키기 때문이라고 주장한다. 두 번째 입장에서는(McPeck, 1981), 교육의 가능성 자체가 학생들의 정확한 논증 분석 능력에 따라 좌우되기 때문에 비판적 사고가 교육적으로 필수적이라고 본다. 세 번째 입장에 의하면(Siegel, 1988), 비판적 사고 교육은 학생들이 자주성을 기르고, 책임감 있는 성인기를 준비하며, 과학, 수학, 역사 등의 "합리적 전통들"에 진입하도록 하기 위한 필요조건이 된다. 그러나 마땅히 존중받아야 할 이와 같은 이상들 중 어느 것도 전적으로 정당성 계산만을 학습한다고 성취되는 것은 아니다. 내가 다른 곳에서 상세히 논했듯이(Walters 1986, 1987, 1989), 단지 명제적 논증들을 논리적으로 해체하고 비판하는 능력은, 비록 "현실의 세계"에서는 어느 정도 실용적 가치가 있다 해도, 그 자체로는 학생들이 책임감 있는 성인이자 시민으로서의 역량을 준비하도록 하는 데에는 부족하다. 이 기능이 지닌 본질적으로 반작용적인 특징은 삶의 자족성뿐만 아니라, 창조적인 융통성, 인지적 대담성, 그리고 삶에서 꼭 필요한 반대 관점에 대한 관용을 교육하지 못한다. 나아가 비판적 분석 기법이 효과적인 교육의 필요조건이라는 가정은 옳기는 하지만 불충분하다. 논리적으로 생각하는 능력은 분명히 "합리적 전통들"에 진입하게 해줄 뿐만 아니라, 학문적 문헌들을 이해하는 데에도 긴요하지만, 이것만으로는 충분하지 않다. 가장 풍부한 의미로서의 성공적인 학생이란, 단지 타인의 생각들을 분석하는 법을 배우는 학생이 아니다. 그는 또한 타인의 생각들을, 관습적인 것으로부터 비관습적인 것으로, 기지의 것으로부터 미지의 것으로, 정통적인 것으로부터 비정통적인 것으로의 상상적 도약을 위한 발판으로 삼는 등, 타인의 생각들을 창조적으로 다루기 시작한다. 안타깝게도 교육자라면 누구나 모든 규칙들을 따르고 모든 교재들을 독파하면서도 스스로는 전혀 생각할 줄 모르는 올 A 학생들에 대하여 잘 알고 있다. 그런 학생들은 정당성 계산에 필요한 기계적인 조작의 명수들이다. 그들은 빈틈없이 논리적이다. 그럼에도 불구하고 그들은 흔히 허망하게도 독창성이 없는 규칙주의자가 된다. 이는 그들이 불칸화하였기 때문이다. 그러나 본 논의의 서두에서 지적하였듯이, 불칸화한 사고는 합리적 사고가 아니다. 스팍은 흠잡을 데 없는 논리적 명민함으로 우리의 호기심을 자극하는 흥미로운 인물이지만, 훌륭한 사고의 표상은 아니다. 그리고 합리성에 대한 정당성 계산의 편협한 모델에 의해 불칸이 된 학생들 역시 마찬가지다. 하지만 통상적인 비판적 사고 교육과정이 인정하는 정전(正典)은 다름 아닌 바로 이 모델인 것이다.

창의적 사고와 발견양상

정당성 계산은 합리적 사고와 동일하지 않은 것은 물론 인지적으로 유일한 선택지인 것도 아니다. 논리적 추론, 비판적 분석, 그리고 문제해결은 오직 발견양상의 핵심적인 구성요소들인 상상력, 통찰력, 그리고 직관의 인지적 기능들로 보완될 경우에만 훌륭한 사고의 본질적 요소가된다. 마지막 두 가지 요소는 혁신적인 추측, 지적이고 미적인 창조성, 그리고 대안적인 개념적 패러다임과 문제들의 발견을 위한 필요조건들이다. 통찰과 직관은 이색적인 상황들뿐만 아니라 새로운 생각들에 대한 유연성과 적응력을 향상시켜, 책임감 있고, 자유로우며, 반성적인 성인들과 시민들을 육성하는 데 긴요하게 작용한다. 발견양상의 창조적인 기능은, 정당성 계산 특유의 분석적 기능과 더불어, 합리성 혹은 훌륭한 사고로서 특징지어질 수 있는 기법들, 능력들, 재능들과 역량을 제공한다. 따라서 비판적 사고와 창의적 사고는 양립 불가능한 것도 아니고 배타적인 것도 아니다. 사실, 한 사고를 진정으로 잘하게 되면 다른 사고도 잘하게 된다. 따라서 훌륭한 사고자 교육은 양자에 대한 훈련 모두를 필요로 한다고 할 수 있다. 효과적인 사고 교육은 (현재 비판적 사고 기법이 하는 것처럼) 스팍주의자의 정당성 계산을 지나치게 강조하는 것도 아니고, 발견양상의 창조적인 기능에 편중하는 것도 아니다. 그 대신 효과적인 사고 교육은 상호 보완적이면서 환원 불가능한 사고의 본성에 대하여 고찰함과 더불어, 학생들에게 분석뿐만 아니라 상상력을, 정당화와 함께 창의성을, 문제 해결 능력에 더하여 문제 구성 능력을 제고시키기 위한 교육학적 기회들을 제공하는 일에 집중한다. 비판적 사고 옹호자들의 주장과는 상반되게, 교육적으로 볼 때 합리성과 동일한 어족(語族)에 속하는 것은 비판적 사고가 유일한 것이 아니다.

발견양상의 핵심적인 인지적 기능은 아마도 상상일 것이다. 어원학적으로 상상은 "이미지" 혹은 "표상"을 의미하는 라틴어 이마고(imago)로부터 나왔다. 그러나 분명히 이처럼 빈약한 어원학적 정의는, 이 정의가 상상의 나래를 펴 공상하는 것만 아니라 시지각이 제공하는 단순한 경험적 이미지를 동일한 범주 아래에 두는 한, 우리의 목적을 위해 불충분하다. 그럼에도 불구하고 상상에 대한 라틴어 어원은 중요한 출발점이 된다. 상상적인 과정들의 특징은 비분석적인 이미지 형성에 있다. 상상적인 구성들은 환원주의적인 것이 아니다. 상상적 구성들은 구성요소를 분석하기보다는 전체적인 표상들을 포착하고자 한다. 상상적 구성들은 종합을 지향하고 보다 넓은 양상을 위해 종종 세부 사항들을 희생시킨

118

다. 결과적으로, 상상적 패러다임들은 보통 목전의 개념적 모델들에 대한 분석적인 해체와는 달리 대단히 모호하다.

이와 같은 비분석적 글쓰기는 도대체 어떤 성질의 것인가? 비트겐슈타인(Ludwig Wittgenstein)은 그의 저서 『철학적 탐구(*Philosophical Investigation*)』(1963, p.213)에서 "어떤 것을 특정 주제의 변형으로 듣(거나 보)자면 상상이 요구되지 않겠는가?"라고 말함으로써, 상상이 무엇인지에 대한 실마리를 제공한다. 비트겐슈타인에게 상상적인 기능은 전형적으로, 새로운 관점에서 경험을 검토하고, 통상 너무 당연히 여겨져 면밀한 검토를 하지 않고 넘어가는 이미지의 측면들에 집중하여, 대상들을 새롭고 신선한 방식으로 "봄"으로써, 특정 경험 대상에 대해 단지 수동적이기만 한 지각적 수용을 넘어선다. 이처럼 일반적이지 않은 관점을 취하는 과정을 그는 "~로 보기"(1963, p.197)라고 부른다. 상상은 단지 사각형의, 밀도가 높고 불그레한 이 대상이 통상 "벽돌"이라 불리고, 통상 어떻게 사용된다는 "것을 보는" 것이 아니다. 대신에 상상은 "벽돌을 ~로 봄"으로써, 이를테면 벽걸이 장식이나 책 버팀, 분쇄된 원료 또는 붉은 물감 재료로 봄으로써, 새로운 가능성들을 떠올리는 것이다. 이처럼 통상적인 용도의 통상적인 어떤 대상을 상상을 통해 재구성하자면, [지각자가] "몸담은 현실태를 넘어서서", 이 즉각적인 임시의 실재 외에 다른 것이 가능하다는 것을 아는 능력을 갖추고 있어야 한다(Hanson, 1988, p.138). 상상은 지각자가 일시적으로 표상에 대한 문자 그대로의 "~을 보기" 양식에 대한 집착을 유보하고, 명백하고 통상적인 것을 넘어, "~로 보기" 양상으로 나아갈 것을 요구한다. 상상은, 안하임(Arnheim, 1974, p.142)이 말했듯, "오래된 내용물을 담을 새로운 틀 … 혹은 진부한 주제에 관한 신선한 개념의 발견"을 이뤄내는 충격적으로 대안적인 양상을 창안하도록 한다.

비트겐슈타인의 "~을 보기"와 "~로 보기" 구분은 흔히 간과되는 상상의 특성을 명확하게 보여준다. 상상적 구상들이 진공 상태에서 창안되는 일은 결코 없다. 상상적 구상들은 언제나 주어진 구체적 맥락 내에서 정립된 지식과 (비트겐슈타인이 "언어놀이"라 부르는) 통상적으로 지각된 것들에 기초하여 이루어진다. 상상적 구상은 실재를 무시하고 **무에서** 창조되는 것이 아니라, 주어진 양상들에 대하여 평범하지 않은 관점을 취함으로써, 마음속에 새로운 가능성으로 나타나는 것이다. 이는 상상적 구상의 세 가지 질적 특성들이 무엇인지를 보여준다. 첫째, 상상적 구상은 무엇보다도 통상적인 ~을 보기 양식을 넘어선다는 점에서 색다른 것이지만, 그 비통상성은 주어진 증거에 기초하고 있으며 또 그로부터 나오는 것이다. 바로우(Barrow, 1988)가 정확하게 주장하듯, 단순히 색다른 생각이 일어난 것을 상상이라 할 수는 없다. 기이하거나 특이한 생각들은, 특히 그 생각들이 부조리하거나, 비정합적이거나, 변덕스럽거나, 공상적일 때, 반드시 상상적인 것은 아닌 비통상적인 생각들일 수 있다. 이 점은 상상적 구상의 두 번째 측면, 즉 상상적 구상은 효과적이어야 하고, 명실공히 인지적 이해를 확장해야 하고, 실질적 유용성을 향상할 수 있어야 한다는 점을 말해준다. 이는 또한 상상적 구상이 주어진 맥락과 증거적인 기반 위에서 형성된다는 첫째 특성을 강조하는 것이기도 하다. 그러나 유효성에 불과한 것이 그 자체로 어떤 생각을 상상이라고 규정할 충분조건인 것은 아니다. 색다르거나 신기하지도 않으면서 효과적이거나 실용적인 생각들에 대하여, 쓸 만하다거나 괜찮은 것이라고는 해도 상상물이라고는 하지 않는다. 마지막으로, 상상적 구상은 단지 위장된 귀납추론이 아니다. 상상적 구상은 개연성이 있는 결론을 시사하는, 자료에 대한 순차적이고 논리적인 고려를 통하여 이루어지는 것이 아니다. 이는 ~로 보기가 비분석적일 뿐만 아니라 비환원적이기 때문이다. 상상의 기능은 주어진 일련의 가정들이나 지각들에 근거해서 전체적인 이미지의 틀을 만들어내지만, 단계적이고 규칙 일변도로 그러는 것이 아니다. 굳이 말하자면, 이는 지금까지 무시되거나 간과된 측면을 재조명하는 과정이지, A에서 B로의 투명한 논리적 추론은 아니다. 이는 상상의 사례들이 결과적으로 정당성 계산의 논리적 규칙들에 따라 분석될 수 없고, 그래서 강화되거나 수정되거나 거부될 수 없다는 것이 아니라, 단지 그 사례들에 대한 최초의 발견이 환원적인 계산보다는 전체주의적인 이미지화에 기반을 두었다는 점만을 시사한다.

발견양상의 상상적 기능과 긴밀한 관련이 있는 것은 직관이다. 직관은 의식적인 숙고나 논리적인 계산을 하지 않고 있을 때 저절로 발생하는 지각이라고 할 수 있다(Stewart, 1988; Westcott, 1968). 직관적인 통찰은 흔히 구체적인 맥락 속의 특정한 문제에 대하여 깊이 성찰한 다음에 이루어지지만, 예측되거나 의식적으로 계획된 것이 아니다. 특히 직관적 통찰은 주제에 대하여 "아하!" 하는 순간적 이해의 충격을 준다. 그러한 직관적 통찰은 흔히 명제적이라기보다는 시각적으로 나타나고, 초기 단계의 언어화 불가능성을 함의한다(Bruner and Clinchy, 1966). 직관적 통찰은 분석적으로 정의하기보다는, 이해를 돕는 "의미"(Noddings and Shore, 1984)나 "그럴듯함"(Bruner, 1986)을 깨닫도록 즉각적으로 나타난다. 안하임(Arnheim, 1985, p.94)이 제안하듯, "직관은 큰 틀의 전체적인 구조를 아주 잘 지각하게 한다. 지적인 분석은 개별 맥락들로부터 개체들 및 사건들의 특징을 추상해내게 하고, 그 개체들과 사건들을 '그렇게 추상된 것'으로 정의한다."

비록 직관의 과정이 본질적으로 "~로 보기"라는 상상 양식과 분명히 유사할지라도, 이 둘을 구분하는 근본적인 차이점이 적어도 하나는 있는 것으로 보인다. 상상 양식은 숙고적이고 의식적이다. 상상적 구상을 시도하는 주체는 자신이 무엇을 하는지 알고 있으며, 그가 평범하지 않은 관점을 포착하고자 한다는 사실을 인지하고 있다. 상상적 추측의 산물은 종종 주체에게 놀라운 것이거나 주체가 예상하지 못한 것이지만, 상상 행위 자체는 의도적이다.

반면에 직관적 통찰은 그렇지 않다. 결과적으로 직관적 통찰은 언제나 예측을 불허한다. 직관적 통찰은 그저 발생하고, 주체가 돌파구를 거의 기대할 수 없는 상황에서 이루어지는 것이 보통이다. 상상적 구상이 그렇듯이, 직관적 통찰은 통찰이 이뤄진 이후에 정당성 계산의 기준에 따라 검사되고 평가될 수 있다. 게다가 직관적 통찰은 주체가 씨름하는 특정한 문제와 관련된 증거를 기반으로 일어날 수 있다. 그러나 직관적 통찰은, 직관자가 직관이 일어난 이유를 설명할 수 없기 때문에, 체계적인 논리적 추론의 결과물인 것은 아니다.

발견양상의 창의적 사고 양식에 본질적인 두 가지 인지 과정에 관한 이와 같은 이해에 근거하여, 이제 우리는 합리성의 기능이란 다름 아닌 목전의 논증들과 범례들을 넘어서서 비추론적이고 구상적인 방식으로 새로운 것들을 고안하고 발견해가는 특징을 가지고 있음을 알게 되었다. 정당성 계산 과정은 기존의 지식 언명들을 분석하는 반면, 발견양상은 새로운 언명들을 보완하여 그러한 지식 언명들을 확장한다. 보다 구체적으로, 상상과 직관의 기능적 성격이 발견양상의 창의적 사고 양식에 대하여 시사하는 것들은 다음과 같다.

(가) 정당성 계산에서의 논리적 분석과는 달리, 창의적 사고는 비형식적이다. 창의적 사고가 분명히 형식주의적인 논리적 분석을 통해서 도달한 지식 주장들을 출발점으로 하고 있다 해도, 창의적 사고는 그 과정에서 연역추리나 귀납추리의 절차적인 규칙들로 규제를 받지 않는다. 이는 창의적 사고가 어떤 맥락의 산물이지 진공 상태에서 형성되는 것이 아님을 달리 말하는 것이다.

(나) 창의적 사고를 특징짓는 발견의 과정은 대체로 명료하기보다는 불투명하다. 직관적인 사고 양식도 그렇지만 상상적인 사고 양식은 조화와 그럴듯함이라는 특징을 갖는 종합적인 구상들을 창안하거나 발견

하는 것을 목표로 한다. 이러한 조화로운 형식들의 구체적인 내용은, 그 내용에 도달하는 과정이나 단계들과 마찬가지로, 즉각 명확하게 드러나지 않을 수 있다. 이는, 창조적 상상은 언제나 상상이 실제로 일어난 후에 정당화되는 것이지, 그 전에 정당화되는 것이 아니라는 점을 함의한다. 창조적 상상은 발생 과정의 측면이 아닌 효용성과 정합성의 측면에서 평가된다.

(다) 게다가 창조적 상상이 발생하는 구체적인 과정들은 비순차적 혹은, 드 보노(De Bono, 1977, 1984)가 말하듯이, "수평적"이다. 상상적 사고자와 마찬가지로 직관적 사고자는 사전에 계획된 일관된 연쇄적 추론을 따르지 않는다. 그 대신, 발견의 과정은 이미 주어진 것으로부터 미지의 것으로 도약하는 과정이라고 더 잘 특징지어질 수 있다. 이러한 도약은 궁극적으로는 막다른 곳에 도달하든가, 반대로 보다 나은 탐구를 위한 견고한 디딤돌이 되겠지만, 이 도약은 정당성 계산 과정에서처럼 계산적인 추론은 아니다. 그 대신 이러한 도약들은 종종 종잡을 수 없으며, 저절로 일어나고, 겉보기에는 제멋대로인데, 폴라니(Polanyi, 1964, 1985)가 말한 "암묵적 도약"이나 쾨스틀러(Koestler, 1964, 1979)가 말한 "포괄적" 또는 "전체론적" 앎과 유사하다.

(라) 마지막으로 창의적 사고는 그 과정과 결과물의 세부 사항 모두에 있어 불확정적이다. 이러한 특성은 앞의 세 특성으로부터 도출된 것이다. 정당성 계산과는 다르게, 발견양상을 통제하는 예측 가능하고 절차적인 청사진 같은 것은 존재하지 않는다. 상상적 구상이나 직관적인 영감이 실제로 효과적이고 혁신적이라는 것은 증명되는 것도 아니고 귀납적으로 높은 개연성이 있는 것도 아니다. 그러나 이 점은 창의적 사고가 제멋대로라거나 변덕스러운 공상이라는 뜻은 아니다. 다시 말하지만, 상상적 추측과 직관적 통찰은 무(無)로부터 나오는 것이 아니다. 그 대신, 상상적 추측과 직관적 통찰은 그 발생의 맥락에 의하여 제약받고 영

향 받는다.

이들 모두는 정당성 계산과 구분되는, 발견양상에 일반적인 두 가지 기능적 특성을 보여준다. 첫째, 발견양상은 증거주의적이라기보다 "증거적"이다. 창조적 상상과 직관적 통찰은 항상 맥락적이기에 기존의 지식이나 자료를 바탕으로 이루어진다. 게다가 이들은 정합성의 정도, 새로운 문제들과 범례의 이해와 구성을 확장하는 데 있어서의 유효성, 가용한 증거와의 정합성에 따라서 추후에 평가될 수 있다. 그러나 창조적 상상과 직관적 통찰이 이루어진 과정은 정당성 계산이 강조하는 엄밀한 증거주의적인 기준들과 부합해야 할 필요가 없다. 이 점은 단지 발견과 발명의 인지적인 행위가 순차적이고 추론적인 것이 아니며, 논리적 투명성의 기준이나 베리(Barry, 1984)가 옹호하는 증거주의적 특성의 다섯 가지 기준을 곧바로 충실하게 따르는 것을 보아 판단되어서는 안 된다는 사실을 강조하는 것이다. 둘째, 발견양상은 그저 반사적인 것이 아니라 적극적이다. 발견양상의 상상적이고 직관적인 기능은 목전의 논증에 대한 거두절미한 분석을 넘어서 새로운 논증의 구성으로 나아가기 위한 필요조건의 역할을 한다. 이 기능들은 통상적인 신념들에 대한 비판적인 환원을 목표로 하지 않으며, 광범위한 모델들과 양상들의 종합적인 정교화도 지향하지 않는다. 사실 상상과 직관에 의해 제공되는 대안적 범례들은 정당성 계산 특유의 형식주의적 분석보다 잘못될 가능성이 많지만, 이것은 혁신적 사고를 위해 감당할 수 있고 또 불가피한 위험인 것이다. 더구나 앞서 지적했듯이 그러한 개념적 창안들의 신빙성을 평가하기 위한 특별한 전략이 있다.

오래전부터 과학자들과 수학자들은, 때로는 마지못해서라도, 새로운 이론적 패러다임들과 문제들을 고안하는 데 있어서 발견양상이 하는 역할을 인정해왔다. 아인슈타인, 제임스 클라크 맥스웰, 마이클 패러데이, 폰 헬름홀츠, 프랜시스 골턴, 니콜라 테슬라, 존 허셜, 앙리 푸앵카레,

제임스 왓슨, 그리고 그 외 다른 인사들이 비추론적 상상과 비언어적 직관을 통하여 자기 영역 내에서 새로운 경지에 도달한 일이 있다고 고백한다(Shepard, 1988). 분석적 환원주의의 인지적 한계에 대한 공감대가 확장되고 있는 가운데, 이와 같은 증거는 점증하는 다수의 교육자들, 심리학자들, 그리고 철학자들(예를 들면, Adler, 1982; Belenky, Clinchy, Goldberger and Tarule 1986; Brown, 1967; Bruner, 1962, 1966, 1989; De Bono, 1977, 1984; Freie, 1987; Girle, 1983; Hausman, 1976; Kagan, 1967; Koestler, 1964; Matthews, 1988; McPeck, 1985; Nasaner, 1988; Noddings and Shore, 1984; Polanyi, 1985; Stewart, 1988; Torrance, 1979; Walker, 1988; Weininger, 1988)로 하여금 발견양상에 접하게 하는 것이 정당성 계산 훈련 못지않게 양질의 교육을 위한 본질적 자양분이 된다고 주장하도록 하였다. 이들 중 아무도 통상적인 사고 교육 모델을 교과과정에서 제외하자고 주장하지는 않는다. 나 또한 그렇다. 그 대신 그들이 주장하는 바는 오히려 합리성이 정당성 계산뿐만 아니라 발견양상 특유의 인지적 기능을 포함한다는 것이며, 결국 교육학적으로 본 합리성의 개념은 이 둘 모두에 대한 교육을 강조할 것이라는 점이다. 그러나 오늘날의 정당성 계산에 대한 강조는, 통상적인 비판적 사고가 논리적 추론과 합리성을 잘못 동일시한 데에서 비롯된 것으로서, 대체로 상상과 직관에 대한 이해력을 향상하는 학습 전략들을 무시한다. 최근의 연구(McDonough and McDonough, 1988)에 의하면, 조사 대상이된 1,188개의 미국의 대학들 대부분이 비판적 사고 교육과정을 필수로 지정했거나 적어도 강의 개설을 하였는데도, 이들 중 오직 76개 대학만이 창의성 향상의 기회를 제공하는 교과과정을 편성하였다. 따라서 사고 교육의 교과과정은, 불행히도 학생들을 불칸으로 만드는 결과를 초래하는, 스팍주의적 합리성 모델에 초점을 둔다. 그러한 모델로는 진정한 의미의 합리성을 향상하지도 못하며, 비판적 사고의 목표로 천명된 책임감 있고 자유로운 성인들과 시민들을 육성하지도 못한다.

본즈주의자의 에필로그

여기서 나는 합리성 혹은 훌륭한 사고가 정당성 계산의 논리적 인지기능과 발견양상의 비논리적 인지기능을 모두 포괄하는 것이라고 논술하였다. 게다가 나는 이 두 기능이 상호 보완적이라고 주장해왔다. 즉, 훌륭한 사고는 주어진 논증과 지식 언명들을 비판적으로 분석하는 능력뿐만 아니라, 대안적인 생각들, 사례들, 그리고 문제들을 구상하는 능력을 포함한다. 비판적이고 창조적인 사고에 초점을 맞춘, 합리성에 관한 이와 같은 포괄적인 설명은 하나를 훼손하면서 나머지 하나를 강조하는 모델보다 인간 사유의 본성을 더 잘 반영한다. 나아가 이러한 설명은 최근 통상적인 비판적 사고가 지지하는 균형 잃은 합리성 개념보다 더 넓은 의미의 교육학적 합리성 개념을 제안하기도 한다. 사고 교육은, 만일 진정으로 책임감 있는 성인들과 시민들의 육성을 목표로 한다면, 학생들에게 분석적 환원주의의 형식적인 절차들을 훈련하는 것 이상이 되어야만 한다. 또한 이 교육은 반드시 학생들이 상상적이고 직관적인 이해에 대한 감수성을 증진할 수 있도록 해야 한다. 훌륭한 사고자들은 불칸 같은 기계적 계산장치가 아니다. 그들은 아직 탐구되지 않은 미지의 영역으로의 모험을 위해 규칙 지향적인 추론적 분석에 대한 충성을 적어도 일시적으로나마 중단하고자 하고, 또한 그렇게 할 수 있는 창의적 모험가들이다. 나는 이 논제가 아주 독창적인 것이라고 생각하지는 않는다. 여기서 나는 비판적이고 창조적인 사고의 폭넓은 특징을 강조하는 것 이상을 했다고 주장하지 않는다. 분명 해야 할 일이 많이 남아 있다. 그러나 나는 비판적 사고 모델이 논리적 사고와 합리성을 동일시함으로 인하여 오로지 형식논리와 비형식논리의 규범들에만 집중함으로써, 사고 교육의 목적을 달성하지 못해왔다는 평범한 사실을 놓쳤음을 강조하고자 한다. 그러한 접근 방식으로는 학생들에게 합리성을 교육하지 못한다. 대신 그러한 방식은 과도하게 정당성 계산을 요구하며, 발견양상을 전적으로 무시하지는 않더라도 과소평가함으로써, 학생들을 불칸으로 만드는 것이다.

만일 내가 옳다면, 나무랄 데 없이 논리적인 스팍은 흥미로운 인물이기는 하지만 훌륭한 사고의 적절한 표상도 아니고, 우리 교육자들이 학생들에게 제시하고 싶은 본보기도 아니다. 그 대신 스팍은 다른 것을 희생한 대가로 일련의 인지적 기능들을 지나치게 개발하여 나타난 당혹스러운 결과들의 한 사례이다. 내가 제안하고자 하는 합리성의 보다 내실 있는 모델은 "엔터프라이즈호"의 의무실장인 맥코이이다. 태생적으로 본즈에게는 스팍이 갖춘 빈틈없이 논리적인 능력이라고는 없지만, 이것은 그의 약점이 아닌 강점이다. 그가 논리적 재능을 지녔고, 추론적 타당성과 증거주의적인 근거에 기반을 둔 논증을 평가할 수 있다는 점에는 의문의 여지가 없다. 무엇보다 그는 과학자이자 전문의이므로 문제에 봉착했을 때 귀납추리와 연역추리 모두를 적용한다. 그렇지만 스팍과는 달리 본즈는 발견양상 특유의 상상적이고 직관적인 기능들에 대단히 예민하다. 그는 직감을 기꺼이 사용하고, 비록 엄격하게 논리적인 근거들에 기반을 두어 즉각 정당화될 수는 없을지라도, 참신한 추측을 시도한다. 이 점은, 그의 불칸 동료 스팍이 늘 결론 내리듯, 그가 비논리적이라는 것을 함의하는 것이 아니며, 본즈는 오히려 논리적인 인지 과정의 필요성 못지않게 비논리적인 인지 과정의 가치도 높이 사는 인물이다. 때때로 본즈는 분석적 환원주의에 대한 충성을 유보하고자 하여 문제에 봉착하기도 하지만, 이러한 점은 본즈로 하여금 스팍의 이해 범위를 완전히 넘어서는 효율성과 이해의 수준에 도달하도록 한다.

요약하자면, 본즈는 비판적이며 창조적인 사고 과정 모두를 중시하는 균형 잡힌 사고자이다. 그는 논리주의적 안전을 기하기 위하여 창조성을 희생시키지도 않으며, 자기만의 엉뚱한 생각 때문에 비판적 사고를 희생시키지도 않는다. 본즈의 논리는 그가 상상과 직관이 초래할 위험들을 기꺼이 감수하고자 하기에 적절히 조절된다. 그런가 하면 본즈 스스로가 추론적인 논증과 증거의 중요성을 인지함으로써 그의 창조성이 조정된다. 즉, 본즈는 가장 적절한 의미에서 합리적이다. 스팍은 그렇지 않다. 비판적 사고 교육은 스팍에 대한 암묵적인 인식론적, 교육학적 충성도를 낮추고, 본즈를 역할 모델로 택해야 할 것이다. 불칸들은 태생적으로 논리에 대한 틀에 박힌 충성을 넘어설 수 없기 때문에, 정당성 계산에만 치중하는 것은 불칸족에게 적절한 일일 것이다. 그러나 인간을 불칸으로 만드는 것은 위험할 뿐만 아니라 부적절하다. 우리는 스팍과 같은 사고자들에는 못 미치지만, 동시에 그들을 넘어선다.

참고문헌 ━━━━━

Adler, M. J.(1982). *The Paideia Proposal: An Educational Manifesto*. New York: Macmillan.

Arnheim, R.(1974). *Art and Visual Perception: A Psychology of the Creative Eye*. 2nd ed. Berkeley: University of California Press.

____(1985). "The Double-Edged Mind: Intuition and the Intellect." in E. Eisner(ed.), *Learning and Teaching the Ways of Knowing*, 84th year-book of the National Society for the Study of Education, part 1, pp.77-96. Chicago, Ill.: University of Chicago Press.

Barrow, R.(1988). "Some Observations on the Concept of Imagination." in K. Egan and D. Nadaner(eds.), *Imagination and Education*, pp.79-90. New York: Teachers College Press.

Barry, V. E.(1984). *Invitation to Critical Thinking*. New York: Holt, Rinehart & Winston.

Beardsley, M. C.(1975). *Thinking Straight: Principles of Reasoning for Readers and Writers*. 4th ed. Englewood Cliffs, N.J.: Prentice-Hall.

Belenky, M. F., Clinchy. B. M., Goldberger. N. R., and Tarule. J. M. (1986). *Women's Ways of Knowing: The Development of Self, Voice, and Mind*. New York: Basic Books, Inc.

Binkley, R.(1980). "Can the Ability to Reason Well be Taught?" in J. A. Blair and R. H. Johnson(eds.), *Informal Logic: The First International Symposium*, pp.79-92. Inverness, CA: Edgepress.

Brown, J. D.(1967). "The Development of Creative Teacher-Scholars." in J. Kagan(ed.), *Creativity and Learning*, pp.164-180. Boston: Beacon Press.

Bruner, J. S.(1986). *Actual Minds, Possible Worlds*. Cambridge, Mass.: Harvard University Press.

____(1962). *On Knowing: Essays for the Left Hand*. Cambridge, Mass.: Harvard University Press.

Bruner, J. S. and Clinchy, B.(1966). "Towards a Disciplined Intuition." in J. S. Bruner(ed.), *Learning About Learning*. Washington, D.C.: Bureau of Research, Office of Education, U.S. Department of Health, Education and Welfare.

Copi, I. M.(1986). *Informal Logic*. New York: Macmillan.

De Bono, E.(1984). "Critical Thinking Is Not Enough." *Educational Leadership* 42, pp.16-17.

____(1977). *Lateral Thinking: A Textbook of Creativity*. Harmondsworth, England: Penguin.

Ennis, R. H.(1962). "A Concept of Critical Thinking." *Harvard Educational Review* 32, pp.81-111.

____(1985). "A Logical Basis for Measuring Critical Thinking Skills."

Educational Leadership 43, pp.44-48.

Freie, J. F.(1987). "Thinking and Believing." *College Teaching* 35, pp.98-101.

Girle, R. A.(1983). "A Top-down Approach to the Teaching of Reasoning Skills." in W. Maxwell(ed.), *Thinking: The Expanding Frontier*. Philadelphia: Franklin Institute Press.

Glaser, E. M.(1941). *An Experiment in the Development of Critical Thinking*. New York: Teachers College of Columbia University, Bureau of Publications.

Hanson, K.(1988). "Prospects for the Good Life: Education and Perceptive Imagination." in K. Egan and D. Nadaner(eds.), *Imagination and Education*, pp.128-140. New York: Teachers College Press.

Hausman, C. R.(1976). "Creativity and Rationality." in A. Rothenberg and C. R. Hausman(eds.), *The Creativity Question*, pp.343-351. Durham, N.C.: Duke University Press.

Johnson, R. H. and Blair, J. A.(1980). "The Recent Development of Informal Logic." in J. A. Blair and R. H. Johnson(eds.), *Informal Logic: The First International Symposium*, pp.3-30. Inverness, Calif.: Edgepress.

Kagan, J.(1967). "Personality and the Learning Process." in J. Kagan (ed.), *Creativity and Learning*, pp.153-163. Boston: Beacon Press.

Kelly, D.(1988). *The Art of Reasoning*. New York: W.W. Norton.

Koestler, A.(1964). *The Act of Creation*. New York: Macmillan.

____(1979). *Janus: A Summing Up*. New York: Vintage Books.

Kurfiss, J. G.(1988). *Critical Thinking: Theory, Research, Practice, and Possibility*. Washington, D.C.: ASHE-ERIC Higher Education Report No. 2.

Matthews, G.(1988). "The Philosophical Imagination in Children's Literature." in K. Egan and D. Nadaner(eds.), *Imagination and*

Education, pp.186-197. New York: Teachers College Press.

McDonough, P. and McDonough, B.(1988). "A Survey of American Colleges and Universities on the Conducting of Formal Courses in Creativity." *Journal of Creative Behavior* 21, pp.271-282.

McPeck, J. E.(1981). *Critical Thinking and Education*. New York: St. Martin's Press.

____(1985). "Critical Thinking and the 'Trivial Pursuit' Theory of Knowledge." *Teaching Philosophy* 8, pp.295-308.

Moore, B.(1983). "Critical Thinking in California." *Teaching Philosophy* 6, pp.321-330.

Nadaner, D.(1988). "Visual Imagery, Imagination and Education." in K. Egan and D. Nadaner(eds.), *Imagination and Education*, pp.198-207. New York: Teachers College Press.

Noddings, N. and Shore, P. J.(1984). *Awakening the Inner Eye: Intuition in Education*. New York: Teachers College Press.

Nosich, G. M.(1982). *Reasons and Arguments*. Belmont, Calif.: Wadsworth.

Passmore, J.(1967). "On Teaching to be Critical." in R. S. Peters(ed.), *The Concept of Education*, pp.192-211. London: Routledge & Kegan Paul.

Paul, R. W.(1985). "Critical Thinking Research: A Response to Stephen Norris." *Educational Leadership* 42, p.46.

Polanyi, M.(1985). *Personal Knowledge: Towards a Post-Critical Philosophy*. New York: Harper & Row.

____(1964). *The Tacit Dimension*. New York: Peter Smith.

Ruggierio, V. R.(1984). *The Art of Thinking: A Guide to Critical and Creative Thought*. New York: Harper & Row.

Scheffler, I.(1965). *Conditions of Knowledge*. Springfield, Ill.: Scott Foresman.

____(1973). "Philosophical Models of Teaching." in I. Scheffler(ed.), *Reason and Teaching*, pp.67-81. London: Routledge & Kegan Paul.

____(1980). "Critical Thinking as an Educational Ideal." *Educational Forum* 45, pp.7-23.

Scriven, M.(1976). *Reasoning*. New York: McGrew-Hill.

____(1980). "The Philosophical and Pragmatic Significance of Informal Logic." in J. A. Blair and R. H. Johnson(eds.), *Informal Logic: The First International Symposium*, pp.147-160. Inverness, Calif.: Edgepress.

Shepard, R.(1988). "The Imagination of the Scientist." in K. Egan and D. Nadaner(eds.), *Imagination and Education*, pp.153-185. New York: Teachers College Press.

Siegel, H.(1988). *Educating Reason: Rationality, Critical Thinking and Education*. New York: Routledge.

Stewart, W. J.(1988). "Stimulating Intuitive Thought Through Problem Solving." *The Clearing House for the Contemporary Educator in Middle and Secondary Schools* 62, pp.175-176.

Torrance, E. P.(1976). "Education and Creativity." in A. Rothenberg and C. R. Hausman(eds.), *The Creativity Question*, pp.217-226. Durham, N.C.: Duke University Press.

Walker, R.(1988). "In Search of a Child's Musical Imagination." in K. Egan and D. Nadaner(eds.), *Imagination and Education*, pp.209-211. New York: Teachers College Press.

Walters, K. S.(1986). "Critical Thinking in Liberal Education: A Case of Overkill?" *Liberal Education* 72, pp.233-244.

____(1987). "Critical Thinking and the Danger of Intellectual Conformity." *Innovative Higher Education* 11, pp.94-102.

____(1988). "On Bullshitting and Brainstorming." *Teaching Philosophy* 11, pp.301-313.

____(1989). "Critical Thinking in Teacher Education: Towards a Demythologization." *Journal of Teacher Education* 30, pp.14-19.

____(1990a). "Critical Thinking and the Spock Fallacy." *Innovative Higher Education* 15, pp.17-28.

____(1990b). "How Critical is Critical Thinking?" *The Clearing House* 64, pp.57-61.

____(1992). "Critical Thinking, Logicism, and the Eclipse of Imagining." *Journal of Creative Behavior* 26, pp.130-144.

Weininger, O.(1988). " 'What If' and 'As If': Imagination and Pretend Play in Early Childhood." in K. Egan and D. Nadaner(eds.), *Imagination and Education*, pp.141-149. New York: Teachers College Press.

Westcott, M. R.(1968). *Toward a Contemporary Psychology of Intuition*. New York: Holt, Rinehart and Winston.

Wittgenstein, L.(1963). *Philosophical Investigations*. Translated by G. E. M. Anscombe. New York: Macmillan.

Woods, J.(1980). "What Is Informal Logic?" in J. A. Blair and R. H. Johnson(eds.), *Informal Logic: The First International Symposium*, pp.57-68. Inverness, Calif.: Edgepress.

5

젠더에 민감한* 비판적 사고: 여성주의 시학

앤 M. 필랜 / 제임스 W. 개리슨

　최근 십 년 남짓 되는 기간 동안 우리는 마틴(Jane Roland Martin)이 명명한 "여성에 관한 새로운 학문"1)의 등장을 지켜보았다. 이러한 학문을 펼친 학자들로는 적어도 벨렝키(Mary Belenky)2)와 동료들, 그리고 길리건(Carol Gilligan),3) 켈러(Evelyn Fox Keller),4) 루딕(Sarah Ruddick),5) 마틴6) 등이 있다. 이러한 학자들의 글과 다른 많은 여성들의 글을 읽다 보면, 새로운 교육적 전망을 생생하게 펼쳐 보여주는 창이 열린다. 합리적 사고와 합리적 사고자에 대한 우리의 이미지들 안에 허용된 해소되지 않은 역설들, 모순들, 그리고 반대 명제들의 참신한 역할을 보여주는 창 하나가 열렸다. 이 새로운 학풍의 저자들이 자신들의 가

---

　* [역주] 'gender-sensitive'를 '성인지(적)'으로 번역하기도 하지만, 이 번역어는 '생물학적 성(sex)'과 '사회적 성(gender)'의 차이를 드러내지 못한다. 이에 'gender'는 '젠더'로, 'gender-sensitive'는 '사회적 성별에 민감하게 반응하는'이라는 의미의 '젠더에 민감한'으로 번역한다.

장 중요한 통찰들과 성과들 일부를 불변하는 역설들 및 조화될 수 없지만 상보적인 반대 명제들의 형태로 분명하게 제시하려는 것을 보고 우리는 거듭 감명을 받아왔다.

이 새로운 학풍이 반대 명제들을 기꺼이 수용하려는 태도만큼이나 주목할 만한 것은 반대 명제들을 해소하기 위해 변증법적 사고에 호소하는 것을 저어한다는 점이다. 우리는 이 새로운 학풍이 반대 명제들을 수용하고자 하는 열망과 꼭 같은 열망으로 변증법적 사고의 수용을 주저하는 데에는 적절한 근거들이 있다고 믿는다. 변증법적 사고의 두 가지 지배적 형식인 플라톤과 아리스토텔레스의 고전적 변증법 및 헤겔과 마르크스의 근대적 변증법은 모두 젠더 편향적 요소를 드러낸다. 우리는 철학자들의 진리 추구 변증법보다도 시인들의 변증법이 새로운 학문에 기여하는 바가 더 클 것 같은 이유가 무엇인지를 보이고자 한다. 어떤 중요한 반대 명제들을 해소시키기를 거부하는 것은, 모순율의 논리적 지위를 상당 부분 격하시키는 것으로서, 합리적 인간이 된다는 것이 의미하는 바에 대한 급진적 재구성 가능성을 시사한다.

만약 해소할 수 없는 역설의 역할, 시적 변증법, 그리고 합리적이라는 것의 의미를 급진적으로 재구성할 가능성에 대한 우리의 생각이 옳다면, 교육자로서의 우리가 재고하고자 하는 것들 중 하나는 비판적 사고와 비판적 사고자에 대한 우리의 이상이다. 결론에서 우리는 비판적 사고에 대한 여성주의적 시학을 가능하게 하는 것으로서 반대 명제들을 수용하는 견해를 발전시키는 방향으로 엘보(Peter Elbow), 마틴, 그리고 보그단(Deanne Bogdan)이 기여한 바를 고찰할 것이다.

관계들의 이미지에서의 역설들※

루딕은 그의 저서 『모성적 사고(*Maternal Thinking*)』에서 자신의 갓

난아기에 대한 감정이 강렬한 사랑과 증오 사이를 오가는 한 어머니의 경험을 소개한다. 보존애(preservative love)에 대한 이 이야기는 어머니 줄리(Julie)가 선잠을 자며 아기를 돌보는 밤을 중심으로 전개된다. 여느 때와 같이 아기는 울고 있었다. 아니 더 정확히는 울부짖고 있었다. 루딕은 다음과 같이 줄리의 고백을 인용한다.

나는 비틀거리며 너의 방으로 가서 네가 불빛에 놀라지 않도록 은은한 램프를 켠다. 너는 앞뒤로 몸을 뒤척이고, 등을 굽혀 울부짖으며 나를 찾는다. 나는 떨면서 너의 침대로 가서 기저귀를 살핀다. 말을 걸고 어르며 내가 왔다고 목소리를 내려 하지만, 소리 없는 비명을 지르고 싶어 나의 목은 옥죄어간다. 결국 난 너의 뒤엉킨 담요에 손도 대지 못한다. 나는 힘겹게 몸을 돌려 너의 곁을 떠나 문설주에 기댄다. 무릎이 후들거리며 결국 거실 바닥에 웅크리고 만다. "제발 울지 마. 오, 사랑하는 아기야, 제발 울지 마라. 오늘 밤 넌 숨을 쉬고 있다. 그러니 나도 숨을 쉬게 해다오." 그리고 나는 가슴이 막히고, 숨을 쉬려고 헐떡이고 있음을 깨닫는다. 네게 걸어가 양손으로 너의 자그마한 몸을 들어 올려 창문 너머로 던지는 내 모습을 그려본다. 숨이 막히면서, 창유리가 깨지는 소리가 들리는 것 같다. 그리고 너의 몸, 너의 그 나무랄 데 없는 몸이 공기를 가르며 3층 아래 바닥으로 떨어지는 장면이 보이는 듯하다.[7]

줄리는 그런 장면을 상상하면서 역겨워졌고, 구토를 한 후 진정되었다고 한다. 루딕은 다음과 같이 설명한다. "아기의 기저귀를 갈고 따뜻한 젖병을 물려준 후에, 줄리는 아기 방 쪽으로 난 문을 닫고 커다란 안락의자로 그 문을 막았다."[8]

루딕은 "이러한 의미심장한 양면성이 모성적 양육(mothering)의 특징이다."[9]라고 결론 내린다. 줄리가 품었던 생각은 증오, 슬픔, 분노, 안타까움, 절망이 뒤섞인 모성애를 보여준다. 줄리의 사례를 놓고 볼 때, 생각하기는 비정서적인 활동이 아니라, 오히려 사랑과 증오의 아주 강력한 감정이었고, 아기를 보호하려는 생각과 그에 따른 보존적 행위를 촉진하는 애착이었다. 루딕은 이런 종류의 사고를 "보존적 사고(protective thinking)"로 명명하면서, 사고자들은 사고 대상에 대한 감정을 가진다고 주장한다.

> 모성적 사고에서 감정들은, 철학적 분석에서 통상 무시되고 폄하되는 단순하고 독립적인 증오, 공포, 사랑과는 아주 달리, 사뭇 복잡하기는 하지만 견고한 일 처리 수단들이다. … 모성적 양육은, 감정과 이성을 분리하기보다는, 반성적 감정을 이성이 성취할 수 있는 가장 어려운 것들 중 하나로 만든다.10)

루딕은 보존적 사고를 반성적이며 비판적인 서구의 전통적 사고방식과 매우 상반되게 이해한다. 반성적 사고가 "내적" 자아와 "외적" 세계 간의 구분에 기댄다면, 보존적 사고는 자아와 자기 세계 간의 연결 관계에 의존한다. 또한 "참"과 모순율이 반성적 사고의 특징인 반면, 루딕이 제안하는 사고의 특징은 양면성과 모순이다. 줄리의 이야기를 듣는 가운데 우리는 "열정적 사고"와 "사려 깊은 감정"이라는 개념을 다루어야 함을 깨닫게 된다. 루딕은 다음과 같이 말한다.

> 보존적 활동에서 감정, 사고, 행동은 개념적으로 연결된다. 즉, 감정들은 생각하게 하고, 생각한 것은 행동에 반영되며, 행동은 다시 그 행동이 유발하는 감정의 평가를 받는다. 사려 깊은 감정, 열정적 사고, 보존적 행동들은 작동되고 있는 중에도 보존애가 유효한지를 함께 검토한다.11)

보존적 사고는 성격상 역설적이다. 역설은 참이면서 동시에 참이 아니므로, 계몽시대 이래로 정의되고 확립된 의미에 관한 기존의 논리적 범주들(이 경우 감정/이성, 열정/사고, 느낌/성찰)을 위반한다. 동료 개리슨(Leigh Garrison)은 다음과 같이 지적한다.

> 논리적 범주들에 대한 이와 같은 위반은 동시에, 그 범주들이 적용될 수는 없지만, 조사해보면 의미 있는 것으로 드러나는 경험의 차원에 주목하게 함으로써, 그 범주들의 한계를 드러내는 역할을 한다.12)

모성은 이러한 차원들에 속하는 정서인 것 같다.

길리건은 그녀의 저서인 『다른 목소리로(In a Different Voice)』의 2장 "관계들의 이미지들" 말미에서, 자아와 사회에 대한 두 가지 이미지를 고찰한다. 그녀는 "남자들과 여자들의 환상들과 생각들을 담고 있는 텍스트들에서 위계질서 이미지와 거미줄 이미지"를 대조한다. 위계질서 이미지는 지배, 자기주장, 독단적이며 추상적인 규칙과 원칙에 근거한 도덕 판단을 강조하는 경향이 있는 남성적 젠더의 구조에서 나온다. 이와는 상반되게 거미줄 이미지는 여성적 젠더의 구조에서 나오는 것으로서, 친밀한 관계들, 배려하는 반응, 그리고 개인적인 도덕적 책임감을 강조하는 경향이 있다. 길리건의 조사에서 한 응답자는 다음과 같이 토로하였다.

> 도덕적으로 절대적인 것은 없어요. 법은 실용적 도구들이지만, 절대적이지는 않아요. 융통성 있는 사회일지라도 언제나 예외를 허용할 수는 없겠지만, 개인적으로는 그러고 싶어요 … 나는 상처를 주어서는 안 된다는 … 생각이 있어요.13)

길리건은 "그러나 이러한 이미지들은 각 이미지가 다른 이미지의 형성을 왜곡하기 때문에 이해를 어렵게 하는 문제가 있다."고 지적한다.14)

길리건은 이어서 "위계질서 이미지들과 거미줄 이미지들이 가진 힘, 즉 그러한 이미지가 감정을 환기시키고 사고 과정에서 거듭 나타난다는 것은, 이 두 이미지가 인간 삶의 흐름에 깊숙이 자리하고 있음을 의미한다."고 말한다.15) 그런 다음 길리건은 이율배반/역설로 말을 맺는다.

　　두 이미지의 긴장에 대한 이러한 이질적 시각들은, 우리가 타자와 연결되어 살 경우에만 우리 자신이 분리되어 있다는 것을 알며, 타자를 자신과 구별하는 경우에만 타자와의 관계들을 경험한다는 인간 경험의 역설적 진리를 반영한다.16)

　　그 두 시각은 반대 관계에 있기에, 결코 완전히 해소될 수는 없지만, 상보적이며 변증법적으로 연결되어 있다. 비록 이러한 긴장된 변증법적 연결 관계의 정확한 본성이 설명되지 않은 채 남아 있다 할지라도 말이다.

　　우리가 주목하고자 하는 역설들은 어떻든 모두 관계의 이미지들에서 발견되는 역설들이다. 루딕이 정식화했듯이, 일부 역설들은 어머니와 아이의 관계와 모성적 사고의 맥락에서 감정과 이성의 상보성에 초점을 맞춘다. 길리건이 제안한 또 다른 역설들은 자아와 사회 간의 도덕적이고 정치사회적인 관계들을 다룬다. 한편 켈러가 제안한 것과 같은 다른 역설들은 인식자와 인식 대상 간의 인식론적 관계들에 관심을 두고 있다.

　　매클린톡(Barbara McClintock)에 관한 전기 『유기체 느껴보기(*A Feeling for the Organism*)』에서 저자인 켈러는 과학에 대한 과학자의 전체론적 접근을 기술한다. 매클린톡은 "자연에서 보는 복잡성과 자신이 연구하는 유기체들의 개체적 유일성"에 감탄을 금치 못한다.17) 켈러는 매클린톡과의 담화에서 매클린톡이 한 말을 회상한다.

… 내가 염색체들을 연구하고 있었을 때, 나는 그것들 바깥에 있지 않았습니다. 나는 그 조직의 일부였습니다. 나는 바로 그 안에 들어가 있었고, 모든 게 다 크게 보였습니다. 나는 심지어 염색체의 내부를 볼 수도 있었습니다. 정말로 모든 게 거기 있었습니다. 내가 정말로 그 안에 들어가 있는 느낌이었고, 이들이 내 친구들처럼 여겨져서 놀랐습니다.18)*

매클린톡은 그녀가 연구하는 옥수수들을 독특한 개체들로 지칭하며 애정 어린 태도로 말한다. 이어서 그녀는 "어떤 두 식물도 똑같은 경우는 절대 없습니다. 모두가 다르지요. … 나는 식물들을 잘 알고, 그것이 크나큰 기쁨입니다."라고 말한다.19)

매클린톡이 연구하는 방식은 지배적인 메타 과학적 이론들에 쉽게 포함될 수 없다. 대신 주체-대상의 이분법이 거부되는데, 이 과학자와 그녀의 연구 "대상"인 옥수수(열매들, 씨앗들, 세포들)의 관계를 가장 잘 묘사할 수 있는 말은 양자가 친밀하게 연결되었다고 하는 것이다. 그녀의 연구 방법론은 "객관성"을 구현하려는 일반적인 과학적 접근과 극단적인 대조를 이룬다. 켈러는 객관성에 대한 지배적인 남성 중심적 이념을 지칭하기 위하여 "객관주의"라는 용어를 사용한다. 객관주의는 주체가 대상을 알아가는 행위에 어떤 기여도 하지 않을 것을 요구한다. 객관주의는 전적으로 마음-독립적인 실재가 있다고 하는 형이상학적 실재론에 기반하고 있으며, 인식론적으로는 애초에 완전히 무사심인 우리의

---

* [역주] 이 구절은 유전과학자 매클린톡이 균류의 번식 기제 연구로 고민하며 유칼리나무 길을 산책하다 불현듯 문제를 해결할 수 있다는 생각이 들었던 당시의 감정을 설명하는 부분이다. 유칼리나무 아래서 매클린톡은 자기 내부의 큰 변화를 겪으며 명확하게 사태를 파악하고, 고민 중이던 문제의 올바른 방향을 새로 설정할 수 있었다고 한다. 그리고 닷새 후 실제로 균류 번식 문제를 완벽히 해결하였다. 이블린 폭스 켈러, 『생명의 느낌』(김재희 옮김, 양문, 2001), 197-203쪽 참조.

마음이 외부 실재에 대응할 때만 지식이 생긴다고 하는 진리대응설에 기댄다. 지식을 획득하는 데 주체가 기여한 것은 어떤 것도 신뢰받지 못하며, 주관주의일 뿐이라고 폄하된다. 주체와 대상 간의 이러한 분명한 분리는 당혹스럽고 지지하기 힘든 구조주의적 이원론들과, 주체/대상, 이론/사실, 사실/가치, 1차 성질/2차 성질의 구분과 같은 단절들을 초래한다.

객관주의를 해체한 후, 켈러는 주체와 대상을 다시 연결하여 객관성을 재구축하고자 한다. 그녀는 그 결과를 "역동적 객관성"이라고 부르고, 그것은 "주관적 경험을 이용하는 지식의 추구"라고 말한다. 켈러가 "절묘한 균형 잡기"라고 부르는바, 역동적 객관성은, 한낱 주관주의라는 허구로 환원되는 것을 거부할지라도, 인식 활동에서 자아의 역할을 인정한다. 역으로 역동적 객관성은 또한, 다시 말하지만 객관주의의 허구로 환원되는 것을 용인하지 않을지라도, 인식 활동에서 타자들, 사물들, 그리고 사건들의 역할을 인정한다. 이 관계는 역설적 관계이다. 켈러에 의하면 역동적 객관성은 "연속성을 전제하며, 자아와 타자 간의 차이를 더 깊고 더 긴밀한 유대관계를 위한 기회로 인식한다. 자아를 타자에서 분리하려는 노력 자체는 잠재적으로 자아와 타자의 본성을 통찰하도록 하는 동기이다."[20] 진정으로 타자(사람들, 대상들, 혹은 사건들)를 알자면, 오직 자기성찰의 결과로서 일어날 수 있는 상태인 자기지(自己知)가 선행되어야 한다.

루딕, 길리건, 켈러가 보인 바와 같이, "객관성"과 "냉정함"이 지식의 토대라는 우리의 문화적 가정은 여성들의 경험 영역에는 적용되지 않는다. 많은 여성에게 지식의 자연스러운 토대는 "친밀함, 연결됨, 그리고 공감"[21]에 있다. 이러한 통찰은 사고자로서의 자아를 문화적으로 다르게 파악하도록 한다.

감정과 이성, 거미줄과 위계질서, 객관적 앎과 주관적 앎과 같은 관계

142

들의 이미지에 담긴 역설들과 유사하게, 우리는 의심하기와 믿기의 상반되지만 상보적인 관계에서 비판적 사고의 역설을 발견한다. 우리가 정당화하려는 것은 바로 그러한 역설적 사고의 독특한 논리이다. 그 "새로운" 논리는 상호주관성, 즉 공유된 담화와 공동체에 근거해 있다. 그 논리는, 예컨대 평범한 일상생활의 맥락 안에 있는 역설적인 환경에서, 분리되었으면서도 연계된 앎의 방식들을 사용하여, 지식과 의미를 구축한다.

분리판단, 연계판단, 의심하기, 그리고 믿기

벨렝키, 클린치, 골드버거, 타룰은 길리건과 라이언스(Nona Lyons)가 사용한 "분리된"이라는 말과 "연계된"이라는 말을 빌려 자아의 상이한 두 의미를 기술한다. 벨렝키 등이 기술하는 자아의 차이들은 다음과 같다. "분리된[자율적] 자아는 자신이 배려받기 원하는 것처럼 타자를 배려하는 '호혜성'에 따라 [타자와의] 관계를 경험하고, 연계적 자아는 '타자의 입장에서 타자에게 응답하는 식'으로 관계를 경험한다."22) 이 주장은, 만일 옳다면, 황금률에 대한 우리의 이해에 의미심장한 영향을 미친다. 벨렝키와 동료들은 이러한 생각으로 알기의 두 양상을 구분하고, "분리판단과 연계판단에 관해 말할 때, 우리는 자아와 타자 사이의 어떤 관계도 아닌, 단지 인식자와 (사람이거나 사람이 아닐 수도 있는) 인식 대상(또는 주체) 간의 관계를 말한다."23)고 덧붙인다. 이들은 "[인식의] 두 양상은 젠더와 관련 있을지도 모른다."24)고 추측한다. 그리고 그 양상들이 젠더 특수적인 것은 아니며, 대부분의 사람들에게 어느 정도 혼재되어 있다고 조심스럽게 지적한다.

분리판단자는 논증적인 추론과 객관적 사실들에 의존한다. 벨렝키 등에 의하면 "분리판단의 핵심에는 (우리가 알다시피) 비판적 사고, 또는 엘보가 '의심하기 놀이'라고 부르는 것이 있다."25) 그 놀이는 "사람이 아니라 법칙들이 세계를 지배한다."는 믿음에 근거한 추론적 논리 법칙들에 따라 진행된다.26) 벨렝키 등은 그 놀이가 "본질적으로 대립적인 형식"27)이라고 주장한다.

분리판단은 엘보가 주장한 합리주의적 교육 모델의 특징이다. 가르치기와 배우기는 추상적이고 냉철하며 사심 없는 합리성의 문제가 된다. 엘보에게는 교사의 입장에서 볼 때 가르치기와 이유 제공하기는 분명한 관련이 있다. 그는 이 점을 뒷받침하기 위해 셰플러(Scheffler)를 인용한다. "표준적인 의미에서, 가르친다는 것은, 적어도 어떤 점들에 있어서, 학생의 이해와 독립적 판단, 학생의 이유 요구, 그리고 적절한 설명에 대한 학생의 감각을 따라가주는 것이다."28) 교사와 학생들은 언제나, 하나의 해결책으로서 합리적이고 논리적이며 아는 체하는 한 명의 승자를 배출하는, 모종의 의례화된 인지적 전투의 참여자들이다.

"연계판단의 기반은, 가장 신뢰할 만한 지식이란 개인의 경험",29) 특히 공감적 인식 양상이 두드러진 (사람일 수도 있고 아닐 수도 있는) 타자들의 개인적 경험에서 비롯한다는, 주관주의적 신념이라고 벨렝키 등은 주장한다. 연계판단자들은 가능한 한 타자를 자신이 아닌 타자의 입장에서 이해하려고 하는 경향이 있다. 엘보는 이러한 절차를 "믿기 놀이"라 부른다.30) 믿기 놀이는 의심하기 놀이가 믿음을 중지하는 곳에서 의심을 중지한다. 연계판단자는 진리를 설명하고 진리에 도달하기 위해 (단정적인) 판단에 호소하기보다는, 의미를 이해하고 의미에 도달하기 위해 판단을 중지한다. 엘보가 말하는 이 두 가지 놀이는 변증법적으로 상반되면서도 상보적인 것으로서, 결국 우리가 비판적 사고에 대한 여성주의적 시학에 접근하는 데 도움이 될 것이다.

연계판단은 누스바움(Martha Nussbaum)의 "사랑의 지식"을 연상하게 한다. 누스바움은 "사랑의 경우 우리 자신의 마음 상태",31) 즉 우리가 누군가를 사랑하는지 아닌지를 어떻게 알게 되는지에 관심이 있다. 그가 설명한 한 가지 견해에 의하면, 사랑의 지식은

　　과학자가 연구를 수행하는 방식으로, 마음 상태를 냉정하고 비정서적으로, 지적으로 정확하고 정밀하게 조사함으로써 가장 잘 획득될 수 있다. 우리는 예민한 지적 열정으로 가려내고 분석하고 분류하면서 우리의 열정의 추이를 신중하게 살핀다.32)

　　그러나 작가이자 철학자인 누스바움은 이러한 종류의 "객관적인", 과학적이고 분리된 정밀조사는 필요불가결한 자기지를 위하여 불필요할 뿐만 아니라 불충분하다고 거부한다. 누스바움은 사랑을 안다는 것은 "회의주의와 고독을 … 넘어서는 방법을 아는 것"이라고 주장한다.33) 그녀는 다음과 같이 설명한다.

　　… 이러한 견해에 의하면, 인식하는 지성의 활동은 단순히 어떤 다른 종류의 단일하고 단순한 내적 태도나 상태로 대체되지 않으며, 지식도 바로 이런 것이다. 사랑의 지식이란 전혀 고독한 인간의 상태나 기능이 아니라, 복잡한 방식으로 타인과 공존하고 공감하며 상호작용하는 것이다. 자신의 사랑을 아는 것은 사랑을 믿는 것이며, 스스로를 온전히 드러나게 하는 것이다. 그것은 무엇보다도 의심들을 … 떨쳐버리고 타인을 신뢰하는 것이다.34)

　　우리가 우리 자신의 사랑을 알기 위해서는 때때로 모든 의심을 중단하고 타인과의 친밀한 관계 속에서 스스로를 그저 믿거나 신뢰해야 한다. 앞서 인용한 길리건의 역설적 결론을 상기해보자.

구성지(構成知)의 입장

벨렝키와 동료들은 분리판단과 연계판단을 반드시 화해시키지 않고서도 이 둘을 연결하고 통합하는 방식으로 "구성지(constructed knowledge)의 입장"35)을 제시한다. 그들은 인식의 두 양상을 (의심하기와 믿기에서처럼) 상반되지만 상보적인 것으로 보는 것 같다.

"모든 지식은 구성되며, 인식자는 인식된 것의 내밀한 한 부분"36)이라는 주장이 바로 구성주의적 입장의 핵심이다. 이런 관점에 의하면, 지식은 구성되는 것이므로 영구적인 재구성의 가능성에 열려 있다. 벨렝키 등은 다음과 같이 말한다.

여성 구성주의자들은 내적 모순과 모호함에 아주 관대하다. 그들은 앞서 기술한 입장들에 그토록 공통적이던 양자택일의 사고를 완전히 버린다. 그들은 갈등과 긴장이 불가피하다는 것을 알고 있고, 그런 갈등과 긴장이 잠시라도 중단되기를 바랄지라도, 한 여성이 설명하였듯이, 그들은 또한 '대화나 행동으로 갈등을 풀어버리는 대신, 갈등과 함께 살아가는 법을 배운다.' 그들은 갈등을 피하거나 자신들의 삶을 안일하게 영위하기 위해 자아의 양상들을 억압하거나 거부하는 것을 더는 원하지 않는다.37)

이러한 자세는 많은 사람을 신뢰와 친밀성으로, 즉 깊고 끈끈한 연대감 속에서 개성을 존중하는 방향으로 이끈다. 의미는 평범하지만 놀랄 만큼 복잡한 구체적 일상 속에서, 매 순간 바로 지금 여기, 수많은 타자와 대화를 나누는 가운데 구성된다.

반대 포용하기: 시적 변증법

앞서 살펴보았듯이, 연계판단의 핵심은 "믿기 놀이"인 반면, 분리판단의 핵심은 "의심하기 놀이"인데, 우리는 이 두 놀이가 구성지의 정수를 이룬다고 가정한다. 믿기와 의심하기는 반대 관계에 있으며, 동시에 작동할 수 없다. 그러나 이 두 놀이는 상보적이다. 믿기와 의심을 번갈아 행함으로써 이해를 향상하는 것이 가능하다. 그 관계는 변증법적이다. 그러나 이 변증법은 철학적이라기보다는 시적이다. 즉, 시적 변증법은 진리를 결정하고 추론적 설명을 하기보다는, 의미를 드러내고 이해를 향상하는 방향으로 나아간다. 철학적 변증법을 검토해보면 그 결함이 드러난다.

전통적 변증법의 전거(典據)는 플라톤의 『국가(Republic)』이다.38) 아리스토텔레스가 『토피카(Topica)』에서 기술하였듯이, 변증법은 "일반적으로 수용된 의견들"과 "다른 모든 것에 앞선 것을 전제하여 추론한다."39) 전통적 변증법은, 다른 모든 것에 앞서는 고차적이고 보편적인 참된 원리 아래에 통합시킴으로써, 개념적 수수께끼와 역설들을 해결하는 선험적 방법이다. 고전적 변증법에서, 추구되는 궁극적인 선험적 원리들은, 이상적으로 말해서, 불변하고 위계적이며 영원한 진리들이다.

근대의 변증법 또는 헤겔의 변증법은 절대적 지식이 불가능함을 드러내는 역설들을 안겨준다. 헤겔은 역설들과 반대 관계들을 해소하는 과정에서 시간성의 역할을 강조하였다. 반대되는 것들과 모순되는 것들은 상이한 시간에서는 참일 수 있다. 예를 들어, 존재와 비존재는 발달 과정에서 양립될 수 있다. 헤겔의 변증법은 이원적(二元的)인 것으로서, 정명제(thesis)와 반명제(antithesis)를 통합하여 종합명제(synthesis)를 도출한다. 궁극적인 통합 원리는 절대자, 즉 단일하고 궁극적인 초월적 목적인(telos)이다. 그래서 철학자에게는 어느 변증법이든 그 목표는 진리의 사다리를 오르는 것이다.

이와는 대조적으로 시인들은 그들의 변증법에서 의미, 해석, 의미론적 통찰에 관심이 있다. 시인들은 역설에서, 항상 그리고 즉각 제거해야 할 결함을 발견하기보다는, 새로운 연결 관계를 구축할 기회를 발견한다. 얼핏 보기에도 비판적 사고의 시적 변증법을 발견하고, 기술하고, 그 안으로 의심하기와 믿기 놀이를 번갈아 끌어들이는 것은 대단히 어려운 일(Herculean task)일 듯싶다. 다행히 대부분의 어려운 작업은 엘보가 그의 역작 『반대 포용하기: 학습과 교육에서의 탐험(*Embracing Contraries: Explorations in Learning and Teaching*)』에서 이미 수행하였다.40) 엘보에 의하면, "모순과 함께 살고 그것을 활용할 수 있는 사람, 즉 상충하는 모델들을 사용할 수 있는 사람은 다만 더 많이 보고 더 많이 생각할 수 있는 사람이다."41) 이 견해는, 다음과 같은 에머슨(Ralph Waldo Emerson)의 확언에 대한 인식론적인 현금 가치이다. "바보 같은 일관성이란 왜소한 정치가들, 철학자들, 그리고 신학자들이 찬양하는 편협한 정신의 헛된 망상(hobgoblin)이다. 위대한 영혼이 일관성과 볼 일은 그야말로 아무것도 없다."42)

비판적 사고에서의 반대 관계들

엘보는 비판적 사고에서 새로운 상관관계를 정립하고자 시도하는 가운데, 의심하기와 믿기의 밀접한 변증법적 관계를 "탐구 과정에서의 반대 관계들"로 복원하는 데 도움이 되는 일련의 대립 양상들을 제시해 보인다. 첫 번째 대립으로 그가 주목하는 것을 보자. "의심하기는 분리하거나 구별 짓는 행위이며, 고로 개인주의와 관련 있다. 즉, 의심하기는 개인이 다중에 맞서거나 심지어는 논리로 다중을 이기고자 한다. 믿음은 공동체에 동화되고 참여하는 행위이고, 실제로 공동체는 공유된 믿음들에 의해 만들어지며, 또한 그러한 믿음들을 만들어간다."43)

두 번째 대립은 첫 번째 대립과 밀접한 관련이 있다. "방법론적 의심은 명제들의 수사학이며, 방법론적 믿음은 경험의 수사학이다. 우리의 이해를 명제적 형태로 표현하는 것은 우리 자신을 한 걸음 물러서게 하여 모순들을 더 잘 이해하도록 도와주고, 우리가 이해한 것을 **경험하려는** 노력은 타인이 보는 것처럼 볼 수 있도록 도와준다. 따라서 믿기는 이미지들, 모델들, 은유들, 그리고 이야기들까지도 불러들인다."44) 그러한 "대립들"과 "경험의 수사학"은 구성주의적 인식 방식의 특징이다.

세 번째 대립은 "의심은 행동하지 않음이나 주저함을 함의하는 반면, 믿음은 행동을 함의한다."45)는 것이다. 실용주의 철학자들의 의미론에 동의한다면, 믿음은 행동하려는 성향이다. 그래서 의심으로 이러한 성향을 억제하면, 그 성향에 따르는 행동이 멈추게 된다.

엘보가 제시한 최종 대립은 우리를 원점으로 돌아오게 한다. "젠더와 관련하여, 의심하기는 우리의 문화가 남성다움으로 여기는 행위인 거절하기, '아니요'라고 말하기, 밀어내기, 경쟁하기, 그리고 공격적 자세를 부추긴다. 반면 믿기는 여성성과 관련된 행위인 수용하기, '예'라고 말하기, 고분고분하기, 받아들이기, 그리고 참기를 부추긴다."46) 엘보는 다음과 같이 결론을 내린다. "내가 잘못 생각한 것이 아니라면, 많은 여성주의 이론과 비평은 내가 여기서 탐구하는 인지적이며 방법론적인 과정들, 즉 방법론적 의심과 남성지배적 전통에서 유래한 문화에서 과소평가되어온 과정들을 지향하고 있다."47) 엘보가 맞다면, 우리는 비판적 사고 논쟁에서 오크쇼트(Michael Oakeshott)가 "계속되는 인류의 대화"라 명명한 것을 체계적으로 왜곡하는 남성중심적 가정들을 확인하고 이에 대처해야 한다.48) 그러한 왜곡이 확인된 이상, 마틴의 말을 다시 음미하건대, 비판적 사고에 대한 담론을 개선해야 하고, 젠더에 민감한 비판적 사고 교육의 이상을 펼쳐야 한다.

젠더에 민감한 비판적 사고의 이상

"이제는 교육에서 어머니의 목소리를 들을 때이다."
— 나딩스(Nel Noddings)

마틴은 그녀의 기념비적 논문인 「교육 영역으로부터 여성 배제하기 (Excluding Women from the Educational Realm)」에서, 어떻게 교육 영역이 사회의 재생산 과정이 아니라 생산 과정으로 정의되는지를 명확히 개진한다.49) 학술적 토론과 교육과정 연구에서는 모종의 교육적 문제들, 정의들, 접근법들, 해결책들이 주목을 받아왔다. 대체로 이성/감성, 의심/믿음이라는 전통적 이원론을 강화하는 등의 반성적 사고이다. 공동체 구성원으로서의 개인이라는 관념은 경시된다. 대신 교양인의 이상은, 상호관계와 공동체가 전혀 없는, 과거의 데카르트적인 이성적 자아이다. 이러한 남성적 편향은 분석적 교육철학자 피터스(R. S. Peters)의 대중적 칭송을 받는 저작에서 명백히 드러난다. 그가 말하는 교양인은 다음과 같다.

그저 지식이 풍부하기만 한 사람을 교양인이라고 부를 수 없을 것이다. 교양인은 또한 사물들이 "왜 존재하는지에 대한 이유(reason why)"를 어느 정도 이해하고 있어야 한다.50)

마틴이 시사하는 바에 의하면, 피터스의 교양교육과 교양인에 대한 기술의 핵심에는 학생에게 가치 있는 활동들, 즉 공적으로 인정되는 "비인격적인 인지적 내용과 절차들"51)의 교육이 중요한 위치를 차지하고 있다. 마틴은 그러한 기조의 학과목들이 어떤 식으로든 피터스의 교양인을 위한 교육과정을 반영한다고 주장한다.52) 그러나 가사일, 아이 키우기, 수공업 등의 재생산적 과정들은 "공적 전통에서 소중한 것으로 존중되지 않았고", 따라서 교육과정에 포함되지 않기 때문에, 그러한 과정들의 중요성은 전혀 인정받지 못한다. 마틴에 의하면, 사회의 재생산 과정에 대한 인식의 결여는 왜 그러한 과정과 관련된 모성적 사고가 배제되었는지를 설명해준다.53) 루딕과 마찬가지로 마틴은 " '모성적'이라는 말은 생물학적 범주가 아닌 사회적 범주에 속한다. 즉, 모성적 사고는 양육 활동에서 발생하지만, 여성과 마찬가지로 남성도 다양한 방식의 일과 봉사를 하는 가운데 모성적 사고를 표출한다."고 주장한다.54) 마틴은 아이들이 이런 종류의 사고 과정을 밟도록 타고난 것이 아니기 때문에 배워야 한다는 결론을 내린다. 나딩스 등과 더불어 마틴은 모성을 교육의 장으로 복귀시킬 것을 촉구한다. 이렇게 함으로써 우리는 재생산 과정을 부활시키고 모성적 사고를 도입하여, 교육과정이 균형을 회복하도록 도울 수 있다.

비판적 사고와 비판적 사고자에 대한 우리의 이상을 재고할 필요가 있다는 점은 문학이론가 보그단에 의해서 더욱 강조된다. 「검열, 일체감, 그리고 욕구의 시학(Censorship, Identification, and the Poetics of Need)」에서 그녀는 "여성, 문학, 그리고 교육"55)이라는 대학원 수업의 첫 경험을 상세히 들려준다. 바로 그 학기에 보그단은 그녀가 학생들에게 요구하였던 사고가 합리주의적이고 남성적으로 편향되었음을 깨달았다.

그 수업에서 보그단은 학생들에게 업다이크(John Updike)의 단편 소설 「A&P」에서 미학적 메커니즘이 여성에 대한 고정관념과 어떻게 만나는지를 탐구하도록 요구하였다.56) 보그단은 그 내용을 설명하기 위하여 업다이크의 책에서 다음을 인용한다.

통로에 수영복만 입은 세 소녀. 나는 세 번째 계산대에 있고, 문을 등지고 있어서, 그들이 빵 진열대로 올 때까지는 보지 못한다. 내 눈을 사로잡은 소녀는 격자무늬의 초록색 비키니를 입고 있었다. 그녀는 땅딸막한 아이로, 잘 그을린 피부와 탐스럽고 부드러워 보이는 엉덩이를 가졌는데, 그 엉덩이 아래 다리 위쪽에는 태양 빛이 결코 닿은 적이 없는 듯 보이는 두 개의 하얀 초승달이 있다. 나는 하이호(HiHo) 크래커 상자를 손에 들고 서서, 계산했는지를 기억하려 애썼다. 나는 다시 계산을 했고, 손님은 나를 닦달하기 시작한다. 그 손님은 금전출납기를 뚫어지라고 감시하는 부류의 사람들 중 하나인데, 50세쯤 되는 마녀 같은 노파로 광대뼈를 붉게 칠했고 눈썹이 없었으며, 내가 알기로 나의 실수는 그녀를 행복하게 하였다. 그녀는 금전출납기를 50년간 지켜봐왔는데, 아마도 이전에는 어떤 실수도 발견하지 못했을 것이다.57)

보그단은 학생들이 이 이야기를 문학적으로 비평할 것이라고 기대하였지만, 예상과 다른 학생들의 반응에 놀랐다고 말하며 다음과 같이 술회한다.

어조, 분위기, 아이러니, 모호함, 그럴듯함 등 내가 완전히 문학적인 반응이라고 생각하였던 모든 요소들을 냉정하게 고려하는 대신, 학생들은 저자와 화자 간의 차이를 무시하고, 미학적 차이를 좁히고, 성차별적 함축에 대해 진부하게 반응하는 등 작품을 아무렇게나 무시하는 듯이 반응함으로써, 내가 생각하던 비판적 이단 행위를 하였다. 그 작품에 대한 진부한 반응은 모종의 검열을 갈망하는 경향이 있으며 …58)

보그단은 내심 학생들이 업다이크가 보여준 성차별적 이미지들에 대한 자신들의 본능적 반응을 무시하고 그 작품을 이론화하기를 기대하였다. 그 대신 학생들은 이러한 기대를 거부하였다. 주디(Judy)라는 수강생은 그 강의에 이 책이 있다는 사실을 문제 삼으면서, 자신은 "어떻게 성차별이 남성적 시학에서 또다시 합리화되는지 배울"59) 필요가 없다고 단언하였다. 그럼 그 단편 소설로 할 일이 무엇이냐고 묻자, 주디는 "나는 검열관은 아니지만, 그 저주받은 것 따위는 불태워버려야 해요!"[60] 라고 답하였고, 다른 학생들도 이 답변을 지지하였다.

수업에서 발생한 이러한 특별한 사건을 통해, 보그단은 "독자의 반응에서 볼 수 있는 사적인 것과 이데올로기적인 것의 충돌이 얼마나 강력한 경험일 수 있는지"를 깨닫기 시작하였다.[61] 그녀는 일체감(identification)이 이성을 넘어섰음을 목도하였다.[62] 그녀는 학생들이 그 소설을 학문적으로 다루기를 기대했다. (그러나) 그런 작품은 "너무 아픈 곳"을 건드리기 때문에, 많은 여성이 그러한 글을 "객관적으로" 다룰 수 없다는 것을 알게 되었다.[63] 사실상 주디와 그녀의 동료 수강생들이 업다이크의 이야기를 이론화하는 데 동의하였더라면, 그들은 사실상 "이중적 비남성화(double immasculination)"[64]를 겪어야 하였을 것이다. 이 점을 설명하기 위해 보그단은 마틴의 저작에서 다음을 인용한다.

> 마틴이 제시한 교양 있는 여성과 주디 및 그녀의 동료 여학생들 공히 "소외되지 않으려면 교육받지 못한 상태로 남아 있어야 하고"(104)* … 그녀를 억압하는 논리적 구조에 남아 있으려면, (그들은) 상징적 사유와 언어 자체의 남성중심적 질서에 굴복해야 한다.[65]

가부장제의 여성들이 그러하듯이, 보그단의 학생들은 이미 스스로를 남성적 주체의 "타자(other)"로 경험해왔다. 업다이크의 이야기에 대한 비평에 참여하는 것은 필연적으로 그들 자신을 또다시 타자로 대상화하게끔 할 것이다. 따라서 (이것이 바로) "이중적 비남성화"이다.

교육에서의 소외의 경험을 전환하려면, 우리는 먼저 현재의 비판적

---

* [역주] Jane Roland Martin, "Excluding Women from the Educational Realm," *Harvard Educational Review* 52(1982), p.104.

사고 개념을 개선하고 수정해야 한다. 그 개선을 하자면, 목하 비판적 사고의 변증법을 좌절시키는 남성적 젠더 편향의 독단을 극복해야 하는데, 이를 위하여 믿음과 같은 실종된 변증법적 반대항을 복구해야 한다. 개선의 과정에서는 해소할 수 없는 역설들의 가치를 인정하고, 따라서 합리적이라는 것이 의미하는 바를 급진적으로 재구성하게 될 것이다. 그 결과는 비판적 사고의 시학과 유사할 것이다.

주 ──────

우리는 이 글의 초고를 보고 많은 도움을 준 사람들에게 감사를 전한다. 또한 통찰력이 깊은 미발표 원고를 우리와 공유한 개리슨(Leigh C. Garrison)에게도 감사한다. 두말할 나위 없이 여기에 남아 있는 변증법의 어떤 독단이든지 그것은 우리의 책임이다.

※ **역설(Paradox)** : "옥스퍼드 영어사전에 의하면, '역설'은 '수용된 견해나 믿음과 상반되는 진술 혹은 교리'로 정의되며, 또한 '외견상 부조리하거나 자기모순적으로 보이지만, 연구를 통하여 높이 정당화된다고 증명된 진술'로도 정의된다. 이 두 정의들은, 서로를 설명하거나 해명하려고 하는 경향이 있다는 점에서 현대 서구 사상과 관련시켜볼 때, 흥미로운 방식으로 수렴한다. 역설은 참이면서 동시에 참이 아니기 때문에, 필연적으로 아리스토텔레스 이래로 논리학과 합리적 사고의 초석이자 '진리'의 시금석이었던 모순율을 노골적으로 위반한다. 역설은 베이컨 이후의 근대의 합리적 계몽주의의 근대정신에 비추어 특히 부조리한 것으로 여겨졌는데, 이는 역설이 그러한 전통에 의해 정의되고 확립되어온 '의미'의 범주를 위배하기 때문이다.
역설은 사실상 '합리적' 정신으로 하여금 즉각적으로 혹은 완전히 수용할 수 없는 것과 대면하도록 강요하는 힘이다. 이제 우리는 역설이 왜 위험하고 어떻게 위험한지, 역설이 우리의 문화적 가정들에 얼마나 많이 위험한지를 알기 시작하였다." 개리슨의 미발표 원고에서 인용.

1) Jane Roland Martin, "Science in a Different Style," *American Philosophical Quarterly* 25(1998), pp.129-140.

2) Mary Field Belenky, Blythe McVicker Clinchy, Nancy Rule Goldberger, and Jill Mattuck Tarule, *Women's Ways of Knowing*(New York: Basic Books, 1986).

3) Carol Gilligan, *In a Different Voice*(Cambridge, Mass.: Harvard University Press, 1982).

4) Evelyn Fox Keller, *Reflections on Gender and Science*(New Haven, Conn.: Yale University Press, 1985).

5) Sarah Ruddick, *Maternal Thinking: Towards a Politics of Peace*(Boston: Beacon Press, 1989).

6) Jane Roland Martin, "Redefining the Educated Person: Rethinking the Significance of Gender," *Educational Researcher* 15(1986), pp.6-10.

7) Ruddick, p.67.

8) Ibid.

9) Ibid., p.69.

10) Ibid.

11) Ibid., p.70.

12) Leigh Garrison, 미발표 원고(Blackburg: Virginia Polytechnic and State University).

13) Gilligan, p.65.

14) Ibid., p.62.

15) Ibid.

16) Ibid.

17) Martin, "Science," p.129.

18) Evelyn Fox Keller, *A Feeling for the Organism*(San Francisco: W. H. Freeman & Co., 1983). [역주] 한국어 번역판은 이블린 폭스 켈러, 『생명의 느낌』(김재희 옮김, 양문, 2001).

19) Ibid., p.198.

20) Ibid., p.117.

21) Susan Bardo, "The Cartesian Masculination of Thought," *Signs* 11(1986).

22) Belenky et al., p.102.

23) Ibid.

24) Ibid.

25) Ibid., p.104.

26) Ibid., p.107.

27) Ibid., p.106.

28) I. Scheffler, *The Language of Education*(Springfield, Ill.: Thomas, 1960), pp.57-58.

29) Belenky et al., p.112.

30) Ibid., p.113.

31) Martha Nussbaum, *Love's Knowledge: Essays on Philosophy and Literature* (New York: Oxford University Press, 1990).

32) Ibid.

33) Ibid.

34) Ibid.

35) Belenky et al, p.137.

36) Ibid.

37) Ibid.

38) Plato, *Republic*, 특히 510 c-e를 보라.

39) Aristotle, *Topics*, 110a, 40-101b1.

40) Peter Elbow, *Embracing Contraries: Explorations in Learning and Teaching* (New York: Oxford University Press, 1986).

41) Ibid., p.241.

42) Ralph Waldo Emerson, "Self-Reliance," in *Essays by Ralph Waldo Emerson*(New York: Thomas Y. Crowell, 1926), p.41.

43) Elbow, p.264.

44) Ibid.

45) Ibid., p.265.

46) Ibid., p.266.

47) Ibid.

48) Michael Oakeshott, *Rationalism in Politics and Other Essays*(New York: Basic Books, 1962).

49) Jane Roland Martin, "Excluding Women from the Educational Realm," *Harvard Educational Review* 52(1982).

50) R. S. Peters, *Ethics and Education*(Atlanta: Scott, Foresman, 1967), p.8.

51) Roland Martin, "Excluding Women," p.141.

52) Ibid.

53) Ibid., p.142.

54) Ibid.

55) Deanne Bogdan, "Censorship, Identification and the Poetics of Need," in *The Right to Literacy*, eds. Andrea A. Lunsford, Helen Moglen, James

Steven(New York: The Modern Language Association of America, 1990).

56) Ibid., p.131.

57) John Updike, "A&P," in *Pigeon Feathers and Other Stories*(New York: Knopf, 1962), pp.187-192.

58) Bogdan, "Censorship," p.132.

59) Ibid., p.132.

60) Ibid.

61) Ibid.

62) Ibid., p.141.

63) Ibid., p.136.

64) Ibid.

65) Ibid., p.136.

2부

맥락 속의 비판적 사고

비판적 사고와 논리적 사고가 동일하다고 보는 주류의 관점은 대체로 두 가지의 분명한 교육학적 결과를 초래한다. 즉, 학생들은 자신이 처한 보다 넓은 맥락과 관계없이 주장들, 논증들, 그리고 신념들을 검토하도록 장려되며, 또한 한 개인의 사고란 오직 "객관적"일 경우, 즉, 중립적일 경우에만 "좋은" 사고라고 여기도록 고무된다. 그러나 두 가정은 모두 수용하기 어렵다. 논증들과 주장들은 진공 속에 존재하지 않는다. 이들은 삶의 구체적 형식들로부터, 담론 자체가 생산하는 바로 그 개념틀을 제시하는 특정한 역사적 맥락으로부터 생겨난다. 게다가 논증들과 신념들의 맥락적인 본성을 고려하면, 각 사고자는 논증들과 신념들에 대한 자신의 분석으로부터 스스로를 중립적으로 분리시킬 수 없고, 특히 그가 그 논증들과 신념들에 개인적으로 몰두할 경우에 그렇다. 이는 객관성이 불가능하다는 의미가 아니고, 단지 객관성의 의미는 사고의 맥락적인 본성을 수용하기 위하여 반드시 재고되어야 함을 의미하는 것이다.

2부의 첫 논문에서 맥펙(John McPeck)은 비판적 사고가 여러 영역에 적용할 수 있는 일련의 특수한 기법들의 집합이라거나 사고 내용과 무관한 일반적인 능력이라는 주류 모델의 추상주의적 가정에 반대한다. 대신에 그는 비판적 사고는 보다 구체적인 방식으로, 즉 지식에 기반한 기법들로 이해하는 것이 적절하다고 주장한다. 말하자면 우리가 특정 분야의 맥락 안에서 비판적으로 사고하는 법을 배울 수 있다는 것이다. 이와 달리 생각하는 것은 맥펙이 "사소한 추구" 모델이라고 부르는, 비판적 사고 교재들과 수업 전략들에 만연해 있는 지식이론을 암묵적으로 받아들이는 것이 된다. 사소한 추구 지식이론에 의하면, 지식은 애매하지 않고, 개념적으로 단순하며, 논쟁의 여지가 없어서, 일련의 단일하고 추상적인 논리적 규칙들 및 규준들에 의하여 분석되고 평가될 수 있다. 그러나 맥펙은 그러한 모델이 인식적 관점에서는 단순하고 교육학적 관점에서는 위험하다고 결론 내린다.

비록 미시머(Connie Missimer)는 비판적 사고가 주제 특수적이라는 맥펙의 강조에 동의하지 않지만, 그녀는 비판적 사고가 반드시 맥락적으로 이해되어야 한다는 데에는 동의한다. 그녀는 자신의 논문에서 "개인적 관점"이라고 부르는 기존 모델과 그녀가 대안으로 제시한 "사회적 관점"을 구분한다. 그녀의 주장에 의하면, 비판적 사고에 대한 개인적 관점은 시간과 관계없다. 이는 고립된 논증들에 초점을 맞추며, 논증들의 역사적인 배경을 무시하고, 논증보다는 논자의 수준(논자는 논리적 규칙들을 얼마나 성공적으로 조작하는가?)을 평가한다. 이러한 구체화된 모델 대신, 미시머는 노골적으로 역사주의적 접근을 옹호한다. 비판적 사고에 대한 사회적 관점은, (사실 논증하는 방식이 그러한 것처럼) 논증들이 역사적인 고안물이라는 것이며, 그러므로 훌륭한 사고자는 반드시 어떤 논증들이 건전한지를 결정하기 전에 경쟁 논증들을 비교하고 평가해야만 한다. 그러한 비판적 사고 모델은 역사적이고 진화론적이며 논자가 아닌 논증의 장점(이 논증이 얼마나 경쟁하는 논증들에 맞설 만한가?)에 초점을 둔다.

호스테틀러(Karl Hostetler)의 논문도 마찬가지로 논증들과 신념들을 검토하기 위해서는 중립성이 필수적이라는 전통적인 비판적 사고의 가정을 문제 삼는다. 그는 이 "중립성 우선주의"에 반대하여, 비판적 사고는 필연적으로 특정한 삶의 형식 안에서, 그리고 그 형식들 사이에서 수행된 공동의 탐구라고 주장한다. 그러나 이처럼 사고의 맥락적 본성을 인정하는 것이 불가피하게 비판적 사고의 본성을 무기력한 상대주의로 환원하는 것은 아니다. 객관성과 중립성이 반드시 결합되는 것은 아니다. 호스테틀러는 강의실에서 "반객관주의적" 비판적 사고를 장려하기 위한 전략들을 간략히 논하는 것으로 글을 맺는다.

마지막으로, 워렌(Karen Warren)은 특정 믿음들뿐만 아니라 사고의 양식들이 특정 맥락 또는 "개념적 구조틀"에서 생겨난다는 것, 그리고 훌륭한 사고자는 특수 맥락적 편향을 조사하기 위하여 결국 기존의 비판적 사고 모델을 분석할 필요가 있다는 것을 우리에게 상기시키면서 논의를 마친다. 실제로 워렌은 전통적인 논리 기준에 근거한 비판적 사고만을 배타적으로 강조하는 주류 입장은 가부장적 편향들을 반영한다고 주장한다. 그녀는 과학과 윤리학 연구에 관한 가부장적인 방식과 여성주의적인 방식을 비교함으로써 이 편향의 규모를 확인하고, 비판적 사고의 기존 모델을 여성주의적으로 해체하는 것이 필수적이라고 결론 내린다.

6

비판적 사고와 "트리비얼 퍼수트"* 지식이론

존 E. 맥펙

얼마 전 사업가인 사촌이 비판적 사고에 관한 나의 책이 무엇을 말하고 있는지 물었다. 책의 핵심 주제를 요약하여 설명하자 그가 말하였다. "고작 그런 말 하려고 그 책을 써야 했다 그 말이야? 이봐, 너희들 학자들은 말이야 명백한 것을 복잡하게 만드는 재주가 있어!" 두말할 나위 없이 나는 이러한 반응이 다소 불편했다. 그럼에도 불구하고, 고백하건대 나는 이런 의견에 어느 정도 공감한다. 왜냐하면 비판적 사고의 본성에 관한 나의 전반적인 견해는 때로는 나에게 너무나 명확하고 상식적이어서, 도대체 그 견해를 피력할 필요가 있는지, 특히 애초에 비판적 사고가 겨냥했던 지식인 독자층에게 그럴 필요가 있는지 당혹스러울 정도였기 때문이다. 말하자면 그 독자층이란 "비형식논리 운동"의 주역들인데, 현재는 공식적인 운영 단체들, 학술지, 미국에서 매년 개최되는 여

---

* [역주] Trivial Pursuit(사소한 추구) : 텔레비전에서 다양한 분야의 지식과 관련한 질문들에 답하며 승부를 결정하는 보드게임의 한 종류.

러 학회들로 틀을 갖추고 있으며, 여기에는 스크리븐(Michael Scriven), 에니스(Robert Ennis), 칸(Howard Kahane), 웨들(Perry Weddle), 월턴과 우즈(Walton and Woods) 같은 잘 알려진 비판적 사고 교재의 저자들뿐만 아니라, 날로 증가하는 비형식논리학 교육자들의 핵심 요원들이 포함되어 있다. 그러나 이 운동에 대한 나의 견해가 유발한 (비평은 말할 것도 없고) 논의들을 놓고 볼 때, 내가 상식적이라고 생각하였던 것이 사실은 조금도 상식적이지 않다는 것이 밝혀지지 않는 한, 내가 정당하다고 느끼기 시작하고 있다. 비판적 사고의 구성요소들과 최선의 비판적 사고 교육 방법에 관하여 몇 가지 아주 실질적인 견해차가 있는 것이다.

내가 옹호해온 비판적 사고에 관한 견해는 단순히 추론에 관한 평범한, 그리고 내 생각으로는 빤한, 사실들을 설명하려는 것이었다. 비판적 사고에 대한 나의 설명은 어디에서도 어떤 신비스럽거나 복잡한 인지과정들에 호소하거나 그러한 과정들을 설명하려 하지 않는다. 말하자면, 나는 비판적 사고의 명백한 속성들 정도를 다룬, 비판적 사고에 관한 평범한 설명에 만족할 것이다. 보다 난해한 차원에 대하여는 후일을 기약하고 싶다.

여기에서 내가 설명하고자 하는 보다 명백한 핵심들 몇 가지를 살펴보자. 나는, 비판적 사고는 말할 것도 없고, 사고란 언제나 특정 대상이나 주제(이를 x라 하자)에 관한 것이므로, "나는 단순히 사고를 가르친다."거나, "나는 어떤 특별한 것이 아닌 사고 일반을 가르친다."는 말이 거의 혹은 전혀 의미 없음을 지적하는 것이 중요하다고 생각하였다. 그러한 말은 말 그대로 난센스다. (덧붙이자면 이와 유사한 논증들이 "창의성"과 "문제 해결" 같은 개념들에도 적용된다.) 주제가 아무리 일반적이거나 추상적이라 할지라도, 만일 관련 사고가 **어떤** 종류의 x에 관한 것이 아니라면, 이를 전혀 사고로 기술할 수 없다. 그래서 이러한 고찰은 사고, 말하자면 비판적 사고를 특정 주제나 활동과 **결부**시키게 한다. 이러한 결론은 비판적 사고에 대한 나의 관점과 표준적 입장 간의 첫 번째 차이를 보여준다. 표준적 접근법을 지지하는 사람들은 교육과정에서 단순히 비판적 사고를 가르치려 한다고 하면서도, 주제가 무엇에 관한 것인지는 문제 삼지 않는다. 내가 보기에 이는 거의 어불성설로서, 생각의 대상이 다양한 만큼 생각하는 방법도 다양하기 때문이다. 비판적 사고 **일반**을, 심지어 평범한 "일상사"까지 가르치겠다고 한다면, 그것은 지킬 수 없는 약속이 될 것이다. 설상가상으로, 이런 주장들은 학생들의 다양한 사고 능력을 증진하고자 하는 의식 있는 교사들을 혼란스럽게 만들 뿐이다.

 나의 비판적 사고 분석에서 설명하고자 했던 두 번째 당연한 귀결은 한 영역에서 유능한 사고자가 반드시 다른 모든 영역들에서도 유능한 것은 아니라는 사실이었다. 예컨대 아인슈타인은 물리학 분야에서 뛰어난 소통 능력이 있었지만, 시(詩)에는 서툴렀다. 내가 시사해온 것은 이러한 차이가 하나의 활동에 필요한 지식과 기법들이 다른 활동에서 요구되는 지식 및 기법들과는 상당히 다르기 때문이라는 것이었다. 물론 한 사람이 다양한 많은 분야에서 상당한 역량을 쌓을 수 있지만, 그런 사람들은 몇 가지 **다른 종류**의 지식과 이해를 갖추었다고 보는 것이 상식적이다. 즉, 이런 유의 사고는 모든 과제들에 일률적으로 적용할 수 있는, 무심코 "추론"이라 부르는, 단일 기법이 **아니다.** 추론이 필요한 다양한 일들에 몇 가지 공통요소들이 있을 수 있으나, 조금만 숙고해보면, 추론 유형들 간의 차이는, 공통적인 것들이 무엇이든, 그보다 훨씬 크며 좀 더 분명함을 알 수 있다. 논리학자가, 몇몇 수학자 혹은 천문학자의 추론을 "귀납적"이라고 기술하고 싶어 할 수 있는 것처럼, 한 역사가의 어떤 추론을 "귀납적"이라고 기술하고자 할 수 있지만, 이러한 논리적 명명법은 단지 두 가지의 추론을 **이론적으로**(혹은 형식적으로) 간편하게 **기술**한 것에 불과하다. 이 점은 이러한 추론들에 요구된 지식과 기법들이 어떤 식으로든 동일하다는 것을 시사하는 것이 아니다. 더구나 특별히 인지 영역에서의 훈련전이(transfer of training)* 효과에 관한 경험적 연구들 거의 모두는, 조금도 과장 없이 말해도, 그 앞날에 기약이 없음은 잘 알려진 사실이다. 나는 이런 결과가 상식적으로 예측할 수 있다고 본다. 비판적 사고에 대한 나의 분석에서는 이러한 점들을 고려하도록 할 것이다. 그러나 이와는 대조적으로, 비형식논리 운동은, 주제가 무엇이든 어떠한 영역에서든, 우리를 비판적 사고자로 만들겠다고 하면서, 이러저러한 기법들(이를테면, 오류들)이 담긴 자그마한 보따리를 챙기라고 다그친다.

내가 비판적 사고에 관하여 설명하고자 했던 마지막 상식적인 특징은, 우리가 어떤 사람을 비판적 사고자라고 할 때 보통 **의미하는** 바는, 그들이 어떻게든 스스로 사고하는 자들이라는 것이다. 즉, 그들은 듣거나 읽는 모든 것을 생각 없이 믿는 일이 없다. 나는 그러한 사람들이 반성적으로 회의(懷疑)하면서 행동하는 성향(혹은 경향)과 **함께** 관련 분야에 대한 지식 및 기법들을 갖추고 있다고 주장해왔다. 다시 말해서, 그들은 의문을 제기하기 **일쑤**이고, 아울러 생산적인 문제 제기를 하는 데 도움이 되는 지식과 이해력도 갖추고 있다. 또한 나는, 만일 이 점이 함의하는 바를 우리가 특히 교과과정을 놓고 숙고해본다면, 비판적 사고 교육의 주된 요소들이 우리가 항상 훌륭한 인문 교육으로 여겨온 것에 가깝다는 점을 알게 되리라고 주장한다. 이러한 종류의 교육을, 따라서 비판적 사고자들의 역량을 개선하는 방안들이 있지만, 지름길은 없다. 이는 다양한 "사고의 형식들"[허스트(Paul Hirst)의 표현]에 저마다의 고유한 논리, 구성, 그리고 관련된 배경지식이 있기 때문이다. 또한

* [역주] 훈련을 받거나 학습한 내용 또는 기능이 그와 유사한 환경에서의 수행에 긍정적 혹은 부정적 영향을 미치는 것.

"비판적 사고"라는 강좌 한둘로는 관련된 고유한 특징들을 포착해내는 일은 시작도 할 수 없다.

요약하자면, 누구든 시간을 내어 생각해보면, 이러한 점들이 상식적인 문제임을 알 것이라고 나는 생각한다. 약속한 바와 같이, 그 핵심들은 신비하거나 비밀스러운 것이 전혀 없다. 그러나 그 핵심들 각각은 관련 문헌(특히 비형식논리 운동의 문헌)에서 발견되는 비판적 사고에 관한 표준적이거나 공통된 접근들과 양립하지 않으며, 정면으로 상충하기도 한다. 이러한 상식적인 점들은 각각 비판적 사고에 대한 비형식논리학의 접근에 의해서 거부되거나 다소 은폐되었다. 비형식논리 운동에 반대하는 내 입장을 간단명료하게 한 문장으로 표현하자면 다음과 같다. 그들은 비판적 사고를 발전시키고자 시도하는 가운데 인과관계를 **뒤바꿔놓았다.** 그들은, 학생들에게 특정한 논리적 기법들(예컨대 오류들)을 훈련시키면, 그 결과 다른 분야들 또는 정신적 능력들도 전반적으로 향상할 것이라 믿는다. 대신 나는, 만일 우리가 (아마도 "논리"와는 직접적인 관련이 거의 없는) 분야들을 통해 지적 수준을 향상시킬 수 있다면, 그에 따라 비판적 사고 능력도 함께 향상될 것이라고 주장한다. 그들과 나 사이의 차이가 이렇게 서술될 때, 누군가 다음과 같이 물을 수 있다. "이 두 접근법은 전혀 양립 불가능한 것인가?" 자, 이렇게 말해보자. 아니다, 두 접근법이 **논리적으로** 양립 불가능한 것은 아니다. 그러나 교육학적이며 실용적인 관점에서, 그 입장들은 내가 보기에 본말이 전도된 것이어서 분명 조화될 수 없는 것이다. 그들은 모든 컴퓨터 언어의 공통적인 요소만을 알려주고 그 외의 것은 우연 또는 개인의 관심사에 맡기는 방식으로 컴퓨터 사용법을 가르치는 것과 매우 유사한 오류를 범한다. 반면에 나는 사람들에게 다양한 컴퓨터 언어들로 프로그램하는 방식을 가르치고 이러한 언어들이 공통적으로 가졌을지도 모르는 어떤 것이든 우연 또는 개인의 관심사에 맡길 것이다. 가르치는 관점에서 볼 때, 그러한 차이가 모든 차이를 만든다.

비판적 사고: "일반적인 능력"인가, "특수한 기법들"인가

나는 이제 비판적 사고를 약간 다른 관점, 즉 보다 심리학적인 관점에서 바라보고자 한다. 나는 우리가 비판적 사고를 할 수 있을 때 지니는 능력이 바로 어떤 종류의 것인가 하는 질문을 고려하고자 한다. 특히, 이 능력은 소위 언어적 능력인가, 아니면 혹 지성(知性)과 같은 일종의 일반적인 능력인가? 혹은 그보다는 직접적으로 교육될 수 있는 특수한 기법 같은 것이어서, 학습자는 그 기법을 학습했는지에 따라서 그 기법을 사용할 수도 있고 사용하지 못할 수도 있는 것인가? 심리학자들은 때로는 이런 차이를 "일반적 소질" 과 "특수한 기법"으로 대조시켜 설명한다.

이러한 종류의 물음을 제기하는 것이 중요한 두 가지 이유가 있다. 첫째, 만일 우리가 비판적 사고 능력이 어떤 종류의 역량인지 아주 정확히 알고 있다면, 우리는 비판적 사고를 교육하고 검사하는 방법에 관한 보다 나은 어떤 견해를 가져야 하며, 비판적 사고 능력을 함양시킬 목적으로 기획된 과정들이 성취하고자 하는 것에 대하여 좀 더 실질적인 기대를 해야만 한다. 이러한 물음이 중요한 두 번째 이유는, 몇몇 정부 보고서들과 명망 있는 위원회들이 학생들에게 비판적 사고 교육을 시작하도록 일선 학교에 강력히 권고했음에도 불구하고, 학교들도 기획된 프로그램들도 비판적 사고가 어떤 종류의 것인지, 이런 계획들이 무엇을 성취하고자 하는지 전혀 알지 못하고 있기 때문이다. 따라서 이러한 고비용의 프로그램이 성공할지에 대한 적절한 검사 방법도 없는 것이다 (캘리포니아주의 행정명령 #338호 참고).

비판적 사고력 검사들에 관한 문헌을 검토해보면, 비판적 사고를 맥락과 주제와 독립적으로 측정될 수 있는 "일반적인 능력"으로 여기는 입장의 실체가 상당히 분명하게 드러난다. "왓슨-글레이저 비판적 사고 평가"가 아마 가장 잘 알려진 것이겠지만, 나는 비판적 사고력을 측정하기 위하여 고안되었고 비판적 사고를 일반적인 능력으로 다루고 있는 최소 스물여섯 개의 검사들을 알고 있다. 여기서 나의 목적은 이러한 검사들 자체를 비판하는 것이 아니라, 이러한 검사들이 의도하는 것으로 보이는, 비판적 사고를 일반화된 능력으로 개념화하는 것이 함의하는 점들을 밝히고자 하는 것이다. 만일 우리가 왓슨-글레이저 검사를 전형적인 사례로 여긴다면, 동봉된 검사 안내서를 정독해봄으로써 비판적 사고가 어떤 하나의 특수한 기법으로서가 아니라 "일반적인 능력"으로 여겨지고 있다는 점이 명확하게 드러난다. 그 안내서에 제시된 내용은 비판적 사고 검사가 다음 세 가지 명제들에 기초하고 있음을 분명히 하고 있다.

1. 검사 항목들에서 요구되는 능력은 내용과 맥락으로부터 자유롭다. 즉, 특정 지식이나 정보는 필요하지 않다. 검사 항목들 자체가 필요한 모든 정보를 제공한다.
2. 안내서는 **비판적 사고력**이 다음과 같은 다섯 가지 하위 능력들의 복합체라고 분명하게 서술한다.
   가. 문제를 파악하는 능력
   나. 문제 해결을 위하여 적절한 정보를 선별하는 능력
   다. 명시된 가정들과 암묵적인 가정들을 인지하는 능력
   라. 유관하고도 유력한 가설들을 정식화하고 선택하는 능력
   마. 타당한 결론을 도출해내어 추론들의 타당성을 판단하는 능력
3. 검사는 (비록 복합적이라 할지라도) 고유하거나 독특한 인간의 능력을 측정하고 있다.

이 명제들은 일반적인 능력이 보통 무엇을 의미하는지 대체로 잘 정의하고 있다.

이제, 만일 우리가 비판적 사고력을 왓슨과 글레이저의 검사가 측정하고자 하는 종류의 일반적인 능력으로 간주하게 되면, 비판적 사고력에 관한 몇 가지 사실들이 눈에 띄기 시작할 수 있다. 첫째, 관련 능력들 및 그 능력들에 대한 맥락 독립적인 측정에 관한 설명을 고려한다면, 우리는 비판적 사고가 흔히 일반적인 학문 능력, 혹은 지능이 의미하는 바와 매우 유사한 것임을 알게 될 것이다. 즉, 비판적 사고와 지능은 둘 다 일반적인 능력들로 되어 있을 뿐만 아니라, 이 경우 그 능력들은 거의 동일한 일반적인 능력으로 보인다. 개념적인 관점에서 볼 때, 이 검사들 중 하나에서 높은 점수를 받지 못하면서 다른 검사에서 높은 점수를 받을 수 있다고 보기는 어려운데, 이는 특히 우리가 두 검사 항목들이 비교적 내용-맥락 독립적이란 점을 상기한다면 더욱 그렇다. 만일 비판적 사고가 왓슨과 글레이저가 생각하듯 내용 독립적인 종류의 일반적인 능력이라면, 적어도 다음의 두 가지가 도출된다. 즉, (1) 지능과 별도로 이 시험이 측정하고 있는 것이 무엇인지 전혀 불분명하며, (2) 직접적인 교육으로 지능을 향상시키기 어렵다는 점을 감안한다면, 비판적 사고를 직접 교육하려는 프로그램들을 경계해야만 한다. 엄청나게 많은 보충 교육 프로그램에도 불구하고 지능 격차는 상당한 듯하다. 이 점이 진정한 비판적 사고가 결코 개선될 수 없음을 시사하지는 않는다 해도, 비판적 사고를 "내용과 무관한 일반적인 능력"으로 보는 데에는 **개념상** 한계를 안고 있는 무언가가 있음을 시사한다.

경험적인 측면에서 볼 때, 왓슨과 글레이저의 비판적 사고 개념은 문제가 더 심각하다. 그들은 비판적 사고 검사들의 타당성 지표로서 다양한 지능검사들과의 높은 상관계수를 인용한다. 실제로 그들은 총명한 사람들이 비판적 사고 평가에서 좋은 점수를 받는 경향이 있다고 말한다. (만일 저조한 점수를 받는다면, 왜 그런지 판단해보라!) 그러나 내가 보기에 왓슨과 글레이저는 두 마리 토끼를 잡으려 하고 있다. 그들은 비판적 사고 검사와 일반적인 지능의 높은 상관성을 일종의 신묘한 정신력(a psychometric virtue)으로 인한 것이라 하면서도, 또 다른 능력(즉, 어떤 **다른** 일반적인 능력)도 측정한다고 주장하고자 한다. 그러나 만일 그들이 지능과 명확히 구분되는 무언가를 측정하고 있다면, 우리는 지능은 낮지만 비판적 사고력이 높은 사람들의 사례들을 발견할 수 있거나, 반대로 지능은 높지만 비판적 사고력이 낮은 사람들을 발견할 수 있어야 한다. 그러나 내가 다른 곳에서 지적하였듯이, 왓슨과 글레이저가 제시한 규준화 자료(norming data)에 따르더라도 이런 일은 발생하지 않는다. 비판적 사고 검사와 지능의 관계는 "창의성"과 지능의 관계와 유사한데, 말하자면 검사들은 상호 연관성이 매우 높아서, 구분되는 두 가지 능력을 측정하는 것이 **아니라** 하나의 능력을 측정하는 것으로 보인다. "창의성"과 마찬가지로, 왓슨과 글레이저의 "비판적 사고" 개념도 변별타당도(discriminant validity)*가 거의 없는 것으로 보일 것이다. 따라서 나는 이러한 이유에서 비판적 사고를 내용과 독립된 일반적인 능력이 아니라고 주장하며, 그뿐만 아니라 우리는 그렇게 가정하는 교육 프로그램들 및 계획들을 의문시해야 할 것이다.

그러나 비판적 사고를 일단 학습을 하면 다양한 영역에 적용할 수 있는 특수한 기법들의 작은 집합으로 여기는 문헌에도 경쟁하는 비판적 사고 개념이 있음을 발견할 수 있다. 비판적 사고에 대한 이와 같은 관점은 비판적 사고를 위하여 비형식논리학을 옹호하는 프로그램들 사이에서 지배적이다. 사실 이러한 프로그램들 중 일부는, 마치 "비판적 사고"의 **의미**가 비형식논리학임이 분명하다는 듯이, "비형식논리"와 "비

---

* [역주] 검사 점수와 외적 변수의 관계를 분석하여 검사의 타당도를 검증하는 방법.

판적 사고"를 어느 정도 상호 대체 가능한 표현으로 사용한다. 아마 나는 여기서 논의된 견해들 중 그 어떤 것도 비판적 사고가 정확히 어떤 종류의 능력인지를 분명히 하지 않는다는 점을 거듭 지적해야 할 것 같다. 이 문제를 그럭저럭 넘어가는 경우는 놀랄 만큼 많다. 그러므로 우리는, 말하자면 비판적 사고력이 무엇을 의미하는지 밝혀내기 위하여, 문제의 핵심을 파고들어야만 한다.

비형식논리학의 접근 방식을 보면, "일반적 능력"의 접근 방식과 어느 정도 차이가 나는 점들도 있고 유사한 점들도 있음을 알 수 있다. (아마도 이 점이 때에 따라 문제를 그럭저럭 넘기도록 유혹하는 것 같다.) "일반적 능력"의 관점과 중요한 차이를 드러내는 "특수한 기법들"의 관점(이를테면 비형식논리학의 접근 방식)에 의하면 비판적 사고가 비교적 적은 수의 교육 가능한 특수한 기법들, 즉 우리가 일단 숙달하기만 하면 비판적 사고를 요하는 어떤 문제들, 논증들, 또는 물음들에도 적절히 적용할 수 있는 기법들로 구성된다는 것이다. 이러한 관점에서 보면, 특수 훈련의 혜택을 받은 사람은 그렇지 못한 사람보다 비판적 사고를 훨씬 더 잘하게 될 것이다. 이 입장과 "일반적 능력" 입장 간의 주요 **유사성**은 이러한 특수한 기법들 역시 내용과 맥락에 독립적이며, 그러므로 각기 다른 주제와 과제들에 **일반적**으로 적용될 수 있다는 것이다.

그건 그렇고, 비형식논리학 교사들은 흔히 비형식논리학 강좌들을 마친 후에 왓슨-글레이저 검사를 실시해보면 얻는 것이 많다고 보고한다. (고백하건대 나 또한 몇 년 전 유사한 점을 발견했다.) 그리고 이러한 발견은 비판적 사고가 비형식논리학의 특수한 기법들을 연마함으로써 향상된다는 신념을 강화하는 경향이 있다. 비형식논리학을 가르치는 교사들은 그러한 결과들을 자신들이 가르치는 특수한 기법들이 비판적 사고에 필수적이라는 점을 뒷받침하는 명백한 증거로 받아들인다. 하지만 그러한 결과들을 너무 심각하게 받아들여서는 안 되는 최소한 두 가지의 이유가 있다. 첫째, 왓슨-글레이저 검사 항목들과 비형식논리학 강좌들에서 가르치는 것들에는 중복되는 부분이 너무 많아서, 비형식논리학 수업은 검사를 위한 훈련 또는 "지도"를 직접 실시하는 것에 해당한다. 그래서 향상된 결과들은 그다지 놀랍지 않다. 둘째, 내가 아는 한 그러한 직접적인 기법 훈련이 왓슨-글레이저 검사에서와는 다른 실제 사례들과 상황들에 전용될 수 있음을 조금이라도 입증시킬 만한 증거는 없다. 그래서 왓슨-글레이저 검사와 이른바 비판적 사고에 필요하다고 여겨지는 특수한 기법 간에는 서로를 밀어주는 기괴한 종류의 협업이 진행 중이다.

비판적 사고에 대한 "특수한 기법들"의 관점이 안고 있는 난점으로 내가 생각하는 것은 소위 이들 기법들이 진정한 비판적 사고를 위하여 **필요**하지도 **충분**하지도 않아 보인다는 것과, 비판적 사고에 관한 우리의 상식적인 직관들에 맞는 보다 그럴듯한 견해가 있다는 것이다. 어떤 특수 기법들이 비판적 사고에 **필요하지 않다**는 점은, 비판적 사고자들이 갖추어야 할 것으로 여겨지는 특수한 기법들을 직접 배웠거나 들었을 리도 없는 많은 사람들이, 비판적 사고를 할 수 있고 또 한다는 사실에 의해 증명된다. 왓슨-글레이저 표준 데이터가 보여주듯, 전통적인 교양과정 교육을 받은 사람들이 비판적 사고 검사에서 최고점을 기록하는 경향이 있으며, 이들이 특수 기법들(예를 들어 비형식적 오류들)의 어느 것이든 직접 교육받은 적이 있다고 볼 근거가 거의 없다. 둘째로, 만일 비판적 사고를 하기 위하여 어떤 특수 기법들이 필요하다면, 우리는 적절한 훈련을 받은 사람들만 비판적 사고를 할 수 있음이 발견되리라 기대할 것이다. 그러나 우리가 발견한 것은, 지능이 그런 것과 마찬가지로, 비판적 사고력도 정상적으로 분포되어 있다는 것이다.

모종의 특수 기법들이 비판적 사고에 **충분하지도 않다**는 것을 **보이기**

위하여 비판적 사고를 구성한다는 특수 기법들을 분석할 필요가 있다. 불행히도, 그 특수 기법들의 항목은 프로그램에 따라 달라진다. 그러나 내가 보아온 그 모든 특수 기법들과 왓슨-글레이저 시험에서 언급되는 기법들은 천편일률적이며, 전혀 기법들이 아닌 것으로 밝혀진다. 예를 들어, 왓슨과 글레이저가 "비판적 사고"를 정의하는 가운데 제시하는 소위 "기법들" 중 다음 두 가지를 고려해보자.

1. 문제 해결을 위하여 적절한 정보를 선별하는 능력
2. 유관하고도 유력한 가설들을 정식화하고 선택하는 능력

   나는, 이러한 구절들의 어법이 진정한 능력들을 기술하고 있음을 시사한다 할지라도, 일단 분석해보면, 이 구절들이 전혀 어떤 단일하거나 특수한 능력들을 **기술하지 않으며**, 오히려 상이한 종류의 기법들과 능력들의 커다란 집합을 기술하고 있다는 점을 지적하고자 한다. 그 능력들은 "게임들에서 이기는 능력"과 다소 비슷하다. 다시 말해, 티들리윙크스(tiddlywinks)*에서 체스, 그리고 풋볼에서 크리켓에 이르는 어떤 게임이든, 게임의 종류가 중요한 것은 아니다. "게임들에서 이기는 능력"의 뜻은 말 그대로일 뿐이다. 그러나 모든 종류의 게임들을 이기게 하는 특수 **능력**이나 **기법**은 없다. 대신 그야말로 수백 가지의 기법들, 그것도 다양한 기법들이 동원된다. 이제 왓슨과 글레이저의 "문제 해결을 위하여 적절한 정보를 선별하는 능력"을 생각해보자. 여기서 "문제"란 아무 그리고 모든 문제를 의미하는가? "문제들"과 그 해결책들은 최소한 게임들만큼이나 다양하지 않은가? 여기서 얻을 수 있는 교훈은 이 구절들이 실제로는, 특수한 능력들은 말할 것도 없이, 전혀 진정한 능력을 가리키지도 않는다는 것이다. 만일 그 구절들이 특수한 능력에 대하

---

  * [역주] 작은 원반을 튕겨 컵 속에 넣는 놀이.

여 기술하고 있다면, 우리는 누군가에게 그와 같은 특수한 기법을 훈련시킬 수 있어야 하며, 그래서 그 기법은 다른 모든 문제(게임)에 적용될 수 있을 것이다. 그러므로 이와 같은 구절들이 종종 특수한 기법들을 기술하고 있는 것처럼 보일지라도, 더 깊이 분석해보면 그 능력들이 **하나**의 능력이 아니라 **여러** 능력이거나 기법이라는 점이 드러나기 마련이므로, 우리는 그런 어법에 미혹되어서는 안 된다.

　그러나 이와 같은 개념상의 난점들은 잠시 제쳐두고, 어떻든 우리가 비판적 사고에서 중요하다고 믿는, 직접 교육 가능한 어떤 특수 기법들(예컨대 비형식적 오류 같은 것)이 있다고 가정해보자. 이러한 기법들에 관하여 우리가 답해야 할 두 가지의 중요한 질문이 남아 있다. 첫째, 그 기법들은 우리가 애초에 생각했던 것처럼 정말 비판적 사고를 요하는 모든 혹은 대부분의 물음에 걸쳐 광범위하게 적용할 수 있는 것인가? 우리는 이 질문이 단지 다양한 영역들과 맥락들 전역에 걸쳐 일어난다고 하는 훈련전이에 관한 경험적인 질문일 뿐만 아니라, 보다 중요하게는, 상이한 지식 영역들의 구성요소이자 이 영역들을 특징짓는 상이한 종류의 추론들에 관한 물음임을 알아야 한다. 즉, 과학적 사고나 수학적 사고는 도덕적 사고나 문학적 사고와는 상당히 다른 것으로 보인다. 타당성의 규준들이 각기 다를 뿐 아니라, 하나의 맥락이나 영역에서 그릇된 추론일 수 있는 것이 다른 맥락이나 영역에서는 완벽하게 정확한 추론일 수 있다. 사고의 상이한 형식들에 관한 이와 같은 사실은, 아무리 작은 집합의 교육 가능한 특수 기법들일지라도 그것이 모든 분야에 두루 타당한지에 대하여 심각한 의문을 던지게 한다. 그러나 설령 우리가 분야들이나 영역들을 가로질러 동일하게 적용되는 추론의 몇 가지 공통요소들을 발견할 수 있다 할지라도, 우리는 이러한 공통요소들이 우리로 하여금 다양한 문제들이 필요로 하는 비판적 판단들을 내릴 수 있도록 하기에 **충분**한지 물어야만 한다.

내 견해는, 이러한 공통 혹은 특수 기법들이란 상이한 문제들의 복잡한 인지적 필요로 제시되는 추론의 총체 중 아주 작은 부분만을 설명하기에, 그러한 기법들이 결코 누군가를 모든 (또는 심지어 대부분의) 영역의 비판적 사고자로 여기도록 하기에 **충분**할 리 만무하다는 것이다. 단지 철자를 쓰고 타자 칠 줄 안다고 철학적 에세이나 문예비평문을 쓰기에 **충분**하지 않은 것과 마찬가지로, 이러한 특수 기법들은 다양한 영역을 아우르는 진정한 비판적 사고를 위하여 **충분**하지 않다. 방대한 문제들과 그에 필요한 지식의 종류가 한마디로 너무 다양하여, 어떤 집합의 특수 기법들을 모든 혹은 대부분의 문제나 지식을 위하여 **충분**하다고 여길 수는 없다. 그리고 우리가 비판적 사고를 요하는 물음들이나 의문들(예컨대 공적인 쟁점들)이 각기 다른 **유형**의 지식과 이해를 복합한 것들이거나 결합한 것들이라는 점을 곰곰이 생각해보면, 어떤 집합의 특수 기법들이 충분하다는 것은 더욱 요원하고 가망 없는 일이다.

특수 기법들이 비판적 사고에 **충분**하다고 하는 주장 어느 것이든지 직면하는 두 번째 질문은 이것이다. 비판적 사고의 핵심적인 구성요소는 무엇인가? 지식과 이해를 갖추는 것인가, 혹은 어떤 특수 기술들을 갖추는 것인가? 유감스럽지만 나는 여기서 평범한 일상의 경험에 호소해야겠다. 그러나 예컨대 엘살바도르에서의 전쟁, 군비 축소, 레이거노믹스 같은 몇몇 공적 주제에 관한 논의나 논쟁이 있을 때, 그러한 분쟁에 관하여 통상 누가 좀 더 유용한 기여를 할 수 있겠는가? 관련 지식과 정보가 있는 사람인가, 아니면 특별한 기법들을 훈련받아온 사람인가? 만일 당신의 경험이 나의 경험과 같다면, 그는 다름 아닌 관련 지식을 가진 사람이다.

덧붙여 말하자면, 스크리븐은 자신의 책 『추리(*Reasoning*)』에서 "논증 분석"의 기법들을 가르치고자 하는 가운데 **확장** 논증들(extended arguments)을 다루는데, 그 방식에 익숙한 독자들은 그러한 논증들이 종종 본래의 논증에는 없었던 몇 가지 부가적인 관련 정보나 지식을 끌어들임으로써 해결된다는 것을 눈여겨보았을 것이다. 우리는 이것이 기법의 문제가 아니라, 다시 말하지만, 지식의 문제임을 주목해야 한다.

그래서 나는 이러한 이유들 때문에 특수 기법들을 갖추는 것이 진정한 비판적 사고를 위하여 **필요**하지도 **충분**하지도 않으며, 비판적 사고를 이러한 방식으로 생각하는 것이 비생산적이라고 제안하는 바이다.1)

"트리비얼 퍼수트" 지식이론

내가 비판적 사고는 내용 독립적인 "일반적인 능력"이 아닐 뿐만 아니라 "특수한 기법들"의 집합도 아니라고 주장한 것을 듣고, 독자들은 이제 나더러 숨어 있지만 말고 비판적 사고가 어떤 종류의 인지적 실체인지에 대한 내 생각을 말할 때라고 생각할 것 같다. 어떻든 만일 내가 일부일처제와 일부다처제에 반대한다면, 나는 결국 무엇인가에 찬성하고 있음이 분명하다. 그렇다면 내가 찬성하는 입장은 무엇인가? 나는 잠시 후 이 질문에 반드시 답할 것이다. 하지만 만일 앞서 논의된 두 견해의 기초가 된다고 생각하는 가정과 나의 답변을 대조해보면, 나의 답변이 더욱 분명하게 이해될 것이다. 이 가정은 **지식**과 사실들에 관한 모종의 관점으로 구성되어 있는데, 나는 이를 "트리비얼 퍼수트" 지식이론이라 부를 것이다. 내가 나의 이론을 그렇게 부르는 이유는, 양자가 비판적 사고를 위한 실질적인 지식과 정보를 전적으로 비교적 단순하고 개별적인 사실들로 구성된 것처럼 다루는 경향이 있기 때문이다. 지식은 "트리비얼 퍼수트" 게임처럼 한 문장짜리 질문들과 한 문장짜리 답변들이 짝을 이룰 수 있는 종류의 것으로 여겨진다. 게다가 그러한 지식은 애매한 점이 거의 없으며, 논란의 여지가 없고 개념적으로 단순하다. 텔레비전 퀴즈쇼는 이러한 유형의 지식을 활용한다. 비판적 사고에 대한 표준적인 견해가 무심코 이와 같은 방식으로 지식을 다루는 이유는, 기법들이나 능력들에 대한 직접적인 훈련이 조금이라도 그럴듯하게 되자면, 중요한 지식을 불변하고 문제가 없는 것으로 여겨야만 하기 때문이다. 작업 전략은, 우선 관련 사실들을 조사하는 것으로서, 이 단계는 퀴즈쇼에서처럼 비교적 간단한 것으로 간주되고, 그런 다음 기발한 답변들과 논증들을 내놓기 위하여 이들 다양한 기법들을 사용하는 것이다. 지식은, 마치 퀴즈쇼에서처럼, 통상적으로 공유된 지식(예를 들면 "일상적 지식")으로 여겨지기 때문에, 비판적 사고자가 되는 데 필요한 모든 것은 모종의 기법들과 재능들을 능란하게 활용하는 것이다. 추론 기법들을 가르치기 위한 교재들에 실린 지극히 단순한 예제들은 지식에 대한 이러한 가정을 전제하고 있다. 모든 관련 지식은 전제들 속에 주어져 있고, 우리는 그 지식으로부터 적절한 결론을 도출해내는 방법을 배운다. 지식 자체는 항상 완전하며 문제가 없는 것으로 가정된다. 그러나 지식에 대한 이와 같은 가정은 실생활에서는 유지될 수 없다. 실생활의 문제들에 필요한 지식은 완전한 경우가 드물고, 거의 언제나 문제가 있으며, 다양한 해석들을 가능하게 하기 때문이다.

더 나아가, 무엇을 관련 지식으로 간주해야 하는지에 대한 기준들 자체가 문제이다. 관련 지식은 완전하다거나 분명하다고 가정될 수 없다. 또한 지식 주장 등과 같은 대상들에 대한 비판적 평가는 필연적으로 평가자의 경험, 이해, 인지적 관점과 가치들의 영향을 받는다. 비판적 사고의 지식 요소는 정적인 상태에 머물러 있을 수 없으며, 말하자면 상이한 관점에 따라 지속적으로 추가되고, 재해석되며, 평가된다. 이러한 지식의 복잡한 형성 과정은 비판적 사고를 요하는 실생활의 문제들 안에 항상 있는 일이며, 이는 **예외**가 아니라 **일반적**이다. 이러한 지식의 복잡한 과정이 요구되지 않는 유일한 사례들은 단순한 교과서의 예제들 혹은 트리비얼 퍼수트에서처럼, 지식이 완전하고 문제없는 것으로 가정된 경우이다. 그러나 그러한 지식은 그 자체로 사소하며 비판적 사고를 요하는 일이 거의 없다. 특수 기법 접근 방식이 애초에 그럴듯하게까지 여겨질 수 있는 것은 단지 실질적 지식과 정보의 복잡성을 폄하하거나 무시함으로써이다. 특수 기법 접근 방식들은 "앎"을 일종의 "기억" 또는 단순히 본질적으로 생각을 결여한 무언가로 취급한다.

　　지식의 종류들과 그에 상응하는 **기법의 종류들**이 밀접하게 관련되어 있다는 점은 비판적 사고에 대한 나의 견해를 분명히 하는 데 도움이 된다. 나는 이제 가능한 한 간단명료하게 나의 견해를 말하고자 한다. 첫째, 나의 견해는 **지식 요소**를 포함하는데, 이는 요청되는 사고의 형식이나 지식의 종류에 의해 그 보편적 적용 가능성의 범위가 한정되는 지식 기반 기법들이다. 특별히 우리가 **비판적 요소**라고 여길 수 있는 두 번째 요소는, 당면 문제를 다루는 데 필요한 지식에 대하여 반성적으로 사고하고, 효과적으로 문제를 제기하고, 판단이나 믿음을 유보하는 등의 능력들로 이루어진다. 여기서 주목해야 할 점은, 상이한 종류의 지식이 가진 인식론적 지위(예컨대 확실성**과** 취약성)는 상당 부분 가변적이므로, **비판적** 요소는 **지식** 부분에 의존한다는 것이다. 즉, 어떤 데이터들은 말하자면 다른 데이터보다 훨씬 높은 확실성과 신뢰도를 보인다. 소위 "데이터"라고 하는 모든 것들이 대등한 것은 **아니다.** 따라서 비판적 사고자는 어떤 사안에 관하여 무엇을 언제 물어야 적절한지 안다. 그러나 그러기 위해서는 이 사안에 해당하는 정보의 종류에 대하여 광범위하게 이해하고 있어야 하며, 아마 그 정보가 어떤 종류이며 어떻게 수집되고 형성되는지도 이해하고 있어야 할 것이다. 따라서 비판적 사고력은 문제를 다루는 데 필요한 지식의 양이 얼마나 많으냐에 따라 직접 변화한다. 비판적 사고의 인지적 요소들에 관한 논의는 이 정도로 족할 것이다.

비판적 사고의 목적

매우 광범위한 분야들과 이론적인 과제들에 걸쳐 사람들에게 비판적 사고를 교육하는 것이 가능하듯이, 아주 협소한 분야들과 실천적 과제들을 위해서도 그러한 교육을 하는 것이 이론상으로는 가능하기에, 우리가 어떤 종류의 비판적 사고를 발전시키려고 하는지 자문해야 한다. **누구**를 위하여, 그리고 **무엇**을 위하여? 어떤 종류의 지식과 정보들은 다른 문제들이 아닌 특정 문제들에 관한 비판적 사고의 기반이 될 것이다. 그리고 수업시간과 인간의 능력에는 한계가 있으므로, 여러 선택을 해야 한다. 그러한 선택은 사회의 가치들과 공교육의 핵심 목적을 반영할 것이다. 교육의 규범적 측면이 여기서 드러나는데, 교육은 가치-중립적인 활동이 아니다.

우리 사회에서, 적어도 토머스 제퍼슨 시대 이래로, 학교교육의 지상 목표는 당면하게 될 문제들에 관하여 지성적인 결정을 내릴 수 있는 교양 있는 시민을 육성하는 것이었다. 명시적으로 우리는 학생들이 그러한 문제들뿐만 아니라 개인적인 문제들에 관해서도 비판적 사고자가 되기를 바란다. 그러나 우리가 그러한 문제들이 다양하기도 하고 복잡하기도 하다는 점을 생각해보면, 지금도 그렇지만 앞으로도, 그 목표는 너무 거창하다고 할 수밖에 없다. 당장 떠오르는 문제들만 해도 인공임신 중절, 외설, 소수자 권리의 도덕성, 환경오염 문제의 다차원성, 핵무기 감축, 다양한 과세 정책의 적절성 및 형평성, 텔레비전의 과대광고 및 선전 등등 대단히 많다. 우리가 이러한 문제들 가운데 어떤 것이든 합리적 해결책들이 실제로 얼마나 복잡하고 지식 의존적인지를 생각해보면, 충분하다 할 정도의 교양을 갖춘 시민들을 육성시킬 가능성은 거의 없다. 실제로 그 희소한 가능성은 마침내 워싱턴 연방정부의 "공공" 정책들에 관한 45년간의 취재 끝에 리프먼(Walter Lippmann)으로 하여금

(그의 책『공적 견해(*Public Opinion*)』에서) 민주주의 시민들은 이제 점점 복잡해져가는 당면 문제들에 적절히 대응하지 못한다는 결론을 내리도록 하였다. 그는 "마을 의회"의 시대는 끝났다고 주장하였다. 오늘날 문제들이 날로 복잡해짐에 따라, 불가피하게 "전문가들"과 그들의 기술적 권위(technocracy)에 호소하게 된다. 유사한 관찰이 베커(Carl L. Becker)로 하여금 다음과 같은 주장을 하게 하였다. "도처에서 민주주의는 과거만 못하게 작동하고 있다." 이러한 상황은 또한 왜 현대의 매스컴이 사건에 대한 명확한 설명보다는 대체로 **이미지-메이킹**과 **슬로건**으로 이루어져 있는지 설명해준다. 즉, 진짜 쟁점들과 진짜 설명들은 대중이 소화하기에는 너무 복잡하다. 그래서 광고의 경우와 같이, 캐치프레이즈 혹은 이미지가 점차 현실에 대한 우리의 관점을 형성하는 것이다.

믿거나 말거나, 이 모든 것은 민주주의에 대한 "비관적이고 절망적인" 예언을 하자는 것이 아니다. 교양 있는 시민에 대한 여러 실천적인 대안들은, 제퍼슨에게 그랬듯이 오늘날 우리에게도 여전히, 혐오의 감정을 일으킨다. 우리가 "학생들을 비판적 사고자들로 만듭시다."라고 말할 때, 우리가 말하고자 하는 요점은 단순히 우리 스스로가 설정한 과제의 중요성을 극적으로 표현하는 것이다. 이런 관점에서 그 과제의 어려움을 파악하는 것은, 비판적 사고가 즉각적인 효과를 보인다는 해결책들이 일부 사람들에게 왜 그토록 유혹적인지 설명하는 데 도움을 준다. 올바른 비판적 사고 기법들에 관한 한두 개의 강좌를 수강하면, 대부분의 문제를 다룰 수 있게 돼… 또는 적어도 이런 식으로 말한다. 그러나 비판적 사고를 이처럼 보다 넓은 관점에서 바라보는 것의 요점은, 어떤 비판적 사고 프로그램일지라도 가지고 있기 마련인 진짜 한계들을 강조하는 것이다. 우리가 모든 종류의 문제에 필요한 지식을 제공하는 것은 불가능하기 때문에, 우리는 교과과정상의 모든 물음들 가운데 가장 근본적인 물음, 즉 "우리 학생들에게 어떤 종류의 지식이 가장 가치 있는 것인가?"라는 물음을 던질 수밖에 없다. 교양 있는 시민에 대한 제퍼슨주의적 이상 안에 잠재된 종류의 문제들을 놓고 볼 때, 이 물음에 대한 어떤 대답이든 어떤 대단히 광범위한 이해의 영역들을 고려해야 함을 알수 있다.

이러한 근본적인 물음을 던지는 또 다른 방법은, "어떤 종류의 지식과 이해가 가장 보편적인 가치를 지닐 것 같은가?"라고 묻는 것이다. 물음이 이런 식으로 제기될 때, 이는 심리학적 물음인 훈련전이 효과에 관한 물음이 아니라, 우리가 어떤 종류의 지식이 최고의 가치를 지니는 것으로 보는가에 관한 물음이라는 점에 주목하자. 이를테면, 이 지식은 자기 자동차 수리법에 관한 것인가, 아니면 역사 연구에 관한 것인가? 화술인가, 문학인가? 이러한 물음들은 교육 일반이 그리고 **더 강한 이유로** 특히 비판적 사고가 직면해야만 하는 종류의 물음들이다.

그러므로 이러한 관점 모두가 고려되었을 때, 내가 보기에 보편적인 교양교육 외에 교과과정으로 그럴듯한 또 다른 후보는 없는 것 같다. 다른 어떤 교과과정도 인간 조건과 그 조건으로 인하여 영구적으로 당면하게 되는 문제들에 관하여 같은 수준의 폭넓은 이해를 제공하지 못한다. 교양교육을 구성하는 학문들(예컨대 예술, 과학, 그리고 인문학)은 비판적 사고를 요하는 일상의 문제들과 분리되거나 이질적인 것이 아니며, 오히려 그러한 문제들의 근본적인 구성요소들이다. 어떻든 합리적으로 생각하고자 한다는 것은 학문을 이루는 합리적인 담론의 다양한 형식들을 활용하고자 하는 것이다. 사실 이것이 바로 허스트의 교양교육 옹호론의 핵심이다. 그러나 표준적인 학문적 지식은 다소 기술적이거나, 난해하거나, 추상적이거나, 혹은 주로 학자들의 관심사라는 강하고 광범위한 믿음이 **팽배해** 있다. 이러한 입장은 학문들이 그 **기원**을 인간 조건에 두고 있으며, 실질적으로 인간 조건에 **관한** 것이라는 점을 인지하지 못한 것이다. 학문들의 **존재 이유**는 인류가 당면한 문제들에 대한 통찰과 이해를 제공하는 것이다. 만일 학문들이 단지 난해하거나 사변적인 지식만으로 구성되는 것이라고 믿어진다면, 이는 흔히 해당 지식에 대한 교육 방식이 잘못되었음을 좀 더 증언해주는 것이지만, 이 점이 학문들의 근본 목적과 힘에 관하여 우리를 혼란스럽게 해서는 안 된다. 이에 반하는 견해가 있지만, 학문은 **학문 그 자체**를 위하여 존재하는 것이 아니다. 오히려 학문은 우리가 당면하는 문제들에 관한 합리적 담론을 가능하게 한다. 학문의 힘과 목적이 합리성 자체의 근본적인 구성요소인 고로, 이를 전달하는 것이 교육자들의 할 일이다.

비판적 사고를 위한 가장 효과적인 수단으로서 교양교육의 역할을 거듭 강조하였는데, 두 가지 점을 더해야겠다. 첫째, 나는 우리가 관심을 두고 있는 전형적이고 일상적인 문제들이 항상, 아니 도대체 **단 한 번**이라도, 어떤 하나의 영역에 깔끔하게 포함된다는 주장을 하는 것이 아니다. 전형적인 문제들은 다면적이며 다차원적이기 때문에, 대부분의 문제들을 다루자면 몇 가지 분야에 대한 지식과 이해가 필요할 것이다. 베일리(Charles Bailey)의 절묘한 어구를 빌리자면, 나는 단지 학문들이 "현재의 것과 특수한 것을 넘어"서는 지식과 이해를 제공하기 때문에, 사회에 영향을 미치는 문제들을 다루기 위한 **최선의 지식**과 기법들을 제공한다고 주장하는 것이다.

교양교육에 관하여 반드시 강조되어야 할 두 번째 핵심은, 교양교육이 단순히 무수히 많은 상이한 유형의 정보들을 받아들이거나 흡수하는 것으로 구성되는 것이 아니라, 그 주요 특성상 우리의 사고를 형성하는 다양한 형식들의 사고가 지닌 강점과 약점, 힘과 한계들을 우리가 이해하고 평가할 수 있도록 한다는 것이다. 즉, 교양교육을 받은 학생은 상이한 형식의 지식 체계 내에서 이루어지는 여러 주장의 인식론적 위상을 이해할 것이 분명하다. 물론 교양교육은, 학생들이 자율적인 사고자로서 다양한 합리적 담론들에 참여할 수 있다는 점에서, 상이한 유형의 정보들을 수동적으로 습득하도록 하는 것이 아니다. 교양교육을 받는 사람은 추론의 **결과**만큼 상이한 추론 **과정** 역시 철저히 이해하도록 해야 한다. 더 나아가, 그런 사람은 여러 특수 영역에 대한 불명료한 지식을 가진 사람이 아니라, [피터스(R. S. Peters)의 표현을 빌리자면] 가장 일상적인 사건들이 함축하는 것을 파악할 수 있게 해주는 광범위한 인지적 관점을 소유한 사람이다.

이 시점에서, 다양한 비판적 사고 강좌의 옹호자들은 흔히 자신들은 교양교육의 가치를 부정한 적이 결코 없으며, 교양과목을 퇴출시킬 뜻도 없다고 말할 것이다. 보다 정확하게 말하자면, 자신들의 강좌들을 정당화하기 위하여 그들은 전형적으로 다음 주장들 중 하나 혹은 모두를 내세울 것이다. 첫째, 교양과목의 강좌들에는 소위 "일상적 문제들"과 "일상적 추론"이라는 것이 있다 해도 아주 조금밖에 없어서, 비판적 사고 강좌들은 이러한 결함을 보완하도록 고안되었다고 주장할 것이다. 흔히 듣는 또 다른 주장은, 비판적 사고 강좌들은 사람들에게 구체적으로 학문들 **내에서** 그리고 학문들에 **관하여** 비판적으로 사고하는 방법 그 자체를 교육하도록 고안되었다는 것이다. 비판적 사고 강좌들에 관한 이와 같은 주장들 모두는, 비판적 사고 강좌가 교양과목의 강의 계획이 지닌 결함으로 알려진 것들을 보완하고 바로잡기 위해 고안된, 일종의 보충 교육이라는 점을 들어 비판적 사고 강좌들의 목적을 정당화하고자 한다.

만일 그러한 결함들이 어떤 종류의 교과과정에든 존재한다는 이유로, 기실 빈약하거나 부적절한 교육으로 인하여 발생하는 그러한 결함들을 우리가 외면하는 것이라면, 비판적 사고 과정에 관한 위의 두 주장 모두는 교양교육의 본성 및 지향하고자 하는 바를 부적절하게 대변하거나 이해하고 있는 것으로 보인다. 교양교육이 "일상적 문제들"에 관한 추론을 가르치는 데 실패한다는 첫 번째 주장은, 단순히 학문의 관심사가 일상적 문제들에 관한 것이라는 점을 제대로 인식하지 못하고 있는 것으로, 학문은 일상의 문제들을 차원별로 연구할 뿐이다. 그리고 비판적 사고 강좌들에 대한 두 번째 주장, 즉 비판적 사고 강좌는 학문들 자체 내에서 비판적이게 되는 방법을 가르친다는 주장은, 합리적 사고의 표준들과 기준들이 학문들과 분리된 어떤 다른 외적 기준에 의해서가 아니라 학문들 자체의 고유한 방식으로 결정된다는 것을 인지하는 데에 실패하고 있다.

비판적 사고 강좌들을 위하여 마련되었다고 내가 들은 바 있는 가장 강력한 구상, 지금까지 받아온 교육이 너무 부적절해서, 어떤 종류의 자율적인 사고에서든 심각한 결함을 보이는 학생들을 위하여 비판적 사고가 일종의 **교정** 역할을 **할 수** 있다는 것이다. 그 역할에 합당한 평가를 하기로 하자면, 아마도 비판적 사고 강좌들이 문제점을 교정하는 데 도움이 될 수 있을 것이다. 그러나 우리는 이것이 방어적인 활동이지 모두를 위한 새롭고도 전망 있는 교육과정을 선도하는 것은 아니라는 점을 알아야 한다. 그러한 교육과정들의 반짝임은 우선 빛이 거의 없는 사람들을 위한 것이다. 상황이 이러할지라도, 나는 이미 포화 상태인 교육과정 속에 또 다른 특별 강좌를 추가하기보다는, 정규 교과과정의 질을 향상하는, 교사들이 좀 더 익숙하게 느낄 만한, 보다 직접적인 처방을 제안하고자 한다.

비판적 사고 개선 방안

분명하지는 않았을지 모르지만, 내가 독자들에게 비판적 사고의 본성에 관한 이와 같은 의견의 불일치들을 천명한 이유가 있다. 요점은 매우 실천적인 것으로서, 말하자면 우리는 이제 비판적 사고 교육에 무엇이 포함되는지에 대하여 보다 나은 생각을 해야 한다는 것이다. 만일 비판적 사고 기법들이 합리적인 담론의 다양한 형식들(예컨대 도덕, 예술, 과학, 역사)에 주로 의존하고 심지어 그런 형식들에 특유하다는 나의 견해가 조금이나마 참이라면, 이로부터 적어도 두 가지 결론이 도출된다. (1) "트리비얼 퍼수트" 게임과는 달리, 관련 지식은 동일한 개념적 직조물에서 완전히 분리해낼 수 있는 것이 아니기에, 일반적인 비판적 사고 강좌들은 지나치게 들떠 있거나 아니면 천진난만하다. 그리고 (2) 소위 "사고 기법들"은 다양한 학문들의 씨실과 날실을 이루는 근본적인 요소이며, 그래서 이 기법들은 반드시 학문의 일부로 교육되어야만 한다.

다행스럽게도 대부분의 교사는 적어도 중등교육과 그 이상의 교육과정에서 자신들의 전공 분야를 이수하는 가운데 이미 상당한 지식을 갖추게 되기 때문에, 실제로 그들의 수업에서는 비판적 사고 교육을 위하여 완전히 새로운 전공이나 생경한 전문기술을 익힐 필요가 없다. 독립적인 사고에 대한 이러한 강조를 반영하자면, 교사들의 교재들 및 검사지들을 재집필하는 등 강조점의 전환 이상의 어떤 변화가 요청된다. 나는 교사들이 현재 그들 자신의 능력으로 이러한 전환을 할 수 있다고 주장하는 것은 아니지만, 교사들은 자신들이 전공한 학문을 이해하고 있기에, 약간의 안내 및 제안들만으로도 이미 중간 지점을 넘어서 있음을 시사하고자 하는 것이다.

물론, 교사들을 위한 실제로 가장 유용하며 구체적인 제안들은, 예컨대 역사적 사고 기법들의 향상 방법과 같은 것들처럼, 학문 특수적이어야만 할 것이다. 여기서 내가 여러 학문을 위한 제안을 할 공간도 능력도 없음을 독자들도 이해하겠지만, 적어도 나는 그러한 각 학문을 위한 잠재적으로 풍부한 두 가지 자료를 제시할 수 있다. 이 두 자료는 비판적 사고에 필요한 필수 기법들과 이해를 제공할 수 있다. 시카고대학의 슈왑(Joseph Schwab)은 언젠가 이러한 이해를 다음과 같이 기술하였다.

[지식의 본체에 대하여] 어떤 본질적 구조가 목전의 지식 체계를 형성하기에 이르렀는지, 이러한 구조들의 강점과 한계가 무엇인지, 그리고 어떤 대안들이 새로운 지식 체계들을 형성하게 되는지를 학생이 학습하도록 하자.2)

학생들에게 이러한 종류의 이해를 제공하도록 교사들을 도울 수 있는 하나의 자료는, 교사 자신의 전공 분야 "철학" 속에서 발견될 수 있다. 상당수의 교사들은 그러한 철학적 문헌이 자신들의 전공 분야를 위해 존재한다는 것조차 알아차리지 못하고 있다. 그러나 이 문헌들의 상당수는, 말하자면 다양한 학문의 인식론적 기초와 논리적 특수성을 설명하고 노출하는 것으로 구성되어 있다. 만일 교사들이 그들의 학문에 관한 이러한 신선하면서도 다소 상이한 관점을 가지고 있다면, 그들은 어떤 종류의 질문들과 자료들이 이러한 종류의 이해에 도달하게 하는지를 보다 잘 알게 될 것이다. 이러한 문헌들 연구를 시작하고 안내할 자료로서, 나는 먼저 셰플러(Israel Scheffler)의 「교과과정의 철학(Philosophies-of and the Curriculum)」(in *Educational Judgments*, ed. James F. Doyle[PKP, London, 1973])이라는 제목의 매우 명료하고도 중요한 논문의 일독을 권한다. 이 논문은, 자신의 전공 분야의 구조 및 논리를 가르치기 위하여, 교사들이 이 문헌을 활용하여 이 문헌으로부터 얻고자 기대할 수 있는 것에 대한 매우 명료한 이론적 근거를 제시한다.

"[학문]에 관한 철학"뿐만 아니라, 자신들의 분야에 대한 논리적이고 개념적인 특수성에 관하여 매우 깊은 통찰력을 보여주는, 각 분야의 교사들이 집필한, 학문 특수적 전공논문들도 많이 있다. 또한 이 전공논문들의 상당수는 이러한 특수성들을 학생들에게 분명하게 보여주는 교육적 전략들을 담고 있다. 사실 학문들은 그 명칭들을 여기에서 열거하기에는 너무 많지만, 나는 그러한 작업들 중에서, 말하자면 홀턴(Gerald

Holton)이 물리학 교육에서, 슈왑이 생물학에서, 프라이(Northrop Frye)
가 문학에서, 그리고 아이스너(Elliot Eisner)가 예술 교육에서 행한 종
류의 작업을 염두에 두고 있다. 이런 종류의 문헌들 상당수는 교사들이
그들 각자의 분야에서 비판적 사고 교육을 향해 가는 긴 여정으로 인도
할 수 있다.

중세인들은 태양 아래 진정으로 새로운 것은 없다고 말하곤 하였다.
나 역시 내가 진정으로 새로운 어떤 것도 말하지 않았음을 알고 있다.
그러나 때로는 옛 생각들이 훌륭한 생각으로 살아남아서, 특히 대체하
고자 하는 잘못된 생각들이 너무 많을 때는, 금의환향할 후일을 기약해
도 좋을 것이다.3)

주 ━━━━━

1) 나는 여기서 "진정한 비판적 사고"라는 표현을, 선결문제를 요구하려고 사용
   한 것이 아니라, "비판적 사고"를 어떤 선호하는 기법들로 정의하는 필자들
   (예컨대 "비형식논리학 기법"을 "비판적 사고"의 동의어로 사용하는 사람들
   — 이들이 선결문제 요구의 오류를 범하고 있다)을 배제하려고 사용한다.
2) J. J. Schwab, "Structures of the Disciplines: Meanings and Slogans." 다음
   논문에서 재인용. I. A. Snook, "The Concept of Indoctrination," *Studies in
   Philosophy of Education* 7:2, Fall, 1970.
3) 나는 본 논문의 초고에 수많은 제안을 해준 동료 샌더스(James T. Sanders)
   에게 감사의 마음을 전하고 싶다.

7

머리 둘이 하나보다 나은 이유: 사회적 관점에서 본 비판적 사고의 철학적, 교육학적 함의

코니 미시머

비판적 사고에 관하여 다음의 두 개념을 고려해보자. 나는 그중 하나를 "개인적 관점", 다른 하나를 "사회적 관점"이라 부르고자 한다. 이두 개념의 중심에 있는 믿음은 "논증적 판단(reasoned judgment)"이 비판적 사고의 필요조건이라는 것이다. "논증적 판단"이 뜻하는 것은 결론, 즉 주장, 가설, 문제 해결책 등을 제안하여, 이를 모순 없는 이유(들)로 뒷받침한다는 것이다. 또한 비판적 사고의 두 관점은 논증적 판단에 대한 다음과 같은 두 가지 기본 규칙을 받아들인다. 첫째, 판단은 증거와 유관해야 하고, 둘째, 판단은 그 증거와 모순되어서는 안 된다. 마지막으로 두 관점 모두 객관적 지식이 존재한다고 가정한다.[1] 두 관점에는, 이러한 의미 있는 공통점들과 함께, 중요한 차이점들도 있다.

개인적 관점은 비판적 사고를 어떤 시점에서 한 개인이 수행하는 논증적 판단으로 이해한다. 개인적 관점은 비판적 사고의 각 단계가 논리 규칙상 건전할 뿐 아니라, 공정한 마음을 바탕으로 하여 편향되지 않고 편견에 치우치지 않도록 한다. 이러한 관점은 비판적 사고의 각 단계가 가능한 한 오류 없이 수행될 경우, 지식이 산출될 것임을 가정하고 있다. 그러므로 개인적 관점은, 공정하고 사심 없는 사람만이 일관되게 좋은 비판적 사고를 할 수 있기에, 비판적 사고자의 품성과 깊은 관계가 있다. 개인적 관점은 그래서, 예컨대 오류를 범하고 있는지, 그리고 공정하고 사심 없는 사람의 입장에서 수행되었는지와 같은 불변의 기준으로 각각의 비판적 사고 활동을 판단하는 등, 그 본질에 있어서 독자적 비판적 사고 활동 자체에 관심을 갖는다. 개인적 관점은 비판적 사고의 지배적인 관점이다.2)

비판적 사고의 두 번째 관점은 **사회적** 관점이다. 개인은 어떤 사안에 대하여 논증적 판단을 하되, 그 사안에 대한 **다른 사람들의 논증적 판단(들)을 반드시 고려해야 한다.** 개인적 관점에서는 잘 구성되고 정확한 논증이면 비판적 사고로 간주하기에 충분하다. 그러나 사회적 관점에서는 논증이 아무리 잘 구성되었다 하더라도, 하나 혹은 그 이상의 대안을 고려하고 증거들을 비교해보지 않는 한, 비판적 사고로 간주될 수 없다. 물론 우리는 대안이 제시되지 않은 논증을 다룰 수 있으나, 이 경우 스스로 대안(들)을 구상해내어야 한다.

이러한 사회적 관점의 틀 안에서, 비판적 사고자는 오직 한 논증의 눈(한 눈의 시각)만으로 보지 않고, 둘 혹은 그 이상의 논증들 또는 렌즈들로 (입체적으로, 더 나아가 다각적 시각으로) 가설을 보아야만 한다. 왜 사회적 관점은 입체적 시각을 요구하는가? 사회적 관점에서 볼 때 비판적 사고의 총체는, 오랜 시간 동안 많은 사람이 무수히 많은 사안에 대하여 내린 논증적 판단들의 집적으로 이해된다. 사회적 관점은 정의상 **역사적** 관점이다. 사회적 관점은 비판적 사고가 시간이 흐르는 가운데 발전해왔고, 그러한 발전은 예전에 지나가버린 것들과의 관계 속에서 가설들을 수립하도록 직접 기여한다고 가정한다. 그러므로 시각의 경우에서처럼, 우리는 어떤 사안을 둘 혹은 그 이상의 이론 렌즈들을 통하여 바라봄으로써만 "심층 인식"에 이를 수 있다. 사회적 관점은 어떤 사안에 대하여 (전부가 아니라) 몇 가지 잔존하는 대안들의 이론화를 고려해볼 것을 요구한다. 마지막으로 사회적 관점은 좋고 나쁨, 적절함 또는 합리적임, 그리고 비판적 사고 등의 용어들이 역사적이고 사회적인 준거점 없이는 무의미하다는 **진화론적** 관점이다. 한 편의 비판적 사고는 특정한 역사적 시기에 사회적으로 잘 직조된 기존 논증의 직물(fabric)에 연결되는 정도로 좋다고 인정된다. 그 비판적 사고는, 비판적 사고의 보다 큰 직조물 내에서 현저하게 두드러진 부분이 될 때까지 다른 사람들이 이론적 실을 제공한다면, 더욱 훌륭하게 될 것이다. 사회적 관점은 대안적인 논증들을 더 철저하게 고려할수록 더 많은 지식이 산출된다고 가정한다.

요약하면, 사회적 관점은 한 편의 비판적 사고가 기존의 이론적 직조물을 적어도 어느 정도 인지하고 있음을 반영하고, 그렇게 함으로써 자신을 그 직조물의 한 부분이 되게 하는 데 관심을 둔다. 사회적 관점은 비판적 사고를 **장기적** 관점, 즉 수천 년간 계속됐고, 우리가 목도하는 도덕적, 물질적 진보를 가져온, 가장 넓은 의미에서의 역사적-진화적 과정으로 보는 관점이다. (역으로 말하자면, 가설들에 대한 이와 같은 입체적 고려가 금지될 때 도덕적, 물질적 진보는 중단된다.)

사회적 관점의 약정적 정의나 작동 원리는 추리 간의 공방 형식3)이나 다른 수단들을 이용하여 대안 논증을 고려하는 것이라고 말할 수 있을 것이다. 이에 반하여 개인적 관점의 주된 원리는 "이유들에 적절하게 반응하는" 것 또는 "무엇을 믿거나 행할지에 대하여 합리적이고 반성적으로 생각하는" 것이다.4) 개인적 관점에서는 "적절한"과 "합리적인"과 같은 어휘들이 중요한데, 이 관점은 올바름이나 정당성의 책임이 개별적 비판적 사고와 비판적 사고 당사자에게 있다고 본다. 이러한 개인적 관점의 원리들을 보다 자세히 살펴보자.

어떤 사람의 논증적 판단이 합리적이라거나 적절하다는 것을 어떻게 결정하는가? 그의 판단은 편향되지 말아야 하고 공정한 마음을 반영해야 한다.5) 그러나 그가 편향되지 않고 공정한 마음을 반영하고 있다는 것은 어떻게 아는가? 그가 논증적이거나 적절한 판단을 하였기 때문에 그의 판단이 합리적이라고 하는 것은 답변이 될 수 없다. 그러한 답변은 순환적이기 때문이다. 아마도 이러한 답변이 뜻하는 바는, 비판적 사고자가 과연 어떤 증거가 실제로 문제의 명제를 강력하게 뒷받침하거나 정당화하는지를 물을 수 있는 성향과 기법을 가지고 있다는 것으로 보인다.6) 그러나 그렇다고 해서 단순히 "이 경우, 그 증거가 결론을 정당화하는가?"라고 묻는 것이 비판적 사고를 위한 필요조건이라고 인정한다 할지라도, 충분조건이 된다는 것을 뜻하는 것은 아니다. 물론 비판적 사고는 정당성 여부를 묻는 질문에 그런지 아닌지 답할 것과, 그 답에 대한 이유를 제시할 것을 요구한다. 그러나 바로 여기서 문제 되는 것은 누구도 당면한 논증의 밖에 있는 정보 없이는 더 나아갈 수 없다는 것이다. 어떤 논증이든 그것이 그가 아는 유일한 논증이라면, 합리적이거나 적절한 것으로 보일 것이다.7)

그러므로 대부분의 이유들이 가지는 힘은 대안적 이유들과의 관계에 비추어 평가되어야 한다. 가장 공정하고 유능한 비판적 사고자라면 논증의 이유들이 보유한 힘을 사회적 직조물로부터 분리하여 평가할 수 없다. 따라서 개인적 관점은 비판적 사고에 대한 논리의 역할을 집중적으로 검토하는 데서 나오는 작위적 관점이다. 기초적인 논리 연산은 훌륭한 비판적 사고를 위하여 중요하고 또 필요하지만, 결코 충분하지는 않다. 논리만으로는 개인적 관점이 추구하는 공정성과 무편향성을 기대할 수 없다.

개인적 관점과는 달리, 사회적 관점은 **합리적**이라든가 **적절한**과 같은 용어의 사용을 피한다. 누구나 자신의 판단에 대한 이유들, 즉 대비되는 이론들의 이유들보다 더 낫다고 여겨지는 이유들을 가지고 있어야 하지만, 옳거나 정확해야 할 책임이 개인들에게 귀속되는 것은 아니다. 역사가 보여주었듯이, 그것은 너무 큰 부담이고, 대부분의 비판적 사고는 빈약하다. 바로 이 점이 중요하다. 사회적 관점은 새로운 논증의 실타래들을 끌어들이는데, 많은 실타래들이 첫눈에는 합리적이거나 적절한 것과는 거리가 멀어 보일 수 있고, 실제로 그렇게 여겨졌다. 양자역학, 다윈의 이론, 또는 작은 동물들은 무성생식을 한다는 트랑블레(Abraham Trembley)*의 주장 등을 고려해보라. 모두 당시에는 합리적인 것처럼 보였던 것들에 정면으로 반발했다.

이상한 일이지만, 개인은 개인적 관점에서보다 사회적 관점에서 훨씬 더 중요한 역할을 한다. 개인적 관점에서 기대되는 것은 공정한 개인이 스스로, 그리고 자신을 위하여, 가장 합리적이고 적절한 견해를 결정하는 것이다. 개인의 주된 과업은 올바른 이유들을 발견하기 위하여 옳거나 정당해지는 것이다. 개인의 정체성이 사회적 영향을 받아 형성되는 사회적 관점 내에서 볼 때, 개인은 자기 자신이 되도록 도움을 주어온 사회적 이론들의 개념적 직조물을 형성하는 데 기여할 것으로 기대된다.

개인적 관점 및 사회적 관점 모두에서, 비판적 사고자는 어떤 사안을 검토하면서 세 가지 방식, 즉 (1) 더하고, (2) 빼고, 또는 (3) 고치는 방식으로 변화를 도모할 수 있다. 그는 현존 이론에 무언가를 추가하고, 어떤 이론이 수정되거나 폐기되어야 하는 이유를 제안할 수 있으며, 아니면 새로운 이론을 창안할 수 있다.

역사적 관점으로서의 사회적 관점은 변화를 수용하기 때문에, 이 세

---

* [역주] 과학사가들에 의해 '생물학의 아버지'로 평가받는 18세기 스위스의 자연주의자.

가지 방식들 중 새로운 지적 흐름을 낳는 혁신적인 비판적 사고를 월등한 것으로 여긴다. 개인적 관점은, 더 나은 증거들로 더 강력한 이론들을 생산하는 지적 혁신가들이, 단순히 현존하는 이론이 옳다는 결론이 정당화된다고 생각하는 사람들보다 왜 더 높이 인정받는지를 설명할 수 없다. 개인적 관점은 비판적 사고와 창의성의 밀접한 관계를 허용하지 않는다.

주지하다시피, 개인적 관점이 제시한 정의들에는 대안 논증 요건들이 결여되어 있고, 사회적 관점의 정의들에는 적절함 또는 합리적임의 요건들이 결여되어 있다. 누군가는 예컨대 "대안 논증들에 적절히 반응하기"와 같이, 이 두 관점의 원칙들을 하나의 원칙으로 통합하고자 할 수 있다. 그러나 이 통합 원칙의 문제점은, 관점의 틀이 어떤 것인가에 따라 의미가 완전히 달라질 수 있다는 것이다. 개인적 관점에서 "적절한"은 가장 합당하고 공정한 결정과 깊은 관련이 있다. 사회적 관점에서 볼 때, "이유들에 따라 적절하게 반응하기"라는 처방은 군더더기이거나 **부적절하다**. 그러한 처방이 군더더기인 것은, 대안 논증을 고려하는 모든 논증적 판단이 대안 논증자나 다른 누군가가 논증을 더욱 정교화하고 개선하는 데 "적합하다"는 의미로 적절하기 때문이다. 그러나 만약 누군가가 적절하다는 말의 뜻을 "이미 확립된 지식이나 관습들에 부합한다"는 의미로 사용한다면, 이는 용어를 잘못 사용하는 것이다. 왜냐하면 당장 가용한 증거들에 대하여 최고로 정통한 사람조차 가장 적절한 것으로 인식한 관점을 고수하는 것은 사회적 이론이 요구하는 것이 **아니며**, 사회적 이론은 논증의 적절성을 단기간의 판단이 아닌 장기적 판단으로 보는 것일 뿐만 아니라, 문제의 비판적 사고에 대한 대안 가설들의 존재를 의식하는 판단이기 때문이다. 그러므로 사회적 관점은 비판적 사고의 각 단계에서 합리적이라든가 적절함의 요구를 의도적으로 피한다. 엉뚱한 생각들도, 우리가 그 증거들의 적절성을 판단할 수 있게 하는 이유를 가지고 있고, 관련된 논증들과 연대하고 있는 한, 훌륭한 비판적 사고로 간주된다.

개인적 관점의 틀로 볼 때, 대안 논증은 물론 비판적 사고의 일부로 포함될 수 있지만, 그 대안 논증이 어떻게 비판적 사고의 **요건**을 충족시킬지 알기란 쉽지 않다. 만일 누군가 특정 시점에서 어떤 사안에 관하여 사심 없고 공정한 마음을 지녔다면, 그는 대안 논증을 고려할 필요 없이 적절하고 합리적인 논증을 훌륭하게 구성할 수 있을 것이다. 그러므로 이러한 틀 내에서 대안 논증을 강요하는 것은 불필요할 뿐 아니라, 사실상 가장 적절한 논증을 얻는 데 단순히 방해만 될 것이다.

사회적 관점에서 볼 때, "이유들을 적절히 평가하라"는 요구와 "이유들이나 가장 공정한 견해에 적절히 반응하라"는 요구는 터무니없는 것이다. 도대체 "공정한 견해"란 무엇인가? 공정한 사람이 결정한 견해가 공정하다는 것인가? 하지만 그럴 수 있다 하더라도 이는 선결문제를 요구하는 오류이다. 당사자의 견해에 아주 가깝게 일치되는 견해인가? 확실히 그건 아니다. 해당 분야의 (대부분의) 전문가들이 피력하는 견해에 아주 가깝게 접근하는 견해인가? 하지만 불공정하고, 편견에 가득 차 있고, 잘못되고, 심지어는 정신 나간 견해처럼 보이던 것이 훗날 당대의 지배적 견해보다 더 적절한 것으로 드러났던 무수히 많은 역사적 사례들이 있음을 지적할 수 있다. 아인슈타인, 갈릴레오, 그리고 소크라테스의 사건들이 문득 떠오른다. 우리가 즉각적으로 어떤 입장이 편파적이라고 판단할 경우 종교재판관의 정신보다는 갈릴레오의 정신에 더 가깝다고 누가 장담할 것인가? 새로운 생각들이 등장하고 그에 따라 증거가 교체되는 상황에 "기다리며 지켜보자"는 자세를 취함으로써 피할 수 있었던 악은 또 얼마나 많은가?

개인적 관점이 그러한 곤경에 처하게 되는 이유는, 어떤 비판적 사고 행위를 "정지화면" 스냅사진으로 찍고, 이를 즉석에서 "공정한가, 아닌가", "합리적인가, 아닌가"로 평가하기 때문이다. 개인적 관점은 사회적 관점이 보여주는 점들, 예컨대 대안이론들이 이론 평가에서 지배적 역할을 한다든지, 18세기에 훌륭했던 어떤 비판적 사고가 오늘날 대안이론들의 그물망이 더욱 다채로워짐으로 인하여 초라한 것으로 전락할 수 있다든지 하는 점들을 외면하는 한, 사리에 맞지 않는다. 한 개인이 어떤 논증을 완벽하게 평가해야 한다는 개인적 관점은 잘못된 이상이다. 어느 누구도 하나의 공정한 섬은 아니다. 어떤 논증도 하나의 지적인 섬은 아니다.

이러한 이유들 때문에 나는 사회적 관점과 개인적 관점이 양립 불가능하다고 결론 내리고자 한다. 우리는 개인적 관점의 렌즈로 비판적 사고를 들여다본 다음, 렌즈를 교체하여 사회적 시각으로 들여다볼 수는 있지만, 게슈탈트 이론의 유명한 "오리-토끼" 실험에서처럼, 중요한 특징들을 지적하여 이들이 두 관점에서 동일한 것을 의미하도록 할 수는 없다.

그러나 사회적 관점에 의하여 야기되는 난점들은 어떻게 되는가? 우리는 한 편의 비판적 사고에 대한 즉각적인 판단을 놓고 상대주의의 바다에서 표류하는 것은 아닌가? 어떻든 사회적 관점은 논증들의 합리성 혹은 적절성의 요건을 꺼린다. 그렇다면 논증 평가는 불가능한 것이 아닌가? 나는 그렇지 않다고 믿는다.

사회적 관점은 **대안 논증들에 비추어 본 적절성** 판단을 장려한다. 이와 연관된 질문은 이렇다. "그 논증은 대안 논증들에 비추어 증거를 평가하고 있는가? 만일 그렇다면, 얼마나 잘하고 있는가?" 어떤 논증이 적절하지 않다고 말하는 것은 논자가 이유들에 부적절하게 반응한다는 것이 아니다. 그것은 우리가 논자로 하여금 자신의 논증으로 돌아가 잘 알려진 대안 논증의 증거가 논자의 주장들과 잘 들어맞는지 (혹은 들어맞지 않는지) 설명할 것을 요청하고 있음을 말하는 것뿐이다. 우리 모두가 알다시피, 논증들의 적절성에 관한 논증들이 있을 수 있고, 이 논증들 역시 해당 주제에 대한 새로운 논증들을 구성하는 데 있어서 서로의 판단을 고려할 때에만 발전할 수 있다. 지나가는 말이지만, 비록 사회적 관점은 이론이 합리적이거나 적절할 것을 **요구**하지는 않지만, 그 이론의 창안자는 대안들에 비추어 본 합리성이나 적절성을 자신의 이론을 (부분적으로) 정당화하기 위한 증거로 제공할 수 있다.

개인적 관점은 비판적 사고를 높이 평가하는 데 있어서 사회적 관점에 비해 운신의 폭이 아주 좁다. 이는 사회적 관점의 지지자들의 경우, 한 편의 비판적 사고에 대하여, 그것이 정확한지 또는 (무모순의 의미에서 정당화되는 경우를 제외하고) 정당화되는지에 대한 판단을 하지 않고서도, 훌륭하다고 선언할 수 있기 때문이다. 예컨대 우리는 비록 가정들이 옳지 않다고 생각하고, 이유들이 그 비판적 사고에서 논의된 다른 경쟁이론의 이유만큼 강하지 못하더라도, 어떤 비판적 사고가 훌륭하다는 것을 알 수도 있다. 그 논자는 (말하자면) 경쟁이론을 명확하게 이해하였고, 왜 그가 내세우는 근거들이 그 경쟁이론의 근거들에 비해 더 우수하다고 믿는지를 설명하였다. 우리가 생각하기에 편견이 개입했거나 편향된 결론을 지닌 논증에 대해서도 마찬가지다. 다시 말해 관심사는 그 결론이 **우리 눈에** 편향되어 보이는지가 아니라, 그 논증을 (훌륭한) 비판적 사고로 여기는 데 있어서 결정적 요소가 될, 그 논증의 증거 및 대안들을 철저히 다루고 있는지, 그리고 얼마나 철저히 다루고 있는지에 있다. 이 점이 더욱 중요한 것은, 우리가 변화에 열려 있을 수 있는 가장 좋은 방법이 아마 우리도 결국 편향된 존재일 것이라는 생각을 받아들이는 것이기 때문이다. 결국 금융시장과 마찬가지로 논증들의 주가는 어떤 국면에선 오르고, 다른 국면에서는 내린다(비록 장기적으로 거래되는 논증들의 주가는 계속 오르겠지만). 논증들도 그에 대한 평가도 모두 완벽할 필요는 없다. 즉, 모든 것은 잠정적이고, 새로운 이론들과 더 나은 증거들이 유입됨에 따라 관점은 개선되기 마련이다. 주식시장과 마찬가지로, 사회적 관점은 장기적 도박의 한 형식이다. 다시 말해 이 도박은 오랜 시간 각 분야에서 충분한 수의 사람들이 대안 논증들을 산출하는 가운데, 언제일지는 확신할 수 없을지라도, 진리가 드러나고야 마는 도박인 것이다. 이것이 포퍼(Karl Popper)가 주창한, 이성에 의해 우리가 진리에 도달할 수 있다는, 진리접근주의자의 박진성(approximationist verisimilitude) 개념이다. 이것이 비판적 사고가 작동하는 더 나은 방식인지 아닌지는 여러분의 이성과 경험으로 판단해보기 바란다. 어떻든, 사회적 관점에서 볼 때, 어느 개인이 어느 순간 주어진 논증에 대하여 가진 믿음은, 예컨대 그것을 합리적이라고 믿든, 적절하다고 믿든, 편향되었다고 믿든, 당사자에게는 물론 예외이겠지만, 그다지 중요하지 않다. 보다 위대한 합리성이 산출되는 것은 많은 사람들이 비판적 사고를 오랜 시간에 걸쳐 광범위하게 활용한 결과이다.

이미 언급된 바와 같이, 사회적 관점에서 우리는 **새로운** 비판적 사고를, 그것이 얼마만큼 혁신적인지 못지않게, 그 주제에 대한 기존의 이론적 작업을 얼마나 잘 고려하였는지에 비추어 평가한다. 비판적 사고자는 **과거의 비판적 사고 작업들**을, 예컨대 "17세기에는 뛰어난 생각이었으나, 사람들이 아직 X를 생각하는 데에는 미치지 못하였기에 불완전하다."와 같이 판단하는 등, 당시의 역사적 맥락 안에서 다룬다.

흥미롭게도, 개인적 관점은 (비판적 사고자의) 품성 형성에 대한 관심과 불가분할 정도의 긴밀한 관련이 있는 반면,8) 사회적 관점은 "입체적인" 비판적 사고의 습관이 그러한 품성을 낳되 그 반대는 아니라는 입장이다. 두 입장은 결과적으로 한 편의 비판적 사고가 결함이 있다고 여겨질 때 큰 차이를 보인다. 개인적 관점은 **비판적 사고자**가 이유들에 따라 적절히 반응하지 못했다거나, 합리적이고 반성적인 사고를 하지 않았다고 할 것이다. 그런가 하면 사회적 관점은 **논증**이 부적절하다고, 즉

기존의 유력한 대안들을 제대로 고려하지 않았다면 **아직은 부적절하다**
고 할 것이다. 사회적 관점은 사고자 개인에 대해서는 전혀 판단하지 않
는다는 것을 함의한다.

이러한 차이점을 더 잘 드러내는 것으로 고온 초전도 물질들에 대한
최근의 발견 사례를 살펴보자. 2년 전에는 그러한 물질들이 존재하지
않는다는 것이 합리적이거나 적절한 견해였다. 개인적 관점에서 보자면,
합리적이지 않은 것으로 여겨지는 연구를 수행하는 것은 용기가 있어야
하는 일이었다. 사회적 관점에 따르면, 신출내기 과학자가 경쟁하고 있
는 이론(들)을 이해하고 기존의 이론들에 도전하기 위하여 필요한 증거
의 종류를 알고 있는 한, 그의 비판적 사고는, 초전도 물질들에 대한 증
거가 발견되기 전이라도, 설사 그러한 물질들이 발견되지 않는다 할지
라도, 그 당시에 훌륭한 비판적 사고로 인정받을 것이다.9) 다시 말하지
만, 사회적 관점에서는 훌륭하다고 여겨질 한 편의 비판적 사고가 개인
적 관점에서는 빈약한 것으로 보일 수 있는 것이다.

지금까지의 논의를 요약하자면 다음과 같다. 사회적 관점은 개인이
이유들에 적절하게 반응하기보다는 계속적으로 다른 사람들의 견해들
을 고려해야 한다고 본다. 사회적 관점은 어떤 사안에 관한 대안이론들
을 고려하는 사람들이 많으면 많을수록 진리에 더 가까워질 기회가 더
많아질 것이라고 가정한다. 그러나 개인적 관점은 개인의 품성이 공정
하면 공정할수록, 판단도 더 적절해진다(옳다)고 가정한다.

비판적 사고에 대한 사회적 관점 및 개인적 관점의 교육학적 함의는
무엇인가? 다양한 함의들 중에서 나는 다음 세 가지, 즉 (1) 비판적 사
고와 이론 혁신, (2) 초학제적 비판적 사고, 그리고 (3) **이론적** 내용과
관련이 있는 비판적 사고에 집중하고자 한다.

비판적 사고와 창의성 혹은 상상력 사이의 긴장은 잘 알려져 있다.
개인적 관점에 의해 주창된 합리성과 적절성에 대한 문제점들을 인지한

사람이라면 어떻게 이러한 긴장이 존재할 수 있는지 어렵지 않게 알 수 있다. 새로운 것은 흔히 이상하거나 불합리한 것으로 생각되기 때문에, 개인적 관점은 이론적 혁신을 거부한다. 고(故) 메다워(Peter Medawar)가 말한 바와 같이, "마음은 몸이 세균에 접근하는 방식으로 새로운 생각에 접근한다. 즉, 몸은 세균을 거부한다." 공정성을 추구하는 가운데, 개인적 관점은 "합리적" 관점을 새로운 관점의 후보들에 반하는 것으로 여긴다. (비록 개인적 관점이 동등하게 공정한 다양한 견해들의 존재를 허용한다 할지라도, 나는 그러한 입장이 피력된 것을 결코 본 적이 없다. 어떻든 이러한 입장이 의미하는 바가 무엇인지는 분명치 않다.)

초전도 물질들의 사례에서 지적했듯이, 사회적 관점은 색다르고 별난 생각을 훌륭한 비판적 사고로 허용한다. 사회적 관점은, 주제와 연관된 주장을 뒷받침하는 이유들을 제시하고 대안들을 고려하는 한, 상상력을 마음껏 발휘하도록 허용한다. 사회적 관점은, 역사의 의미 바로 그 자체가 변화를 요구한다는 의미에서, 새로운 생각에 편향되어 있다. 사회적 관점 내에서, 비판적 사고자들은 새로운 생각들과 더 우월한 증거를 제시함으로써, 시간이 흐르는 가운데 서로의 생각 위에 서로의 생각을 쌓아 올려 지성사를 창조해나간다.

이것이 우리와 우리 학생들에게 어떤 의미가 있는가? 사회적 관점에서 학생들은 우리 못지않게 지성사의 잠재적 창조자들이다. 설사 학생들이 우리가 보기에 잘못되고, 편향되고, 진부하고, 부적절한 생각을 내놓는다 할지라도, 우리는 그들이 잘못되었다고 가르치지 않도록 주의해야 한다. 오히려 사회적 관점에서 우리는 그들이 **대안들에 비추어** 자신의 논증들을 다듬어나가도록 격려해야 할 것이다. 그래서 학생들은 결국 자신들의 의견들을 바꾸든지, 우리의 의견들을 바꾸든지, 아니면 아무것도 하지 않고 끝낼 수 있다. 학생들은 자신들의 원래 결론을 고수하거나 포기할 수 있다. 여기에서 관심사는 학생들의 논증이 우리가 보기에 합리적이거나 공정한 논증인지가 아니라, 적절하게 대안 논증들을 고려하였는지 여부이다. 내가 보여주고자 했듯이, 이 둘은 매우 다른 것이다.

나는 최근에 우연히 제임스(P. D. James)의 추리 소설, 『검은 탑 (*Black Tower*)』에서 이 점을 군더더기 없이 잘 보여주는 놀라운 문장을 접하게 되었다. "그는 감독관 달그리쉬(Dalgliesh)를 보고 그가 무척이나 싫어했던 학창 시절의 한 교사를 떠올리게 되었는데, 그 교사는 의무적으로 기탄없는 토론을 진행하기로 되어 있었지만, 토론에 할애된 시간 동안 교실 전체의 분위기가 교사의 관점이 옳다는 방향으로 변한다는 확신이 서는 경우에만 비판적 의견 표명이 제한적으로만 허용되는 식의 고압적인 분위기로 토론을 이끌었다." 나는 이 학급의 분위기가 개인적 관점의 불가피한 귀결이라고 주장하지는 않겠다. 내가 우려하는 것은 이것이 가능한 결과라는 점이다.

"학생들이 대안 논증들을 **적절하게 고려한다**."는 것은 무엇을 의미하는가? 이 질문에 대하여 답변하려면 두 번째 논제, 즉 비판적 사고가 학문 특수적인지에 대하여 간략히 검토할 필요가 있다. 맥펙(John E. McPeck)은 개인적 관점의 이론들이 기이하게도 학문의 내용으로부터 분리되어 있다고 비판해왔다. 그는, 예컨대 생물물리학 또는 사회학 내에서 비판적 사고를 수행하기 위해서는, 특정 주제에 대한 정교한 지식이 필요하다는 점을 지적한다.10) 그래서 그는 비판적 사고가 학문 특수적이라고 결론 내린다. 사회적 관점에 의하면, 누군가가 주어진 어떤 논증이 "대안 논증들을 적절하게 고려하는지"를 판단하자면, 관련 주제에 관한 여러 이론의 풍부하고 복잡한 집적물을 의식하지 않는 것이 사실상 불가능할 뿐 아니라, 그러한 논증을 구성하는 것은 더더욱 불가능하다. 그러나 사회적 관점은 비판적 사고가 학문 특수적이라는 맥펙의 결론을 함의하지는 않는데, 나는 이 점에 대하여 곧 설명하고자 한다.

그러나 학생들의 작업에 대하여 말하자면, 어떤 주제에 관한 "최고 수준(state of the art)"의 비판적 사고와 "**학생** 수준(state of student art)"의 비판적 사고라 할 수 있는 것을 구분하는 것이 중요하다. 물론 모든 강의자들은 그렇게 구분한다. 학생은 쟁점과 관련하여 읽은 적이 있는 대안 논증들을 정리하고, 자신의 견해에 비추어 이들에 대하여 논증적 판단을 내림으로써, 해당 분야의 초보자로서 제법 인정받을 만한 작업을 해내는 것이 가능하다. 학생이 수행한 비판적 사고의 질에 관한 우리의 판단은 부분적으로 그 학생의 학업 수준, 이를테면 그가 대학원생인지 아니면 학부 신입생인지와 관련이 있다. 학생의 학업 수준과 함께 그 학생의 비판적 사고에 대한 판단 또한, 그가 대안이론들을 아주 조금만 언급하는지(부족한 비판적 사고이긴 해도, 사회적 관점에서 볼 때는 비판적 사고이다), 또는 대안이론들을 훌륭하게 고려하는지(이는 좋은 비판적 사고이다)와 관련이 있다. 어느 경우에나, 사회적 관점이 중시하는 것은 이 학생이 비판적 사고를 했다는 것, 즉 대안 논증들을 고려하였다는 것이다. 교실은 "어떤 학생의 작업이 다른 동료 학생들이 제시하는 대안 논증들의 수준에 비추어" 평가되는 미시 사회 환경(micro-social environment)으로 여겨질 수 있다. 그러나 그 학생의 비판적 사고에 대한 판단들이 "이유들의 힘"에 대한 학생의 평가와 교수의 평가가 동일하다는 것을 함의하는 것으로 여겨서는 안 된다. 사실 우리 자신에게는 언제나 더 강한 "이유의 힘"을 지닌 것처럼 보이는 우리 자신의 의견들이 쉽사리 "훌륭한 비판적 사고"와 동의어가 될 수 있다는 점을 생각해볼 때, 학생이 이유들의 힘에 대하여 얼마나 잘 판단하는지 주목해볼 것을 강조하는 것은 위험할 수 있다. 그래서 비판적 사고에 반대하는 이념적 분위기가 조성되는 것이다. 사회적 관점에서 학생들은 언제나 이유나 어떤 증거를 우리의 것들보다 더 강하다거나 약하다고 평가할 자격을 가져야 할 뿐만 아니라, 심지어는 그렇게 하도록 고무되어야만 한다.

"최고 수준의 비판적 사고"의 의미에서 보면, 모든 학생의 비판적 사고는 마치 기원전 200년의 모든 과학이 현시점에서 돌이켜볼 때 매우 빈약한 수준인 것과 마찬가지다. 그러나 이러한 평가가 학생들이나 고대 과학자들의 성취를 폄하하자는 것은 아니다. 만일 학생들이 각 영역 내에서 대안이론들을 진화시키는 이와 같은 과정이 지적인 삶의 열정과 용기의 산물임을 제대로 인식하는 가운데 비판적으로 사고하는 법을 터득할 수 있다면, 학생들은 진정한 의미에서 교육받고 있는 것이다.

비판적 사고가 학문 특수적이라는 맥펙의 주장을 좀 더 살펴보자. 그의 견해에 따르면, 일반적 비판적 사고 강좌와 같은 개념은, 각 분야는 자체의 인식론이 있기 때문에, 일종의 모순어법이다. 이러한 주장은 초학제적인 이론화의 구조를 다양한 학문에서 내세우는 증거 유형과 혼동한 것처럼 보인다. 예컨대 시겔(Harvey Siegel)은 다음과 같이 주장한다. "가정들을 확인하고, 전제와 결론 사이의 관계를 추적하는 등의 기법들은 … 특정 주제들에 대하여 알 필요가 없다."11) 비판적 사고가 초학문적이라는 시겔의 주장을 뒷받침하기 위하여, 한 과학저널에 실린 아래의 논문 초록을 살펴보자. 사람들 대부분에게 이 초록은 내용 면에서 이해 불가능할 것이다. 하지만 그 이론의 구조는, 비판적 사고 진행을 보여주는 우리 언어의 통일성에 힘입어, 비판적 사고자들에게 분명하게 드러난다. 이 논문의 제목은 「만곡(彎曲) 계산을 위한 기질로서의 시각 피질 내의 끝멈춤 신경세포들(Endstopped neurons in the visual cortex as a Substrate for Calculating Curvature)」이다. 비판적 사고자는 이 제목이 오늘날의 글쓰기 관행에 비추어 논문 필자들의 결론 내지 가설임을 짐작할 수 있다. 초록의 내용은 다음과 같다.

시각피질의 신경세포는 움직이는 막대(moving-bar) 자극의 위치, 움직임의 속도 및 방향 등에 전형적으로 선택적 반응을 한다. 일반적으로 이러한 반응들이 시야에 나타난 선과 모서리의 위치와 방향에 대한 정보를 제공하는 것으로 여겨진다. 어떤 세포들은 또한 끝멈춤(endstop)을 하는데, 이는 특정 길이의 막대에 선택적이다. 허블(David Hunter Hubel)과 비셀(Torsten Nils Wiesel)은 끝멈춤 초복합세포들이 곡선 자극에 반응할 수 있다는 것을 최초로 관찰하였고, 이 세포들이 만곡 탐지와 관련되어 있을지 모른다고 제안했으나, 끝멈춤과 만곡 사이의 관계는 밝혀진 적이 없다. 우리는 여기서 두 개의 단순 세포들이 반응하는 차이가 끝멈춤을 일으키고, 그 차이가 만곡에 비례하여 달라지는, 끝멈춤과 만곡을 연계시키는 수학적 모델을 제시한다. 우리는 또한 고양이 시각피질의 17번 영역에 있는 끝멈춤 세포가 특정한 만곡에 반응하지만, 비(非)끝멈춤 세포는 그렇지 않다는 것과, 이들 중 어떤 것은 만곡의 신호에 선택적 반응을 한다는 생리학적 증거를 제공한다. 모서리와 곡선 결정에 관한 지배적 견해에 의하면, 위치들은 일군의 단순 신경피질 세포들에 의해 국지적으로 선택된 후 통합되어 전체 곡선을 형성한다. 우리는, 단순 세포들에 의해 얻어진 위치 측정은 그 수용 영역이 별개의 곡선들에 두루 걸쳐 있는 세포들로부터 매우 강하고 부정확한 반응들이 나올 것이므로, 충분하지 않다는 것을 보여주는 위치 선택 전산 이론을 개발하였다. 그러나 만일 만곡에 대한 추정치들이 가용하다면, 이러한 부적절한 반응들은 제거될 수 있다. 만곡은 우리 이론의 기초가 되고 이전의 측면 간섭체계들과 우리 이론을 구별시키는 네트워크를 구축하게 하는 열쇠를 제공한다.12)

과학저널 『네이처』에서 뽑은 이 논문 초록은 분명, 필자들의 이론이 과거에 그들이 논의하였던 책략들을 적절하게 고려하고 있는지 파악하자면, 주제에 대하여 섬세하게 이해할 필요가 있음을 시사한다. 그러나 (짐작건대) 우리가 이 주제에 대하여 철저하게 무지하다 할지라도 우리가 여전히 말할 수 있는 것은, 필자들이 (1) 새로운 가설을 제안하였고,

(2) 이 가설을 예전의 이론 작업과의 관련 속에서 구상하였고, (3) 가설을 뒷받침하는 생리학적 증거를 제시했으며, (4) 경쟁 가설이 그다지 강하지 않다는 것을 논술하고 있다는 점이다. 그러므로 맥펙의 견해와는 달리 비판적 사고는 초학문적인 것이다. 즉, 우리는 "해당 분야에 대한 지식 없이도 그 분야에서 어떻게 논증해야 하는지를 알" 수 있는 것이다.13) 우리가 그 주제를 깊이 파고들지 않는 한, 논증이 적절한지를 가늠할 수는 없지만, 우리는 언제든 비판적 사고가 수행되었는지를 알 수 있고, 추론의 진행 과정을 추적할 수 있다.

거의 또는 전혀 모르는 분야에서 비판적 사고가 수행되었는지 알 수 있다는 것의 이점은 무엇인가? 나는 그 이점이 매우 크다고 생각한다. 첫째, 그것은 알고자 하는 새로운 주제들을 배우는 데 있어서 관련 분야의 지배적인 이론들을 탐색하는 데 큰 도움을 준다. 그렇지 않으면 이 주제를 공부하려는 사람은 자료의 바다에 빠져 표류할 것이다. 둘째, 비판적 사고 강좌는 또한 소급하여 도움을 준다. 즉, 과거에 배웠던 것의 중요성을 이해하거나, 이론 구상이 잘 떠오르지 않을 경우 왜 그런지를 숙고해보는 데 도움이 된다. 마지막으로 비판적 사고 강좌는 학생들에게 이론화 작업이 무엇인지, 이론화 작업이 모든 학문 분야에서 어떻게 동일하게 진행되는지, 그럼에도 이론들을 지지하는 증거들이 자연과학(실험/통제), 사회과학(흔히 상관관계), 인문학(흔히 이유와 경험에 호소함으로써 지지되는 원리)에서 어떻게 달라야 하는지 보여주는 데 필요하다. 학문 특수적 증거에 관한 맥펙의 주장은 이러한 학문들 사이의 공통점들을 은폐하고 있는데, 이를 인식하는 것은 학생들에게 매우 큰 이익이 될 것이다.

비판적 사고 강좌는 이론 구조를 설명하고 그것이 여러 학문에 공통적으로 나타남을 보여주기 위하여, 별도의 시간을 내어 공동 작업을 하는 과정이 필요하다. 맥펙은 드 보노(Edward de Bono)가 "'장관은 그

의 선거구의 정치적 압력으로 인해 사임하였다.'와 같은 '단순' 사실이
나 단편적 정보를 유능한 교사가 학생들에게 전달하는 데 몇 주는 걸릴
것"14)이라는 사실을 인식하지 못한다고 비판한다. 비판적 사고에 대한
맥펙의 다음과 같은 정의를 학생들에게 가르치기 위해서는 얼마나 더
많은 시간이 걸릴 것인가?

그러나 믿음을 정당화하는 과정은 별도의 두 차원에서 진행된다. 하
나는 제시된 증거의 진실성과 내적 타당성을 평가하는 것이고, 다른 하
나는 그 믿음을 지지하는 증거와 함께 그 믿음이 기존의 믿음 체계와
양립하는지를 판단하는 것이다. 만약 그것이 양립 불가능하다면, 믿음
체계의 어딘가를 조정할 필요가 있다. 즉, 새로운 증거나 믿음들의 체계
중 무언가가 잘못된 것이다. 이렇듯 믿음들을 평가하고, 적소에 배치하
고, 조정하는 과정의 중요성은 아무리 강조해도 지나치지 않다.15)

비판적 사고를 이런 식으로 규정하는 것에 대한 의견 불일치는 차치
하고, 이러한 정보의 이해 및 적용이 그다지 어렵지 않은 학생들을 둔
강의자들은 대부분의 학생보다 훨씬 뛰어난 수준의 학생들을 둔 것이
다.

마지막으로, 비판적 사고 대 내용의 문제가 있다. 누군가는 우리가 삼
단논법, 즉 기법 또는 태도라는 바다요괴(Scylla)와, 끝없는 정보의 소용
돌이(Charybdis) 사이에 갇혀 있다고 상상할 수 있다. 그러나 사회적 관
점은 어떤 주제에 대한 주요 이론들의 **부분적 정보**를 가르칠 것을 주장
함으로써 중도적 과정을 열어놓는다.16) 그 정도만 해도 많은 정보이다.
내 생각에는, 정보를 대안적인 이론 구조들의 일부로서 가르치는 것이
교육의 본질이다. 정보를 대단하게 여기는 것이 어리석기는 하지만, 정
보를 우습게 여기는 것 역시 어리석기는 마찬가지다. 우리가 시각 체계
에 대하여 충분히 알고 앞서 인용한 논문 초록을 제대로 음미할 수 있

다면 굉장할 것이다.

비판적 사고에 관한 저작물의 상당 부분은 혼란을 부추기는 정보 불신 내용을 담고 있다. 맥펙은 "비형식논리학 교재들은, 마치 추론상의 실수들이 언제나 부도덕한 영혼에 의해 저질러지는 것처럼, 편집증적인 필치로 '오류'를 논한다."고 지적한다.17) 그러나 주제 특수적 정보의 중요성에 관한 그의 강조에도 불구하고, 스스로 경계하는 논조를 드러낸다. 어떤 새로운 생각도 "반성적 회의"가 요구된다는 것이다. 즉, 이미 받아들인 생각이라 해도, "관련된 증거의 내적 정합성을 평가하고 기존의 믿음 체계 안에 통합하려면, 이 믿음을 충분히 오랫동안 유보"18)해야 한다는 것이다. 맥펙의 이러한 처방은 스스로가 비판적 사고에 필요하다고 믿는 지식의 획득 그 자체를 저해하는 역할을 한다. (덜 믿으라는) 비판적 사고에 관한 반성적 회의주의를 옹호하기보다는, **더 많이 믿고**, 더 많이 읽고, 더 많은 이론들을 흡수하기 위하여 열심히 노력해야 하지 않겠는가? 이는 모든 것을 같은 열정으로 믿자는 뜻이 아니라, 예컨대 "이것은 매우 그럴듯해 보이고, 저것은 어느 정도는 그럴듯해 보이고, 이러저러한 것은 전혀 그럴듯해 보이지 않는다."는 식으로 **잠정적** 믿음의 강한 정도에 따라 믿되, 근본적으로는 **믿어야 할 새로운 것들**을 가능한 한 **많이** 탐구하자는(이를 "학습"이라 부를 수 있을 것이다) 뜻이다. 더 나아가, 누구든 자신의 믿음을 유보해야 할 이유는 무엇인가? 하나 이상의 대안을 고려하는 입체적 사고 행위는 대체로 다른 믿음들을 조사하는 동안 자신의 믿음을 지니고 있다는 것을 함의할 수 있고 또 대부분의 경우 실제로 그렇다. 어떤 경우에 있어서든 나는 믿음을 유보한다는 것이 심리학적으로 어떻게 가능한지 잘 모르겠다. 우리는 (우리 자신과 우리 학생들이) 믿음을 바꾸거나 확장할 수 있기를 원하지만, 나는 이러한 능력이 사려 깊은 입체적 사고의 결과임을 주장하고자 한다. 즉, 이것은 자신의 믿음을 유보하는 데서 생겨나는 것이 아니다. 다시 말하지만, 비판적 사고의 실천은 개인적 관점이 추구하는 품성을 길러 주겠지만, 그 역은 아니다. 더 나아가 우리는 흔히 우리의 믿음들이나 이론들 모두가 일관되어야만 한다는 고집스러운 주장과 부딪치기도 한다. 이 역시 이상한 주장이다. 사람들은 흔히, 자신들이 이미 받아들인 다른 이론들과 충돌한다는 것을 후일에 가서야 아주 점차적으로만 알게 되는, 새로운 관점들을 채택한다. 이러한 종류의 일관성을 권장하는 것은 단지 학습을 방해할 뿐이다.

교육받은 사람은 머리가 여럿인 히드라(Hydra)와 같다. 교육받은 사람의 머릿속에는, 아마 오랫동안 죽어 있을 다른 많은 머리들이 보유한 최고의 이론들이 살고, 자라고, 계속 변화하고 있을 것이다. 어쩌면 이러한 비유는 엽기적일 수 있다. 기억하겠지만, 히드라는 헤라클레스가 살해한 머리 많은 괴물이다. 머리 둘이 하나보다 낫기 때문에, 엄청난 노력을 기울여 우리 각자의 두뇌 속에 천 개의 머리를 구축하는 것이 최선이다.

주 ━━━━━

1) Karl Popper, *Objective Knowledge*(London: Oxford University Press, 1972), p.59. [역주] 한국어 번역본은 칼 포퍼, 『객관적 지식』(이한구·정연교·이창환 옮김, 철학과현실사, 2013).

2) Robert Ennis, "A Concept of Critical Thinking," *Harvard Educational Review* 32(Winter 1962), pp.83-111; Edward D'Angelo, *The Teaching of Critical Thinking*(Amsterdam: B. R. Gruner, 1971); Harvey Siegel, "Educating Reason: Critical Thinking, Informal Logic, and the Philosophy of Education," *American Philosophical Association Newsletter*(1985), pp.10-13; 다음도 참고하라. John McPeck, "The Prevailing View of the Concept of Critical Thinking," *Critical Thinking and Education*(Oxford, England: Martin Robertson, 1981), pp.39-65.

3) 폴(Richard Paul)의 저작은 사회적 관점의 요소를 담고 있다. "일상적 삶의 씨줄과 날줄을 구성하는 [비판적 사고의] 문제들은, 일반적인 논증의 규범에 의해, (한 관점으로부터의) 반대와 이에 대한 (다른 관점으로부터의) 응답에 의해, 사례와 반례에 의해 해결되는 등, 전형적으로 변증법적이다." "McPeck's Mistakes," *Informal Logic* 7(1985), p.37. 맥펙이 특정 분야의 지식을 비판적 사고의 필요조건으로 강조한 이후, 폴 역시 사회적 관점의 옹호자로 인정받게 된다. 그러나 그는 이러한 지식을 경쟁하는 주요 가설들이 아닌 분리된 "정보" 조각으로 이해하기 때문에, 그의 견해는 이런 점에서 사회적 관점과 일치하지 않는다. McPeck, ibid., p.64 및 여러 곳. 정보는 단지 이론들에 통합될 수 있는 정도까지만 중요성을 갖는다. 드 보노(Edward de Bono)는 대안들의 발굴을 권고하고 있지만, 역사적으로 개발된 이론들의 맥락 안에서 볼 때 완전한 대안 논증들을 발굴하는 것은 아니다. 그의 관점은 여기서 논의된 의미에서의 "사회적" 관점이 아니다. *Teaching Thinking* (London: Maurice Temple Smith, 1976) 참조.

4) Ennis; Siegel.

5) Harvey Siegel, "The Critical Spirit," adapted from *Educating Reason: Rationality, Critical Thinking, and Education*(London: Routledge & Kegan Paul, 1987).

6) Siegel, "Educating Reason," p.11.

7) 시겔은 "주제 특수적 정보"에 호소할 필요 없이 여호와의 증인들의 논증을 무력화시킬 수 있다는 반례를 제공한다. 그는 단지 성경이 신적 영감에 의한 책이라고 성경에 쓰여 있기 때문에 신적 영감에 의한 책이라는 그들의 논증이 순환적이라는 것을 보여줄 뿐이다. Ibid., p.12. 이러한 여호와의 증인들의 논증을 들은 시겔이나 다른 어느 누구도, 먼저 다른 대안 종교(또는 불가지론)의 논증들을 생각하게 될 것 같다. 우리는 우리의 사고에 중요함을 잊어버리는, 논증 가득한 사회에서 살고 있다. 만일 어떤 사람이 오직 하나의 종교만을 배운 채로 양육되었다면, 나는 그가 오류수업을 듣기보다는 경쟁하는 다른 종교의 교리 교육을 받고 난 후 오히려 여호와의 증인이 펼친 논증의 문제를 더 잘 이해할 것이라 예상한다. 물론 두 가지 이득을 다 취하는 것이 이상적이겠지만.

8) 패스모어는 다음과 같이 말한다. " '비판적임'은 기법들을 잘 사용하는 것과 유사하다기보다는 우리가 '성격적 특성'이라 부르는 것과 더 유사하다." John Passmore, *The Philosophy of Teaching*(Cambridge, Mass.: Harvard University Press, 1980), p,168; cf. R. F. Dearden, *Theory and Practice in Education*(London: Routledge & Kegan Paul, 1984), p.119. 맥펙 또한 이러

한 견해에 동의한다. "특정한 비판적 사고 기법을 훈련하는 것만으로는 비판적 사고자를 육성하는 데 충분하지 않다. 비판적 사고자는 마땅히 그러한 기법을 이용하려는 성향을 계발해야 한다." Ibid., p.19.

9) 그 과학자는 추(C. W. Chu)이다. *The New York Times*, March 10, 1987.

10) McPeck, p.64.

11) Siegel, "Educating Reason," p.11.

12) Allan Dobbins, Steven Zucker, and Max Cynader, *Nature* 229(1987), p.438.

13) McPeck, p.81.

14) Ibid., p.112.

15) Ibid., p.35.

16) 맥펙은 "문제의 영역에 대한 기본 지식"과 "해당 분야의 규범들과 표준들"이 비판적 사고의 필요조건이라고 주장한다. Ibid., p.7. 그는 경쟁이론들이 중요하다는 언급은 하지 않는다. 그러나 무엇이 기본적 지식인지를 결정하는 것은 바로 이론들이다. 즉, 어떤 주제 내에서 잘 작동함으로써 그 주제의 규범들과 표준들을 정하는 것이 바로 이론들이다.

17) Ibid., p.93.

18) Ibid., p.7, p.37, 그리고 여러 곳.

8

비판적 사고에서 공동체와 중립성:
비판적 사고의 실천과 교육에 관한 비객관주의적 관점

칼 호스테틀러

비판적 사고가 중요한 교육적 이상이라는 입장에 대한 하나의 이유는, 사람들이 지성적, 직업적, 윤리적 삶 속에서 자율성을 행사하고 자아실현을 하고자 할 경우 비판적 사고가 필수적이기 때문이다. 자율성을 행사하려면, 인간 삶의 양상을 지배한다고 하는 사회적 규범들에 대하여 합리적으로 문제를 제기할 수 있어야 한다. 그런 비판적 능력이 없다면, 사람들은 권위와 관습에 쉽게 지배당할 수 있다.

비록 비판적 사고 역시 비판의 대상이 된다는 점이 분명할지라도, 나는 이 논문에서 비판적 사고의 가치를 당연하게 여길 것이다. 나는 비판적 사고가 모든 상황에서 중요하거나 적절하다고 말하고 싶지는 않다. 그런데도 우리가 어떻게 비판적 사고의 본성을 이해하는 것이 좋을지를 고려하고자 한다. 과학적 탐구와 윤리적 탐구의 사례들에 집중하여, 근본적으로 다른 두 가지 방식으로 비판적 사고의 본성이 이해되었다고 주장할 것이다. 단지 비판적 사고에 대한 우리의 이해만이 아니라, 도덕적 존재자인 우리 자신에 대한 이해가 어떤가에 따라 논쟁의 성패가 좌우될 것이다.

어떤 강력한 철학적 전통에 의하면, 사회적 규범에 대한 비판적 관점은 특정한 사회적 상황에 대한 중립적 시각을 요구한다. 이처럼 중립성의 요구가 우위를 점하고 있지 않다면, 사고가 공동체의 편향성과 상대주의적 논증의 늪에서 벗어날 희망은 없다. 그러나 철학의 최근 연구는 이러한 객관주의적 시각에 도전한다.1) 이 같은 최근 연구는 비판적 관점을 위하여 객관성이 중요하다고 주장하면서도, 비판적 사고가 중립을 지켜야 한다는 **객관주의적** 주장에는 반대한다. 이 연구의 제안에 따르면, 비판적 사고는 특정한 인간 삶의 형식들로부터 유리되지 않고, 그 안에서 그리고 그 한가운데서, 공동 탐구로 수행되고 또 그래야 한다. 객관성은 그러한 탐구 내에서 가능하지만, 모든 시각에 중립적인 어떤 관점에 따라 성취되는 것이 아니다. 게다가 공동체의 "편견"은 비판적 탐구가 의존하는 필수적인 기반이라는 제안도 있다. 비판적 관점은 이러한 편견들을 버리고 중립적 시각을 택하여 성취되는 것이 아니다. 오히려 비판적 관점은 늘 어딘가에서 발생하고, 따라서 중립적이지 않은 다양한 시각들이 충돌하면서 성취된다.

이러한 비객관주의적 시각에 의하면, 공동체는 극복의 대상이 아니라, 오히려 비판적 사고에서 본질적 역할을 한다. 이 논문의 목적은 비판적 사고에 대한 비객관주의적 태도의 적절성과 중요성을 부각시키는 것이다. 먼저 나는 객관주의적 입장의 성격을 밝히고, 어떻게 이 입장이 상대주의의 도전에 대응하는지를 살펴본 다음, 이러한 비판적 사고 구상에 따라 공동체가 어떻게 중요한 역할을 하는지를 고려할 것이다. 나는 마지막으로 비판적 사고 교육을 위해 우리의 논의가 제안하는 것을 간략하게 재검토할 것이다.

이 논문에서 비판적 사고의 모든 측면을 검토하는 것은 가능하지 않다. 이 광범위한 표제 아래에는 의미심장한 다양한 과정들과 맥락들이 놓여 있기 때문이다. 우리의 논의는 과연 어떤 사회적 규범들, 가치들, 목적들이 인간의 사고와 행동을 낳느냐는 물음을 묻는 비판적 사고에 관한 것이다. 이 논의는 그러한 규범들, 가치들, 목적들의 실제 가치와 그것들이 인간사에서 차지하는 적절한 위치를 탐구하고자 한다는 점에서 비판적 활동이다. 그러한 가치와 위상을 당연하게 여겨서는 안 된다. 이런 종류의 비판적 활동은 인간 활동의 광범위한 영역에 걸쳐 전개되고 있다. 예를 들어, 문학과 같은 학문 영역에 비판적 사고의 장이 있는데, 문학 작품의 저술과 비평을 관장하는 규범들(예컨대 성격 묘사, 창조성, 절묘한 구성과 관련 있는 규범들)은 비판적 검토가 필요할 수 있다. 이런 종류의 비판적 성찰은 비학문적 영역에서도 작동한다. 예컨대 건물을 설계하는 건축가에게는 그의 작업을 진행하게 하는 기준들과 원칙들의 목록이 있지만, 그는 여전히 특정한 상황에서 어떠한 기준에 따라 작업을 해야 하는지, 그리고 어떻게 그 기준이 적용되어야 하는지의 문제에 부딪힌다. 왜냐하면, 그 건물이 건설될 특정한 물리적, 정치적 상황 등으로 인하여 건축 기준을 곧이곧대로 그리고 자동적으로 적용할 수 없기 때문이다.[2]

그래서 이 글에서 나의 궁극적 목적은 이처럼 다양한 인간 활동 영역에서 어떻게 공동체가 이런 종류의 비판적 사고에 긴요한지를 제안하는 것이다. 이 점을 부각하기 위해 나는 관련 쟁점을 드러내는 데 특별히 도움이 되는 과학과 윤리학 두 영역에 주목할 것이다. 내가 옹호하는 비객관주의적 시각이 철학과 과학사, 특히 쿤(Thomas Kuhn)의 저술에서 많은 영감을 받았기 때문에, 주로 과학적 사례들이 사용될 것이다. 윤리학은 과학과 영역이 다르지만, 윤리학에서의 비판적 사고는 과학에서의 비판적 사고와 매우 유사하므로, 윤리학에 집중할 뜻이 있다. 물론 윤리학에서 비판적 사고의 본성을 이해하려는 시도 역시 중요한 윤리적 이유가 있다.

객관주의적 시각

윤리학에서 객관주의적 견해의 한 사례로 나는 칸트(Immanuel Kant)를 활용할 것이다. 칸트는 매우 훌륭한 예를 제공하는데, 그의 연구가 단지 도덕철학에 엄청난 영향력을 끼쳐왔기 때문만이 아니라, 그의 도덕적 자율성의 개념이 우리가 다루어야 할 지극히 중요한 쟁점을 제공하기 때문이다.

칸트 도덕철학의 핵심은 정언명법(Categorical Imperative)이다. 이 원칙은 칸트에게 도덕적 행위자의 삶에 지침이 되는 근본적 준칙에 대한 비판적 반성의 토대를 제공하였다. 어떤 사람의 준칙들이 윤리적으로 옳은지 그른지를 비판적으로 검토하려면, 그가 다음의 정언명법 검사를 통과하는지를 보면 된다. 나는 이런 준칙들을 자연의 보편법칙들로 의지(意志)할 수 있는가?3)

비판적인 윤리적 사고가 정언명법을 통해 중립성 검사를 받아야 한다는 칸트의 믿음은, 비판적 사고에서 공동체의 제한된 역할에 대한 시각이 객관주의적으로 경도되었음을 말해준다. 그러나 이 점이 공동체를 무시해야 함을 함축하는 것은 결코 아니다. 칸트가 윤리학을 사람들의 개인적 삶과 사회적 삶을 개선하는 데 본질적이라고 보았다는 점을 생각해볼 때, 그는 인간 공동체에 깊은 관심을 가졌다. 더구나 윤리적 판단이 정언명법만으로 충분하다는 것은 칸트의 논점이 아니었다. 칸트에게 있어 어떤 사람이 속한 특수한 사회적 맥락은 그 사람의 구체적인 윤리적 믿음의 내용을 제공하고, 폭넓은 윤리적 덕목들이 실천되는 확고한 형식을 제안하는 데 이바지하였다.4)

그래서 칸트의 객관주의적 윤리학은 비사회적이거나 반사회적이지 않다. 그런데도 비판적 윤리의 관점은 어떤 의미에서 개인의 특수한 사회적 맥락을 넘어서게 하는 관점에서 윤리적으로 적절한 행위에 대한 사회적으로 정립된 개념을 검사할 것을 요구하는데, 칸트의 경우 합리적 존재 그 자체를 위한 기준으로 여겨지는 원칙, 그래서 어떤 특정한 인간 공동체에도 중립적인 기준으로 인정되는 원칙에 따르는 것이다. 이와 같은 중립성의 요구가 우리가 반대하는 핵심이다.

분명히 말하자면, 여기서 제기하는 반론은 특히 칸트의 객관주의적 시각에 초점을 맞추고 있지만, 궁극적으로는 칸트가 다른 객관주의자들과 공유하는 넓은 의미의 가정, 즉 비판적 윤리의 관점은 어떤 점에서 특이한 개인적, 사회적 신념들의 영향을 받지 않도록 하는 어떤 기준 또는 일련의 기준들에 호소할 필요가 있다는 가정을 겨냥한다. 칸트는 이런 생각을 정언명법으로 표명하지만, 롤즈(John Rawls)는 그의 신칸트적 개념인 원초적 입장(Original Position)으로 제시한다.[5] 공리주의자들과 같은 비칸트주의자들 또한 공리의 원칙이 제시된 기준들이나 행위들의 적절성을 판단하기 위한 중립적 토대를 제공한다고 주장한다. 또 다른 예로 헤어(R. M. Hare)는 윤리적 판단에서의 보편화 가능성을 요구한다. 이 조건은 "보편화를 하는 추론자는 자신의 규범적 결론에 도달하는 데 있어서 모든 입장의 관점들을 집대성해야 한다."는 것이다.[6] 그러한 추론자는 자신만의 독특한 관점이 있다는 사실과 그 적합성을 부정할 필요는 없지만, 비판적인 윤리적 판단은 자신의 관점을 넘어서 중립적 관찰자의 입장으로 나아가기를 요구한다.

비객관주의적 시각

비판의 대상을 살펴보았으니, 이제 비판적 사고의 비객관주의적 개념을 대안으로 개진하고자 한다. 비객관주의적 개념의 기본 전제는 비판적 사고자가 자율적 존재라는 점이다. 여기서 내가 옹호하는 비객관주의적 시각은 칸트 철학의 객관주의적 측면을 거부하는 반면, 도덕적 자율성의 칸트적 개념을 보존하려고 한다.7) 이 생각은 윤리학에서의 비판적 사고의 본질을 정확히 담아내며, 이제부터 내가 제안하겠지만, 비객관주의적 시각을 위한 매우 중요한 쟁점을 드러낸다. 칸트에 의하면, 도덕적 행위자는 다른 사람들이 자신의 윤리적 기준들을 받아들인다는 단지 그 사실에 의해서가 아니라, 자기 자신에게 윤리적 기준을 부여하는 윤리적 기준들의 입법자라는 점에서 자율적 존재이다. 무엇보다도 도덕적 행위의 요건은 행위자가 사회적으로 수용된 규범들을 비판적으로 판단할 수 있어야 한다는 것이다.

이러한 자율성의 요구는 객관성에 대한 매우 중대한 문제를 일으킨다. 자신의 활동들을 인도하는 기준들을 스스로에게 부여한다는 의미에서 자율적이라는 것은, 가능한 대안적 기준들을 인지하고 그들의 상대적인 가치를 객관적으로 판단하는 능력이 있어야 함을 함의한다. 따라서 우리의 비객관주의적 시각은 비판적 사고의 비중립성을 주장하면서, 동시에 윤리적 행위자를 자신의 주관적 신념이나 공동체의 신념 또는 사리사욕의 영역으로 불가피하게 제한하는 윤리적 주관주의, 윤리적 상대주의, 혹은 윤리적 이기주의에 반대한다. 그러나 자율성 개념 및 객관성과 공평성 관련 개념들이 윤리학(과 다른 탐구 영역)의 비판적 사고에서 보존되도록 하자면, 우리의 비객관주의적 관점에 의하면 반드시 그래야 하겠지만, 사람들은 어떤 중요한 의미에서 사회의 윤리적 규범들에 의문을 제기할 수 있어야 한다.

그러나 객관주의적 비판자들의 눈에는, 그것은 비객관주의적 시각이 제공할 수 없는 가능성일 뿐이다. 그런 비판자들에게 비객관주의적 시각은 상대적일 뿐이다.8) 그들의 논증에 의하면, 탐구자는 중립적인 기준들이나 절차들을 통해서만 탐구자 자신과 그가 속한 사회가 수용하는 특정한 신념들에 대한 비판적 관점을 획득할 수 있다.

우리는 이러한 도전을 다루어야 한다. 비객관주의자가 고심하게 되는 중요한 물음은 어떻게 비중립적인 방식으로, 즉 사회적 틀 안에서, 사회의 규범들에 대하여 비판적으로 의문을 제기할 수 있는가이다.

객관성과 상대주의

이 절에서 나는 비판적 사고의 객관주의적 시각에 대한 대안을 더 개진하고자 한다. 상대주의의 문제가 주로 논의될 것이다. 주된 관심사는 비객관주의적 시각이 어떻게 상대주의가 아닌지, 어떻게 그 시각이 자율성, 객관성, 그리고 공정성의 주요 개념들을 보존할 수 있는지를 보이는 것이다. 이 같은 비객관주의적 대안은, 탐구는 객관적일 수 있고, 그래서 상대주의를 넘어서며, 그와 동시에 객관주의도 넘어선다고 주장할 것이다.[9]

첫째, 내가 제안하는 비객관주의적 입장은, 일종의 맥락주의적 시각이지만, 맥락주의와 동일하다고 간주해서는 안 된다. 지식에 대한 맥락주의적 시각은 대체로 토대주의를 대신한다. 토대주의는, 지식 언명들이 합리적으로 반박의 여지가 없는 절차적 기준에 근거해서만 정당화된다고 주장하는, 일종의 객관주의이다. 그래서 정언명법은 윤리적 지식 언명들을 평가할 수 있게 하는 견고한 기준으로 여겨진다. 맥락주의는 그러한 토대주의적 가정을 거부하며, 지식 언명들이 반론은 가능하지만, 당면한 문제에서는 반론되지 않는 그런 기준에 근거하여 합리적으로 정당화될 수 있다고 제안한다. 최근 과학철학은 맥락주의로의 이러한 전환을 촉발하는 데 큰 기여를 해왔다. 예를 들어 라카토스(Imre Lakatos)는 자신의 과학적 연구 프로그램들을 소개하는 가운데, 과학 이론은 약정이며, 따라서 확고부동한 것으로 간주할 수 없으나, 여전히 과학적 연

구에 합리적 지침을 제공한다고 보고, 과학적 지식 언명들의 정당화 역할을 인정한다.[10]

맥락주의로의 전환은 상대주의의 문제를 해결하기 위해 중요하다. 맥락주의자는 지식이 인간의 고안물이고, 합리적 확실성의 기반을 요구하지 않고서도 획득될 수 있다고 주장한다. 따라서 우리의 판단이 어떤 중립적이고 불변하는 기준이나 절차에 기반을 둔다고 주장하지 않으면서도, 그 판단이 비판적이며 객관적이라고 당당하게 주장할 수 있다. 이것은 객관주의에 대한 중요한 도전이 되겠지만, 그 자체로는 충분하지 않다. 객관주의는 우리가 윤리적 논쟁의 장에서 호소하는 윤리적 규범들이 영원하지도 않고 확실하지도 않다는 점에 동의할 수 있고, 그런데도 그 규범들은 당면한 특정 논쟁에서 어떤 관점에도 중립적이라고 주장할 수 있다는 점에서 맥락주의와 양립한다. 예를 들어, 시겔(Harvey Siegel)은 "지식 언명은 **객관적이고 중립적으로** 평가되고 판단될 수 있다."고 주장하는 오류주의적 절대론(fallibilist absolutism)을 지지한다.[11] 다른 한편 롤즈의 최근 입장은 여기서 옹호되는 일종의 공동체주의적 입장을 지향하고 있지만, 여전히 "현대사회의 사적 영역과 공적 영역에서 규범적 자기결정이라는 칸트적 이상과 같은 논란의 여지가 없는 공유된 이상 위에 그 토대를 구축하고자 한다."[12]

그러한 맥락주의적 객관주의는 중립적 기준들이 비역사적이거나 비문화적이지는 않다고 하지만, 제한된 역사적, 사회적 맥락 내에서는 중립적 기준이나 관점을 허용한다.

비객관주의적 구상은 윤리적 규범들에 대한 어떤 논쟁일지라도, 그 합리적 해결을 위한 필요하거나 충분한 기준으로서 중립적 기준들을 내세우는 점에 대하여 의문을 제기한다. 분명히 말하자면, 이 입장은 어떤 중요한 의미에서 중립적인 기준들이 없다고 주장하는 것이 아니다. 모순율과 같은 논리의 법칙들은 공동체의 윤리적 기준의 합리성을 판단하

는 데 사용될 수 있는 것으로서, 어떤 공동체에서도 중립적이라고 여겨
질 수 있는 기준의 후보가 될 것이다.13) 비객관주의는 그러한 논리적
기준들이 비판적 탐구에서 대체로 불필요하다고 주장하는 것이 아니다.
그러나 그런 기준들은 만족할 정도로 심도 있게 비판적인 윤리적 성찰
을 하기에는 명백히 불충분하다. 비판적인 윤리적 탐구의 핵심은, 적어
도 내가 여기서 구상하는 한에서는, 공동체적 삶의 형식이 좋은지와 공
동체의 원칙들과 가치들이 옳은지에 관심을 두는 것인데, 그러한 탐구
에서 논리적 원칙들의 역할은 제한적이다. 더군다나 모순율과 같은 중
립적 기준들은 비판적 탐구에서 발생하는 논쟁들을 합리적으로 해결하
는 데에 필요하지 않다. 도대체 논증이 있을 수 있는 경우에는, 어떤 공
동체의 언어에서도 모순율은 작동하기 마련이다.14) 그렇지만 비중립적
기준들의 실체가 무엇인가를 놓고 논쟁 중일 때, 그 논쟁은 중립적인 판
정 기준들에 더 이상 호소하지 않고서도 이들 비중립적 기준들에 기초
하여 합리적으로 해결될 수 있다.15)

　　지금까지 우리는 많은 주장을 했는데, 이 주장들은 더 면밀하게 검토
될 필요가 있다. 우선 우리가 어떤 종류의 규범들을 논의하고 있으며,
그 규범들이 어떻게 비중립적인지를 명확히 해야 한다. 과학사 및 과학
철학에 대한 쿤의 작업은 비객관주의적 시각을 상당히 고무해왔는데,
쿤의 작업에 주목하여 이런 시각을 설명하고자 한다. 우선 핵심 기준들
이 특정 공동체들에 중립적이지 않다고 주장하는 것은 이 기준들이 다
른 공동체들에 의해 **공유될** 수 없다고 말하는 것이 아니라는 점을 분명
히 해야겠다. 그러나 기준들이 공유된 경우에도 그 기준들은 상이하게
적용될 것이다.16) 쿤에 의하면, 과학자들은 정확성, 단순성, 유용성과
같은 이론 선택의 기준들을 공유한다. 그러나 이 기준들은

　　가치들의 함수이다. … 그래서 개인적으로나 집단적으로 그 기준들

을 존중하는 데 동의하는 사람들에 의해 다르게 적용될 수 있다. 예컨대 두 사람이 자기 이론들의 상대적인 유용성에 동의하지 않거나, 유용성에는 동의하지만 그 상대적 중요성, 말하자면 선택의 범위에 동의하지 않는다면, 둘 중 어느 누구도 틀린 것이라 할 수 없다. … 이론 선택의 중립적 알고리즘 같은 것은 없으며, 적절하게 적용되기만 하면 집단의 각 구성원이 동일한 결정에 이르도록 하는, 체계적인 결정의 절차 같은 것도 없다.17)

쿤에 의하면, 기본적인 과학 규범들은 과학 공동체들 전체에 걸쳐 공유되며, 그렇게 공유된 규범들은 과학이 단순히 자의적 탐구가 되는 것을 막기 때문에 중요하다. 그런데도 그러한 공유된 규범들로 이론을 선택하는 일은 합리적으로 불충분하다. 이들 기준이 공유되는 일반성의 수준에서 볼 때, 그 기준들은 기준들에 대한 경쟁 해석들 간의 논쟁을 해결하는 데 비판적인 기능을 할 수 없다. 그렇다고 해서 이들 일반적 기준들이 판별력을 모두 결여하고 있다고 말할 수도 없다. 말하자면, 단순하지 않은 이론들로부터 많은 단순한 이론들을 구별해내는 것은 가능할지도 모른다.18) 그러나 "어떠한 목표, 가치, 문제가 어느 활동 영역을 지배하고 규정지**어야 하는지**를 묻고 있는",19) 쿤이 생각하는 유형의 논쟁에서, 일반적 기준은 막상 필요한 판별력이 없다. 기준들을 선택 사례들에 비판적으로 적용하는 구체화의 단계에서, 그 기준들에 대한 해석은 과학적 활동의 **주요** 목적, 가치, 그리고 목표가 무엇인지에 대하여 다양한 개별적 관점들에서 이루어진다. 이 해석들은, 어느 해석이든 판단이 합리적으로 잘못되는 일이 없어도, 서로 다를 수 있다. 중립적 기준은 이러한 해석의 상이성을 해결하고자 하지만 의지할 게 못 된다.20)
이 점이 쿤의 통약불가능성 논제의 핵심이다.21) 이 논제는 상당한 논란을 불러일으켰는데, 주요한 어느 비판에 의하면, 쿤의 논제는 삶의 통약불가능한 형식들이 비교될 수 없다는 것을 함의한다.22) 그 비판이 옳다면, 과학적 가치들에 대한 논증은 오직 상대주의적일 수밖에 없다. 그러나 통약불가능성은 그러한 삶의 형식들이 객관적으로 비교되거나 평가될 수 없다는 것을 함의하지 않는다. 통약불가능성 논제가 함의하는 것은 그러한 삶의 형식들이 하나하나 정확하게 비교될 수 없다는 것이다.23) 설사 삶의 형식들이 어떤 점들에서 판단되어야 하는지에 대한 동의가 있다 해도(그런 동의가 있을 법하지는 않지만), 그 형식들을 구체적인 면에서 어떻게 비교해야 하는지를 판단하는 것과, 그러한 구체적 비교가 어떻게 상대적으로 중요할 수 있는지를 판단하는 것은 당연히 다를 것이다. 이것은 통약불가능한 삶의 형식들을 비교하는 것이, 적어도 부분적으로는, 그런 비교를 시도하는 특정 공동체들에 의해 해석되고 적용되는 기준들에 의존하기 때문이다. 과학적 삶의 방식을 대안적 삶의 방식들과 비교하여 객관적으로 검토하려는 시도는, 적어도 부분적으로는, 과학적 삶의 특정 방식들을 구성하는 기준들에 따라 수행되어야 한다.

그렇다면 이것은 어떤 방식으로 상대주의를 넘어서는가? 이런 방식으로 비교하면 우리는 단지 순환논증에 빠진다는 비난을 받을 수밖에 없지 않은가? 우리는 삶의 형식들에 대한 탐구가 어떤 의미로는 순환적이라고 인정해야 한다. 사실 가다머(Hans-Georg Gadamer)는 탐구를 우리의 "편견들"에서 시작해야 한다고 제안한다.24) 비평(Critique)은 어떤 중립적 위치에서가 아니라, 우리가 처해 있는 곳에서 시작해야 한다. 즉, "우리가 기꺼이 받아들일 준비가 되어 있는 것은 우리 자신 내부로부터의 어떤 반향이 없이는 결코 가능하지 않다."25) 그러나 그 순환성은 악성이 아닌 것이, 편견들이 맹목적일 필요가 없기 때문이다. 즉, 편견들은 연구 대상과 그 대상에 대한 대안적 이해의 반응을 고려한 비판적 검토 끝에 "유보"26)될 수 있고, 유보되어야 한다. 이렇게 최초의 편견들이 바뀔 수 있게 하는, 익숙한 것과 낯선 것 간의 상호작용에 대한 해석학적 순환이 있다. 이러한 상호작용을 통해 가치들에 대한 논쟁은, 논증들이 증명 방식으로는 강력한 것이 아닐지라도, 논증을 통하여 기준들의 해석에 대한 합의에 도달하는 가운데, 합리적으로 마무리될 수 있다.27)

따라서, 예컨대 유용성의 상대적 중요성에 대해 논쟁하는 가운데, 그 기준의 중요성에 관한 합의에 이를 수 있다. 그 토론은, 다른 기준들의 상대적 중요성 및 특정 이론들의 어떤 "결과물들"이 가치가 있다고 해야 하는지와 같은 문제를 엄격하게 고려하기 위하여, 통상 합의된 기준의 가치를 넘어서고자 한다. 그러나 어떤 다른 중립적 기준(들)의 유용성을 중립적으로 구상한다 해도, 이 논의는 해결되지 않을 것이다. 그 논의는 논쟁 중인 기준들의 토대 위에서 해결되어야 한다. 즉, 그 과제는 논란이 되는 가치들 자체에 대한 해석들 중 어느 것이 적절한지에 관한 합의를 [번스타인(Richard Bernstein)의 표현을 빌리자면] "도출하는" 일일 것이다.

공동체의 역할

이러한 해석학적 입론에서 객관성 탐구에 결정적 역할을 하는 것은 공동체이다. 쿤은 과학적 활동이 개인에게 전수된 과학 공동체의 "편견들"로부터 상당한 영향을 받는다고 강조한다. 과학자들은 세계를 어느 관점에서 보아야 한다. 그러나 과학자들이 **어느** 관점에서 시작해야 한다는 주장은, 그러한 관점들이 자의적이며 합리적 근거가 없다는 것이 아니다. 쿤은 과학적 지식의 요체를 **집단적** 소유물, 즉 "성공적인 집단의 구성원들이 검증하고 공유하는 소유물"28)이라 특징짓는다.

이와 같은 쿤의 주장은 공동체의 편견이 자의적이지 않다는 근거를 제공한다는 점에서 중요하다. 그러나 이 입장은 여전히 상대주의라는 비난에 답을 하지 않는다. 공동체는 이에 대한 비객관주의적 대응에 있어서도 역시 결정적 역할을 한다. 비객관주의적 대응에 의하면, 특정 공동체에서 고수되는 이론은 비판적으로 검토될 수 있지만, 이 검토는 전형적으로 경쟁이론에 비추어 시작되고 수행된다. 그러므로 과학은 자연과의 직접 비교를 통하여 적합하다고 최종 판정되는 이론들을 제공함으로써 발전하는 것이 아니다. 그런 비교는 결정적이지 않다. 오히려 비교는 자연과 자연에 대한 대안적 해석들을 놓고 이루어진다.29) 그래서 우리는 과학자들의 공동체가 수행하는 매우 중요한 역할이 특정 이론의 적절성에 대한 비판적 검토를 허용하는 다양한 이론들을 개발하는 데 있다고 본다.

과학철학의 나무들 사이를 잠시 거닐어보았는데, 비판적 사고의 숲을 보지 못하는 일이 없도록 여기서 잠시 멈춰 주위를 둘러보는 것이 도움이 될 것이다. 지금까지의 논의는 우리가 고찰하려는 비판적 사고, 즉 어떠한 목적과 가치와 목표가 과학적 활동을 인도해야 하는지에 대한 사고가 과학적 활동의 중요한 한 부분임을 보여주고자 한 것이다. 이러한 비판적 사고는 합리적이며 객관적으로 수행될 수 있다. 그 사고는 이유들에 근거하고, 합리적 근거에서 과학적 사고에 비상대주의적 토대를 제공하는 기준들에 호소한다. 그러나 "당위"의 문제는 광범위한 기준들 또는 중립적이라고 여겨질 수 있는 다른 기준들에 호소하여서는 합리적으로 해결될 수 없다. 해결책이 "도출될" 수 있다면, 그것은 다양한 시각들의 충돌을 통해서이다.

과학에서의 비판적 사고와 윤리학에서의 비판적 사고 간에는 유사한 점이 있다. 윤리적인 비판적 사고의 관심사는 어떠한 목표들, 가치들, 그리고 목적들이 우리의 개인적, 사회적 삶의 근본적인 지침이 되어야 하는지를 깨닫는 데에 있다. 윤리 영역의 비판적 사고는 앞서 살펴본 과학에서의 비판적 사고가 지닌 본질적인 특징들을 공유한다. 이것은 로티(Richard Rorty), 도펠트(Gerald Doppelt), 그리고 번스타인이 강조한 주제이다. 로티는 "전공 분야, 연구 대상, 문화 영역들의 경계는 희미해질 것이다."라고 주장한다.30) 그가 이해하기로 쿤이 지적하는 것은 과학과 다른 영역에서의 숙고 과정이 유사하다는 것이다. 도펠트에 의하면, 쿤은 "과학 이론들 간의 갈등이 고전적 실증주의가 제창했던 과학적 담론과 규범적 담론 간의 절대적 구별 짓기와 유사하기보다는, 윤리적 삶과 정치적 삶의 갈등과 훨씬 더 유사하다."는 것을 보여준다.31) 번스타인은 아리스토텔레스의 **실천지**(*phronesis*) 개념으로 윤리학에서의 합리적 사유와 과학에서의 합리적 사유를 연결한다. 번스타인은 과학과 윤리학에서 우리가 무엇을 해야 하는지에 대한 특수 판단은 (어떤 행동을 해야 하는지, 혹은 어떤 과학 이론을 택해야 하는지의 의미에서) **실천지**의 형식을 취한다고 주장한다.32)

그래서 과학적 탐구와 윤리적 탐구는, 그 연구 형식에서 경험적 증거가 하는 역할 등의 차이가 있지만, 어떠한 목표들과 가치들이 사고와 행동의 지침이 되어야 하는지에 대한 훌륭한 판단에 도달하도록 하는, 비판적이고 사려 깊은 과업의 면에서 중요한 유사성이 있다. 이 유사성들 중 하나의 측면에 대하여 주목할 필요가 있다. 각 탐구의 장에서 비판적 관점에 도달하기 위해서는 반드시 상이한 입장들에 직면할 필요가 있다. 과학에서 비판적 관점은 경쟁이론들이 충돌하는 가운데 형성된다. 비판적인 윤리적 관점은 자신과 다른 윤리적 관점을 가진 문화와 조우하는 가운데 다듬어지게 된다. 번스타인에 의하면, "우리의 문화와 우리가 발견하지 못하는 편견들에 대한 보다 세심하고 비판적인 이해에 이를 수 있게 되는 것은, 바로 낯선 문화를 이해하는 가운데, 그리고 그러한 이해를 통해서, 이루어지는 것이다."33) 윈치(Peter Winch)는 우리가 낯선 문화와 만나는 가운데, "사람들이 사는 법을 배우게 되는 선과 악의 새로운 가능성들"과 직면하게 된다고 귀띔한다.34)

우리가 객관주의와 상대주의를 넘어설 수 있는 것은, 바로 그러한 가능성들을 이해할 수 있는 길을 모색함으로써이다. 이런 종류의 이해하기가 함의하는 것이 무엇인지를 이해하는 것이야말로 중요하다. 이 과업은 낯선 문화를 이해하는 것이며, 우리의 비객관주의적 입장에서 볼 때, 이 일은 사회적 탐구에 대한 특별한 개념을 가지고 하게 된다. 이해하기에 대해 탐구하면서 적절한 이해하기의 특성들을 사전에 충분히 논할 수는 없다. 이해하기에 대한 탐구는 해석학적 과정을 포함한다. 연구자는 문화를 "독해"하려는 목표를 가지고 있지만, 독해의 적절성은 어떤 중립적인 틀이 아니라, 궁극적으로 다른 독해와 비교하여 평가되어야 한다.35)

그래서 비판적인 사회적 탐구는 가치-함축적(value-laden) 활동으로 간주된다. 이 점에서 사회적 탐구에 대한 해석학적 구상은 기회와 동시에 도전을 맞는다. 해석학으로서의 사회적 탐구가 기회인 이유는, 그 탐구가 연구자로 하여금 도덕적 존재로서의 자기 자신에 대하여 성찰할 필요성을 제기하기 때문이다. 테일러(Charles Taylor)에 의하면, "인간에 관한 학문들에 있어서, 그 학문들이 해석학인 한, '나는 이해할 수 없다'는 주장에 대하여 단지 '당신의 직관력을 개발하라'가 아니라, 더 극단적으로 '당신 자신을 바꾸라'는 형식의 타당한 반응이 있을 수 있다. … 인간에 관한 학문을 연구하자면 반드시 사람들이 선택하는 대안들을 검토해야 한다."36)

사회과학의 객관주의적 구상에서, 이해하지 못한다는 것, 즉 소위 이해하기의 중립적 기준이라는 것을 따르는 데 실패한다는 것은, 연구자가 더 많은 자료나 더 좋은 연구 절차를 찾아야 한다는 것을 함의한다.37) 이 실패로 인하여, 연구에서 제기되는 규범적 가정들의 검토가 근본적으로 중요함을 인지하지 못하게 된다. 그러한 실패로 인하여, 우리는 규범들에 대한 비판적 성찰을 통하여 잡게 되는 더 깊은 자기이해의 기회를 놓치는 것이다.

물론 그 기회와 함께 의미심장한 도전이 제기된다. 번스타인은 **낯선** 문화들의 충돌을 강조한다. 여기서 주목할 도전은 삶 개념들의 통약불가능성, 즉 상이한 세계들 안에서 상이한 공동체들이 어느 정도 유지된다는 사실에 직면하는 것이다. 쿤의 통약불가능성 논제에 대한 비판자들은 쿤이 이해하기를 불가능하게 한다고 지적해왔다. 이 비판은 쿤의 입장에 대한 오해이다. 쿤을 비롯한 학자들은 이해하기가 불가능하다는 것을 보여주기보다는, 이해하기는 모종의 방법을 통하여, 즉 해석학적 과정을 통하여 추구되어야 함을 보여준다.

교육적 함의들

지금까지 살펴본 철학적 작업은 우리로 하여금 우리가 몸담은 사회적 맥락 안에서 비판적 사고가 보여줄 가능성과 도전들에 대하여 매우 소중한 통찰에 이르도록 한다. 비판적 사고에 대하여 비객관주의가 지향하는 것이 옳다면, 우리는 비판적 사고를 우리가 안전한 판단을 하게 한다는 중립적 기준들에 호소할 수도 없는 상태에서 수많은 복잡한 상황들과 조우해야 하는 공동체 안에 뿌리를 내리고 있는 그런 어떤 것으로 보아야 한다. 비판적 관점은, 사람들이 "선과 악의 새로운 가능성들", 즉 개인적 삶과 전문적 삶의 새로운 실천 가능성들을 제공하는 삶의 형식들을 이해하려고 애쓰는 가운데 개발된다.

이 작업은 사회적 맥락 안에서 작동하는 비판적 사고의 가능성을 시사하며, 우리는 그러한 가능성에 대한 소신을 굽히지 않아야 한다. 그러나 동시에 그런 가능성의 실현을 방해하는 심리적, 정치적 장애물들, 즉 다양한 시각들에 대한 개방성을 저해하는 장애물들이 있다는 점을 알고 있어야 한다. 이와 관련된 모든 쟁점을 공정하게 다룰 수는 없지만, 맺음말을 대신하여 나는 비판적 사고를 가르치려는 시도들, 즉 언급된 심리적, 정치적 문제들을 극복하려는 부분적 과정으로서 시도되는 활동들을 위하여, 비판적 사고에 대한 우리의 비객관주의적 구상이 무엇을 함의하는지 몇 가지 짤막하게 생각해보고자 한다. 특히 나는 그런 교육과정이 객관주의적 가정에 따른 교육과정과 어떻게 다른지 고려할 것이다.

우리의 비객관주의적 시각은 비판적 사고를 꽃피게 하는 데 공동체가 필요하다는 점을 강조한다. 객관주의적 시각은 공동체의 중요성을 반드시 모두 부정하고자 하는 것은 아니지만, 그 중요성을 다르게 이해한다. 본질적으로 객관주의적 시각은 비판적 성찰에 대한 "독백적" 접근을 함의한다. 이러한 독백적인 비판적 성찰은, "상호주관적 의사소통이 어떤 특별한 방식으로든 공평성을 추구하는 데 기여한다는 점을 이론적으로 인식하기 어려운"38) 가운데, "(예컨대) 도덕적 추론자가 고립된 가운데 시도하는 성찰이다." 그래서, 가령 밀(J. S. Mill)은 그의 저작 『자유론 (*On Liberty*)』에서 언론의 자유와 표현의 자유를 옹호하면서, 지식 추구를 위하여 단연코 공동체가 중요함을 논한다. 그러나 밀이 보기에 공동체는 우연히 필요할 뿐이다. 공동체는 우리가 오류에 빠지지 않도록 지켜주지만, 원칙적으로 지식은 개인이 재능이 있고 충분히 정직하기만 하면 홀로 추구할 수 있다고 본다.

이와는 대조적으로, 비객관주의는 판단 기준들과 비판적 판단들 자체가 궁극적으로 공동체의 산물들이라는 점에서 공동체가 필요하다고 본다. 공동체는 단지 비판적 사고의 궁극적 지침인 중립적 관점 또는 절차를 발견하거나 적절하게 적용하는 데 도움을 주는 것이 아니다. 오히려 지침은 공동체 자체이다. 우리는 "동료들에게서 전수받고 그들과의 대화를 통해 얻은 것을 유일한 지침의 원천으로 수용"해야 한다.39)

이 점이 기본적으로 함의하는 바는 비판적 사고 교육이 단지 기법에 집중하는 것이 아니라, 특정 내용과 맥락의 개발에 관심을 두어야 한다는 점이다. 기법은 분명한 역할이 있다. 그러나 비판적 사고**에서의** 기법이나 기술은 있겠지만, 비판적 사고의 기법이라는 것은 있을 수 없다. 비판적 사고는 궁극적으로 사람들에 대한 판단과 숙고를 요하는 역동적인 사회적 과정이다. 그런 의미의 비판적 사고는 형식화될 수 없다. 비판적 사고의 기법이 교육될 수 없거나 교육되어서는 안 된다는 것이 아니다. 그러한 교육은 설교조가 아니라, 전형적으로 조력, 코치, 대화의 형식을 취할 것이다. 이것은 객관주의적 입장이 전적으로 기법 교육에 의존한다는 말이 아니다. 그러나 객관주의적 입장은 기법의 실천과 기법들이 활용되고 검토되는 대화를 별개의 것으로 분리하는 교육과정을 적절하다고 본다.

우리의 비객관주의적 시각은 기법들 외에도 특정 내용의 비판적 사고 교육과정이 필요하다고 강조한다. 비판적 관점은 다양한 시각들을 접하는 가운데 발전한다. 교육자들은 과학이나 윤리학 또는 문학이나 음악의 비판적 사고를 가르치고자 하는 과정에서, 어떠한 목표와 가치와 목적이 이 영역들에서 행위의 지침이 되어야 하는지에 대한 다양한 시각들을 학생들에게 제시해주어야 한다. 그 가운데에는 현재 우리 문화뿐 아니라, 다른 문화와 다른 시대의 다양한 시각들도 포함될 것이다. 그래서 역사 연구와 문화 연구는 비판적 탐구의 중요한 토대가 된다. 어떤 학생들은 그런 연구를 하고, 우리는 그들의 연구와 비판적 사고가 어느 정도 연결되는지를 연구해보는 것이 좋을 것이다. 그런 연결고리를 만드는 것은 매우 중요한데, 그 고리가 어떤 것인가에 따라 연구들이 상이한 수준에 존치되기 때문이다. 연결고리는 연구들이 정보의 원천 이상임을 보여준다. 즉, 이 연구들은 우리가 우리의 개인적, 사회적 계획들과 열망들을 어떻게 생각하는지에 대하여 근본적인 질문을 던지게 하는 원천들인 것이다.

그렇지만 내용에 대한 이 쟁점을 더 생각해볼 필요가 있다. 이러한 다양한 관점들에 대하여 폭넓은 경험을 할 필요가 있다는 원칙은 중요하지만, 만약 이 원칙이 진정으로 비판적인 경험을 산출하는 것이라면, 이를 더 명확히 정립해야 한다. 샌델(Michael Sandel)의 공동체주의에 대한 도펠트의 비판을 따르자면, 우리는 경험에 대한 우리의 생각이 "너무 느슨하고 추상적이어서 비판적 성찰에 대한 어떤 확정적인 인식론적 구상도 유지하기 어려울 수 있음"에 유의해야 한다.40) 더 나아가 도펠트에 의하면, 우리 문화의 특정 전통을 집중적으로 성찰하는 것은 비판적 탐구에 필요한 구체성을 제공하는 데 일조한다고 할 수 있다. 그러므로 비판적 탐구의 내용에 관한 한, 핵심은 우리 문화의 적절한 전통에 대한 검토와 비판인 것이다.41)

다시 말하지만, 이 점은 객관주의자가 내용에 대한 유사한 관심을, 설사 그러한 관심이 비객관주의적 접근에서 차지하는 것처럼 중심의 위치를 점할 것 같지는 않다 하더라도, 가질 수 없다는 말은 아니다. 그러나 비록 그러한 내용이 객관주의자에게 중요하다고 해도, 비판적 탐구는 여전히 독백으로 여겨질 것이다. 그런 비판적 탐구가 제기할 수 있는 내용과 물음들은 원칙적으로 개인들이 고립된 상태에서 적절하게 다룰 수 있는 것이다.

우리의 비객관주의적 시각은 대화가 필수적이라고 강조한다. 기법들과 내용이 중요한 만큼, 우리가 생각하는 비판적 사고는 궁극적으로 다양한 시각들이 정직하게 표현되고 검토될 수 있는 사회적 맥락을 중요시한다. 그러한 비판적 사고 발전에 관심 있는 교육자들은 강의실 안팎에서 사람들이 비판적 대화에 참여한 가운데 사회적 규범들에 대한 이해를 도출하려 애쓸 수 있는 공동체를 확립하도록 힘써야 한다.

이 점에 이어 마지막으로 하고 싶은 말이 하나 있다. 그것은 비판적 사고의 비객관주의적 입장에 참여하는 것이 모종의 윤리적 참여를 수반한다는 것이다. 이는 그 자체로는 지적이며 사회적인 삶에 대한 윤리적으로 중립적인 입장인 것은 아니다. 비판적 사고가 제대로 실현되는가는[42] 탐구 공동체들이 존재하는지, 그리고 그 공동체들 내에서만 아니라 공동체들 간에도 정직하고 솔직한 의사소통이 이루어지는지에 달려 있다. 즉, "의사소통-공동체"[43]가 반드시 존재해야 한다. 이것은, 공동체 구성원들끼리 그리고 다른 공동체들과 더불어 관심사들을 공유하는 사람들의 연대라는, 듀이(John Dewey)가 말한 의미에서의 민주주의에 대한 참여를 함의한다.[44] 만일 그런 관심사들의 공유가 진정성 있고 왜곡된 것이 아니라면, 인간의 자유와 평등과 같은 가치들이 그 지침이 될 것이다. 그래서 비판적 사고 입문의 핵심은 비판적 사고의 제대로 된 실현에 필수적인 공동체, 민주주의, 자유, 평등과 같은 윤리적 가치들에 대한 소명 의식을 개발하는 것이다.[45] 이것은 비판적 사고의 비객관주의적 구상에 기반한 교육을 위하여 가장 의미 있는 통찰일 수 있다.[46] 그것은 비판적 사고를 증진하고자 하는 교육자들에게 가장 위대한 도전일 수 있다.

주 ────────

이 논문은 "비판적 사고의 사회적 맥락"이라는 주제로 1989년 10월 19일 뉴저지주 몬트클레어 동북부의 몬트클레어주립대학에서 열린 학술회의 "비판적 사고: 사회 문화적 탐구에 관하여"에서 발표된 논문의 수정본이다. 청중들, 네브래스카대학교의 질적 연구단 동료들, 디즈(Tom Deeds)의 질문과 논평 및 비판에 감사를 전한다. 이 논문에 남아 있는 불충분함은 전적으로 나의 책임이다.

1) 나의 논의는 Richard Bernstein, *Beyond Objectivism and Relativism*(Philadelphia: University of Pennsylvania Press, 1983)에 크게 힘입고 있다. [역주] 한국어 번역판은 리처드 번스타인, 『객관주의와 상대주의를 넘어서』(황설중 · 이병철 · 정창호 옮김, 철학과현실사, 2017).
2) Donald Schon, *The Reflective Practitioner*(New York: Basic Books, 1983).

숀(Donald Schon)은 동일한 종류의 비판적 사고가 필요한 직업의 사례를 더 많이 제시한다.

3) 칸트는 정언명법을 준칙들의 검사로 생각했는데, 이 아이디어에 대해서는 다음을 보라. Onora O'Neill, *Acting on Principle*(New York: Columbia University Press, 1975); Barbara Herman, "The Practice on Moral Judgment," *The Journal of Philosophy* 82, no. 8(1985), pp.414-436. 정언명법은 분명 그러한 검사로서의 가치가 있을 것이며, 비판적인 도덕적 성찰의 중요한 차원을 담아낼 것이다. 그러나 정언명법은 중립적 기준으로 간주될 수 없고, 또한 사회적 규범들, 가치들, 목적들의 윤리적 가치에 대한 비판적 사고 과업의 핵심을 그 자체로 온전히 담아낼 수도 없다.

4) Onora O'Neill, "Kant after Virtue," *Inquiry* 26, no. 4(1983), pp.392-397.

5) John Rawls, *A Theory of Justice*(Cambridge, Mass.: Harvard University Press, 1971)을 보라. 롤즈가 삶의 다양한 형식들을 평가하는 중립적 관점으로서 원초적 입장을 제공한다고 이해하는 한, 객관주의는 명백히 이러한 부담을 안게 된다. 그는 '무지의 베일' 개념과 그 개념이 요청하는 일종의 공평성에서 이 점을 제안하는 것으로 보인다. 롤즈의 합리적인 윤리적 숙고에서의 공평성 개념에 대한 비판은 다음을 보라. Bernard Williams, "Persons, Character and Morality," in *The Identities of Persons*, ed. Amelie Rorty (Berkeley: University of California Press, 1976), pp.197-216; Marilyn Friedman, "The Impracticality of Impartiality," *The Journal of Philosophy* 86, no. 11(1989), pp.645-656. 더 관대하게 독해하자면, 비록 원초적 입장이 비객관주의적 시각과 양립하기는 하지만, 그 승인의 열쇠는 대화가 발생할 수 있는 조건들이다. 그러나 이것은 참여자가 그들의 삶의 의미를 부여하는 특정한 가치나 계획에 무지해야 함을 가정하지 않으며, 대화에서 발생하는 결론이 윤리적 논쟁에서 중립적 중재자의 역할을 할 수 있다는 점 역시 가정하지 않는다. 어떤 중립적 절차의 작용이 아니라 대화를 통해서 상이한 믿음들이 평가된다. 번스타인은 아렌트(Hannah Arendt)의 논증을 다음과 같이 요약한다. "의견의 타당성을 판별하는 검사란 없으며, 그 의견을 판단하는 어떤 권위도 없다. 오직 더 좋은 공적 논증력만 있을 뿐이다. 따라서 의견들을 형식화하려면 동등한 사람들로 구성된 정치적 공동체 및 공적 노출과 논쟁을 기꺼이 감수하려는 마음이 필요하다." 다음을 보라. Bernstein, *Beyond Objectivism*, p.216.

최근 롤즈는 원초적 입장이 특정한 사회적 맥락에서 이해되어야 함을 인정하며, 원초적 입장에 대한 관점을 수정하였다. 다음을 보라. Friedman, "Impracticality of Impartiality," p.653; Gerald Doppelt, "Beyond Liberalism and Communitarianism: Towards a Critical Theory of Social Justice," *Philosophy and Social Criticism* 14, nos. 3-4(1988), p.277. 그러나 롤즈의 수정된 자유주의가 정의의 쟁점에 대한 적절한 비판적 관점을 제공할 수 있는지는 여전히 명확하지 않다. 다음을 보라. Doppelt, "Beyond Liberalism," pp.284-291.

6) Friedman, "Impracticality of Impartiality," p.649.

7) 이 견해는 "덕윤리는 자율성 개념을 공정하게 평가하지 않기 때문에, 의무론이 덕윤리보다 더 우월하다."고 주장한다. 다음을 보라. Marcia Baron, "The Ethics of Duty/Ethics of Virtue Debate and Its Relevance to Educational Theory," *Educational Theory* 35, no. 2(1985), p.147.

8) 상대주의에 대한 이러한 비난은 비객관주의적 시각의 대표적인 학자로 간주되는 쿤에게 집중되는 통상적인 비난이다.

9) 이런 가능성이 번스타인 저서의 중심 주제이다.

10) Imre Lakatos, "Falsification and the Methodology of the Scientific Research Programmes," in *Criticism and the Growth of Knowledge*, eds. Imre Lakatos and Alan Musgrave(Cambridge, England: Cambridge University Press, 1970), pp.91-195.

11) Harvey Siegel, *Relativism Refuted*(Dordrecht, The Netherlands: D. Reidel, 1987), p.10. 강조는 필자가 추가한 것이다. 반복하건대 우리가 반대하는 것은 객관성이 아니라, 객관성과 중립성이 필연적으로 결합된다는 생각이다.

12) Doppelt, "Beyond Liberalism," p.291.

13) 논리학의 기준들이 탐구에서 수행하는 역할에 대한 쟁점에 대해서는 다음을 보라. Steven Lukes, "Some Problems about Rationality," in *Rationality*, ed. Bryan Wilson(Oxford, England: Basil Blackwell, 1970), pp.194-213. 루크스는 이러한 기준들을 ("맥락-의존적" 판단기준들과 반대되는) "보편적" 판단기준들이라고 칭하는 반면, 나는 중립적 판단기준들이라고 칭한다. 나의 제안은 보편적 판단기준들과 중립적 판단기준들 간에 중요한 구별이 있다는 것이다. 이 점은 주석 20에서 논평할 것이다.

14) Ibid., p.209.

15) 라모어(Charles Larmore)의 표현에 따르면, 실천적 문제에서 논쟁자들은 "충분히 중립적인" 토대로 움직이는 것, 어떤 의미로는 그들이 논쟁 중인 믿음에서 멀어지는 것, 그리고 더 많이 동의하게 되는 것이 가능하고 바람직할 것이다. 이는 대화를 계속 유지하고 논쟁을 해결하기 위해서이다. 다음을 보라. Charles Larmore, *Patterns of Moral Complexity*(Cambridge, England: Cambridge University Press, 1987), pp.53-55. 우리의 주장은 어떠한 수준의

동의도 어렵다는 것이 아니다. 아마도 특정한 기준에 대한 더 넓은 이해와 더 좁은 이해가 있을 것인데, 이해하기 위해서는 어느 정도의 합의가 필요하다. 그러나 사람들이 어떤 기준들을 공유할 것이라는 사실이 그러한 기준이 중립적임을 의미하지는 않는다. 더 자세한 사항은 아래에서 논의된다.

16) 나는 이런 적용 개념을 조심스럽게 다루고 싶다. 가다머는 우리가 고려하려는 그런 기준의 "적용"을 말하는 것은 문제가 된다고 주장한다. 법칙과 같은 그런 기준은 "항상 일반적이며, 그 자체로 특정 사례의 모든 구체적인 복잡성에 결코 사용될 수 없다." 다음을 보라. Hans-Georg Gadamer, "The Problem of Historical Consciousness," in *Interpretive Social Science*, eds. Paul Rabinow and William Sullivan(Berkeley: University of California Press, 1979), p.141. 그래서 그러한 기준을 "적용함"에 있어서 이를 중립적이고 고정된 것으로 간주할 수 없다. "적용"은 부분적으로 특정 맥락에 대한 적절한 기준을 이해하는 것과 관련 있다.

17) Thomas Kuhn, *The Structure of Scientific Revolutions*, 2nd ed.(Chicago: University of Chicago Press, 1970), pp.199-200.

18) 다음을 보라. Ibid., p.186. 쿤에 의하면 "집단의 구성원들이 동일한 방식으로 그들이 공유한 가치들을 적용하지는 않는다고 해도, 그 가치들은 집단행동을 결정하는 중요한 요인이 될 수 있다."

19) Gerald Doppelt, "Kuhn's Epistemological Relativism: An Interpretation and Defense," *Inquiry* 21, no. 1(1978), p.41, 강조는 원문에서 사용된 것이다.

20) 여기서는 우리의 논의에서 발전시키려는 중립적 기준들의 개념을 개괄하고 이를 명료히 할 것이다. 첫째, 중립적 판단기준들과 보편적 판단기준들은 구별될 수 있다. 루크스에 의하면 모순율은 보편적 판단 기준으로 간주될 것이며, 이 법칙을 적절하게 적용하는 판단들은 본질적으로 공동체-특수적 판단기준들의 영향을 받지 않는다. 물론 특정 공동체에서 "p이면서 p가 아님"의 관계가 어떤 내용인지를 결정하는 것은 어려울 수도 있다. 그러나 관련된 내용이 결정되면, 그 내용 전체의 논리적 관계를 판단하는 것은 "사람들 사이의 사회적 관계와 독립될" 수 없다(Lukes, "Problems about Rationality," p.210). 그러나 나는 보편적으로 공유되지만 중립적이지 않은 기준들이 존재한다고 제안한다. (쿤은 과학자 공동체의 보편적 기준들에 대해 말한다. 나의 제안은 인간에게 보편적인 가치나 특성이 존재할 수도 있다는 주장을 넘어서는 것이다.) 쿤에 의하면, 이론적 유용성은 보편적인 과학적 가치이나, 이것은 유용성에 관한 판단들이 자기모순을 판단하는 방식과 다르게 사회적 관계에 의존한다는 점에서 중립적 기준은 아니다.

또 다른 점이 있다. 나는 자기모순적 테제를 옹호한다. 유용성과 같은 가치는 공유되지만, 실제로 공유되지는 않는다. 여기서 공통 의미와 합의를 구별한 테일러의 논의가 도움이 된다. 다음을 보라. Charles Taylor, "Interpretation and the Sciences of Man," in *Knowledge and Values in Social and Educational Research*, eds. Eric Bredo and Walter Feinberg(Philadelphia: Temple University Press, 1982), pp.153-186. 테일러에 의하면, "우리는 다음과 같이 … 말할 수 있다. 공통 의미는 합의와 매우 다른데, 공통 의미는 상당히 분열된 상태로 존속할 수 있기 때문이다. 즉, 이것은 공통 의미가 사회의 다양한 집단에 의해 다양하게 실현되고 이해될 때 발생하는 것이다. 공통의 목적, 열망, 축하의 기준점이 존재하기 때문에, 공통 의미는 계속 지속된다. … 그러나 이러한 공통 의미는 상이한 집단들에서 상이하게 설명된다."(p.176)

따라서 나는 공유된 가치들을 "명료하게 설명"하거나 적용하지 않고서도, 이 가치들이 공통 의미의 방식으로 공유될 수 있다고 제안한다. 그러한 의미에서 이런 가치들은 서로 다른 집단 간에 발생하는 논쟁에서 중립적인 가치가 될 수 없다.

마지막으로 나는 "중립성"을 어느 정도 다른 입장을 포함하는 포괄적인 용어로 사용해왔다. 예컨대, 어떤 개인의 사적 목표에 대한 극단적 공평성으로 이해되는 중립성이 과연 필요한지에 대한 의문을 제기해 왔다. 나는 공동체-특수적 이해에 영향을 받지 않는 기준들로 이해된 중립적 기준들이 과연 필요한지에 의문을 제기해 왔다. 이런 중립성 개념들의 공통된 맥락은 적어도 우리가 어떤 한 관점에 도달할 수 있고, 또한 도달해야 한다는 것이다. 그런 관점에서 원칙적으로 특정 개인이나 공동체의 시각은 우리의 생각과 행동을 비판적으로 검토하기 위한 공유된 기준들을 설명하거나 적용하는 데 중대한 영향을 끼치지 않는다.

21) 쿤의 통약불가능성 논제에 대한 논의는 다음을 보라. Bernstein, *Beyond Objectivism*; Doppelt, "Kuhn's Epistemological Relativism"; Kuhn, *Structure of Scientific Revolutions*; Siegel, *Relativism Refuted*.

22) 예를 들어, "통약불가능성은 원칙적으로 그러한 [합리적] 논쟁과의 비교가 불가능하다는 것을 의미한다."(p.83)라는 시겔의 제안을 보라. 통약불가능성과 통약가능성, 그리고 그것들이 상호 배타적이라는 주장에 대한 논의는 다음을 보라. Bernstein, *Beyond Objectivism*, pp.84-86.

23) 시겔의 제안(p.61)과 반대로, 비교와 일대일 비교와 실질적 차이가 있다. 이 논의는 다음을 보라. Bernstein, *Beyond Objectivism*, p.86.

24) 번스타인은 편견 및 해석학적 순환에서 편견이 차지하는 지위에 대한 가다머의 생각을 논의한다. 이에 대해서는 다음을 보라. *Beyond Objectivism*,

pp.126-139. 해석학적 순환에 대한 다른 논의는 다음을 보라. Gadamer, "The Problem of Historical Consciousness"와 Taylor, "Interpretation."

25) Gadamer, "The Problem of Historical Consciousness," p.134.

26) Ibid., p.108.

27) 과학적 논쟁의 혁명에 대한 쿤의 논의는 다음을 보라. Kuhn, *Structure of Scientific Revolutions*, pp.144-159.

28) Ibid., p.191.

29) 이것은 라카토스와 쿤이 동의한 하나의 요점이다. 예를 들어 다음을 보라. Lakatos, "Falsification," p.130; Ibid., p.77.

30) Richard Rorty, *Philosophy and the Mirror of Nature*(Princeton, N.J.: Princeton University Press, 1979), p.329.

31) Doppelt, "Kuhn's Epistemological Relativism," p.41.

32) Bernstein, *Beyond Objectivism*, p.54와 여러 곳.

33) Ibid., p.36.

34) 같은 곳에서 인용.

35) Taylor, "Interpretation," p.156.

36) Ibid., p.182.

37) Ibid., p.181.

38) Friedman, "Impracticality of Impartiality," p.649.

39) Richard Rorty, *The Consequences of Pragmatism*(Minneapolis: University of Minnesota Press, 1982), p.166.

40) Doppelt, "Beyond Liberalism," p.283. 강조는 원문에 표기된 것이다.

41) 그러나 우리는 신중하게 그러한 비판의 범위를 적절하게 제한하여야 한다. 로티에 의하면, "해석학적 시각은 … 우리가 또 다른 시각에서 보는 경우에만 가능하다. 교육은 문화 변용에서 출발해야 한다. … 우리 문화가 제공하는 세계에 대한 수많은 기술을 찾아내지 않고서는, 우리는 교육받을 수 없다." 다음을 보라. *Philosophy and the Mirror of Nature*, p.365. 로티는 다음의 저작에서도 유사한 논의를 펼친다. "The Dangers of Over-Philosophication," *Educational Theory* 40, no. 1(1990), pp.41-44.

42) 나는 적법한 어떤 종류의 비판적 사고도 그러한 공동체가 부재하면 결코 출현할 수 없다고 제안하는 것이 아니다.

43) Karl-Otto Apel, "Types of Rationality Today: The Continuum of Reason between Science and Ethics," in *Rationality To-Day*, ed. Theodore Geraets (Ottawa, Ont.: University of Ottawa Press, 1979), pp.307-340.

44) John Dewey, *Democracy and Education*(1916; New York: Macmillan, The

Free Press, 1966), p.83.

45) 우리가 어떻게 그 가능성을 담보할 수 있으며, 어떻게 사람들이 진실로 자유롭고 평등한 상황을 만들 수 있는지 논하려면 더 많은 것이 필요하다. 번스타인은 그의 저서 3장과 4장에서 이러한 쟁점을 논의한다. 여기서는 이에 대한 간략한 소견을 밝히겠다. 프리드먼("Impracticality of Impartiality," pp.655-656)에 의하면 그 전략은 객관주의자가 제안하는 것과는 반대로, 과도한 편향을 한꺼번에 제거하려고 노력해야 하는 것이 아니다. 오히려 그 과정은 편향을 확인하고 왜곡된 특정 편향을 제거하는 과정이 되어야 한다. 이것은 우리의 비객관주의적 지침을 유지하는 것으로 보이는데, 이 점에서 왜곡된 편향을 확인하는 것은 그 자체로 해석학적 과정의 과업이 되어야 한다. 맥거리(McGary)는 프리드먼의 논증에 답하는 글의 초록에서 "프리드먼은 비판적인 도덕적 사고에 소극적 영향을 주는 공평성의 형식들을 확인하는 판단 기준을 요구한다."고 비판한다. 왜냐하면 프리드먼식으로 "우리는 인식 가능한 공평성의 형식을 부분적으로 제거할 수 있지만, … 그녀는 편향들이 여전히 얼마나 남아 있으며, 우리의 비판적인 도덕적 사고에서 그 남은 편향이 어떤 역할을 하는지를 결정할 수 있는 도구는 제공하지 않는다." 따라서 그녀의 방법은 비실용적이라는 비판을 받을 수 있다. 다음을 보라. Howard McGary, "Friedman on Impartiality and Practicality," *The Journal of Philosophy* 86, no. 11(1989), p.658. 만약 왜곡된 편향들과 그것의 역할이 확인되면, 편파성의 형식을 확인하는 판단 기준이 발전되어야 함은 분명하다. 이것이 바로 해석학적 과정의 목표이다. 이러한 과정에서 특정한 왜곡된 편향들은 여전히 은폐되어 작동할 것이다. 편향이 그 방법을 비실용적으로 만드는가? 우리가 목표하는 일종의 과장된 객관성 개념을 주장하는 경우에만 그렇다고 할 수 있다. 해석학적 과정에서 우리의 목표는 편견들을 갖지 않는 것이지만, 단지 편파적으로만 성공할 것임을 인지해야 한다. 이것은, 비록 맥거리가 염두에 둔 것처럼 보이는 생각과는 다른 객관성 개념이지만, 그 과정에 도달한 판단들이 객관적이지 않다는 주장을 수반하지는 않는다.

46) 이것은 객관주의자는 공동체, 민주주의, 자유, 평등의 가치를 믿지 못한다는 주장이 아니다. 비객관주의적 시각의 특징은 그런 가치들이 명료해지는 방식과 그 가치들을 비판적 사고의 필요조건으로 강조하는 방식에 있다. 예컨대 권리에 대한 자유주의적 구상은 특정한 선 개념들과 관계없고 문제가 없는 것으로 여겨지기 때문에, 그러한 가치들에 대한 자유주의적 이해는 "선에 대한 재고와 확립된 도덕-정치적 권리 및 사회정의의 재구성과는 거리를 둘" 것이다. 다음을 보라. Doppelt, "Beyond Liberalism," pp.290-291. 그러한 분리는 여기서 옹호된 공동체주의적 시각으로는 용납할 수 없다.

9

비판적 사고와 여성주의

캐런 J. 워렌

머리말: 비판적 사고와 여성주의

여성주의는 비판적 사고와 어떠한 관련이 있는가? 정치운동인 여성주의는 성찰적 활동인 비판적 사고를 이해하는 데 어떠한 도움을 줄 수 있는가? 비판적 사고가 여성주의의 쟁점이라면, 무엇 때문인가?

이 논문에서 나는 여성주의적 시각에서 비판적 사고의 현행 개념들에 대한 두 가지 우려를 표명함으로써 이 물음들에 답하고자 한다. 첫 번째 주된 우려는 비판적 사고의 본질과 비판적 사고자에 관한 것이다. 두 번째 우려는 비판적 사고의 학습/교육에 관한 것이다. 이러한 두 측면에 대한 우려에 깔린 관점은, 비판적 사고가 무엇이며 그것이 어떻게 교육될 수 있는지를 적절하게 이해하자면, **개념틀**(conceptual frameworks)의 중요성을 반드시 인식해야 한다는 것이다. 내가 필요하다고 주장하는 것은, 비판적 사고가 항상 개념틀 내에서 이루어지기 때문에, 비판적 사고의 **맥락적** 이해, 즉 개념틀이 우리의 사고에 영향을 미치는 방식들을 인지하는 것이다. 더 나아가 나는 개념틀이 편향되어 있는 한, 그 개념틀에서 나오고 또 그 개념틀을 반영하는 비판적 사고는 그 편향을 물려받을 것이라고 주장할 것이다. **가부장제**가 여성주의자의 특별한 관심사이듯, **가부장적 개념틀**과 그 개념틀이 야기하는 편향이야말로 비판적 사고에 대한 여성주의적 비평의 특별한 관심사이다.

비판적 사고의 본질

모든 전문가들이 수용하는 비판적 사고의 단일한 정의가 존재하는 것은 아니지만,1) 우리의 목적을 위해서는 "비판적 사고"라는 용어를 관련 문헌들에서 흔히 사용하는 식으로, 그리고 에니스(Robert Ennis)식으로 사용하는 것으로 충분하다. 비판적 사고는 **무엇을 믿어야 할지 또는 무엇을 해야 할지를 결정하는 데 중점을 둔 합리적인 성찰적 사고**이다.2)

이처럼 정의된 비판적 사고는 능력들(혹은 기법들)과 성향들(혹은 경향들) 모두를 포함한다. 구분 방식에 대한 분류학적인 물음들을 제쳐놓고 말하자면, 비판적 사고 능력들과 성향들의 전형적인 목록은 이 논문에서 특별히 관심을 두고 있는 다음과 같은 점들, 즉 열린 마음과 인간관계에 대한 민감성 성향뿐만 아니라, 연역추리를 하고 평가하는 능력, 귀납추리를 하고 평가하는 능력, 가정을 확인하고 평가하는 능력, 관찰보고를 주목하고 평가하는 능력, 출처의 신뢰성을 확인하고 평가하는 능력, 불필요하고 피할 수 있는 편향성을 감지하고 회피하는 능력, 일반화를 확인하고 평가하는 능력, 인과적 주장을 확인하고 평가하는 능력 등을 포함한다.3)

비판적 사고를 능력과 성향의 두 측면에서 이처럼 넓게 정의하게 되면, 창의적 사고, 열정, 공감이 무엇을 행하거나 믿을지에 대한 "합리적 성찰"을 하는 데 있어서 중요한 역할을 하게 된다는 점에 주목하자.4) 비판적 사고자는 그러한 기법들을 사용하고 그러한 성향들을 드러내는 사람이다. 비판적 사고를 이렇게 넓게 정의하면, 지식이, 특히 배경적 지식이나 사전 지식이, 비판적 사고 능력을 발휘하는 데 있어서 중요한 역할을 하게 된다.

여성주의와 가부장적 개념틀

다양한 여성주의, 이를테면 자유주의적 여성주의, 전통적 마르크스 여성주의, 급진적 여성주의, 사회주의적 여성주의, 흑인 및 제3세계 여성주의, 생태 여성주의 사이에는 중요한 차이가 있지만, 모든 여성주의자는 여성주의가 (적어도) **성적 억압을 종식하려는 운동**이라는 점에 동의한다.5) 모든 여성주의자는 성차별이 존재하고, 그것이 잘못되었으며, 철폐되어야 한다는 점에 동의한다. 그래서 모든 여성주의자는 가부장제, 즉 여성에 대한 남성의 체계적 지배에 반대한다.

오늘날의 여성주의자들이 주장하는 바에 의하면, 우리가 알든 모르든, 우리 하나하나는 역사적이며 사회적으로 형성된 "준거틀", "세계관", 혹은 내가 **"개념틀"**이라고 부르는 것, 즉 우리 자신과 세계에 대한 관점을 설명하고 형성하며 반영하는 **기초적 믿음들**, 가치들, 태도들, 그리고 가정들에 따라 움직이는 것이다. 개념틀은 성/젠더, 계급, 인종/민족, 나이, 정서적 선호도, 국적과 같은 요소들의 영향을 받는다. 비록 개인의 개념틀이 바뀔 수 있다 하더라도, 모든 개인은 모종의 개념틀을 통하여 자신들이 감지하고, 인식하고, 평가한 것을 인식하고 구축한다. 개념틀은 언제나 개인의 정보와 경험들이 통과하는 "시각 영역"인 고정된 렌즈의 기능을 한다. 이처럼 개념틀은 우리가 "보는" 것들의 경계를 설정한다.

어떤 개념틀은 **억압적**이다. 이 논문의 목적과 관련하여 말하자면, 적어도 서구 사회에서 여성의 억압을 이해하는 데 필요한 억압적 개념틀은 세 가지 전형적인 특징들을 가지고 있다.6) 첫째, 억압적 개념틀은 통상 **가치-위계적 사고**의 특징이 있다. 내가 사용하는 표현으로서, 가치-위계적 사고는 ("위계적 사고"와는 달리) "(위아래의) 공간적 은유로 체계화되어 있어서, 보다 큰 가치는 항상 보다 높은 데에 있다고 하는 위계적 차이를 지각"하는 사고이다.7) 가치-위계적 사고는 남성은 "위에" 여성은 "아래에", 문화는 "위에" 자연은 "아래에", 마음은 "위에" 몸은 "아래에", 이성이나 지성은 "위에" 감정은 "아래에" 둔다.8)

둘째, 억압적 개념틀은 통상적으로, 부적절하거나 오도하거나 유해한 **가치 이원론들**, 즉 그 선언항들이 (포괄적이기보다) 배타적이며, (보완적이기보다) 적대적이며, 한쪽 선언항에 보다 높은 가치를 부여하는 종류의 "양자택일적" 사고에 경도되어 있다. 실재는 이원론적인 평가 방식으로 그 가치가 인식되고 기술된다. 가치 이원론들은 또한 이성과 감성처럼 사실상 분리될 수 없거나 상보적인 실재의 측면들을 개념적으로 분리한다.9) 곧 설명하겠지만, 가치 이원론들의 이러한 개념적 분리는 부적절하거나, 오도하거나, 유해한 것이다.

억압적 개념틀의 가장 중요한 세 번째 특징은, 그 개념틀이 각 집단의 이른바 우월성과 열등성에 **근거하여**, "상위" 집단에 "하위" 집단을 종속시키는 것을 설명하고, 정당화하고, 유지하는 논변을 펼치는, **지배의 논리**를 낳는다는 것이다. **우월성이 종속을 정당화한다**는 숨은 가정을 제공하는 것은 바로 지배의 논리이므로, 가치가 낮거나 적다고 간주되는 것의 종속성이 "정당화"된다고 도덕적 승인의 인장을 최종적으로 찍어주는 것은 바로 이 지배의 논리이다.10)

오늘날 많은 여성주의자는 역사적으로나 전통적으로 남성적인 믿음들, 가치들, 태도들, 가정들이 유일하거나 표준적인, 또는 여성적인 것들보다 더 높은 가치를 가졌다고 치부하는 **가부장적**인 억압적 개념틀들에 관심이 있다.11) **역사적으로** 가부장적 개념틀은 전통적으로 "여성적"이라고 규정된 것보다 "남성적"이라고 규정된 것에 더 큰 가치나 지위 혹은 권위를 부여하였으며, 아니면 (예컨대 투표소라는 "공적" 영역과 가정이라는 "사적" 영역과 같은) 몇몇 영역들을 구분해내어, 여성적으로 간주되고 상대적으로 낮은 지위의 영역에서만 여성적이라고 하는 것에 가치를 부여하는 정도이다.12) **개념상** 가부장적 개념틀은 여성의 종속을 유지하는 기능을 한다.13)

비판적 사고가 여성주의의 쟁점이 된다는 점을 우리가 알 수 있는 것은 특별히 억압적이며 가부장적인 개념틀과 같은 개념틀들의 본질과 힘을 이해함으로써이다. 이것이 내가 지금 다루려는 주제이다.

여성주의 쟁점으로서의 비판적 사고

어떠한 쟁점이라도 여성주의의 쟁점이거나 쟁점일 수 있다. 어떠한 문제가 여성주의의 쟁점이 되는 이유는 그 문제를 이해하는 것이 여성의 억압을 이해하는 데 어떤 식으로든 도움을 주기 때문이다. 남녀의 동등한 노동에 대한 임금의 차별은, 이 점에 대한 이해가 여성의 종속에 대한 이해와 관계가 있다면, 어디서나 언제나 여성주의의 쟁점이다. 만약 어떤 문화에서 여성들이 하루 몇 시간씩 물을 긷고, 그 때문에 여성들이 불공평하고 열등하며 종속적인 지위에 처하게 된다면, 물 긷기는 여성주의의 쟁점이다.

비판적 사고에 대한 이해가 여성의 종속에 대한 이해와 중요한 점들에서 관련되기 때문에, **비판적 사고는 여성주의의 쟁점**이 된다. 비판적 사고와 여성주의의 기본적인 연결고리나 관련성에 대하여 이 논문이 주목하는 것은 개념틀들의 본질, 특히 억압적인 가부장적 개념틀들의 본질이다.14)

비판적 사고는 진공 상태에서 이루어지지 않는다. 즉, 비판적 사고는 **언제나** 어떤 개념틀 안에서 이루어진다. 달리 말하자면, 누군가가 예컨대 관찰하고, 추론하고, 일반화하고, 예측하고, 정의하고, 가정하고, 인과적으로 설명하는 등, 비판적 사고자들이 하는 행위를 할 때는 언제나, 비판적 사고자의 관점인 **모종의** 관점이 존재한다. 소위 "중립적 관찰자", 즉 어떠한 관점도 가지고 있지 **않은** 관찰자에 대한 이상은 기껏해야 이상일 뿐이며, 최악의 경우 "이데올로기적 편견"에 불과하다.15)

최근의 여성주의 연구는 과학과 윤리학이라는 상이한 두 영역에서 개념틀의 중요성을 보여준다. 이 두 영역에서의 여성주의적 도전들을 보면, 비판적 사고가 여성주의의 쟁점이 되는 이유를 이해하게 되는데, 어떤 방식으로 그렇게 되는지를 살펴보자.16)

여성주의 과학 신경생리학자 블라이어(Ruth Bleier)는 그녀의 저서 『과학과 젠더(*Science and Gender*)』에서 "과학은 공정하고, 정념에 좌우되지 않고, 가치-중립적인 불변의 진리(Truth)를 추구하는 것이 **아니다**."라고 주장한다.17) 블라이어에 의하면, 전통적이거나 지배적인 과학은 남성중심적 개념틀 내에서 수행되며, 그러한 개념틀의 남성중심적 편향을 물려받는다.18) 블라이어와 다른 여성주의 과학자들은 비판적 사고의 중요한 기법들이 사용되는 과학적 연구의 두 영역인 소위 남녀 간의 "성차(sex differences)" 연구와 영장류학에서 남성적 젠더의 편향이 나타난다고 문제를 제기한다.

"성차" 연구 "순수 생물학"과 "환경" (또는 "문화") 사이에 유의미한 차이가 있다고 가정하는 개념틀을 생각해보자. 그러한 개념틀 안에서 "남녀의 행동에 유전적 성차로 인한 차이들이 있는가?"라는 물음은 유의미하다. 언어 구사력, 수학적 역량, 시공간적 정보 처리 기법들, 인지 능력과 같은 "성별" 간 행동의 차이들을 설명하기 위하여, 뇌 구조, 반구상 좌우의 기능 분화(hemispheric lateralization), 호르몬이나 유전자에서 성-상관적 차이들을 분리해내려는 연구 프로젝트와 방법론이 장려되고 있으며, 어떤 활동들에서 보이는 남성의 우월성에 대한 순수한 생물학적 토대를 밝혀주는 연구 성과들이 경험적으로 입증되거나 입증 가능한 것으로 제시된다.

그러나 순수 생물학과 환경 간의 이분법에 대한 초기 가정이 거짓이거나, 그 가정에 개념적 결함이 있다면 어떻게 되는가? 그렇다면 제기된 물음들, 착수된 연구 프로젝트들, 사용된 방법론들, 그리고 주어진 답변들을 포함하여, 순수하게 발생학적이고 유전적이며 성별에 기초한 행동의 특징들에 대한 논쟁 자체 역시 개념적 결함이 있기 마련이다.

이것이 블라이어와 같은 여성주의 과학자들이 논하는 것이다. 그들은 "남녀 사이에 생물학적 성차가 있는가?"라는 질문은 개념적으로 결함이 있다고 주장하는데, 어떠한 "순수" 생물학도 필요불가결한 방식으로 문화와 분리되는 것이 가능하지 않기 때문이다.19) 달리 말해서, 그 물음을 어떻게든 유의미하게 제기하기 위해서는, 블라이어 같은 여성주의 과학자들이 반대하는 생물학/문화의 이분법이 정당하다는 것을 전제하여야 한다. 더 나아가 "남녀 사이에 생물학적 성차가 있는가?"라는 질문이 개념적으로 결함이 있다면, 성차에 대한 논쟁을 독려하는 어떠한 개념틀도 또한 개념적으로 결함이 있다고 할 수 있는데, 왜냐하면 그 개념틀은 또한 문화와는 별도로 "순수" 생물학을 말하는 것이 유의미**하고**, 얼마만큼의 인간 행위가 순수 생물학 덕분일 수 있고 또 얼마만큼이 환경과 학습 덕분이라 할 수 있는지를 측정할 **수** 있으며, 사회적으로 구성된 젠더 범주인 남성과 여성의 **행위들**이 보이는 어떤 차이라도 순수 생물학에 기초한다고 하는, 그릇된 가정을 할 것이기 때문이다. 이 점을 주목하는 것이 특히 중요한데, 이는 "성차"에 대한 가정들이, 역사적으로 이른바 "여성의 성"이 "자연적"으로나 "선천적"으로 열등하고, 출산과 양육의 역할을 두고 여성을 억압할 생물학적 토대가 있다는 식으로 설명하고 정당화하는 기능을 수행해왔기 때문이다.

만일 블라이어와 같은 여성주의 과학자들의 관점이 옳고(여기서는 이 견해를 옹호하고자 하지 않겠다) "성차" 연구에 **개념적** 결함이 있다면, 그러한 연구의 유의미성을 승인하거나, 유지하거나, 야기하는 어떠한 개념틀이라도 역시 개념적 결함을 가질 것이다. 여기에서 요점은 "순수 생물학"과 "환경"의 구분이 가부장적인 동기로 유발되는지, 혹은 그러한 구분이 가부장적 개념틀과 인과적으로 연결되었는지가 아니다. 이러한 것을 확인하는 일은 다른 작업일 것이다. 여기에서 요점은 가치 함축적인 "양자택일"의 사고를 승인하고 유지하며 야기하는 종류의 개념틀에 결함이 있다는 것이다. 여성주의 과학자들에 의하면, "성차 연구"가 지배적 과학에 안주하고, 지배적 과학은 가부장적 개념틀을 반영하므로, 만일 이들이 옳다면, 역사적으로 "성차 연구"는 유전학적으로나 생물학적으로 "여성의 성"과 관련된 어떠한 것이나 열등하거나 하급이라고 평가절하하는 역할을 해왔든지, 아니면 역사적으로 남성의 능력과 행위가 여성의 능력과 행위보다 더 우월하다는 "성차"적 결론들을 승인해온 가부장적 개념틀에 안주한 것이다. 이렇게 이해하면, 억압적 개념틀의 **내에서 수행된** "성차 연구"에 대하여 여성주의자들이 반대하는 것은, 성차 연구가 "순수 유전학"과 "환경"의 이분법적 구분을 의미 있고 손쉽게 옹호될 수 있는 것으로 여기고, 유전학적인 정보만으로 인간의 행위를 설명할 수 있다는 잘못된 가정을 한다는 점이다. 생물학은 유전적이면서 문화적이고, 결정되면서도 조건 지어진다는 여성주의적 입장은 전혀 수용되지 못한다. 여성주의 과학자들에게 진정으로 쟁점이 되는 것은 남녀 간의 소위 "생물학적 차이들"(무엇이든 상관없이)이 아니라, 생물학적 차이들과 그리고 그러한 차이들이 남녀가 이해되고 대접받는 방식과 어떤 상관관계를 가지는지에 **대한** 가치들, 믿음들, 태도들 및 가정들이다. 그리고 **바로 그** 쟁점을 이해하는 것이 개념틀들의 본질과 중요성을 이해하는 것이다.

영장류학 해러웨이(Donna Haraway), 허디(Sarah Hrdy)[20]와 같은 여성주의 영장류학자들은 영장류 사회 조직에 대한 전통적인 남성중심적 관찰과 설명 모델들에 도전해왔다. 그러한 모델들은 영장류 사회의 조직이 "수컷 지배 계급제"를 중심으로 구성되었다고 가정한다. 암컷 영장류의 행위에 대한 관찰에 주목해보면, 암컷은 수동적이며 주로 양육의 역할을 담당하고, 반면 수컷은 문화적으로 정형화되고 승인된, 능동적이며 구애를 즐기는, 문란한 역할을 담당하였다. "수컷 지배 계급제"의 가정들은 영장류학자들이 "암컷 선택, 주도성과 공격성 또는 암컷의 일처다부제 형질발현의 전체 윤곽"을 보지 못하게 하고, 지배적 계급제들이 보편적이지도 않고 항상 수컷 중심적이지도 않다는 사실 역시 보지 못하게 하였다.[21] 그것은 예컨대 배우자를 선택하는 것은 일반적으로 발정기의 암컷이며, (일본 짧은꼬리원숭이, 히말라야 원숭이, 남아프리카 긴꼬리원숭이와 같은) 일부 종은 모계제라는 사실을 연구자들이 인식하지 못하게 하였고, 개코원숭이 무리에서 우위를 차지하는 수컷이 그렇지 않은 수컷보다 암컷에게 더 빈번하게 접근한다는 관점을 지지할 어떠한 증거도 없다는 사실 역시 인식하지 못하도록 하였다.[22] 블라이어는 다음과 같이 말한다.

행동 관찰에 근거한 암컷 영장류에 대한 지식이 부재한 상태에서, 영장류학자들은 거리낌 없이 암컷 영장류의 행동과 성격이라고 상상한 것을 인간의 문화적 진화에 대한 기존의 남성중심적 이론들에 맞추는 방식으로 암컷 영장류들에 대하여 예단(즉, 구상)하여, 인간 남녀의 젠더

및 지배와 종속의 관계에 대한 사회적 구조를 각색하고, 자연화하고, 강화하였다.23)

다시 말해, 이 관점이 옳다면(나는 여기서 그 관점이 옳다는 것을 옹호하고자 하지 않는다), 가부장적 개념틀을 기술하는 그 관점의 기초적 믿음들, 가치들, 태도들, 가정들은 이들 연구자가 "수컷 지배 계급제"와 암컷 영장류 행동에 관한 결정적으로 유관한 쟁점들을 끌어내거나 제안하지 못하도록 눈을 가렸다. 이들 연구자의 "관점"은 그러한 쟁점들이 발생하는 것을 도대체 허용하지 않는다. (그러한 가정에 대하여는 아래에서 더 논의될 것이다.)

여성주의 윤리학 현대 서양철학에서 젠더 편향에 대한 여성주의적 비판의 한 대상은 지배적인 **"권리/규칙의 윤리학"**인바, 이는 관련 집단들이 주장하는 권리를 기준으로 하고, 또는 권리들 간의 충돌을 해결하는 의사결정에서 지배적인 역할을 하는 규칙들이나 원칙들에 따라 도덕적 행동을 평가하는 윤리적 틀이다. 이러한 윤리적 틀은 본질적으로 위계적이거나 "피라미드적"인데, 여기서 옳음이나 규칙의 "권위"는 위계구조의 정점에서 나온다.

톰슨(Judith Thomson)의 잘 알려진 논문 「인공임신중절 옹호(A Defense of Abortion)」24)는 특이하게도 권리/규칙의 틀 안에서 논의를 전개한다. 톰슨은 태아의 생존권이 임신부의 신체 결정권에 우선하기 때문에 인공임신중절은 잘못되었다는 주장을 비판한다. 톰슨은 그 논증이 제시되는 권리/규칙의 틀에 도전하는 것이 아니라, 태아의 생명권이 임신부의 결정권에 우선한다는 주장에 도전하는 것이다.

애덜슨(Kathryn Addelson)과 같은 여성주의 철학자들은 인공임신중절에 대한 "톰슨 전통"의 접근에 몇 가지 반론을 제시한다.25) 첫째, 이 접근은, 위계질서 정상의 "관점"이 감춰지고, 주목받지 않고, 따라서 특권화된 (역사적으로 백인 남성) 지배 집단의 관점이며, 반면 여성이나 흑인과 같은 "타자"의 관점은 가치 함축적이고, 편향되고, 눈총 받는 관점이라는 사실을 은폐하는, 가치-위계적 방식으로 도덕적 상황들을 설명한다. 판사는 여성이나 흑인이 아닌 한 판사이다. 철학자는 여성주의자가 아닌 한 철학자이며, 여성주의자라면 여성주의 철학자이다. 그리고 서양철학적 전통은, 여성주의자가 "백인 남성이 지배하는 서양철학적 전통"이라고 비판하기 전까지는, 서양철학적 전통이다. 서양철학적 전통은, 전통 철학자들이 가정하였듯이, 비젠더적이고, 비인종차별적이며, 비계급적인 관점이 아니다.

애덜슨에 의하면, 인공임신중절에 대한 톰슨의 접근에 악영향을 끼친 종류의 편향으로 인하여, "도덕적 문제들은 권위의 존재가 은폐되는 방식으로 권위의 다양한 위계 구조들의 정점에서 정의되게 된다."[26] (예컨대 전통적인 강단 철학자들의) 권위를 은폐함으로써, 위계 구조 정점의 관점은, 실제로는 그렇지는 않을 때도 마치 공평한 것처럼 **보이게 된다**. 더 나아가 애덜슨에 의하면, 톰슨식 전통은 체계적으로 위계 구조, 지배, 억압의 논의들을 무시하기 때문에, (가난한 임신부를 포함한) 종속적 지위에 있는 여성의 경험들에 비추어 볼 때, 적절한 윤리적 개념을 제공하지 못한다.

둘째, 인공임신중절에 대한 권리/규칙의 접근은, 권리를 언급하는 것이 인공임신중절에 관한 모든 도덕적 특징들을 적절하게 포착하는 방법이라고 잘못 가정한다. 이를테면 마틴(Jane Martin)이 "돌봄(caring), 관심(concern), 유대관계(connection)의 3C"[27]라고 부르는, 도덕적으로 유관한 다른 자료들은 여기에 전혀 포함되지 않으며, 설사 포함된다고 하더라도, 그 자료들이 오직 도덕적 행위자들의 속성, 규칙, 권리와 관계된 도덕적 범주의 측면에서 분석될 수 있는 한에서만 포함된다.

이러한 두 가지 이유로 애덜슨과 같은 여성주의자들은 인공임신중절에 대한 권리/규칙 접근의 잘못된 가정, 즉 권리/규칙의 틀이 인공임신중절과 같은 도덕적 충돌을 해결하기 위한 객관적이고 공평하며 보편화 가능한 의사결정의 절차를 제공한다는 가정에 반대한다. 즉, (여성주의자들의 주장에 의하면) 그 권리/규칙 관점이 실제로 제공하는 것은, "권위"(객관성, 공평성, 보편성)가 위계 구조의 정점에 있는 지배 집단에서 나온다고 가정하는, 사회적 관계들에 대한 가치-위계적이며 역사적으로 견고히 다져진 체계에서 잉태된 의사결정의 절차이다.28)

여성주의 과학에 대한 앞선 논의에서 드러난 바와 같이, 여기서의 요점은 애덜슨 등의 학자들이 제시한 여성주의적 입장들을 옹호하거나 "권리/규칙 윤리"와 남성 지배적인 가치-위계질서들 간에 모종의 논리적 함의 관계가 있음을 밝히려는 것이 아니다. (물론 그러한 함의 관계가 있음을 보여줄 수는 있지만.) 오히려 요점은, 만일 애덜슨과 같은 여성주의자들의 관점이 옳다면, 즉 남성 지배적 위계 사회 체계 내에서의 권리/규칙 윤리가, **그 미덕이나 장점이 무엇이든 간에**, 사실과는 달리 역사적으로 마치 관찰자 중립적인 입장인 것처럼 기능해왔다면, 이 경우 가부장적 개념틀 안에서 권리/규칙 윤리를 적용하는 것은 그 개념틀의 "정점"의 관점을, 실제로는 그렇지 않은데도, 눈에 거슬리지 않고 특권화되지 않은 관점(예컨대 "합리적"이거나 "객관적"이거나 "냉정하고 공평"하거나 "중립적인 관찰자"의 관점)으로 설명하고, 유지하고, 정당화하는 역할을 한다는 것을 시사하고자 하는 것이다. 역사적으로 구성된 가부장적 개념틀들의 본성과 힘에 주목하자는 요청은 부분적으로 이와 같은 권리/규칙 윤리의 역사적이며 현대적인 특징을 노출한다.

여성주의 과학, 여성주의 윤리학 그리고 비판적 사고

만일 지금까지의 나의 논의가 타당하다면, 과학 안에서와 과학에 대한 비판적 사고 및 윤리학 안에서와 윤리학에 대한 비판적 사고를 하기 위해서는, 가부장적 개념틀 내에서 비판적 사고의 중요한 기법들과 성향들을 훈련하기가 쉽지만은 않으며 때로는 불가능한 측면들이 있음을 인식할 필요가 있다. 선택된 몇몇 비판적 사고 기법들과 성향들을 살펴보면 그 이유를 알 수 있을 것이다.

1. **가정 인식과 평가** 어떤 가정이 어떤 개념틀에 기본적인 것일 때, 그 가정에 도전하거나 그것을 수정하고자 하면서 여전히 그 틀 내에 남아 있고자 하는 것은 언제나 가능한 일이 아닐 수 있다. 반대하는 주장의 참을 틀 자체가 전제할 때, 이를 반대하는 것은 불가능하다. 그런 경우, 개념틀 자체를 변경해야 한다. 그 틀 내의 어떠한 혁신적 시도도 (예컨대 몇몇 용어들의 의미를 바꾸거나 기본 가정이 아닌 것들을 고쳐도) 그 결함을 개선하지 못할 것이다.

이 쟁점, 즉 내부로부터의 변화 혹은 외부로부터의 변화라는 "개혁 혹은 혁명"의 쟁점은 현대의 여성주의 학문의 전 영역에서 제기된다. 예를 들어 그 개혁은, 전통적이거나 "주류의" 교육과정을 보다 여성 포용적인 것이 되도록 바꾸는 방식들을 여성주의적으로 논의하는 "여성주의적 교육과정의 변환 프로젝트"에서 일어난다. 거기에서 그 "개혁 혹은 혁명"의 쟁점은 흔히 교과과정 개발에 대한 "여성을 참여시켜 흔들기 식 접근(add women and stir approach)"과 관련하여 발생한다. 예컨대 여성, 특히 여성주의자인 여성을 전통 과학이나 윤리학 과정들에 "참여"시키면서, 우리는 곧 여성을 참여시키는 것이 과학과 윤리학을 이해하는 방식, 과학과 윤리학이 교육되고 실천되는 방식, 그리고 그 쟁점들이 진정으로 "과학적" 또는 "윤리적" 쟁점들이라는 이름표가 붙게 되는 방식에 대한 도전의 시작임을 깨닫게 된다. 미닉(Elizabeth Minnick)의 말을 빌리자면, 이것은 지구가 평평하다는 생각에 지구가 둥글다는 생각을 단순히 덧붙일 수는 없기 때문이다. 어떤 생각이나 가정은 쉽사리 어울리지 않는다. 그것들이 어울리지 않는다면, 어떠한 생각을 더한 결과는 혼합이 아니라 마치 폭발과 같은 것이 된다. 생물학과 문화 간에 명확한 개념적 차이가 존재하지 않는다는 생각은, 생물학과 문화 간에 명확한 개념적 차이가 존재한다는 생각에 단순하게 더해질 **수 없다.** 동물의 지배적 계급제들이 보편적이지도 남성적이지도 않다는 생각은, 그러한 계급제가 보편적이거나 남성적이라는 생각에 단순하게 더해질 수 없다. 과학과 윤리학에 남성중심적 편향이 있고(비록 "사물들의 본성"의 편향이라기보다는, "오직" 역사적 편향이라 할지라도), 현재의 과학이나 윤리학에는 가치-중립적이고 객관적이며 공평한 관점이 전혀 존재하지 않는다는 생각은, 과학과 윤리학에 그와 같은 편향이 전혀 없다는 생각이나 가치-중립적이고 객관적이며 공평한 관점이 존재한다는 생각에 단순하게 더해질 수 없다. 이러한 각 사례에서, 여성주의라고 규정되는 입장을 채택한다는 것은 전통적인 과학과 윤리학의 주요 가정들을 부정하는 것이며, 그렇게 함으로써 적어도 이러한 쟁점들의 주요 가정들을 발생시키는 개념틀을 포기한다는 것이다.

2. **관찰과 관찰보고 판단** 이미 제안하였듯이, 누군가가 글을 쓸 때 인지하거나 인지하지 못한 것, 자신이 관찰한 것 중에 "주어져 있다고" 여기는 것, 혹은 적절하거나 신뢰할 만하거나 이유가 된다고 간주하는 것은, 궁극적으로 그가 기반하여 관찰하고 평가하는 개념틀의 영향을 받는다. 현미경으로 세포 덩어리를 들여다보는 여성주의 신경생리학자들은 전통적인 과학자들과는 매우 다르게 세포를 관찰할 것이다. 환경

이나 "문화"와 분리된 어떠한 "순수한" 생물학도 존재하지 않고, 세포는 "문화적"이라고 가정하는 블라이어와 같은 여성주의 과학자들은 세포들을 관찰할 때 세포 간의 상호관계들을 찾는다.29) 이러한 관찰에 근거하여 제공된 일반화, 예측, 상관관계나 인과적 주장은 (단일하거나 "일차원적인(linear)" 것이 아니라) 다중적인 생물학적 기제들과 환경적 요소 간의 복합적 상호관계들을 강조할 것이다.30) 단일-원인 이론들을 제시하는 것은, 불가능하지 않다면, 거의 가망이 없을 것이다.

유사하게, 여성주의 영장류학자들은 설치류와 영장류의 관찰에 근거하여, 인간 행위에 대한 순수하게 생물학적인 설명을 일반화하거나, 예측하거나, 인과적 설명으로 나아가는 부당한 추정을 거부할 텐데, 그 이유는 "설치류나 원숭이의 행동이 문화가 배제된 원초적 행위가 아니기" 때문이다.31) 그러한 추정들의 기본 가정은 결함이 있다. 그리고 여성주의 윤리학자들은 인공임신중절에 관한 윤리이론 정립 및 상충하는 해결책과 도덕적으로 관계된 자료들 가운데에, 여성들의 생생한 인공임신중절 경험을 포함하자고 주장할 것이다.

3. **인과적 주장들의 확인과 평가** 인과적 주장들을 평가하는 데 도움이 되는 검사는 울프(Mary Anne Wolff)가 두문자(頭文字)로 명명한 "CPROOF"로서, 인과적 주장의 적절성을 평가하려면, 설명될 사건 간의 상관관계(Correlation) 및 사건들의 선후관계(Precedence)를 정하고, 그 외의 요소들은 배제(Rule Out Other Factors)하는 방법이다. 어떤 가부장적 개념틀에서 수행되는 인간과 영장류의 행동에 대한 "성차 연구"에 CPROOF를 어떻게 적용할 것인가? 그러한 적용은, 만일 불가능하지 않다면, 어려운 일이다. 그것은 연구를 시작하기 위하여 우선적으로 필요한 가정, 즉 문화에 의해 "오염되지 않은" 생물학적 성에 기반한 연구를 하는 것이 가능하다는 가정이 제외될 필요가 있는 주요 요소들 가운

데에 포함되어 있기 때문이다. 그 가정이 도전받지 않는 한, 그것에 기초한 어떠한 설명이나 인과적 주장도, 단순히 틀렸거나 잘못 구상된 것이 아니라면, 매우 의심스러워질 것이다.[32] CPROOF는 완벽하게 훌륭한 검사이므로, 이 점은 주목할 만한 가치가 있다. CPROOF 검사를 적절히 적용하기 위하여 가부장적 개념틀을 특징짓는 기본 가정들이 거짓임을 문제 삼아야 할 때, 가부장적 개념틀을 지지하는 사람이 자신의 틀 **안에서** 효과적으로나 적절하게 사용할 수 없는 검사가 아니라는 것일 뿐이다. CPROOF 검사를 제대로 적용하기 위해서는, 가부장적 개념틀 **자체**에 도전할 필요가 있다. 그러나 이는 가부장적 개념틀을 지지하는 사람들이, 그 틀을 받아들이는 한, 일관되게 수행할 수 없는 일이다.

가부장적 개념틀들의 영향은 비판적 사고 기법들에만 미치는 것이 아니다. 중요한 비판적 사고 성향들을 행사하는 능력에도 개념적으로 제한된 한계들이 역시 존재한다. 주요 성향인 "열린 마음"을 살펴보자.

4. **열린 마음** 다른 관점들이 존재한다는 사실을 자각하지 못한다면, 다른 관점을 나의 관점보다 중요하게 고려하는 것은 설사 불가능하지 않다고 하더라도 어렵다. 예를 들어 어떤 사람의 개념틀이, 과학은 객관적이거나 가치-중립적이거나 또는 "선천적인" 생물학과 학습된 문화 사이에 기본적인 차이가 있다는, 근본적이며 암묵적인 가정을 한다고 생각해보자. 그렇다면 과학이 남성중심적이고, 남녀 사이에 어떠한 선천적인 생물학적 차이들도 없다거나(비록 남성과 여성 사이에 그러한 차이가 일부 있을지라도), 또는 여성의 출산과 양육의 역할들은 여성의 해부학적 구조의 불가피한 결과가 아니라는 관점을 진지하게 수용하는 것은, 불가능하지는 않더라도 매우 어려울 것이다.[33]

이것이 보여주는 한 가지는, 쟁점들을 열린 마음으로 보려는 사람의 의지와 능력의 범위가 그가 기반하고 있는 개념틀에 의해 상당한 영향을 받는다는 점이다. **열린 마음은 사람들이 주어진 개념틀 내에 머무르거나 머무르지 않(으려)는 성향이다.** 이것은 **본질적으로 맥락적인** 열린 마음의 성격으로, 언제나 어떤 개념틀(들) 내에서 표현된다. 열린 마음의 이러한 관점이, 열린 마음은 주어진 주제나 쟁점에 대하여 나의 관점보다 다른 관점을 잘 수용하는 ("열린") 태도를 포함한다는 입장과 상충하지 않는다는 점에 주목하자. 예컨대 "사람은 언제나 다른 관점에 열려 있어야 한다."는 것을 기초적 믿음으로 한 개념틀의 경우처럼, 일부 개념틀들에서 그 틀의 기초적 믿음들, 가치들, 태도들, 가정들은 다른 관점들에 매우 쉽게 "열릴" 수 있다. 물론 그런 개념틀이 바람직한지 아닌지는 별개의 문제이며, 내가 곧 제안하겠지만, 논의가 필요한 쟁점이다.

열린 마음의 맥락적 성격에 대한 이러한 견해가 옳다고 가정해보자. 그렇다면 사람들의 마음이 열려 있다고 말하려면 무엇이 필요한가? 어떤 개념틀 **내에서** 볼 때, 특정한 입장들이나 주장들이나 관점들은 진지하고 동등하게 고려할 **가치가 없다고** 간주될 수 있다. 예컨대 남녀는 동등하고, 여성의 억압은 잘못된 것이라고 보며, 젠더 차이들을 생물학적 "선천성"으로 설명하려는 어떠한 주장도 반대하는 **여성주의 개념틀**을 고려해보자. 그러한 틀 **안에서는** 여성이 선천적으로 남성보다 열등하다는 주장은 다른 주장들과 "동등하게 취급"될 수 없을 뿐만 아니라, 그러한 주장 자체를 제기할 **수 없는데**, 그것은 다음의 두 이유 때문이다. 첫째, 그 주장을 제기하는 데 필요한 어떠한 가정들도 그 개념틀 내에 포함될 수 없다. 더 중요한 두 번째는, 그 주장을 제기하는 데 필요한 가정들이 여성주의 개념틀의 기본적이고 본질적인 가정들과 **논리적으로 양립 불가능하며** 그래서 일관성 있게 덧붙여질 수 없다는 점이다. 그것은 다시 "여성들을 참여시켜 흔들기" 문제의 변형이다. 그러한 논증들을 놓고 오랜 시간 고민해온 여성주의자들이 그러는 것은, 그 논증들이 가부장적 개념틀에서 심각하게 고려되거나, 자신들이 그러한 논증들을 논파하고자 하기 때문일 것이다. 가부장적 개념틀들을 논파하거나 약화해야 여성주의가 성공하는 것이므로, **누군가가** 그러한 논증들을 논파하거나 약화하는 것이 중요하다. 그럼에도 불구하고 자신의 세계관을 "여성주의적"이라고 간주하게 만드는 믿음들과 태도들과 가치 판단을 하고 있으면서도, 유한한 시간과 자원과 에너지라는 조건을 고려하여 그러한 논증들에 전혀 주의를 기울이지 않는 선택을 할 수 있다.

여성이 남성보다 선천적으로 열등하다는 결론을 내리는 논증들을 심각하게 고려하지 않는 여성주의자는 열린 마음이 없는 것일까? 또는 흑인이 백인보다 유전적으로 열등하다는 논증들을 심각하게 여기지 않는 여성주의자는 열린 마음이 없는 것일까? 그 답은, 열린 마음이 **관점들의 참이나 편향이나 편견을 고려하지 않고**, "자신의 관점보다 다른 이의 관점을 진지하게 고려할 것을 요구한다."고 가정하는 **오직 그 경우에만** "그렇다"이다. (나는 그렇게 가정하지 않는다.) 그러나 이와는 달리 열린 마음이 **항상** 어떠한 개념틀 내에서 발생한다고 가정하고 또 이를 인지하고 있을 경우, 그 답은 "아니다"이다. **여성주의** 관점에서 볼 때, 어떤 개념틀은 다른 틀보다 더 좋으며, 모든 입장이 동등하게 고려할 가치가 있는 것은 아니다. **여성주의** 관점에서 열린 마음을 가졌다고 해서 반드시 모든 관점을 동등하게 고려해야 하는 것은 아니며, 어떤 관점들은 단순히 고려할 이유가 없을지도 모른다. **여성주의** 관점에서 볼 때, 오늘날의 서구 사회는 속속들이 인종과 계급과 성/젠더의 요소들로 구성되어 있다. 적어도 오늘날의 서구 사회에는 열린 마음의 특성이 발휘될 수 **있는** 가치-중립적인 개념틀로서 당장 적용할 만한 것이 없다. 그렇다면 **여성주의** 관점에서 여성이나 유색인의 선천적 열등성에 대한 논증들을 심각하게 고려하지 않는 여성주의자가 "닫힌 마음"을 가진 것은 아니다.34)

254

여기서 비여성주의적 관점이나 반여성주의적 관점을 심각하게 여기지 않는 여성주의자들이 "편파적"이라거나 "편향적"이라는 비판이 있을 수 있다. 그러한 편향이나 편견은 열린 마음과 양립 불가능하므로, 그러한 자세를 취하는 여성주의자들은 열린 마음을 가진 것이 아니다. 더 나아가 열린 마음은 중요한 비판적 사고 성향이므로, 그러한 자세를 취하는 여성주의자들은 비판적 사고자들(혹은 훌륭한 비판적 사고자들)도 되지 못한다.

여성주의자는 이러한 비판에 다음 두 방식 중 하나로 답할 수 있을 것이다. 여성주의적 관점은 **편향적이지 않다**거나, 혹은 여성주의적 관점은 **편향적이지만**, 다른 대안들보다 더 좋은 편향이라고 답변할 수 있다. 어떠한 답이 가장 적절한지는 무엇을 편향으로 간주하는지에 달려 있다. "편향"의 한 가지 의미에 의하면, 편향에 대한 문제를 제기하는 경우는 **거짓되거나 결함이 있는 일반화**에 근거한 가정들, 이유들, 결론들, 또는 개념틀과 같은 요소들과 관련되어 있다. (편향의 통상적 개념이다.)35) 이러한 의미의 "편향"에서, 여성주의적 편향은 전체를 대표하지 못하는 너무 작고 왜곡된 표본을 정형화하거나 단 하나의 사례를 일반화함으로써 발생한다. 우리는 제시된 이유나 근거를 보고 편향 여부를 판단하는 것이다.

가부장적 개념틀은, 그 틀이 제공하거나 지지하는 이유들이나 증거, 그 틀을 편향되게 하는 가정들, 그 틀이 보증하는 결론들이 (예컨대 남녀 간의 생물학적 성차나 원시사회의 남성 우월성에 관한) 거짓이거나 결함이 있는 일반화를 산출하는 한, (방금 지적한 의미에서) 편향적이다. 여성주의적 개념틀은 편향적인가? 그 틀이 실제로 거짓**인** 주장들을 거짓 주장**이라고** 거부하거나, 실제로 개념적으로 결함 **있는** 주장들을 개념적으로 결함이 **있다**고 거부하거나, 혹은 그러한 거짓되거나 결함 있는 주장들에 기초한 이유들, 논증들, 자료들을 대단한 것으로 고려하지 않는 한, 여성주의적 개념틀은 **편향적이지 않거나,** 적어도 가부장적 개념틀이 편향된 식으로 편향된 것은 아니다.

그러나 여성주의적 관점은, 다른 의미, 즉 **모든** 개념틀이나 **모든** 관점이 "편향적"이거나 "편파적"이라는 의미에서는 "편향적"이거나 "편파적"이라고 할 수 있다. "편향"의 이 두 번째 의미에 의하면, 주장이나 입장이나 개념틀은 그것이 가치-중립적이거나 객관적이지 않다면 편향되어 있다. 개념틀은 그 정의상 어떤 종류의 이유는 수용하고 다른 이유는 생략하도록 하는 특정 믿음들, 가치들, 태도들, 가정들에 기초해 있으므로, 개념틀은 (이 두 번째 의미에서) 편향적이다. 이러한 종류의 편향으로 인하여, 주어진 개념틀**에서 나오는** 어떤 주장은 어떤 새로운 증거(특히 논리적으로 양립 불가능한 증거)에 저항하게 된다. 그렇다면, 여성주의적 개념틀에서 가부장제의 생물학적 불가피성 논증을 동등하고 진지하게 다룰 가치가 없다고 일축해버리는 여성주의자는, 확실히 이 두 번째 의미에서 "편향적"이라고, 즉 가치-중립적이고 무역사적이며 비맥락적인 객관성을 제공하지 않는다고 여겨질 것이다. 이러한 의미에서 편향은 종류의 문제이기도 하고 정도의 문제이기도 하다.

이러한 두 번째 의미의 "편향"을 고려해볼 때, 적절한 물음은 여성주의적 관점이 편향되어 있는지가 **아니라,** 여성주의적 편향이 가부장적이나 남성중심적 편향보다 더 좋은 편향인지의 여부이다. 여성주의적 관점이 더 좋은 편향이라고 주장하는 여성주의자들은 여성주의적 관점이 **더 포괄적**이고 **덜 편파적**이라는 바로 그 이유로 그렇게 주장한다. 어떠한 쟁점을 공평하게 다룬다는 것은, 그 쟁점에 대하여 어떤 의견이나 감정도 없다는 것이 아니다. 또한 그것은 주어진 개념틀의 외부에서 어떤 "가치-중립적인" 자세를 취한다는 것도 아닌 것이, (내가 이미 주장해왔듯이) 그러한 태도는 불가능하기 때문이다. 공평성은, 비판적 사고의 열린 마음과 대인관계의 세심함에 대한 성향들과 마찬가지로, 항상 어떠한 개념틀 내부로부터 나온다.

여성주의적 관점에서 공평성은 부분적으로 종속적인 위치에 있는 사람들, 지배적 문화 내에서 이렇다 할 권위를 가지고 있지 못한 사람들, 그리고 위계 구조 최하단에 있는 사람들의 관점을 경청하는 데 있다. 공평성은 여성들의 생생한 경험들이, 그 경험들이 아무리 다양하다 할지라도, 이론 수립의 일부분이라는 확신을 포함한다. 여성주의적 관점에서 **공평성은 포괄적이기를 요구한다.** 가정들, 믿음들, 가치들, 태도들을 지지하거나 문제 삼지 못하고, 남성적 지배를 강화하는 데 기여하고, 여성들의 경험들, 기여들, 관점들을 배제하는 가부장적 개념틀은 다른 개념틀(예컨대 여성주의적 개념틀)에 비해 **덜 포괄적이기 때문에 보다 편파적**이다. 여성주의 개념틀은 그로 인하여 더 좋게 편향(두 번째 의미의 "편향")되어 있다.

더 나아가 보다 더욱 포괄적인 여성주의 개념틀은 많은 사람의 생활상에 대하여 일반화에 필요한 **한결 좋은 자료들**을 제공하기 때문에, 우리의 일반화가 첫 번째 의미로 편향되지 않도록 돕는다. 즉, 여성주의 개념틀의 편향(두 번째 의미의 "편향")은 (첫 번째 의미에서) 덜 편향되도록 하는 데 기여한다.

그러므로 여성주의적 관점에서, 여성주의에 헌신한다는 것은 (적절하게 이해된) 공평성과 열린 마음에 헌신하는 **것이며,** (적절하게 이해된) 공평성과 열린 마음에 헌신한다는 것은 여성주의에 헌신하는 **것이다.** 재거(Alison Jaggar)는 이러한 관점을 그녀의 논문 「선동 가르치기: 여성주의 교수법의 몇몇 딜레마들(Teaching Sedition: Some Dilemmas of Feminist Pedagogy)」에서 다음과 같이 간결하게 표현한다.

실로 여성주의자들은 당대의 사회적 삶에 대하여 진정으로 공정하게 숙고함으로써 필연적으로 여성주의에 헌신해야 한다고 믿는다. … 여성주의 관점에서 보면 비합리적이거나 편향된 것은 여성주의가 아니라, 오히려 여성들의 특수한 관심사들을 무시하고 평가절하하는 입장들이다. 여성주의적 참여는, 부적합한 편향을 조성하기보다는, 하나의 매우 일반적이고 위험한 형식의 편향에 맞선 방어이다. 공정성은 여성주의에 의해 약화되지 않으며, 도리어 여성주의적 참여는 공정성을 보호하도록 돕는다.36)

만일 내가 논의해온 것이 옳다면, "열린 마음"을 "적절하게 이해"하기 위하여서는, 개념틀들, 특히 가부장적 개념틀들의 성격과 힘을 이해할 필요가 있다.

비판적 사고 교육과 학습: 몇 가지 여성주의적 고려사항들

나는 비판적 사고가 언제나 주어진 개념틀 내에서 발생한다는 점에서 언제나 맥락적이라고 주장해왔다. 최근의 비판적 사고 연구에 따르면, 비판적 사고는 다른 면에서도 맥락에 매우 민감하다. 노리스(Stephen Norris)는 다음과 같이 주장한다.

이 점은 두 가지 이유로 참이다. 첫째, 추론과 추론에 대한 평가는 배경을 이루는 가정들, 정교함의 정도, 그리고 과제 파악을 보아야 한다. 어떤 검사를 통과한 추론들이나 교사가 내놓은 추론들과 일치하지 않는 추론들이라고 해서 반드시 비판적 사고에 결함이 있는 것은 아닐 수 있다. … 둘째, 비판적 사고는, 맥락이 극적인 영향을 끼칠 수 있기에, 맥락에 민감하다. 이 점은 연역추리 영역에서 매우 확실한 사실이다 (Evans, 1982). 연역추리는 내용보다는 형식에 기반을 둔다. … 그래도 사람들은 익숙한 주제와 관련된 맥락들을 다룰 때, 그들의 개인적 경험과 관련 있는 맥락들을 다룰 때, 그리고 결론의 참을 예단하지 않을 때,

연역추리를 더 잘한다. 덧붙이자면, 압박을 받거나 어떤 기대에 부응해야 하는 맥락들에서는 연역추리를 잘하지 못하게 된다.37)

노리스에 의하면, 추론하고 그 추론을 정당화할 수 있는 능력의 질은, 예컨대 주위 환경이 안전하게 느껴지는지 뿐만 아니라 "배경을 이루는 가정들, 정교함의 정도, 그리고 과제 파악"과 같은 맥락에 민감한 것이다. 어떤 추론들은 다른 가정들이 아닌 배경을 이루는 일단의 가정들에 맞서 정당화될 수 있고, 혹은 다른 틀이 아닌 어떤 한 개념틀 내에서 정당화될 수도 있다. 노리스의 주장처럼, "익숙한 주제와 관련된 맥락들을 다룰 때, 개인적 경험과 관련 있는 맥락들을 다룰 때, 그리고 결론의 참을 예단하지 않을 때, 사람들이 연역추리를 더 잘한다면", 연역추리를 잘하는 능력은 개념틀들의 영향을 받는다.

맥락적 민감성의 문제는 또한 비판적 사고의 효과적인 교육/학습에도 중요하다.38) 맥락에 민감하게 되면, 비판적 사고를 다른 영역들에 "**적용** (transfer)"할 수 있게 된다. 적용의 문제에 대한 논의는, 제한된 연구 영역 **내에서** 그 영역의 새로운 사례들에의 적용, 학제적 경계들을 **넘어서는** 적용, 그리고 우리가 일상생활에서 하는 사고 행위**에로의** 적용 등, 다양한 수준의 적용에 주목해야 한다.39) 적용의 문제들에 주목한다는 것은, 학습자의 배경지식, 가정들, 경험들, 그리고 그의 "일상생활"의 성격과 같은 맥락에 주목한다는 것이다. 이처럼 **맥락에 민감한** 사람은 비판적 사고의 중요한 성향을 발휘하는 사람이다.

노리스에 의하면, 비록 무엇이 비판적 사고를 직접 배운 학생을 특별하게 더 훌륭한 사고자로 만드는지, 혹은 어떻게 필요한 곳에 적용하는지에 대한 상세한 지식이 아직 별로 없음에도 불구하고, 일반적으로 (**대인관계**에 대한 민감성을 포함한) 맥락적 민감성과 "적용을 위한 비판적 사고 교육"이 필요하다는 점은 확인되었다.40) 이러한 맥락적 민감성을 발휘하기 위하여, 교육자들/학습자들은 언젠가는 자신들의 개념틀들을 인지해야 하고, 대안적 개념틀들을 알아야 하며, 가능한 곳에서는 개념 틀들을 넘나들며 논의해야 한다.

비판적 사고 능력들과 비판적 사고 행위에 대한 교육과 평가가 결론 의 이유들을 **명시적으로** 표명하도록 하는 방향으로 나아가야 하는 것 은, 비판적 사고가 맥락에 지극히 민감하기 때문이다. 그렇지 않으면 우 리는 시험자와 피험자 간에 존재하는 "사고력의 결함들을 구별할 수 없 고, 배경 가정들 및 믿음들의 차이들을 구별"할 수 없을 것이다.41)

추론 규칙으로서의 "전건긍정법은 역사에서와 마찬가지로 과학에서 도 정확하다."는 슈워츠(Robert Swartz)의 진술은 옳을 수 있다.42) 그러 나 노리스의 연구 결과가 옳다면, 전건긍정법을 **배우고 사용하는** 사람 의 능력은 과학과 역사가 제공하는 맥락들을 포함한 서로 다른 맥락들 에서 매우 다르게 나타날 것이다. 노리스의 관점이 지닌 하나의 함의는, 전건긍정법에 기반을 두어 추론들을 인지하고, 사용하고, 평가하는 능력 은 추론자가 처한 주변 환경의 "안전성"과 추론자 자신의 사전 지식의 영향을 받을 것이라는 점이다. 매우 다른 개념틀에서 사례들을 끌어오 고 결론을 도출하면, 학습자의 비판적 사고 행위와 능력은 상당히 다를 수 있다. 학습자의 개념틀과 마찬가지로 자신의 개념틀("관점")을 심각 하게 고려하지 못하면, 부정확하지 않다면 성급한 일로서, 평가자의 마 음은 학습자가 연역추리를 잘하지 못한다는 결론으로 기울기 쉽다.

결론

이 논문에서 나는 비판적 사고를 적절하게 구상하기 위해서는 비판적 사고가 항상 **어떠한** 개념틀 안에서 이루어진다는 것을 알아야 한다고 주장해왔다. 이러한 점에서, 비판적 사고는 **본질적으로 맥락적인 것으**

로, 즉 비판적 사고가 이해되거나, 활용되거나, 학습되거나, 교육되는 개념틀에 민감한 것으로 이해되어야 한다. 그런 가운데 특별히 **여성주의**의 입장은 가부장적 개념틀들이 비판적 사고의 이론과 실천에 관련되는 방식들을 드러낸다.

여성주의는 낡은 쟁점들을 새로운 방식으로 문제화하여 비판적 사고의 아젠다를 변화시킨다. 이 논문에서 내가 주장해온 것이 옳거나 그럴 듯하다면, 비판적 사고와 여성주의 간의 연결고리는 비판적 사고의 현행 연구가 제안하고자 하는 것보다 더 깊고, 잠재적으로 더 해방적일 것이다. 양자의 목표들은 서로 연결되어 있고, 상호 보완적이다. 그렇다면 비판적 사고는 **단순히** 여성주의의 쟁점만은 아닐 것이다. 비판적 사고가 진정으로 하고자 하는 것, 즉 무엇을 행하고 믿어야 할지를 결정하고자 하는 합리적이고 반성적인 활동이 되려면, 그것은 여성주의적인 것이 **되어야** 할 것이다.

주 ━━━━━

1) 나는 이 논문에서 비판적 사고의 적절한 정의를 놓고 벌이는 논쟁을 직접적으로 다루지는 않는다. 또한 "비판적 사고 기법들"의 적절한 분류법, 비판적 사고가 "특수 주제 영역"인지의 여부, 비판적 사고 교육의 가장 효과적인 방법들에 대하여도 논하지 않는다. 비판적 사고의 다양한 관점들에 대한 논의에 대해서는 다음을 참조하라. Barry K. Beyer, "Critical Thinking: What Is It?" *Social Education*(April, 1985), pp.270-276.

2) Robert H. Ennis, "Rational Thinking and Educational Practice," in *Philosophy of Education*(80th yearbook of the National Society for the Study of Education, Vol. 1), ed. by J. F. Soltis(Chicago: The National Society for the Study of Education, 1981.) 보다 최근의 논문으로는 다음의 논문들이 있다. "A Logical Basis for Measuring Critical Thinking Skills," *Educational Leadership* 43(October, 1985), pp.44-48, 그리고 "A Taxonomy of Critical

Thinking Dispositions and Abilities," in *Teaching Thinking Skills: Theory and Practice*, eds. by Joan B. Baron and Robert J. Sternberg(New York: W. H. Freeman and Company, 1987), pp.9-26. 설령 현재 통용되는 비판적 사고의 다른 정의가 더 나올지라도, 이 논문에 개진된 입장은 사실상 바뀌지 않을 것이기 때문에, 이 정의는 "우리의 목적들을 위하여 충분"하다.

3) 비판적 사고 능력들과 성향들에 대한 보다 완전한 목록은 다음을 보라. Ennis, "A Taxonomy of Critical Thinking Abilities and Dispositions", ibid. 최근 연구에 의하면, "비판적 사고에서 비판적 정신"(또는 "비판적 성향")을 가지는 것이 어떤 기법들을 아는 것만큼 중요하다고 하는데, 이 점은 주목할 만하다. Stephen P. Norris, "Synthesis of Research on Critical Thinking," *Educational Leadership* 42(May, 1985), p.44.

4) 예컨대 폴(Richard Paul)은 "감정과 믿음은 항상 불가분적으로 결합"되어 있기 때문에, 감정이입과 열정은 비판적 사고에서 중요한 역할을 한다고 주장한다. 다음을 보라. Richard Paul, "Dialogical Thinking: Critical Thinking Essential to the Acquisition of Rational Knowledge and Passions," in *Teaching Thinking Skills*, ibid., pp.127-148. 이 넓은 정의는 두 가지 분명한 장점이 있는 것으로 보이는데, 여성주의적 관점에서는 매력적이면서도, 기법들의 측면에서는 더 좁은 정의를 수용한다. 이 정의가 여성주의적 관점에서 매력적인 것은, 내가 이 글에서 논의하듯이, 많은 여성주의자들은 배타적이며 대립적인 이원론들(예컨대 비판적 사고와 창의적 사고, 이성과 감성)에 대하여 매우 강한 의구심을 가지고 있기 때문이다.

5) 재거(Alison Jaggar)는 다음에서 여성주의의 가장 중요한 네 가지 개념을 철저하게 분석한다. Alison Jaggar, *Feminist Politics and Human Nature* (Totowa, N.J.: Rowman & Allanheld, 1983). 재거는 흑인 및 제3세계 여성주의에 대해서는 다음에서 논한다. *Feminist Frameworks*, 2nd Edition, eds. Alison M. Jaggar and Paula S. Rothenberg(New York: McGraw-Hill, 1984). 다른 여성주의들에 관한 생태 여성주의 논의는 다음에서 찾을 수 있다. Karen J. Warren, "Feminism and Ecology: Making Connections," *Environmental Ethics*(Spring, 1987), pp.3-10.

6) 억압적 개념틀들에 대한 이 논의는 나의 논문 "Feminism and Ecology: Making Connections"에서 제안한 것을 수정한 것이다.

7) Elizabeth Dodson Gray, *Green Paradise Lost*(Wellesley, Mass.: Roundtable Press, 1981), p.20.

8) 여기서 나는 이러한 주장들을 옹호하지는 않지만, 서양의 문화 특히 서양 철학이 가치-위계적 사고를 승인해온 방식들에 대한 논증들은 예컨대 다음 문

헌들에서 찾을 수 있다. Susan Bordo, *The Flight to Objectivity: Essays on Cartesianism and Culture*(Albany: SUNY Press, 1987); Genevieve Lloyd, *The Man of Reason: "Male" and "Female" in Western Philosophy* (Minneapolis: University of Minnesota Press, 1984); Carolyn Merchant, *The Death of Nature: Women, Ecology, and The Scientific Revolution*(San Francisco: Harper & Row, 1980).

9) 다음을 보라. Jagger, ibid., p.96.

10) 나는 이 점을 다음의 짧은 글에서 생태 여성주의와 관련지어 논한다. "The Power and Promise of Ecological Feminism," American Philosophical Association Eastern Division Meetings, Dec. 27-30, 1987.

11) 많은 여성주의자들이 서양사의 모든 지배적 문화들은 그것이 계몽적이든, 개혁적이든, 봉건적이든, 자본주의적이든, 사회주의적이든 관계없이 가부장적이었다고 주장함에도, 나는 여기서 그 주장이 참인지에 관해서는 논쟁의 여지를 남겨두고자 한다.

12) 적어도 서구 문화에서, 여성은 대체로 "사적" 영역으로 분류되는 소위 "여자들의 일"(예컨대 아이 기르기, 가사 책임지기, 돌보기)을 하는 사람으로 간주된다. 따라서 여성의 노동이 어떤 지위나 가치를 가진다고 할지라도, 그 노동은 전형적으로 남성 노동의 "공적 영역"보다 시시하고 하찮으며 또는 정치적으로도 중요하지 않다고 일반적으로 간주되는 영역에서의 지위나 가치를 가질 뿐이다.

13) 어떤 개념틀을 "가부장적"이라고 부르는 것은, 그것이 모든 남성 혹은 오직 남성만 고수한다는 의미는 아니라는 점에 주목하자. 오늘날의 문화에서 남녀 모두 가부장적 개념틀 내에서 길러지는 한, 남자로서 그리고 여자로서 영향을 받는 방식과 정도의 차이는 있다 해도, 남녀 모두 가부장적 개념틀의 영향을 받을 것이다.

14) 비판적 사고와 여성주의 간의 연결 관계를 보여주는 다른 접근법들도 이용할 수 있다. 예컨대 우리는 대학과 예비대학의 풍토가 얼마나 "여성에게 냉담한지"를 이해하는 것이 여학생들의 비판적 사고 능력이나 성향을 이해하는 것과 관련이 있음을, 또는 어떻게 시험 상황들과 평가에서 여성의 특정한 경험이나 문화적 경험에서 나오는 사례들이나 상황들을 활용하지 못하는지 등을 보여줄 수 있다. 이에 관하여 다음을 보라. Roberta M. Hall and Bernice R. Sadler, "The Classroom Climate: A Chilly One for Women?" *Project for the Status and Education of WOMEN*, Association of American Colleges, 1818 R. Street NW, Washington, D.C. 20009.

15) 편향, 그리고 "관점"의 불가피하지만 잠재적으로 위험한 편향에 대한 유용한

논의는 다음을 보라. J. Anthony Blair, "What is Bias?" in *Selected Issues in Logic and Communication*, ed. Trudy Govier(Belmont, Calif.: Wadsworth Publishing, 1988), pp.93-103.

16) 그 사례들을 과학과 윤리학에서 채택하는 이유는, 이 두 영역이 비판적 사고 논의들의 핵심인 소위 사실 주장과 가치 주장을 펴고 평가하는 것과 관련된 광범위한 쟁점들을 보여주기 때문이다. 그렇게 함으로써, 이 사례들은 비판적 사고의 성격과 교육에 대한 여성주의적 관심의 폭과 깊이 모두를 분명히 보여준다.

17) Ruth Bleier, *Science and Gender: A Critique of Biology and its Theories on Women*(New York: Pergamon Press, 1984).

18) Ruth Bleier, "Introduction," in *Feminist Approaches to Science*, ed. by Ruth Bleier(New York: Pergamon Press, 1986), p.2. 나는 여기서 블라이어의 견해나 인용된 여성주의 과학자들과 윤리학자들의 다른 견해들을 옹호할 의도는 없다. 나의 목적은, 왜 그리고 어떻게 비판적 사고가 가부장적 개념틀 내에서 구상되고 활용되는 방식이 여성주의적 쟁점이 되는지를 보이기 위하여, 단지 그들의 관점을 이용하는 것이다.

19) 오트너(Sherry B. Ortner)는 생태주의 여성학자의 관심과 유사한 질문인 "여성은 남성보다 자연에 더 가까운가?"라는 물음을 최초로 제시한 학자 중 하나다. Sherry B. Ortner, "Is Female to Male as Nature Is to Culture?" in Michelle Rosaldo and Louise Lamphere, eds., *Woman, Culture and Society* (Stanford: Stanford University Press, 1974), pp.67-68. 생태학적 여성주의자들은, 내가 여기서 제기해온 "남녀 사이에 생물학적 차이가 있는가?"라는 질문에 반대한 것과 같이, "여성은 남성보다 자연에 더 가까운가?"라는 질문을 같은 방식으로 반대한다. 예컨대 그리스컴(Joan Griscom)에 의하면 "그 질문은 그 자체가 결함이 있는데, 왜냐하면 우리는 모두 자연의 일부이며, 우리 모두는 생물학적으로나 문화적으로 자연의 일부이기 때문이다." Joan Griscom, "On Healing the Nature/Culture Split in Feminist Thought," *Heresies 13: Feminism and Ecology* 4(1981), p.9.

20) 다음을 보라. Donna Haraway, "Primatology is Politics by Other Means", 그리고 Sarah Blaffer Hrdy, "Empathy, Polyandry, and the Myth of the Coy Female," in *Feminist Approaches to Science*, ibid., pp.77-118와 pp.119-146.

21) Bleier, "Introduction," *Feminist Approaches to Science*, p.8.

22) Bleier, *Science and Gender*, p.29.

23) Ibid., p.9.

24) Judith Jarvis Thomson, "A Defense of Abortion," *Philosophy and Public Affairs* 1(September, 1971), pp.47-66.

25) 다음을 보라. Kathryn Adelson, "Moral Revolution," in *Women and Values: Readings in Recent Feminist Philosophy*, ed. Marilyn Persall(Belmont, Calif.: Wadsworth, 1986), pp.291-309.

26) Ibid., p.306.

27) Jane Roland Martin, *Reclaiming a Conversation: The Ideal of the Educated Women*(New Haven, Conn.: Yale University Press, 1985), p.197.

28) 여성주의 과학에 대하여 앞 절에서 언급한 것과 마찬가지로, 여기서 나의 목적은 윤리학의 편향에 대한 이 중요한 쟁점을 해결하자는 것이 아니다. 또한 (애덜슨이 주장하듯이) 윤리학에 존재하는 편향이 무엇이든 이를 바로잡기 위해서는 개선보다는 혁명적 변화가 필요하다고 주장하려는 것도 아니다. 그보다 나의 목적은, 윤리학에서 편향의 변화가 발생하는 방식과, 어떠한 편향이 개념틀과 관련 있는지를 설명하기 위하여, 윤리학에서의 최근 여성주의적 논의를 이용하는 것이다.

29) 세포유전학자 매클린톡(Barbara McClintock)의 접근 방법에 대한 켈러 (Evelyn Fox Keller)의 논의와 매클린톡의 옥수수 연구를 비교해보라. 켈러에 의하면, 매클린톡은 과학자들에게 "유기체에 대한 느낌"을 발전시켜 "물질(매클린톡의 사례에서 물질은 옥수수이다)이 당신에게 말하도록 하라."고 촉구한다. Evelyn Fox Keller, "Women, Science, and Popular Mythology," in *Machina Ex Dea: Feminist Perspectives on Technology*, ed. Joan Rothschild(New York: Pergamon Press, 1983), p.141. 매클린톡의 연구를 다루는 켈러의 완전한 논의에 대해서는 다음을 보라. Evelyn Fox Keller, *A Feeling for the Organism: The Life and Work of Barbara McClintock*(San Francisco: W. H. Freeman, 1983).

30) Bleier, *Science and Gender*, p.107.

31) Ibid.

32) 그러한 고려를 통해 많은 여성주의 과학자들은 하나의 옳은 과학적 방법론이란 없으며, 과학적 방법론으로 연구와 그 결론들이 연구자의 편향과 가치와 믿음의 영향을 받지 않게 할 수 없다는 결론을 내린다. 다음을 보라. Bleier, *Science and Gender*, pp.4-5.

33) 유사하게 우리가 유색인이 유전적으로 백인보다 열등하다고 가정하는 인종차별적 개념틀에서 판단하면, 백인과 비백인 간에 적절한 유전적 차이란 전혀 없고, 백인과 흑인은 평등하며, "백인 우월성"은 이념의 산물에 불과하다는 관점을 진지하게 받아들이기는 매우 어려울 것이다. 인종차별적 개념틀의

기본 가정들을 계속 고수하면서 그러한 가정에 반대되는 관점을 진지하게 받아들이는 것은 불가능할 것이다.

34) 내가 여기서 오직 여성주의적 관점만이 "열린 마음의" 관점이라고 주장해온 것은 아니라는 점에 주목하라. 내가 주장해온 것은, 여성주의적 관점은 열린 마음이 모든 관점을 진지하게 고려할 것을 요구하는 것은 아니라는 주장인 데, 왜냐하면 일부 관점들(예컨대 여성은 남성보다 열등한 대우를 받아야 한 다는 관점)은 진지하게 고려할 가치가 없기 때문이다.

35) 이것은 스크리븐(Michael Scriven)이 다음의 책에서 제안한 편향 개념이다. *Reasoning*(New York: McGraw-Hill, 1976), p.208.

36) Alison M. Jaggar, "Teaching Sedition: Some Dilemmas of Feminist Pedagogy," *Report from the Center for Philosophy and Public Policy*, pp.8-9.

37) Norris, ibid., p.42. 인용된 구절은 다음의 책에서 확인할 수 있다. J. St. B. T. Evans, *The Psychology of Deductive Reasoning*(London: Routledge & Kegan Paul, 1982).

38) 지면 관계상 여기에서 "여성주의 교수법" 연구의 적절성을 논하기는 어렵다. 이 쟁점들에 대한 논의는 다음을 참고하라. *Feminist Teacher*; Mary Anne Wolff, "According to Whom? Helping Students Analyze Contrasting Views of Reality," *Educational Leadership*(October, 1986), pp.36-41; Charlotte Bunch and Sandra Pollack, eds. *Learning Our Way: Essays in Feminist Education*(Trumansburg, N.Y.: Crossing Press, 1983); Margo Culley and Catherine Portugues, eds., *Gendered Subjects: The Dynamics of Feminist Teaching*(Boston: Routledge & Kegan Paul, 1985); Bernice Fisher, "What Is Feminist Pedagogy?" in *Radical Teacher* 18(1981), pp.20-24; Henry A. Giroux, *Theory and Resistance in Education: A Pedagogy for the Opposition*(South Hadley, Mass.: Bergin and Garvey, 1983); Nancy Hoffman, "White Woman, Black Woman: Inventing an Adequate Pedagogy," in *Women's Studies Newsletter* 1-2(1977), pp.21-24; Nancy Porter, "Liberating Teaching," in *Women's Studies Quarterly* X(1982), pp.19-24.

39) Robert J. Swartz, "Critical Thinking, the Curriculum, and the Problem of Transfer," in *Thinking: Progress in Research and Teaching*, eds. David N. Perkins et al.(Hillsdale, N.J.: Erlbaum, 1987), p.283.

40) Norris, ibid., p.44.

41) Ibid., p.42.

42) Swartz, ibid., p.270.

3부

비판적 사고와 해방

　학생들에게 사고 기법을 교육할 때는 논리적 분석의 요령만 가르쳐서
는 안 된다. 우리가 보았던 것처럼, 그러한 추상적 접근은 사고 과정을
탈맥락화하고 사고자를 비인격화한다. 사고 기법 교육은 지식 주장들과
논증들을 공정하고 합리적으로 탐구할 수 있는 학생 능력의 향상에 그
쳐서는 안 된다. 그 교육은 또한 학생들에게 사고를 흐리게 하는 편견과
성향으로부터 개인적으로 해방되기 위한 전략들을 제공해야 한다. 학생
들에게 자신의 근본적인 믿음들과 타자들의 (흔히 반대되는) 근본적인
믿음들을 탐구하도록 자극하는 놀라움과 호기심의 감각을 고취해야 한
다. 그리고 학생의 인격을 계몽하기 위한 수단의 역할을 조금이라도 수
행해야 한다. 결론에 해당하는 여기 3부에 수록된 논문들 모두 이러한
이상을 이야기한다.

　1982년 처음 출판되었고 이 책을 위해 특별히 다시 쓰인 폴(Richard
Paul)의 논문이 논의를 시작한다. 비판적 사고에 대한 비논리주의적 탐

구를 고무시키는 데 폴의 논문만큼 영향력을 행사해온 논문은 아마 단한 편도 없을 것이다. 이 논문에서 폴은 "약한" 의미의 비판적 사고와 "강한" 의미의 비판적 사고를 구분한다. 전자는 학생들이 고립된 개별 논증들에 주의를 기울이게 하는 방식으로 논리적 분석의 기초를 훈련하는 것에 주로 집중한다. 하지만 이러한 종류의 "원자론적인" 분석은 학생들의 기초적인 세계관의 가정들을 건드리지 않은 채 내버려두고, 그 대신 타인의 논증들과 믿음들에 비판적 기법들을 사용하게끔 지도하는 경향이 있다. 폴은 대안적인 방법으로 강한 의미의 비판적 사고를 옹호하는데, 이는 학생들이 타인의 논증들만큼이나 자기 자신의 뿌리 깊은 가정들이나 편견들에 주의를 기울이고, 합리적 사고가 비판의 도구일 뿐만 아니라 해방의 도구라는 점을 이해하게끔 고무한다. 강한 의미의 비판적 사고를 옹호하는 이 논문은 이제 고전이 되었지만, 폴은 이 논문을 다시 쓰면서 최근 십 년 동안 그의 입장에 제기된 비판들에 응답한다.

지루(Henry Giroux)는 그의 논문에서 주류 비판적 사고가 실증주의 전통에 속하고, "내적 정합성의 입장"을 강조하는 특징이 있으며, 그래서 훌륭한 사고자가 된다는 것은 정합성의 형식적이고 논리적인 틀에 따라 논증을 분석한다는 것을 의미한다고 주장한다. 하지만 그러한 추상적 접근은 분명히 (1) 이론과 사실이 서로 관련되어 있으며, (2) 지식은 가치들, 규범들, 그리고 관심들과 분리될 수 없다는 명백한 사실을 놓친다. 사고 기법 교육학은, 이러한 문제점을 극복하고, 학생들에게 자신의 삶에서 훌륭한 사고의 중요성을 이해하도록 안내하기 위하여, 사고방식과 사고 대상에 영향을 미치는 (강의실의 관행들과 관계들을 포함한) 사회적 제도들과 관계들을 검토하도록 돕고, 정보의 맥락화를 강조할 필요가 있다.

지루처럼 브라질의 교육철학자 프레이리(Paulo Freire)의 영향을 받은

268

카플란(Laura Duhan Kaplan)은 그의 논문에서 종래의 비판적 사고가 공언한 목표들 가운데 하나인 학생들에게 책임감 있는 시민정신을 훈련하는 일에서 실패하였다고 주장한다. 카플란은 종래의 비판적 사고가 학생들로 하여금 논증들을 낳는 사회적 구조들과 관계들로 주의를 돌리게 하기보다는, 손쉽게 다룰 수 있도록 준비된 논증들에 집중함으로써, 교육학적으로 학생들의 수동성을 조장하였다고 주장한다. 카플란은 프레이리의 "비판적 교육학" 정신에 호소하며, 현존 모델들로부터의 반성적 해방과 새로운 대안 모델의 구상을 강조하는 비판적 사고를 옹호한다. 카플란이 말하는 것처럼, "[주류] 비판적 사고 운동은 학생들에게 논증 비판을 하도록 가르치지만, 비판적 교육학 운동은 학생들에게 그들을 둘러싼 세계를 비판하는 데 필요한 기초로서의 비평을 하도록 가르친다."

워렌(Thomas Warren)은 그의 논문에서 비판적 사고가 통상적으로 이해되고 교육되는 방식에 "근본적으로 잘못된" 무언가가 있다고 주장한다. 워렌은 아렌트(Hannah Arendt)가 옹호한 구분에 의거하여, 주류 비판적 사고가 사실상 "사고"를 희생시키면서 "추리"를 강조하고 있다고 주장한다. 추리한다는 것은 "측정"하고, 계산하고, 해답에 도달하려는 목적으로 추론적으로 분석하는 것이다. 하지만 사고한다는 것은 해답을 찾는 것이 아니라 의미를 탐색하는 것이며, 그러기 위하여 분석적 양식들로 환원될 수 없는 방식으로 하는 것이다. 사고하기는 놀라움을 고무하는 반면, 추리는 즉시 해결 가능한 문제들에 집중함으로써 놀라움을 억누른다. 그래서 현재의 주류 비판적 사고는 개인들이 더욱 효율적으로 계산할 수 있게 만들지는 모르지만, 자기반성과 계몽을 장려하는 일에는 기여하는 바가 매우 적다.

유사하게 랑스도르프(Lenore Langsdorf)는 "판단"을 희생시키며 그가 "도구적 이성"이라고 부르는 것에 집중하는 기존의 비판적 사고 교육의 경향을 우려한다. 도구적 이성은 우리가 수단과 목적을 계산할 수 있게 해주지만, 판단은 그 수단과 목적을 인간의 욕구와 목적에 비추어서 검토하는 데 필수적이다. 랑스도르프는 폴이 학생들로 하여금 자기의 세계관을 검토할 때 자기중심적인 편견을 포기하도록 장려하는 "강한 의미"의 비판적 사고를 옹호한 점에서 영감을 받고, 리쾨르(Paul Ricoeur)를 따라, 개인이 "상반되는 관점들과 마주하는 구체적 변증법"에 따르도록 독려하는 비판적 사고 개념을 옹호한다. 랑스도르프는 자기들(selves) 간의 그러한 대화가 비판적 분석뿐만 아니라 상상력을 장려하고, 개인적이고 사회적인 계몽을 위한 힘이 된다고 결론 내린다.

10

강한 의미의 비판적 사고 교육: 자기기만, 세계관, 그리고 변증법적 분석 방식

리처드 W. 폴

"… 역사적 사고와 무관한 추상적 관점이나 분석적 관점은 존재하지 않는다.
… 사고는 모두 어딘가에 속할 뿐만 아니라 누군가의 것이며, 다른 사고들
의 맥락, 즉 순수하게 형식적으로 규정할 수 없는 맥락 속에 자리 잡고 있다.
사고란 … 구체적인 조건들 속에서 알려지고 이해되어야 할 어떤 것이다."
— 벌린(Isaiah Berlin), 『개념과 범주(*Concepts and Categories*)』, 7장

서론

내가 처음 이 논문을 썼을 때, 나는 우리가 어떤 상황에서 하는 추론
이든 다른 많은 상황의 추론들 일부가 되어, 시간이 흐르는 가운데 그것
이 완전한 사고 체계로 굳어지고, 궁극적으로는 원대한 세계관이라 할
수 있을 만한 거대한 사고 체계로 정립되어가는 방식을 강조하는 데에
관심이 있었다. 나는 또한 교과과정과 전 학년 교육을 총체적으로 구상
하기보다는, 하나의 독립된 비판적 사고 강좌를 염두에 두고 있었다. 그

결과 내 견해에 대한 몇 가지 오해가 생겨났다. 우선, 혹자는 내가 교과 과정 전반에 걸쳐 비판적 사고를 가르치는 것에 반대한다고 오해하였다. 또 다른 이들은 내가 비판적 사고 교육을 "정치적"으로 접근한다고 오해하였는데, 이는 내가 중점적으로 다루었던 예제들이 넓은 의미에서 "정치적"인 것으로 여겨질 수 있기 때문이었다. 마지막으로 나는 어떤 사람의 배경에든 세계관이 숨어 있기 마련이라는 점을 강조하였는데, 그로 인해 어떤 이는, 마치 추론자가 기존의 세계관에서 벗어나고자 하더라도 또 다른 세계관의 지배를 받지 않을 수 없는 것처럼, 어떤 세계관이 되었든 자신의 세계관에 갇혀 있기 마련이라는 견해를 내가 의도하거나 고수한다고 잘못 생각하였다. 이는 내가 개인의 세계관이 그의 뒤에 숨어 있는 경우가 흔하다는 견해를 강조한 것을 두고 오해한 것이었다. 분명 나는 비판적 사고가 하나의 관점을 갖는 방법이고, 준거틀을 받아들이는 방법이며, 하나의 세계관에 참여하는 방법이고, 우리를 비판적 교양인으로 만드는 관점들, 준거틀들, 세계관들의 지배로부터 충분한 의미에서 해방되는 방법으로 이해되어야 한다는 사실을 적절하게 강조하지 않았다.

학생이 이러한 비판적 사고 능력을 갖추도록 하는 일은 분명 비판적 사고 한 강좌로 하룻밤 사이에 해결할 수 있는 문제가 아니다. 만일 학생이 강한 의미에서의 비판적 사고를 배우려 한다면, 반드시 오랫동안, 즉 몇 개월이 아니라 수년 동안 비판적 사고에 매달려야만 한다. 강한 의미에서 비판적으로 생각한다는 것은 특정한 유형의 사람이 되는 것과 같다. 이것은 특정한 기법들과 능력들에 더하여 특정한 가치와 심성을 개발하는 일이다. 본질적으로 대부분의 학교교육은 설교조이고, 비판적 사고와 가치들, 그리고 비판적 사고에 필수적인 성향들을 장려하기보다는 좌절시키기 때문에, 비판적 사고를 장려하고자 할 경우 반드시 교육을 근본적으로 개혁해야 한다.

적어도 내가 생각하는 비판적 사고는, 우리가 항상 "체계들" 안에서 생각한다는 사실과, 우리가 우리의 생각이 이루어지는 체계를 초월하고자 끊임없이 노력할 필요가 있다는 사실, 둘 모두가 불가피하게 연루되어 있다고 할 정도의 강한 의미로 정의된다. 이러한 비판적 사고는 사고 자체만이 아니라 사고 속에 담긴 생각들과의 관계를 끊임없이 문제 삼는 사고이다. 어떤 생각을 사용하는 것과 그 생각의 지배를 받는 것은 분명히 다르다. 또 어떤 하나의 사고 체계를 사용하는 것이 우리에게 사용 가능한 다른 사고 체계가 없다거나, 우리가 사용하는 사고 체계가 실재 그 자체를 어떤 중립적인 방식으로 기술한다고 생각하는 것과는 분명히 다르다. 우리가 사용할 수 있는 체계들에는 또한 시야의 정도 차, 즉 관점(좁은 시야), 준거틀(넓은 시야), 세계관(가장 넓은 시야)의 차이가 존재한다는 것도 분명하다. 방금 언급한 것들에 비추어 보아, 혼동해서는 안 되는 세 가지의 확연히 다른 사고 전환의 가능성이 있음을 주목해볼 수 있다.

가. 가장 좁은 의미에서 볼 때, 우리의 관점은 상황에 따라 특정 내용면에서 계속 바뀔 수 있다. 보통 동일한 사람도 상이한 역할들을 수행하고, 기분 전환을 경험하며, 아주 다른 문제들과 씨름하는 데다, 심지어 동일한 문제를 가지고 상이한 순간이나 상황에서 상이한 관점을 가지고 고민하기도 한다. 따라서 두 명의 자동차 전문 구매상은, 동일한 준거틀을 가지고 있을지라도, 가장 넓은 의미에서의 전혀 다른 세계관을 가질 수 있을 뿐만 아니라, 자신들의 구매와 그 구매가 그들의 회사에 미칠 영향에 대하여 전혀 다른 관점을 가질 수 있다. 실제로 그들은 왕복 시간, 과세 문제 등등에 관한 (모두 동일한 경제적 준거틀 내의) 상이한 관점들에서 자신들의 구매 행위를 고려할 수 있다.

나. 모든 사람은 다소 다른 준거틀 안에서 행동하고(물론 그중 일부는 다른 준거틀보다 나을 것이다), 그래서 위의 예가 보여주는 것보다 더 차원 높은 방식으로 사고 체계를 전환할 수 있다. 예컨대 우리는 경제학에서 도덕성으로 준거틀을 전환할 수 있다. 앞의 두 자동차 구매상들 가운데 한 사람은 다른 구매상이 구매의 경제학뿐만 아니라 구매의 윤리학까지 고려하도록 요구할지도 모른다. 이러한 준거틀 전환은 다양한 경제학적 관점들보다 더 크게 고려하는 전환이다. 우리 모두는 아주 다양한 준거틀 안에서 생각한다. (예컨대 우리는 수학적으로 생각할 때도 있고, 역사적으로 생각할 때도 있으며, 생물학적으로 생각할 때가 있는가 하면, 사회학적으로나 정치적으로 … 생각할 때도 있다.)

다. 마지막으로 혼란스러운 현대사회에서는, 우리 모두가 표방하는 세계관들과 우리가 "실천하는" 세계관들이 차이가 있음은 말할 필요도 없으며, 적어도 다른 세계관들 일부분이라도 내면화하는 것이 가능할뿐더러 불가피하다. 더 나아가 우리 모두는, 위대한 문학, 철학, 사상사에 관한 독서를 통해서, 그리고 다른 사회에서 살아보면서, 아주 다른 세계관을 가진 사람들과 대화하는 등의 풍부한 경험을 통해서, 우리 자신의 세계관과는 완전히 다른 세계관으로 전환하는 법을 배울 수 있다. 우리는 어떤 하나의 관점, 준거틀 또는 세계관의 "포로"가 되어서는 안 되며, 어떤 의미로는 누구도 완전히 그럴 수는 없다. 우리의 관점들은 지적인 구속복(拘束服)이 될 필요가 없으며, 오히려 우리가 주장하는 방식에, 즉 간단히 말해 우리가 관점들을 통제하느냐 또는 관점들이 우리를 통제하느냐에 따라 좌우된다.

어떤 사람이 과연 비판적 사고자인지는, 그가 가지고 있는 세계관(들)을 보고 아는 것이 아니라, 그가 어떤 방식으로 세계관을 가지게 되었는지, 그리고 자기 것과는 완전히 다른 세계관을 인지하는지, 나아가 자신도 다른 사람들처럼 어떤 때는 잘못될 수 있을 뿐만 아니라, 비합리적으로, 협소하게, 불분명하게, 부정확하게, 피상적으로, 엉뚱하게, 그리고 일관성 없이 생각할 수 있음을 통상 발견하는지를 보고 알 수 있다. 비판적 사고자들은 한결같이 이러한 사고의 병리 현상을 최소화하기 위하여 자신의 사고를 감시하고자 진지하게 노력한다. 체력 단련을 하는 학생들이 자신들의 신체적 구조, 타고난 능력, 그리고 한계들을, 원하는 몸을 만들기 위하여 이해해야 할 능력들로서 존중하는 것처럼, 비판적 사고자는 자신의 정신을 존중한다. 이제 강한 의미의 비판적 사고 교육을 논의해보자.

약한 의미의 비판적 사고: 위험들과 함정들

비판적 사고를 가르치는 것은 무엇을 포함하고 배제할지, 무엇을 일차적 목표와 이차적 목표로 여길지, 우리의 목표들을 위하여 포함할 것들을 모두 어떻게 일목요연하게 정리할지를 결정해야 하는, 중요하면서도 때로는 좌절감을 맛보게 하는 일이다. "기호논리적" 접근 대 "비기호논리적" 접근의 가치, 오류의 적절한 정의와 분류, 확장된 논증과 확장되지 않은 논증에 대한 적절한 분석 등등에 관한 상당수의 중요한 논쟁들이 있다. 그러나 비판적 사고 강좌에 존재하는 근본적인 위험들을 어떻게 피할 것인지에 관한 논의는 거의 없으며, 내가 아는 한 이 주제에 관한 논쟁도 사실상 없다. 그 위험들이란 한편으로 "궤변술"(자신들을 보다 합리적인 것처럼 보이게 만들고 그에 반대하는 사람들을 수세에 몰리게 함으로써, 자신들의 내면에 깊숙이 자리 잡은 편견들과 비합리적인 사고 습관들을 유지하도록, 학생들에게 비판적 개념들과 기술들의 사용법들을 별생각 없이 가르치는 일)이고, 다른 한편으로 "묵살"(학생이 주제를 궤변으로 간주하거나, 느낌, 직관, 신앙, 고차적 의식 등과 같은 대안을 선호하여 거부하는 일)이다.

학생들은, 우리가 때때로 바라는 만큼, 우리가 가치 있게 여기는 추론 구성의 양식들, 분석적 기법들, 그리고 진실과 대면하는 동기들을 새겨 넣을 수 있는 "빈 서판(書板)"으로 오지 않는다. 대학 수준에서 비판적 사고를 공부하는 학생들은, 자신들의 경험들을, 학문적이든 아니든, 해석하고 이해하고 더욱 큰 관점에 비추어 조망하게 하는, 내면 깊숙이 자리 잡은 무비판적이고 자기중심적이며 사회 중심적인 사고 습관들에 의해 뒷받침되는, 고도로 계발된 신념 체계들을 가지고 있다. 결과적으로 학생 대부분은 그들이 이미 "거부한" 믿음들과 가정들, 추론들**만**을 의심하기는 쉽지만, 개인적이고 자기중심적인 자산으로 고착된 자신의 믿음들, 가정들, 그리고 추론들을 의심하는 것은 매우 어렵고 대개는 아주 충격적임을 알게 된다.

나는 의심스러운 가정들과 추론들을 "자신에게 중립적인" 경우에만 인지하도록 배운 학생이 비판적 사고 기법들을 **자동적으로** 자기중심적이고 사회 중심적인 경우들에 전용할 수 있도록 비판적 사고를 가르치는 방법에 대해서는 아는 바가 전혀 없다. 사실 일반적으로 그와 반대되는 일들이 더 자주 일어난다는 것이 나의 생각이다. 일련의 편향된 가정들, 고정관념들, 자기중심적이고 사회 중심적인 믿음들을 이미 가지고 있는 학생들은 "중립적인" 경우에 (또는 "반대 입장"에 부딪칠 경우에) "나쁜" 추리를 파악하도록 배우는 탓으로, 자신들의 편향들을 합리화하고 지적이게 만드는 데 **보다** 궤변적이고 능란해진다. 그래서 학생들은 나중에 그들의 편향에 문제를 제기하는 사람을 만나게 되었을 때, 자신의 편향들을 포기하는 일은 **거의 없다**. 이제 학생들은 변증론을 공부하는 신앙인처럼 자신의 선험적이고 자기중심적인 믿음 체계들을 옹호하는 데 사용할 여러 비판적 수단들을 가지게 된다.

물론 이것이 우리가 바라는 비판적 사고 교육의 결과인 것은 아니다. 실제로 모든 비판적 사고 교육자들은 자신들의 교육이 광범위한 "소크라테스적" 효과를 낳고, 학생의 일상적인 추리 속으로 깊이 파고들어, **합리적인** 사람이라면 자연스럽게 그리고 마땅히 가져야 하는 건강하고 실천적이며 노련한 회의주의를 어느 정도까지 향상하기를 바란다. 그러므로 학생들은 이전에 가졌던 믿음들과 가정들을 심각하게 의심하고, 개인적이고 사회적인 삶 속에 존재하는 모순과 비일관성을 발견해내는 경험이 필요하다. 그러나 우리가 이렇게 생각하면서 학생들의 일상들과 습관들을 잠시나마 살펴본다면, 우리 대부분은 아마도 좌절과 냉소의 순간들을 경험할 것이다.

나는 상황이 절망적이라고 생각하지는 않지만, 현재 우리가 비판적 사고를 가르치는 방법에 대하여 심각하게 문제를 제기해야 할 때가 왔다고 믿는다. 나는 오늘날의 비판적 사고 교육이 무심코 "약한" 의미의 비판적 사고를 장려하고 있다고 생각한다. 이러한 접근법의 근본적이고 의심스러운 가정은 (형식적이건 비형식적이건) 비판적 사고가, 자기기만, 배경 논리, 그리고 다양한 분야의 윤리적 문제들을 진지하게 고려하지 않고서도, 차근차근 배워나갈 수 있는 일련의 기술적인 기법들로서 성공적으로 교육될 수 있다는 것이다.

일반적으로 비판적 사고 교육은 대강 다음과 같이 진행된다. 우선 강의자는, 학습 동기를 유발하는 뜻으로, 개인적, 사회적 삶 속에서 비판적 사고가 중요하다는 점을 역설하는 것으로 시작한다. 그런 가운데 학생들이 광범위한 사회적 문제들이 편견, 비합리성, 그리고 궤변적 조작의 산물임을 깨닫도록 한다. 그런 다음 논증과 비논증의 차이에 대한 논의로 들어가고, 맥락이나 배경에 대한 지식 없이 논증을 "전제"와 "결론"으로 구분하고 그 관계를 검토함으로써, 논증을 분석하고 평가하는 법을 배울 수 있다고 믿도록 만든다. ("비논증들"은 아마도 비판적인 평가가 필요 없을 것이다.) 그 관계를 검토하기 위해서 학생들은 원자적으로 확인 가능하고 정정 가능한 "실수"로 여겨지는 형식적 또는 비형식적 오류들을 찾는다. 그렇게 해서 학생들은 비합리성이 다름 아닌 개별적인 실수들이 복잡하게 결합된 것이라는 암시를 받는다. 학생들은 개별적인 실수들을 하나씩 뿌리 뽑음으로써 비합리성을 제거한다고 생각한다.

이러한 교육 모델로는 비판적 사고를 효과적으로 가르칠 수 없다. 이렇게 원자적인 "약한 의미"의 비판적 사고 교육과 이 교육이 기초하고 있는 의심스러운 가정들은, 그 함정들을 피할 수 있게 특별히 고안된 대안적인 접근법으로 대체되어야 한다.

이러한 대안적인 견해는 비판적 사고가 자기중심적인 믿음들과 입장들과는 관계없는, 일단의 전문적인 기법들로서 교육될 수 있다는 생각을 거부한다. 이 견해는 "원자적 논증"(일단의 전제들과 결론) 대신에 논증의 **관계망들**(관점들, 준거틀들, 세계관들, 사고 체계들)을 강조한다. 단순히 원자적 논증의 평가를 가르치는 대신에 보다 변증법적이고 대화적인 접근을 강조한다. 논증들은 반대 논증들과의 관계에서 평가될 필요가 있다. 우리는 옹호하기 아주 어려운 주장을 하거나 우리의 입장을 강화하는 주장을 할 수 있다. 원자적 논증은 옹호하기 아주 어렵거나 우리의 입장을 강화하는 행보들을 부분적으로만 보여주는 주장들의 묶음일 뿐이다. 원자적 논증은 논리적으로 중요한 다양한 현실 참여를 반영하는 일단의 보다 복잡한 행보들을 한정적으로 보여주는 주장들의 묶음일 뿐이다. 논증을 주고받는 것은 경쟁하는 관점들, 준거틀들 또는 세계관들을 합리적으로 격돌시키는 수단이다. 추리는 오류 하나를 아주 잘 정당화하여 지적한다고 해서 손쉽게 논박될 수 있는 것이 아니다. 오류 지적은 하나의 도전이지만, 강력한 논리적 설득력을 발휘하기는 어렵다. 이것으로는 사실상 결코 세상사를 바라보는 체계적인 방식을 논박하지 못한다. 우리는 보통 무엇인가를 어떤 방식으로 보기 시작한다. 그런 다음 우리는 우리와 다르게 보는 사람을 만났을 때 다툰다. 십중팔구 양자는 자신의 이해 방식에 대하여 생각해볼 기회가 있으며, 언젠가는 다른 이해 방식에 설득되기도 한다. 이러한 접근법을 통하여 우리 자신과 학생들은 논증들의 격돌을 경험하게 된다.

우리는 학생들을 곧바로 논증을 분석하고 평가할 때 부딪치는 이와 같은 더욱 깊고 보다 "포괄적인" 문제들과 대면하게 함으로써, 학생들이 추리가 실제로 얼마나 다채로운지를 알도록 하고, 우리가 어떤 하나의 관점에서, 어떤 하나의 준거를 내에서, 어떤 하나의 세계관을 배경으로 추리한다는 사실을 이해하도록 돕는다. 학생들은 처음부터 추리들이 인간 생활 및 이해관계들과 관계되어 있음을 이해한다. 학생들은 또한 위태로운 것과 문제 되는 것의 차이를, 어떻게 표현되지 않은 것이 표현된 것만큼 중요할 수 있는지를, 신뢰성 판단의 어려움을, 윤리적 차원에 대단히 중요하고 복잡한 인간의 문제들이 얽혀 있음을 이해하기 시작한다.

우리는 물론 인간 정신이 도대체 완전하게 일관성이 있거나 모호하지 않은 사고의 체계 하나로 통일된다고 가정해서는 안 된다. 사실 우리의 모국어나 다른 어떤 자연언어도 무한히 많은 다양한 사고방식들을 생각할 수 있게 해준다. 예컨대 하나의 자연언어, 말하자면 영어만으로도, 우리는 마르크스주의자나 자본주의자처럼 생각할 수 있고, 불교도나 기독교인처럼 생각할 수도 있으며, 심지어는 러시아인이나 중국인처럼 생각할 수도 있다. 따라서 어떤 중국 학생이 교육을 통해 영어를 유창하게 구사할 수 있게 된다 하더라도, 그 때문에 영국인이나 미국인 또는 호주인처럼 생각하게 되지는 않는다. 이렇게 자연언어는 그 사용자가 그 언어를 사용하는 특정 문화에서 발견되는 세계관에 따라 생각하도록 강제하지 않는다.

몇 가지 기초 이론: 세계관들, 삶의 형식들

다음은 "강한 의미"의 비판적 사고 교육을 위한 몇 가지 기초적인 이론적 토대들이다.

1. 인간으로서 우리는, 처음에도 마지막에도 그리고 언제나, 상호 관련된 삶의 과제들을 수행하는데, 이는 전체적으로 볼 때 우리의 개인적인 "삶의 형식"을 보다 넓은 사회적 형식들과의 관계 속에서 결정하는 일이다. 우리는 다름 아닌 특정 과제들을 수행하기 때문에, 세계와 그 세계 속의 우리 자리를 다른 사람들과는 다소 다른 어휘들로 구성하거나 개념화한다. 우리는 세계의 실상에 대해 다소 다른 **관심들**, 다소 다른 **이해관계들**, 그리고 다소 다른 **인식** 내용들을 가지고 있다. 우리는 다소 다른 가정들을 세우고, 그 가정들을 근거로 다소 다르게 추리한다.

2. 우리는 또한 우리 자신과 다른 사람들에게 우리가 세상사를 보는 방식에 관해 보다 분명한 견해를 표명하지만, 그 견해는 그 견해 자체와도 그렇고, 우리 행위에 전제되고 반영되어 있는 견해와도 기껏해야 부분적으로만 일관될 뿐이다. 그래서 우리는 서로 중첩되는 최소 두 개의 세계관을 가지고 있는데, 하나는 우리의 활동과 우리가 종사하는 일들에 내포되어 있고, 다른 하나는 우리가 우리 행동을 기술하는 방식에 내포되어 있으며, 각각은 자체적으로 고유한 모순들과 긴장들을 안고 있다. 우리는 비판적 사고자로 그리고 자신을 굳게 신뢰하는 사람으로 성장하기 위해서, 충돌하는 이 두 세계관 사이의 모순들을 인지하고 있어야 한다. 우리가 어떤 사람으로 성장하는지는 우리가 실천하는 것을 얼마나 분명하게 표현할 수 있는지에 의해, 그리고 우리가 분명하게 표현한 것을 얼마나 실천할 수 있는지에 의해 가

늠된다.

3. 추리는 인간의 모든 행위가 가능하기 위하여 반드시 필요한, 인간의 행위를 규정하는 활동이다. 추리는 결론을 도출하기 위해서 논리 체계를 이용하는 것이다. 결론들은 언어로 분명하게 표현되거나 행동으로 암시될 수 있다. 추리는 어떤 때는 하나의 논증 형태로 명시적으로 표현될 수 있지만, 그렇지 않을 때도 있다. 그러나 추리는, 그 추리가 의존하고 있는 하나의 체계 또는 체계들을 전제하기 때문에, 함의들이 담긴 논증 속에서 추리의 모든 함의들이 남김없이 드러나거나 표현되는 일은, 설사 그런 일이 있다 해도, 무척 드물다. 논증들은 현안들을 전제한다. 현안들은 어떤 목적이나 이해관계들을 전제한다. 상이한 관점들은 문제에 답하는 일에서뿐만 아니라, 문제 그 자체를 적절하게 정식화하는 일에서도 흔히 다르다.

4. 논리학자들을 비롯한 우리는, 우리에게 중요한 논증들(만일 받아들여진다면, 우리가 말이나 행동을 통해 표출해왔던 믿음들을 강화하거나 약화할 수 있는 모든 논증들)을 분석하고 평가할 때, 선행하는 신념 체계들과 세상사를 보는 특정한 방식들과의 연관 속에서 논증들을 분석하고 평가한다. 객관성을 증대시키기 위해서 우리가 할 수 있는 최선의 일은 논증 분석의 기초가 되는 일련의 믿음들, 가정들, 추론들, 그리고 세상사를 보는 방식들을 드러내고, 여러 부분에서 우리가 제기할 수 있는 비판들 및 그 비판들에 대해 제기될 수 있는 여러 재반론을, 즉 논증 분석 작업의 변증법적 성격을 분명하게 인식하는 것이다.

5. 추리를 분석하고 평가하는 기법은, 대안적인 관점들에서 논증들의 여러 부분에 대한 반론들을 예상함으로써 논증들의 강점들과 약점들을 인지하는 능력, 그리고 하나 이상의 관점, 준거틀 또는 세계관 안에서 추리하는 능력, 즉 상호주의적 기법을 필요로 한다.

6. 연역적 형식으로 추리의 요소들을 재구성하는 것은 주로 "실수"가 있는지 점검할 때만 유용한 것이 아니라, 대안들과의 관계 속에서 추리의 강점들과 약점들을 결정할 수 있는 중요한 움직임들을 발견해내기 위해서도 유용하다.

7. 이해관계와 여러 종류의 편향들은 전형적으로 지각들, 가정들, 추리 일반, 그리고 특정한 결론들에 영향을 미치기 때문에, 추리의 강점들과 약점들을 인지하기 위해서 우리는 우리 자신과 다른 사람들이 관여하는 일들의 본성을 반드시 파악해야 한다.

　가. 우리가 어떤 주어진 논증이 모종의 관심을 반영하거나, 정당화될 경우 그 관심에 도움이 되라는 것을 인지할 때, 우리는 경쟁하는 다른 관심들을 상상해봄으로써 반대 관점들과 그에 근거한 반대 논증 또는 일련의 반대 논증들을 구성해볼 수 있다. 다양한 논증들을 변증법적으로 개발해봄으로써, 우리는 논증들의 강점들과 약점들을 보기 시작할 수 있다.

　나. 논증은 물자체가 아니라, 예컨대 반론들에 답하기 위하여 논증을 더 잘 해석하고 발전시켜야 할 당사자들의 작품이다. 주어진 논증들과 전형적으로 연루된 관심들을 파악함으로써, 우리는 흔히 상대방의 언행이 일치하지 않는다는 점을 들어 전제들의 신뢰성을 문제 삼을 수 있다. 그렇게 하는 가운데 우리는 상대방이 자신이 제시한 논증들이 함의하는 바에 비추어 자신의 행동을 비판하거나 자신의 논증 노선을 포기하도록 만든다. 그렇게 도전받을 때, 상대방이 취할 수 있는 여러 가지 방안들도 있을 것이다.

　다. 우리는 행동에 내포된 관심들과 목적들에 관하여 생각해봄으로써, 훨씬 더 효과적으로 그 관심들과 목적들에 아주 잘 부합하는 가정들을 구성해낼 수 있다. 일단 그렇게 되면, 우리는 대안이 되는 가정들을 구성하기 시작할 수 있다. 우리는 이 두 가정을 보다 효과적으로 문제 삼을 수 있고, 이 둘을 긍정하거나 반대하는 논증들도 도입할 수 있다.

8. 잘 뒷받침된 세계관의 버팀목이 되는 사실 언명들과 그 세계관에 따른 다양한 논증들 전체는 보통 무한할 정도로 크기 마련인데, 흔히 ("사실들"을 공식화하는 방식이 바뀔 뿐만 아니라) 개념적 문제들과 가치에 대한 암묵적인 판단들이 바뀌기도 한다. 개별 주장의 신뢰성은 보통 다른 많은 주장의 신뢰성에 의존한다. 주장들 자체는 흔히 원자적으로나 "직접적"으로 검증되기가 아주 어렵다. 그래서 때때로 논증을 분석하기 위해서 주장들의 상대적 신뢰성을 판단해야 한다. 이해관계들과 그 동기들을 고려하면, 판단들은 보다 그럴듯해진다. 물론 누가 되었든 전적으로 하나의 세계관 안에서만 생각하는 일은 드물다. 대다수 사람의 사고에는 적어도 모순된 견해들의 흔적이 남아 있고, 그로부터 귀결되는 다양한 모순들이 존재하기 마련이다. 한 사람이 어떤 때는 마치 "고통스럽고-잔인한-세계"의 철학을 받아들인 것처럼 말하다가도, 다른 때는 마치 "낭만적인" 또는 "종교적인" 세계관을 받아들인 것처럼 말할 수 있다.

9. 논증 속의 용어들은 보통 논증자의 편향된 관심들이나 목적들을 반영한다. 사용된 개념들과 그 개념들의 사용 방식에 의문을 제기하는 것은 중요한 비판 방법이다. 이 방법을 사용하는 데 능숙해지기 위해서는, 어떻게 명료한 표현력을 지닌 개인들과 사회 집단들이, 한편으로는 일상 언어의 논리에 맞는 용법을, 다른 한편으로는 잘 개발된 개인적인 철학이나 그 철학에 내포된 이데올로기적인 입장들에 맞는 (그래서 일상적인 용법과 충돌하는) 용법을 오가며, 체계적이고 선택적으로 표현하는지를 파악해내는 훈련을 해야 한다. 많은 사람이 국제적인 문제를 두고 토론할 때 핵심 용어들, 예컨대 "자유 투사", "해방자", "혁명가", "게릴라", "테러리스트" 같은 용어들을 사용하는 방

식을 생각해보자.

가. 어느 특정 사회 집단(예컨대 미국 시민, 독일인, 이스라엘인, 일본인)의 용법과는 관계없이 용어들의 논리가 함의하는 것.

나. 이해관계들을 갖는 특정 집단(예컨대 미국 시민, 독일인, 이스라엘인, 일본인)의 용법이 함의하는 것.

다. 해당 집단의 용어 사용에서 나타나는 불일치와 어떻게 이러한 불일치가 근본적이지만 보통은 표현되지 않은 가정들에 의존하고 있는지를 보여주는 다양한 역사적 사례들. 우리는 이러한 사례들을 규모 있게 연구함으로써 예측할 수 있고 자아도취적인 불일치를 발견할 수 있다.

다차원적인 윤리적 문제들

강한 의미의 비판적 사고 교육은 학생들이 십중팔구 자기중심적이고 사회 중심적인 편향적 사고를 할 것으로 여겨지는 바로 그 영역들에서 추리 기법들을 발전시키도록 돕는다. 편향은 주로 학생들의 정체성과 이해관계의 영역에서 두드러지게 나타난다. 그런가 하면 학생들의 정체성과 이해관계는 보통 학생들의 미숙한 세계관과 관련되어 있다. 개인의 미숙한 세계관이나 견해들은 그가 어떤 사람인지를 (개인의 행위들을 **정당화하는** 데 사용된 원리들 속에 내포된 견해들을) 드러낸다. 진정한 의미의 실수들을 제외하면, 어떤 사람의 미숙한 세계관과 그의 정체성 안에 그리고 그 사이에 존재하는 모순들이나 비일관성들이 어느 정도인가에 따라 그가 어느 정도로 잘못된 신념들과 자기기만적 자세로 추리하거나 행동하는지가 결정된다.

앞서 제시된 행동의 윤리적 정당화들을 포함한 다차원적 문제들은 비판적 사고를 교육하는 데 이상적인 자료가 된다. 우리와 학생들의 관심

을 크게 끄는 대부분의 정치적, 사회적, 그리고 개인적인 문제들은 다음
과 같은 유형의 문제들이다. 인공임신중절, 핵에너지, 핵무기, 국가 안
보, 빈곤, 다양한 종류의 사회적 불의, 혁명과 내정 간섭, 사회적 의료보
장제도, 정부 규제, 성차별, 인종주의, 사랑과 우정의 문제, 질투, 사유재
산권, 세계 자원에 대한 권리, 신앙과 직관 대 이성 등등.

분명히 우리는 이러한 문제 중 일부만을 다룰 수 있으며, 나는 많은
문제보다는 적은 문제를 깊이 그리고 강도 높게 다루는 것이 유익하다
고 생각한다. 나는 학생들에게 단편적인 오류들을 "설명"하기 위해 마
련된, 수많은 거두절미한 논증들을 퍼부어대는 방식에 전혀 동조하지
않는다.

내가 미국에서 학생들을 가르치기 때문에, 그리고 세계의 다른 모든
곳과 마찬가지로 이곳의 미디어들도 뿌리 깊은 국가적 편향들을 반영하
고 있고, 학생 대부분도 그 편향들을 내면화하고 있으므로, 나는 자주
내 강의의 일부분을 뉴스 중에서 국가적 편향들을 찾아내는 일에 할애
하고 있다. 이렇게 하는 가운데 학생들은, 변증법적 접근으로서, 주류
"미국인들"의 추리와 세계적 문제들에 대한 주류 "미국인들"의 관점들
이 유일한 변증법적 가능성이 아님을 발견하는 문제들과 마주치지 않을
수 없다. 나는 미국 민주당과 공화당에 대한 의미 있는 지지를 보이는
견해들은 어떤 것이라도 주류 미국인들의 견해들이라고 본다. 이 부분
에 대한 강좌는 다음과 같은 여러 목적을 이루는 데 도움이 된다.

1. 많은 학생들이 대다수 매체의 "선전"을 내면화하고, 그로 말미암아
   학생들의 자아들이 그 선전과 부분적으로 동일화되었다 하더라도, 학
   생들은 그 선전에 완전히 장악된 것도, 그 선전을 체계적으로 문제시
   하기 시작할 수 없는 것도 아니다.
2. 주류 매체가 내놓는 보도의 **사회 중심적 가정들**이 드러나면 드러날

수록, 학생들은 대안적인 추리 노선들을 구성하는 데 더 능숙해지고, 그것들에 더 공감할 수 있게 된다. 예컨대 다음의 가정들이 그렇다.

가. 미국 정부는 다른 정부들과 비교해 이상(理想)에 보다 더 헌신적이다.

나. 미국 시민들은 다른 나라의 시민들보다 에너지가 많고, 실질적인 전문기술을 더 가졌을 뿐만 아니라 더 상식적이다.

다. 만일 미국이 **더욱** 강해진다면, 세계 전체는 더 잘살게 될 것이다. (더 자유롭고, 더 안전하고, 더 정의로워질 것이다.)

라. 미국 시민들은 다른 나라의 시민들보다 덜 탐욕스럽고, 자기기만적인 면이 덜하다.

마. 미국인들의 생명은 다른 나라 사람들의 생명보다 더 중요하다.

3. 전문적이고 종교적일 뿐만 아니라 정치적이고 국가적인 "강령들"에 대한 변증법적 대안들을 분명하게 검토하고 구성함과 동시에 그것들의 모순들을 탐구함으로써, 학생들은 자신들의 개인적인 "강령들"과 또래 집단의 "강령들", 그리고 자신들의 말과 행동의 수많은 모순에 대한 변증법적 대안들을 끌어낼 수 있게 된다. 그런 "발견들"로 인하여 분명하고 극적으로 "강한 의미"의 기법들과 통찰들의 초석인 "비판적 정신"을 계발하고자 하는 단초가 마련된다.

과제물과 결과들의 예

나의 관심사들과 목표들이 어떻게 과제물들에 반영될 수 있는지 예를 들어보는 것이 좋겠다. 다음은 1982년 새 학기가 시작하고 6주가 지났을 즈음 한 학급에 내준 중간고사용 재택 과제물이다. 답안 작성 기간으로 3주가 주어졌다.

본 중간고사의 목표는 여러분들이 세계관, 가정들, (개인적, 사회적, 언어에 내포된, 기술적) 개념들, 증거(경험적 주장들), 함의들, 일관성, 결론들, 전제들, 현안들과 같은 본 강의의 기본 개념들을 이해하는 정도와 이들을 효과적으로 사용할 수 있는 정도를 판단하려는 것이다.

다음 두 영화를 보고 비판적이되 공감하는 마음으로 분석하라.

「미국인들에 대한 공격(Attack on the Americans)」(공산주의가 중앙아메리카 혁명가들을 조종한다고 단언하는 우익 수뇌부의 영화)

「혁명 아니면 죽음(Revolution or Death)」(엘살바도르의 반군을 옹호하는 세계교회협의회의 영화)

이 두 영화에는 양립 불가능한 두 개의 세계관이 나타나 있다. 영화들을 분석하고, 어떤 것이든 그 두 세계관을 이해하기 위해 필요하다고 여겨지는 근거 자료들을 검토한 후에, 가장 지적인 두 사람이 각 관점을 옹호하는 대화를 작성하라. 그들은 각각 기본 가정들, 의심 가능한 주장들, 생각들, 추론들, 가치들, 그리고 상대방의 결론들을 설명하는 기법들을 보여주어야 한다. 양자 모두 자신들의 기본 입장을 굽히지 않으면서도 상대방의 관점을 어느 정도 인정할 수 있어야 한다. 저마다 상대방의 몇몇 추론들을 요약하고 그 추론들에 문제를 제기할 수 있어야 한다. (예를 들어 "내가 볼 때 당신은 다음과 같이 논술하는 것 같다. 당신은 ~을 가정하고 ~을 무시한다. 그리고 당신은 ~라고 결론 내린다.")

과제의 두 번째 부분에서는 해당 논쟁에 대한 제삼자의 논평을 작성하고, 자신의 관점에서 어떤 입장이 논리적으로 보다 강력한지 말한다. 자신의 견해를 단순히 주장만 하지 말고, 논술하라. 두 세계관의 어떤 측면이든 거부하거나 받아들일 경우 그럴 만한 좋은 이유를 제시하라. 독자에게 자신의 입장이 어떻게 자신의 세계관을 반영하는지를 분명하게 밝혀라. 대화는 최소한 14번 주고받아야 하며(즉, 대화자가 28번 등장해야 하며), 논평은 적어도 4쪽 이상이어야 한다.

미 국무부의 "백서", 산살바도르의 고(故) 대주교가 발표했던 공개서한, 엘살바도르 반군들의 성명, 그리고 최근의 수많은 신문과 잡지 기사 및 사설을 비롯해 여러 가지 근거 자료들이 사용 가능했다. 학생들은 교실 밖에서 이 주제를 놓고 토론하고 논쟁하도록 고무되었다. (그리고 그들은 그렇게 했다.) 학생들은 주요 신문들이 그 이야기를 어떻게 다루고 있는지를 (예를 들어 미 국무부의 입장을 지지하는 견해들은 1면 보도로 다뤄지는 경향이 있는 반면, 국제사면위원회 같은 데서 내놓는 국무부에 비판적인 견해들은 9-17면에서 덜 중요하게 다뤄진다는 사실을) 놓쳐서는 안 되었다. 그 기사들의 내적 모순들에 대한 토론도 이루어졌다.

많은 학생들은 다음과 같은 점들 중 하나 이상을 알게 되었다.

1. 이와 같이 충돌하는 쌍방은 결론뿐만 아니라 문제를 제기하는 방식에 관해서도 의견 일치를 보지 못한다. 예컨대, 한쪽은 공산주의자가 정권을 장악할 위험과 관련해서 문제를 제기하는 반면, 다른 쪽은 억압적인 정권을 타도해야 할 사람들의 의무와 관련해서 문제를 제기할 것이다. 한쪽은 문제를 근본적으로 쿠바인과 소비에트가 야기한 것이라고 이해할 것이며, 다른 쪽은 미국이 개입하여 일어난 것으로 이해할 것이다. 저마다 상대방이 본질적인 선결문제 요구의 오류를 범한다고 여길 것이다.

2. 논제를 서술하는 과정에서 논쟁은 종종 사실에 관한 많은 물음에 부딪치게 된다. 논쟁은 많은 역사적 물음들을 다루는 데까지 확장될 것이다. 전형적으로 한쪽은 다른 쪽이 관련 증거들을 감추고 있다고 생각한다. 예컨대, 두아르테 정권을 옹호하는 측은 상대방이 공산주의

자가 엘살바도르에 얼마만큼 개입했는지를 보여주는 증거를 감추고 있다고 생각할 것이다. 반군들을 옹호하는 측은 상대방이 미국 정부가 우파의 테러 활동들과 공모하였다는 증거를 감추고 있다고 여길 것이다. 대부분의 폭력 행위들이 과연 어느 쪽의 소행인지를 두고 의견 충돌이 일어날 것이다.

3. 사실에 관한 이러한 충돌들은 언젠가는 어떤 행위들을 "테러"로, 어떤 행위들을 "혁명"으로, 그리고 어떤 행위들을 "해방운동"으로 불러야 하는지와 같은 **개념적인 의견 충돌**로 바뀔 것이다. 이 논쟁은 어느 시점에서 어떤 행위들이 비난받거나 정당화되는지를 논하는 **가치**에 대한 논쟁으로 변할 것이다. 한쪽의 관점에서 볼 때 상황상 불가피했다고 여겨진 행위들이 다른 쪽에 의해 도덕적으로 비난받게 되는 일이 자주 일어날 것이다.

4. 토론이 진행되는 동안 여러 군데에서 논쟁은, "인간의 본성" 및 "인간 사회의 본성"과 관련된 광범위한 문제들을 다루는 것을 비롯하여, "철학적"이거나 "인류학적"인 논쟁이 될 것이다. 정부를 지지하는 측은 대중이, 적어도 외부 선동가와 불순분자들의 영향 아래 있을 때는, 스스로 합리적이고 적절하게 판단하는 능력이 부족하다고 과소평가하는 철학적인 입장을 취하는 경향이 있다. 다른 쪽은 자신들이 볼 때 국민에게 맡겨야 할 결정을 대신 하는 우리 정부의 능력이나 권리를 의심하면서, "대중"에 보다 우호적이게 되는 경향이 있다. 양측은 서로 상대방이 중요한 선결문제들을 요구하는 오류를 범하고 있으며, 증거와 고정관념들을 감추고 있고, 정당화되지 않은 비유를 사용하고 있으며, 잘못된 인과추론을 하고, 개념을 오용한다는 등의 생각을 한다.

이러한 과제물들은, 논증들이 어떻게 다른 논증들과 상호 연계되어 전개되는지, 그래서 논증들이 어떻게 더 넓은 관점과 관련하여 전개되는지를 보다 분명하게 보여준다는 바로 그 점 때문에, 학생들로 하여금 일상적인 논증에서 전형적으로 나타나는 유형의 수법들에 대하여 반성하고, 시야를 넓히고, 대안이 되는 다른 논증들을 구성하도록 도와준다. 이러한 과제물들은 전통적인 견해와는 달리 학생들이 논증의 "결함들"이 가진 동기적 성격에 대한 실천적 통찰을 하게 한다. 그래서 학생들은 논증의 결함들을 훨씬 더 잘 예상하고, 긴요한 검토를 놓치는 일이 없도록 보다 민감하게 된다. 마지막으로, 학생들은 자기만족적 추리들이 낳는 심각한 윤리적 문제들과, 우리를 그런 문제들에 빠지게 하는 안일함에 (내가 믿기로 아주 "약한 의미"의 비판적 사고 교육 아래에서보다) 훨씬 더 민감해진다. 만일 우리가 실제로 이러한 종류의 성과들을 거두어낼 수 있다면, "강한 의미"의 비판적 사고 교육을 위한 보다 더 깊은 연구와 발전에 대하여 많은 논의가 있어야 할 것이다. 내가 여기서 개진한 것이 그러한 작업의 단초가 되길 바란다.

주의사항

나는 "정치적" 문제를 이용하는 것이 강한 의미의 비판적 사고를 가르치는 한 가지 접근법일 뿐이며, 내가 강의에서 사용하는 수많은 방법들 중 하나로서만, 그것도 강의의 한 부분에서만 다룬다는 것을 강조하고 싶다. 내가 앞에서 자주 피력하였듯이, 비판적 사고는 단순히 하나의 강좌를 위한 목표가 아니라, 일상 세계에서 생각하고 살아가는 방법이어야 한다. 모든 경우에 교육은 문제와 쟁점에 기반을 두고 있어야 하며, 학생들은 모든 영역에서 지식을 획득하는 자신의 방법을 궁리해야 하고, 지속적으로 다양한 준거틀에서 자신의 고유한 관점을 말하고 추구할 기회를 가져야 한다. 학생들의 개인적인 세계관들은 간단없이 확장되고, 결과적으로 풍부해져야 한다. 학생들은 제때에 수많은 관점들, 수많은 준거틀들, 그리고 수많은 세계관들 안에서 생각하는 것을 배워야 한다. 그렇게 하는 정도로만 학생들은 자유로운 교양인이 되는데, 이는 우리가 자신의 생각을 초월하기 위해서 자신의 생각을 사용하는 정도로만 자유롭기 때문이다.

비판적 사고는 그 자체로 하나의 세계관인가?

논문을 마치기 전에 나는 특별히 중요한 오해에 답하고 싶은데, 그것은 비판적 사고 그 자체를 하나의 세계관으로 보아야 한다는 견해이다. 누군가가 비판적 사고에 반대하며, 다음과 같이 말한다고 생각해보자.

"분명히 비판적 사고는 그 자체로 경쟁하는 다른 세계관들보다 우월하지 않고 대동소이하며, 결국 똑같이 주관적이고 개인적인 이유들에 근거해 선택되는 하나의 세계관이다. 비판적 사고자들은 세계가 비합리적이고 무비판적인 생각들로 가득 차 있다고 생각한다. 그들은 특정한 가치(합리성)와 특별하고 합리적인 삶을 열망한다. 그들은 자신들의 개인적인 이유 때문에 합리성을 선택한다. 왜 다른 사람들이 그들의 주관적인 선택에 좌우되어야 하는가? 모든 이들이 자기 자신을 위해 자신의 세계관을 자유롭게 선택하도록 하라. 다른 세계관의 가치들을 판단할 때 특정한 세계관의 가치들을 전제하지 말자."

이러한 비판이 핵심을 놓친 이유는 많다. 우리는 다양한 예를 들어 이를 설명할 수 있다. 첫 번째 예는 다음과 같다.

우리가 비판적 사고자의 견해들을 ("비판적 사고자의 견해"들을 어떻게 정의하든 관계없이) 무비판적으로 받아들이도록 한 아이를 양육하였다고 생각해보자. (물론 나는 모든 비판적 사고자가 품고 있는 단

하나의 세계관 같은 것은 없다고 생각한다.) 이 아이는 분명 특정한 방식으로 세계를 보는 것을 배울 것이며, 분명 비판적 사고의 어법을 배울 것이다. 그러나 이 아이는 이러한 견해들을 무비판적인 방식으로 가지게 되었기 때문에, 자신이 비판적으로 검토한 전제들로부터 결론들을 추리하는 방법을 배우지 못하고 사실상 그 "결론들"만을 주입받았기 때문에, 자신이 설정한 가정들뿐만 아니라 실제로 자신이 거부하고 있는 가정들까지도 알아차리지 못하였기 때문에, 자신이 사용하고 있는 개념들이 개념들이라는 것을 인식하는 데 실패하였기 때문에, 자신의 "개념들"이 현실 그 자체에 뿌리박고 있다고 생각하였기 때문에, 사실상 비판적 사고자일 수 없다.

이 예를 변경시켜보자.

아이에게 비판적 사고자들의 공통된 "견해들"에 대한 누군가의 개념을 (결국 무비판적으로 받아들이도록) 주입하는 대신, 다양한 비판적 사고 기법들을 가르치되, 이러한 기법들은 자라면서 알게 된 자신의 세계관을 옹호하는 데만 사용하게 되어 있다고 암시하는 방식으로 양육한다고 생각해보자. 우리는 아이에게 소위 "변증론", 즉 자기 견해에 대하여 다른 관점에서 제기될 수 있는 반론들을 예상하는 법을 그런 반론들을 "논박"하는 상당량의 훈련과 함께 가르칠 수 있다. 그래서 이 아이는 다양한 비판적 사고 기법들을 터득하게 되고, 이러한 의미에서 비판적 사고자이겠지만, 세계관을 보다 높은 비판적 수준으로 고양시킬 정신적 특성을 결여하고 있기 때문에, 강한 의미의 비판적 사고의 관점에서 볼 때, 여전히 비판적 사고자가 아닐 것이다. 이 아이는 다른 세계관에 공감할 능력이 없고, 보다 풍부한 세계관을 향하여 자기 세계관을 넘어서는 능력이 없는 등, 무비판적 비판성의 차원에 머물 것이다.

우리는 또한 다른 방향에서도 같은 결론에 도달할 수 있다.

비판적 사고와 반대된다고 생각되는 어떤 세계관이든 선택하여 고려해보자. 그 세계관이, 그리고 다른 모든 세계관도, 질적으로 다른 방식으로 정립될 수 있다는 것이 증명될 수 있을 것이다. 현존하는 몇몇 "석기 시대" 문화의 세계관이 비판적 사고와 완전히 반대된다는 것을 확인했다고 가정하자. 한 사람이 이 세계관 안에서 양육될 수 있는 질적으로 다른 세 가지 방식이 있다. 즉, 그는 (1) 어떤 지적 기법도 배우지 못하거나, (2) 지적 기법들은 배우지만 그것들을 자기반성적인 방식으로 사용하려는 성향을 배우지 못하거나, (3) 지적 기법들과 그 기법들을 자기반성적인 방식으로 사용하려는 성향까지 갖도록 양육될 수 있다. 예컨대, 한 사람이 무비판적인 방식으로 이러한 세계관 안에서 양육되고, 자국 문화에서 벗어나 18세기 근대 대학에서 공부하게 되어, 거기서 자기와는 다른 세계관들을 가진 사람들을 만났다고 상상해보자. 그는 아마도 자신이 본래 가졌던 세계관들은 올바르고 그것들과 충돌하는 세계관들은 틀렸다고 계속해서 "무비판적으로" 가정하거나, 자신의 세계관들에 의문을 품고 그것들이 부분적으로 잘못되었을 가능성을 조사하기 시작할 수도, 즉 자신의 세계관들뿐만 아니라 다른 사람들의 세계관들까지도 비판적으로 생각하기 시작할 수도 있다. 다시 말하지만, 한 사람을 비판적 사고자로 만드는 것은 그 사람의 세계관들 자체의 내용이 아니라 그가 그러한 세계관들을 주장하는 방식에 있는 것이다.

비판적 사고를 하나의 세계관으로 여기는 실수를 보여주는 또 다른 방식을 고려해보자.

만일 내가 — 당신이 나의 것으로 선택해준 어떤 세계관을 가지고 — 다른 세계관을 가진 누군가를 만난다고 생각해보자. 만일 그가 내가 참이라고 가정하고 있는 어떤 것이 참이 아닐 수 있다는 가능성을 고려해보라고 하거나, 내가 말하고 있는 것의 함의들을 고려해보라고 한다면, 또는 문제의 핵심이 무엇이라고 생각하는지 분명히 하라고 한다면, 그가 이러한 질문을 내게 던졌다는 것만으로 나에게 자신의 세계관을 받아들이도록 강요했다고 말하는 것은 공정한 것일까? 분명히 아니다. 오히려 비판적 사고가 무엇인지를 정의하는 것은 정확하게 이러한 질문들에 대답할 것을 요구하고 이러한 질문들을 진지하게 여기는 것이다. 비판적 사고는 누군가가 그런 질문들을 던지는 가운데 도달할 수 있는 결론들의 면에서 정의되지 않는다. 당신이 비판적 사고자인지 판단하기 위해서, 나는 당신이 무엇을 생각하는지를 묻는 것이 아니라, 어떻게 — 어떤 방식으로 — 생각하는지를 묻는다.

마지막 사례가 핵심을 밝혀줄 것으로 기대한다. 이 사례는 한편으로 사람들이 세계관을 갖게 되는 방식과 다른 한편으로 화학, 물리학, 사회학, 역사, 인류학, 혹은 철학과 같은 학문적인 주제를 배우는 방식을 — 상당히 대등하게 — 연결해준다. 각각의 경우에 사람들은 무비판적이거나 비판적인 방식으로 준거틀을 "배울" 수 있다. 만일 사람들이 무비판적으로 배운다면, 정의상 사람들이 해당 분야 내에서 추리할 수 없게 되기 때문에, 그러한 배움은 피상적이다. 이것이야말로, 당연히 불행하게도, 대부분의 학생이 전공 분야들을 추리를 요하는 개념들의 체계로서가 아니라 원자적으로 암기만 하면 되는 발표문들의 집적으로 배우는 방식이다. 다른 한편, 학생들은 전공 분야 내의 추리, 예컨대 역사적, 사회학적 추리 등은 배우지만, 전공 분야를 넘어서는 추리, 즉 전공 분야가 가정하는 것들에 대하여 의문을 제기하는 추리는 배우지 않을 수 있다.

요약해보자. 사람들이 받아들일 수 있는 세계관들이 무엇이든, 사람들이 그 세계관들을 받아들이게 되는 방식과 관련하여 언제나 별개의 물음을 물을 수 있다. 세계관들을 비판적으로, 그리하여 (세계관들의 가정들, 정보 자료들, 개념들, 세계에 대한 추론 방식들과 같은) 세계관들의 논리적 구성요소들에 대한 어떤 관점을 가지고 배울 가능성은 언제나 존재한다. 사람들은 의문을 제기하자마자, 그리고 자신의 세계관의 구조를 검토하기 시작하자마자 대안적인 구조들의 가능성을 생각하기 시작하고, 약간의 비판적인 거리, 보다 높은 객관성의 기준, 사람들이 실제로 사용하는 논리적 구조들에 대한 보다 차원 높은 감각을 획득하기 시작한다.

마지막 한 가지. 대부분의 사람들이 무비판적으로나 단순히 약한 의미로 세계관을 가지게 된다는 경험적 사실과, 강한 의미의 비판적 사고를 통해서는 결국 자신의 견해를 확장하거나 극복하기는 불가능하다는, 논리적으로 받아들일 수 없는 주장을 혼동하지 않는 것이 중요하다. 모든 사람이 골즈워디(John Galsworthy)가 그의 소설 『귀족(*The Patrician*)』(New York: Charles Scribner's Sons, 1911, pp.168-169)에서 묘사하는 프레스네이(Clauda Fresnay), 하빈저(Viscount Harbinger) 같은 부류의 사람이 될 필요는 없다.

사회개혁에 대한 그의 열정이 거짓이라고 단정하는 것은 공정하지 못한 것이리라. 그의 열정은 그 나름대로 충분히 진실했고, 상상력이나 선한 마음을 전적으로 결여하지도 않았다는 사실을 확실하게 증명하였다. 하지만 그 열정은, 우주의 모든 것을 단일한 계급의 기준들 및 편견들과 관련시킬 정도로 너무나 강력하고 묘한 매력이 있어서, 타고난 본성보다 강력한 제2의 본성이 되어버린 공립학교의 습관으로 꾸준히 덧칠되었다. 실제로 그의 가까운 친지들도 그런 열정에 빠져 있었기 때문에 그는 자연스럽게 이러한 습관을 조금도 의식하지 못하였다. 실제로 정치 분야에서 비국교도(Nonconformist)나 노동당 정치인들에게서 보았던 것과 같은 편협하고 편견에 가득 찬 견해만큼 그가 비난했던 것은 없었다. 그는 그가 태어났을 때 어떤 문들이 쾅 하고 닫혔고, 그가 이튼에 들어갔을 때는 빗장이 질러졌으며, 케임브리지에 갔을 때는 단단히 잠겼다는 것을 단 한순간도 인정하지 않았다. 어느 누구도 그의 기준들에 가치 있는 것이 많았다는 것을, 즉 그에게 정직성, 공평무사함, 스포츠정신, 단정함, 독립성이 있을 뿐만 아니라, 잔인함에 대한 혐오와, 공립학교에 의하여 그리고 공립학교를 위하여 돌아가는 국가(State)에 대한 공적 봉사의 감각까지 있다는 것을 부정하지 않았을 것이다. 그러나 태어나 양육되는 동안 각인된 인생관에서 벗어나 여하튼 어떤 다른 관점에서 인생을 바라보자면, 그가 지금까지 가졌던 것보다 훨씬 더 많은 창의성이 필요하리라. 하빈저를 완전히 이해하려면, 우리는 반드시 편견 없는 눈과 두뇌로, 그가 한 소년으로서 두드러지게 활약했던 훌륭한 크리켓 경기들 중 하나에 참여하여, 점심시간에 전체가 다 잘 보이는 높은 장소에서, 정확히 동일한 모습으로 걷고, 똑같은 표정을 지으며, 똑같은 모자를 쓴 어마어마한 군중들, 세상이 시작된 이래 지금까지 알려진 신념과 습관의 위대한 일치를 보여주는 군중들이 줄에 줄을 이어 관람석을 가득 메우고 있는 운동장을 내려다보았어야 할 것이다.

11

비판적 사고 교육학을 위하여

헨리 A. 지루

오해의 소지가 없도록 강조하고 싶은 것이 있는데, 그것은 비판적 사고의 성립 요건이 무엇인지를 자세히 다루는 것이 본 논문의 목적이 아니라는 것이다. 이 주제에 대한 논의는 다른 기회로 미룬다. 대신 여기서 나는 비판적 사고 교육의 좋은 출발점이라고 생각하는 몇 가지 이론적인 면을 검토할 것이다.

먼저 일반적인 측면에서, 사회과 교육에 계속 영향을 미치는 문제들에 대해 소견을 피력하고 싶다. 나는 이러한 문제들이, 일반적인 측면과 구체적인 측면 모두에서, 비판적 사고에 대한 잘못된 교육학적 이해를 반영하기 때문에 중요하다고 믿는다. 첫째, 학생들은 학교에서 주로 인간 역사와 문화의 선택적 측면을 체계적으로 학습한다. 하지만 그 선택된 주제의 규범적 성격은 문제가 없고 가치중립적인 것으로서 제시된다. 사회 계열 교과과정의 대부분은 객관성을 표방하여 사회적 현실에 대하여 해석의 여지가 있는 규범적 관점들인 지배적 가치, 규범, 그리고 전망들을 보편화한다.1) 사회 과목에 대한 이러한 교육학적 접근을 "무오류 지각"의 교육학이라고 부를 수 있다. 둘째, "무오류 지각"의 교육학은 지배적인 지식과 가치 범주를 인정할 뿐만 아니라, 세계에 대한 우리의 인식을 유도하는 이론적이고 비변증법적인 방법을 강화한다. 학생들은 사실들을 보다 넓은 학습 맥락 안에서 생각하는 법을 배우지 않는다. 게다가 이론과 "사실"의 관계가 자주 무시된다. 그래서 학생들은 무엇보다도 "사실"을 성립시키는 이념적, 인식론적 본성을 탐구하기 위한 개념적 방법을 발전시키기가 매우 어렵다. 마지막으로 "무오류 지각"의 교육학은 학생들 대부분에게 지루할 뿐만 아니라, 보다 중요한 점으로서, 미혹적(迷惑的) 학습 분위기를 만들고 재생산한다. 그런 교육학은 학생들을 적극적인 비판적 사고자로 교육하기보다는, 비판적으로 생각하지 못하게 하거나 비판적으로 생각하는 것을 두려워하도록 만든다.2)

비판적 사고의 본성을 검토하기 전에, 북미의 학교들과 특히 사회 교과 영역에서 끊임없이 문제를 일으키고 있는 교육학적 병폐의 원인에 대해 짧게 언급할 필요가 있겠다. 만일 비판적 사고를 통렬하게 비난하는 교육학이 부분적으로 사회 교과 영역을, 특히 중등교육의 사회 교과 영역을 특징짓는다면, 이러한 과실에 대한 책임은 누구에게 있는가? 이러한 물음에 확실하게 대답하고자 하면, 교사나 학생을 비난하는 것이 매우 어리석은 일이라는 사실을 먼저 인식해야 한다. 그런 비난은 교육의 본질이 거대한 사회-경제적 현실, 특히 노동제도와 관련되어 있다는 사실을 도외시하는 것이다. 학교는 "인류의 보다 나은 미래 조건, 즉 인간됨의 이상을 위해서" 학생들을 교육해야 한다는 칸트적인 생각과 거의 관련이 없어 보인다.3) 학교의 진정한 임무는 학생들을 현존하는 사회를 받아들이고 재생산하도록 사회화하는 것처럼 보인다.4)

오랫동안 북미 교육을 감염시킨 수많은 질병을 두고 교사들이 비난받을 수는 없지만, 교사들은 교육에 대한 자신들의 접근 방법이 전제하는 상식적인 가정들을 검토할 수 있다. 이것은 교사들이 언젠가 니체가 말한 "위대한 진리는 비판되길 원하지, 우상화되기 원하지 않는다."는 정언적 격언에 따라 자신들의 교육학을 가다듬고 재구성해야 한다는 것을 의미한다.5) 즉, 우리는 이론적이고 실천적인 측면에서 비판적 사고 개념을 정의해야 하는 어려운 문제에 직면하게 되는 것이다.

비판적 사고의 본성에 대한 전통적인 견해는 진리를 비판적으로 탐구하라는 니체의 요구를 뒷받침하는 데 실패했다. 이것이 사실이라는 것은 사회 과목의 교재와 교육학적 방법이 지배적인 규범, 신념, 그리고 태도를 객관화했다는 사실뿐만 아니라, 비판적 사고가 정의되는 바로 그 방식을 보면 알 수 있다. 비판적 사고에 대해 응용과학의 실증적 전통이 내린 정의는 가장 강하지만 한계가 있다. 이 정의는 내가 내적 일관성의 입장이라고 부르는 점 때문에 결함이 있다.6) 내적 일관성의 입장을 지지하는 사람이 볼 때 비판적 사고 교육은 학생들에게 주로 형식적이고 논리적인 일관성 모형에 따라 읽기 과제와 쓰기 과제를 분석하고 해결하는 방법을 가르치는 것을 의미한다. 이 경우 학생은 주제의 논리적 전개, "선행 조직자(advance organizers)", 체계적인 논증, 증거의 타당성을 검토하는 것을 배우고, 연구를 통해 얻은 자료로부터 어떤 결론이 도출되는지를 확인하는 방법을 배운다. 이러한 모든 학습 기법은 중요하지만, 이러한 기법들 전체가 지닌 한계는 배제된 부분에 있고, 배제된 부분을 보면 이러한 접근 방식이 전제하고 있는 이념이 드러난다.

내가 문제 삼고 있는 비판적 사고의 핵심에는 두 가지 중요한 가정이 빠져 있다. 첫째, 이론과 사실은 서로 관계를 맺고 있다. 둘째, 지식은 인간의 관심, 규범, 그리고 가치와 분리될 수 없다. 지나친 단순화처럼 여겨질 수 있지만, 이 두 가정을 바탕으로 해서 또 다른 가정들이 파생될 수 있고, 학생들에게 비판적으로 생각하는 방법을 가르치기 위한 교육학적 방법의 이론적, 실천적 기초가 마련될 수 있다.

굴드너(Alvin Gouldner)는 지식이 언제라도 깨질 수 있는 성질의 것이 아닐까 하고 이론과 사실의 관계를 근본적으로 의심하는 것이 중요함을 강조한다. "여기서 [비판적 사고는] 지금까지 당연한 것으로 여겨졌던 것에 문제를 제기하는 능력, 이전까지 사용하기만 했던 것을 반성하는 능력 … 우리의 삶을 비판적으로 검토하는 능력으로 이해된다. 이러한 견해에 의하면 합리성이란 우리가 생각하는 것을 생각해보는 능력이다."7) 교육학적인 관점에서 볼 때, 이것은 사회 교과에서 다뤄진 모든 사실, 쟁점, 사건들이 학생들에게 문제 있는 것으로서 제시되어야 한다는 것을 의미한다. 이 경우에 지식은 끊임없이 탐구되고, 발명되고 재발명된다. 프레이리(Paulo Freire)가 주장하는 것처럼, 지식은 사고 활동의 종착점이기보다는 학생과 교사를 매개하는 연결고리이다. 이는 전통적으로 우세했던 접근 방식과는 사뭇 다르게 학습 현장의 사회적 관계에 접근해야 할 뿐만 아니라, 준거틀 개념에 대하여 가르치고, 이 개념을 이론적이고 개념적인 해석 도구로 사용하는 법을 학생들에게 가르치는 데 많은 시간이 투여되어야 한다는 것을 의미한다. 학생들은 상이한 준거틀을 통해 유사한 정보를 검토함으로써 지식을 문제 있는 것으로, 따라서 탐구 대상으로 다루기 **시작**할 수 있다.

사실과 이론의 관계는 비판적 사고 교육학의 또 다른 근본적 요소, 즉 사실과 가치의 관계를 더욱 분명하게 이해할 수 있게 한다. 작금의 인간사를 이해하기·위해 정보를 선택, 처리, 정리하는 일은 인지적인 작업 그 이상이다. 이는 또한 우리의 삶을 인도하는 신념 및 가치와 밀접하게 관련된 일이다. 우리가 세계를 보는 방식을 결정하는 이념적 가정들, 즉 본질적인 것과 비본질적인 것, 그리고 중요한 것과 중요하지 않은 것을 구별하는 가정들은, 지식을 재구성할 때 드러난다. 여기서 요점은 어떤 준거틀 개념이든 학생들에게 인식의 틀 이상으로 제시되어야 하며, 또한 그 준거틀이 자명하게 가정하고 있는 것도 함께 제시되어야 한다. 게다가 사실을 가치와 분리하는 것은 학생들에게 목적과는 관계 없이 수단만을 다루는 법을 가르칠 위험이 있다.

비판적 사고에 대한 두 가지 중요한 가정과 관련된 것으로서, 소위 정보의 맥락화를 중점에 둔 절차적 문제가 있다. 학생들은 주어진 사실, 개념 또는 쟁점의 적절성에 의문을 제기하기 위해 자신의 준거를 밖으로 나가는 법을 배울 필요가 있다. 또한 의미를 부여하는 관계들의 체계 내에서 검토 대상을 비판적으로 검토함으로써, 검토 대상의 본질을 파악하는 법을 배워야 한다. 바꿔 말해 학생들은 칸막이로 구분되고 고립된 방식으로 생각하기보다 변증법적으로 생각하는 법을 배워야 한다. 이와 관련해 제임슨(Fredric Jameson)은 비변증법적 사고가 갖는 한계를 지적하면서, 변증법적 사고의 필요성에 대해 다음과 같이 적절하게 말한다. "그 전통이 가진 반사변적인 성향, 즉 개별적 사실 또는 항목들이 놓여 있는 관계망을 도외시하고 개별적 사실이나 사안을 강조하는 것은, 그 전통의 추종자로 하여금 [개별적 사실들과 항목들을] 연결해 생각하지 못하도록 함으로써, 특히 정치적인 문제에서, 그렇지 않았다면 피할 수 없이 도달하였을, 결론에 도달하지 못하게 함으로써, 현존하는 질서에 복종하도록 끊임없이 조장한다."[8]

정보의 맥락화에 덧붙여, 비판적 사고를 중요시하는 교육학이라면 강의실의 사회적 관계가 갖는 형식과 내용도 고려해야 한다. 강의실의 사회적 관계를 무시하는 비판적 사고 교육학이라면, 어느 것이든 어리둥절하고 어정쩡할 위험이 있다. 사르트르는 지식이 실천의 한 형식이라고 말함으로써 이 점을 지적하였다.[9] 바꿔 말해 지식은 지식 그 자체를 위해 연구되는 것이 아니라 개인과 거대한 사회적 현실을 연결하는 매개체로서 이해된다. 그러한 교육학적 맥락 속에서 학생은 학습 활동의 주체가 된다. 그런 환경 아래서 학생들은 자신의 학습 범위를 한정하는 강의실 내 관계들의 내용과 구조를 검토할 수 있어야 한다. 여기서 중요한 점은, 만일 학생들이 교과 지식을 이념적으로 공부하고자 한다면, 이러한 교육을 장려하는 강의실 내의 사회적 관계 속에서 적절한 지식을 성립하는 것이 무엇인지 물어야 한다는 것이다. 어떤 비판적 사고 교육도, 그것이 얼마만큼 진보적인가에 관계없이, 위계질서가 권위적으로 수립되고, 수동성, 유순함, 그리고 침묵을 장려하는 강의실의 사회적 관계망 속에서 진행될 경우, 비판적 사고 자체의 가능성들이 훼손될 것이다. 강의자를 전문가이자 지식 인출기로 미화하는 강의실의 사회적 관계는 결국 학생들이 상상력과 창조성을 발휘하지 못하게 만든다. 게다가 그런 접근은 학생들에게 자신의 삶을 비판적으로 검토하라고 요구하기보다 수동성이 올바르다고 가르친다.10)

강의실에 진보적인 사회적 관계를 발전시키자면, 강의실에서 학생들이 자신의 언어적, 문화적 능력을 사용할 수 있는 의사소통의 길을 트는 것이 중요하다. 만일 학생들이 문화적으로 문맹이라는 것을 암시하는 신념, 가치, 그리고 언어의 틀에 갇혀 있으면, 비판적 사고에 대해서는 아주 조금만 배우고, 프레이리가 말하는 "침묵 문화"에 대해서는 많이 배우게 될 것이다.11)

부르디외(Pierre Bourdieu)와 다른 여러 학자는, 교실에서 배우는 지식이 "학생들과 교사가 함께 도달한 의미의 결과와는 거리가 멀며", 종종 "특권을 가진 사회계층의 언어를 사회화하는 데에 한정된" 교양과 문화 양식을 강요하는 것이라고 지적함으로써, "침묵 문화" 교육학의 본질을 드러낸다.12) 요약하면, 학생들이 자신들의 존재에 의미를 부여하기 위해 지식을 사용할 경우 교육자는, 그린(Maxine Greene)이 지적했듯이, "이론적인 차원으로 비약"하기 전에 학생들의 가치, 믿음, 그리고 지식을 학습 과정의 중요한 부분으로 활용해야 한다.13)

주 ━━━

1) 다음은 지식과 가치의 관계를 다룬 훌륭한 글이다. Michael F. D. Young, ed., *Knowledge and Control*(London: Collier-Macmillan, 1971). 애플(Michael Apple)은 후자의 주제에 대하여 많이 썼다. 그의 다음의 논문에서 사회 과목 영역을 직접적으로 다루고 있다. "The Hidden Curriculum and the Nature of Conflict," *Interchange* 2(1971), pp.27-40. 다음도 보라. Jonathan Kozol, *The Night Is Dark and I Am Far from Home*(Boston: Houghton Mifflin, 1975), pp.63-73.

2) 다음은 이러한 종류의 교육학에 대한 훌륭한 설명이다. Paulo Freire, *Pedagogy of the Oppressed*(New York: Seabury Press, 1973), 그리고 Henry A. Giroux and Anthony N. Penna, "Social Education in the Classroom: The Dynamics of the Hidden Curriculum," *Theory and Research in Social Education* 7(Spring, 1979), pp.21-42.

3) Herbert Marcuse, *Counter-Revolution and Revolt*(Boston: Beacon Press, 1972), p.27.

4) 이러한 입장을 진지하게 다룬 책들은 많다. 그중 최고는 다음의 책이다. Samuel Bowles and Herbert Gintis, *Schooling in Capitalist America*(New York: Basic Books, 1976). 다음도 보라. Martin Carnoy and Henry M. Levin, *The Limits of Educational Reform*(New York: David McKay. 1976), pp.52-82, pp.219-244.

5) Martin Jay, *The Dialectical Imagination*(Boston: Little, Brown, 1973), p.65.

6) 이러한 접근은 다음의 책들을 통해 많은 사람에게 알려졌다. Hilda Taba, *Teacher's Handbook for Elementary Social Studies*(Reading, Mass.: Addison-Wesley, 1967); J. Richard Suchman, *Inquiry Box: Teacher's Handbook*(Chicago: Science Research Associates, 1967); Joseph J. Schwab, *Biology Teacher's Handbook*(New York: Wiley, 1965).

7) Alvin J. Gouldner, *The Dialectic of Ideology and Technology*(New York: Seabury Press, 1976), p.49.

8) Fredric Jameson, *Marxism and Form*(Princeton, N.J.: Princeton University Press, 1971), p.xx.

9) Jean-Paul Sartre, *Literature and Existentialism*, 3rd ed.(New York: Citadel Press, 1965).

10) 다음을 보라. Michael W. Apple and Nancy King, "What Do Schools Teach?" *Humanistic Education*, Richard Weller, ed.(Berkeley, Calif.:

McCutchan Publishing, 1977), pp.29-63. 그리고 Bowles and Gintis, *Schooling in Capitalist America.* 다음의 논문 모음집도 있다. Norman Overly, ed., *The Unstudied Curriculum*(Washington, D.C.: Association of Curriculum and Supervision, 1970).

11) Paulo Freire, *Education for Critical Consciousness*(New York: Seabury Press, 1973).

12) 다음을 보라. David Swartz, "Pierre Bourdieu: The Cultural Transmission of Social Inequality," *Harvard Educational Review* 47(Nov. 1977), pp.545-555; Pierre Bourdieu and Jean-Claude Passeron, *Reproduction in Education, Society, and Culture*(Beverly Hills, Calif.: Sage, 1977); Basil Bernstein, *Class, Codes, and Control*, vol. 3(London: Routledge & Kegan Paul, 1977), pp.85-156. 언어의 정치성에 관한 훌륭한 일반적 연구에 관해서는 다음을 보라. Claus Mueller, *The Politics of Communication*(New York: Oxford University Press, 1973).

13) Maxine Greene, "Curriculum and Consciousness," in William F. Pinar, ed., *Curriculum Theorizing: The Reconceptualists*(Berkeley, Calif.: McCutchan Publishing, 1975), p.304.

12

지적 자율성 가르치기: 비판적 사고 운동의 실패

로라 두한 카플란

서론

현재 대학 학부 과정에 개설되어 인기를 누리고 있는 비판적 사고 강좌는 학생들에게 정치적 자율성에 필요한 지적 자율성을 준비시키는 강좌로 알려져 있다. 그러나 비판적 교육학 운동이 제시한 기준을 놓고 볼때 비판적 사고 강좌는 정치적 자율성보다는 정치적 순응을 가르치는 경향이 있다. 비판적 사고 강좌는 교사들과 교재의 저자들이 표명한 의도와는 반대로 학생으로 하여금 특정한 정치적 관점을 이의 없이 받아들이게 하고 그 관점의 기원에 관해서는 묻지 못하게 할 수 있다.

지적 자율성 계발을 위한 두 가지 접근 방법

철학과에서 유래한 비판적 사고 교육

미국의 철학자들은 교육계에 나타난 두 가지 경향, 즉 학부생이 비판적으로 생각할 수 있는 능력을 가지고 졸업해야 한다는 요구와 철학 강좌 수강생의 수가 감소한다는 두 가지 경향에 대하여 동시에 대응할 기회를 잡았다. 그리하여 미국 전역의 철학과는 비판적 사고 강좌를 개설했고, 특히 공립대학의 철학과는 비판적 사고 강좌를 더 자주 개설했다. 비판적 사고를 가르치는 일에 철학자가 참여해야 한다고 주장하는 사람들은 이론적인 맥락에서, 즉 학술지들에서, 비판적 사고를 "정확한 주장 평가를 능숙하게 하고 그 능력을 행사하려는 경향",1) "논증이 뿌리박고 있는 세계관을 이해하는 능력",2) "이유에 따라 적절하게 행동할 수 있는 능력"3) 등으로 다양하게 정의한다. 그리고 지적으로나 정치적으로 자율적인 사람들의 민주 사회에서는 이러한 재능들이 모두 필요하다는 사실을 웅변적으로 설득하고자 한다. 철학자들은 실천적인 맥락에서, 즉 대학 행정가들과 주 의원들에게 제출한 서류상에서, 논리학과 논증이 자신들의 전문 분야임을 내세우고, 논리학과 논증 강좌가 앞에서 언급한 재능들을 계발시킨다고 시사하여, 비판적 사고 교육에 자신들이 관여해야 한다는 입장을 정당화한다. 결과적으로 비판적 사고 강좌는 철학자들이 담당하게 되었고, 그 강좌는 자연언어로 쓰인 논증을 분석하고 평가하는 일에 논리학 개념을 적용한 비형식논리학을 가르치는 강좌가 되었다.

전형적인 비판적 사고 강좌는 학생에게 두 가지 기법, 즉 논증 찾기와 논증 평가를 가르친다. 논증 찾기는 "논증 분석"이라고 부를 수 있는 특수한 유형의 텍스트 분석을 반복적으로 훈련해 계발될 수 있다. 비판적 사고 강좌의 전반부에서 학생들은 논증을 찾기 위해서 단락 읽기 연습을 한다. 학생들은 주장(논증의 결론)과 그 주장을 뒷받침하는 근거(논증의 전제)를 찾는 법을 배운다. 그리고 강좌의 후반부에서는 논문만큼 긴 텍스트를 논리적으로 분석할 기회를 갖는다.

논증 평가 능력은 주장을 뒷받침하는 근거를 평가하기 위해서 필요한 규칙을 가르침으로써 계발될 수 있다. 논증을 평가하는 일은 까다로운 일인데, 왜냐하면 근거는 맥락 의존적이기 때문이다. 예컨대 사원들끼리 술집에서 이야기할 때에는 좋은 근거일 수 있는 것도 공식적인 노사 협상에서는 형편없는 근거일 수 있다. 비판적 사고 강좌는 어떤 맥락에서도 주장을 정당화하지 못하는 근거들의 목록을 제시해 이 문제를 단순화한다. 이러한 불충분한 근거들은 여러 가지 "비형식적 오류들"로 분류된다. 비형식적 오류로는 "권위에 호소하는 오류", "동정에 호소하는 오류", 그리고 "비정합성의 오류" 같은 것들이 있다. 비판적 사고 강좌가 이러한 식으로 논증 평가를 가르치다 보니, 학생들은 오류 목록과 대조하면서 논증을 검토하고, 오류를 포함하고 있을 경우 어떤 논증이든 즉시 거부한다.

현재 통용되고 있는 비판적 사고 모델은 가치 있는 논리적 분석 기술을 가르치는 것을 목표로 하고 있으며, 내 생각으로 이는 성공적이다. 그러나 비판적 사고 교육의 이론적 옹호자들이 천명했던 자율성 교육에 대한 약속은 충족되지 않는다. 아래에서 나는 비판적 사고 교육 모델과 함께 학생들에게 논리적 분석 기술과 더불어 교육되는 자율성, 교육 내용, 그리고 읽기에 관한 몇 가지 신념을 피력함으로써 나의 주장을 정당화할 것이다.

비평을 위한 기초: 비판적 사고와 비판적 교육학

현재 통용되고 있는 비판적 사고 모델에 대한 나의 분석은 비판적 교육학 운동의 전망에 영향을 받은 것이다. 상이한 두 운동(비판적 사고 운동과 비판적 교육학 운동)의 명칭이 유사함으로 인해 야기되는 혼동을 피하기 위하여, 이 두 운동이 "비판적"이라는 단어를 어떻게 다르게 사용하는지 살펴보자. 형용사 "비판적"은 명사 "비평(critique)"이나 "비판(criticism)"과 관련될 수 있다. 누군가가 내 책을 비판할 때, 그는 아마도 내가 이 책을 개선하는 데 도움을 주기 위하여 책에서 무엇이 잘못되어 있는지 알려주고 있을 것이다. 그러나 누군가가 내 책을 비평할 때, 그는 내가 전에 알아차리지 못한 여러 의미의 차원을 알려주는 것이다. 그는 어떻게 텍스트에서 의미가 문자화하는지에 관한 이론을 가지고 텍스트를 읽음으로써 이러한 정보를 얻는다. 비판적 사고 운동은 학생이 논증 비판을 하도록 가르치지만, 비판적 교육학 운동은 자신을 둘러싼 세상을 비판하는 데 기초가 되는 비평을 하도록 가르친다.

비판적 교육학은 20세기 초반부터 중반까지 주로 독일 지성인들에 의해 개발된 사회학적 관점, 즉 "비판 이론"으로부터 "비판적"이라는 단어를 빌려온다. 비판 이론은 마르크스주의, 현상학, 그리고 정신분석학의 종합이다. 정치적, 경제적 지배에서 인간의 자유를 극대화하려는 정신은 마르크스주의로부터 온다. 현상학이 강조하는 것은 생생한 경험의 구조를 관찰하고 명료화하는 일이다. 정신분석학은 문화 형식들의 심층을 해독하게 한다. 비판 이론은 더 자유로운 사상과 실천을 위하여 현실을 변화시킬 목적으로 생생한 사회적, 정치적 현실을 비평한다.

비판적 교육학은 모든 교육은 인간 자유의 극대화를 목표로 삼아야 한다는 믿음에 따라 비판 이론의 도구들을 교육제도 비평에 적용한다. 그린(Maxine Green)은, 실현되지 않았지만 여전히 가능한 생각들과 행동들이 이 세상에 존재한다는 사실을 깨닫게 만드는 수단으로 문학을 가르쳐야 한다고 주장한다.4) 퍼플(David Purpel)은 교사와 학생으로 하여금 "숨은 교육과정(Hidden curriculum)", 즉 학교생활의 체계 속에 내재해 있는 교육에 주목하게 함으로써 생생한 경험의 구조를 밝히고자 한다.5) 애플(Michael Apple)은 거대 주식회사의 경제적 요구에 부응할 수 있도록 학생을 훈련함으로써 경제 구조를 강화하는 방법들의 연구로 교육의 목표를 왜곡시키는 문화 형식을 해독하려 한다.6) 다른 비판적 교육학 운동가들은 다양한 분야에서 활동하면서, 학생과 교사 그리고 지식인의 주체적 참여를 통해 교육제도를 변화시키려 한다. 예컨대 지루(Henry Giroux)는 교사들에게 자신들의 제도적 역할을 반성해볼 것을, 그리하여 스스로를 "비판적 지성인"으로 재정의할 것을 권한다.7)

비판적 교육학 운동은 프레이리(Paulo Freire)의 저작에 그 뿌리를 두고 있다. 프레이리의 유명한 책 『억압된 것들의 교육학(*Pedagogy of the Oppressed*)』은 노동계급 의식을 고취하고자 하는 급진적 교육자를 위한 성명서이자 지침서이다.8) 프레이리의 기본 원칙은 자율적인 정치적 행위자를 목표로 하는 교육은 반드시 교육과정 전반을 통해 학생을 자율적인 사람이 되도록 해야 한다는 것이다. 프레이리는 자신이 "은행교육 개념(the banking concept of education)"이라 부른 것, 즉 "교육은 예금 행위이며, 학생은 예금 보관소, 교사는 예금주와 같다."9)는 개념에 반대하면서 해방을 위한 교육을 제안한다. 은행 교육 개념은 학생은 완전히 무지하고 교사는 아주 박식하다는 그림에 기초하고 있다. 교사는 교육의 능동적 주체이며, 학생은 교육의 수동적 객체이다. 은행 교육 개념은 학생을 자율적인 행위자로 보지 않기 때문에, 이 개념을 모델로 하는 교육 프로그램은 자율적인 행위자를 만드는 데 성공할 수 없다.

프레이리는 급진적인 교육자가 전형적으로 은행 교육 모델이라는 함정에 빠지는 세 가지 방식을 지적한다. 첫째, 급진적인 슬로건을 보수적인 슬로건으로 대체하기. 둘째, 학생들에게 그들의 사회적 현실을 해석해주기. 셋째, 학생들에게 선택 가능한 정치적 행위들의 목록을 제시하기. 이러한 교육 활동은 학생들에게 저축된 정보를 분류하고 정리할 자유만 제공할 뿐이다. 학생들의 의식을 진정으로 고취하고 싶은 급진적 교육자는 세상 속에서 자신들의 정체성을 결정하는 "논제들"을 적극적으로 검토하도록 학생들에게 영감을 주어야 한다. 은행 교육 개념이라는 함정을 피하기 위해 급진적 교육자는 자신의 학생들이 속한 사회를 연구하고, 현실 세계에서 발생하는 상황들을 학생들에게 제시하여, 이를 분석하고 해석하도록 유도해야 하며, 학생들로 하여금 자신들이 처한 사회적 현실을 이해하고 비판하도록 하기 위한 공동 탐구 과정으로 학생들을 이끌어줘야 한다. 비판적 교육학 운동가들에게는 프레이리 교육 모델에 기초한 다른 모델도 학생들에게 지적이고 정치적인 자율성을 준비시킬 수 있는 잠재력이 있다.

비판적 사고 모델의 교육적 결함들

지적 자율성을 다루는 데 실패한 비판적 사고

자율성의 이상에 대하여 어느 정도 명백히 밝혀두는 것이 좋겠다. 비판적 사고 운동은 학생들이 헌법이 보장하는 가장 손쉬운 정치적 권리, 즉 투표할 권리를 행사할 수 있도록 준비시키고자 한다. 비판적 교육학 운동은 학생들이 또 다른 정치적 권리를 획득하고 시민들이 누릴 수 있는 자유를 확대할 수 있도록 준비시키고자 한다.

교육철학자 시겔(Harvey Siegel)은 비판적 사고를 실천적 합리성, 즉 이유를 요구하고, 제시하고, 평가하는 것으로 정의한다. 시겔은 비판적 사고가 민주주의 사회의 시민들에게 필수적이라고 주장한다. 시민들은 국회의원들, 판사들, 그리고 공무원들이 하는 행위에 대하여 이유를 요구하고 평가할 수 있어야 한다. 시민들은 로비스트들과 선거 출마자들이 내놓는 경쟁적 정책들 중 하나를 선택할 수 있어야만 한다.10) 미국 시민 대부분의 정치적 책임 수준은 불행히도 로비스트들과 선거 출마자들이 제시한 주장들 가운데서 어느 하나를 선택하는 수준이다. 비판적 사고 강좌가 자율적인 정치적 행위자로서의 책임을 다하도록 학생들을 준비시킨다는 말은 바로 이러한 의미에서이다.

비판적 교육학자들은 이러한 수준의 책임 의식을 목표로 하는 교육 프로그램은 정치적 자유에 대한 좁은 해석에 기초해 있다고 주장할 것이다. 자유로운 사회에서 정치적 행위자는 주어진 대안을 선택하는 데 그쳐서는 안 되고, 대안을 제시할 수 있어야 한다. 또 지도자들에게 설득력 있는 이유들을 요구만 해서는 안 되고, 그들에게 자신들의 지도력을 보태주어야 한다. 비판적 사고 강좌는 학생들에게 이러한 수준의 자율성을 계발시켜주지 못하고 있다.

내가 대학에서 가장 많이 사용되고 있는 비판적 사고 교재 세 권의 서론을 분석해본바, 이 교재의 저자들이 하나같이 프레이리가 급진적 교육자들이라면 반드시 피해야 한다고 지적했던 함정, 즉 교육의 은행 모델 함정에 빠져 있음이 드러났다. 이러한 모델을 따르는 교육을 통해서 학생들은 상대적으로 수동적인 존재가 되며, 배운 것을 기억하고 정리하는 정도의 역할만 한다. 비판적 사고 교육은 은행 모델을 사용함으로 인하여, 학생들에게 중요한 사회제도 안에서 능동적인 참여자가 된다는 것이 무엇인지에 대한 제한된 그림만을 전해주게 된다. 내가 검토한 첫 번째 교재는 비판적 사고를 경쟁하는 선택지 중 하나를 합리적으로 선택하는 능력으로 정의한다. 이 교재를 채택한 강좌는 권위자가 제시해놓은 선택지를 고른 시민이 비판적 능력을 행사했다고 생각하게끔 만든다. 두 번째 교재는 비판적 사고자를 암암리에 보수적인 관점으로 지배하려는 시도들을 거부하는 정치적 자유주의자로 정의한다. 따라서 이 교재를 채택한 강좌는 주장들을 비판적으로 분석하는 대신 올바른 주장들을 받아들이면 된다고 가르친다. 세 번째 교재는 비판적 사고자를 법정, 교실, 회사 등 자신이 처한 여러 사회적 환경에서 (이 교재가 보여주는 것처럼) 적절하게 주장할 수 있는 사람이라고 정의한다. 그래서 이 교재를 채택한 강좌는 비판적 사고의 주된 가치가 주어진 상황을 바꾸는 데 있다기보다 그런 상황에 적응하게끔 도움을 주는 데 있다고 가르친다.

합리적 대안 선택 모델   켈리(David Kelley)는 자신의 책 『추론의 기술(*The Art of Reasoning*)』에서 전통적인 논리 개념들을 소개하고 그 개념들을 적용하여 짧은 영문 텍스트를 분석하는 데 책의 대부분을 할애하고 있다.11) 이러한 켈리의 접근 방식은 전통을 따르고 있기 때문에, 그가 자기 책의 목적에 확신하고 있다는 것은 놀라운 일이 아니다. 그는 "이 책은 생각하기에 관한 책이다. 이 책은 사고하는 **방법**에 관한 책이다."12)라고 말한다. 켈리는 또한 사고의 특징에 관해서도 분명하게 말한다. 그에 따르면, 사고는 "사물들에 대한 우리의 감정적 반응"과 다르며 "어떤 목표를 지향하고 있다."13) "사고는 백일몽, 상상과 같은 활동과 다른데, 왜냐하면 백일몽과 상상 속에서 우리는 마음 가는 대로 꿈꾸고 상상하기 때문이다."14) 이렇게 사고는 감정에 좌우되지 않는 목표 지향적인 탐구 활동이다.

학생들은 어떤 상황에서 자신들이 감정에 좌우되지 않고 목표를 지향해야 할지 궁금해할 것이다. 그래서 켈리는 철학 수업에서 자유의지와 결정론을 논의하거나, 문학 수업에서 햄릿을 해석하거나, 과학 이론을 이해하는 상황들을 예로 든다. 이러한 상황에서 학생들은 "경쟁하는 생각들과 이론들을 소개받고 그것들을 비판적으로 논의하라고 요구받는다."15) 비판적 사고를 교사가 제시한 선택지들의 상대적 장점을 논의하는 데에 한정시킬 경우, 왜 켈리가 사고를 "감정에 좌우되지 않는다."고 했는지 쉽게 이해할 수 있다.

켈리는 교실 밖에서도 비판적 사고가 쓰인다는 점을 분명하게 밝히고 있다.

우리는 살아가면서 중요한 일이든 사소한 일이든 결국 선택을 해야 하고, 교실에서처럼 선택에 대한 이유를 저울질하고 이와 관련된 모든 문제를 고려하도록 애써야 한다.16)

켈리는 "선택"을, 경쟁하는 소수의 선택지들 가운데 어느 하나를 선정하는 행위로 좁게 해석한다. 불행하게도 대부분의 중요한 인생사와 수많은 사소한 인생사는 우리에게 확실한 선택지를 제시하지 않는다. 인생에는 그런 선택지가 존재하지 않는 경우가 대부분이며, 그래서 우리가 선택지 자체를 만들어낼 수밖에 없다. 성인의 삶은 수준 높은 권위자가 선택지들을 선택하거나 거부하기 좋도록 깔끔하게 만들어 제시해주는 전형적인 강의실을 모델로 한 것이 아니다. 켈리의 비판적 사고 저서에서 우리가 배우는 기법들은 삶의 현장에서는 도움이 되지 않는다.

비판 이론가 폴록(Friedrich Pollock)의 관점에서 볼 때, 켈리의 비판적 사고 개념은 시민들을 더욱더 수동적이게 한다. 강의실에서 경쟁하는 생각들 중 선택하기라는 켈리의 선택 개념과, 여론조사에서 주어진 항목들 중 선택하는 행위에 대한 폴록의 분석이 보여주는 유사성은 이 주장을 명백하게 하는 데 도움을 준다. 인쇄 매체와 전자 매체를 통해 셀 수 없이 많은 정보가 전파되는 시대에, 평균적인 시민들은 수많은 문제들에 관한 자신의 의견을 형성하는 데 필수적인 정보를 종합할 "시간도, 에너지도 없을 뿐만 아니라 교육도 받지 못했다."17) 틀에 박힌 일련의 선택지들을 놓고 고를 기회가 왔을 때, 시민들은 몸소 현안을 조사해야 한다는 압박에서 벗어난다. 켈리의 교재를 채택한 강좌는 권위자가 제시한 선택지에서 선택하는 행위가 왜 그런 선택을 해야 하는지를 분석하는 행위를 완전히 대신할 수 있다는 환상을 강화한다. 켈리가 정의한 비판적 사고자는 폴록이 여론조사를 통한 시민 지배로 간주한 계략의 희생자가 될 수 있다. 여론조사는 응답자에게 선택에 영향을 미치는 "받아들일 만한" 믿음들의 목록을 제시함으로써, 여론을 조사하기보다는 오히려 여론을 조작하는 경향이 있다.18)

정치적 자유주의 모델 『논리학과 현대 수사학(*Logic and Contemporary Rhetoric*)』의 저자 칸(Howard Kahane)은 바로 이러한 식의 세뇌를 피하려고 했지만, 실패한다.19) 칸은 이 책 서문에서 "비판적으로 생각할 수 있는 시민들"을 "변함없이 진정으로 자유롭기를 원하는 모든 사회의 기초"라고 찬양한다.20) 칸은 책에서 "비판적 사고"라는 용어를 분명하게 정의하지 않지만, 비판적 사고가 보수적인 강령을 철저히 거부하는 것과 관련 있다고 주장한다. 안타깝게도 칸은 자유주의적인 강령을 같은 수준으로 검토하는 것처럼 보이지 않는다.

칸은 서문에서 이 책을 쓴 비정치적인 의도를 밝히고 있다.

　　이 책의 목적은, 학생들을 사회적, 정치적 영역에서 좌파나 우파 가운데 어느 하나의 입장을 선택하게끔 만드는 것이 아니라, 학생들의 합리적인 교양 수준을 **높이도록** 돕는 것이다.21)

그러나 칸이 제시한 거의 모든 오류의 예들은 보수적인 공화주의 정치가들이 저지른 오류들이며, 칸이 소개한 만화 대부분은 트루도(Garry Trudeau)나 파이퍼(Jules Feiffer) 같은 자유주의 시사 만화가들이 그린

것들이다. 칸의 책은 이러한 식으로 보수적인 정치 강령은 오류 목록에 대조하여 자세히 검토되어야 하지만, 자유주의적인 정치 강령은 그럴 필요가 없다는 암시를 한다. 이러한 암시를 받아들이는 것은, 우리가 자유주의의 이상에 헌신할 때조차, 정치 분야에서의 명료한 사고를 위험에 처하게 한다. 현실적인 정치 담론 속에서 보수적인 선거 공약은 종종 자유주의의 언어로 포장된다. 적어도 이러한 이유 때문에라도 학생들은 모든 정치적 강령을 비판적으로 분석할 수 있도록 고무되어야 한다.

칸은 비판적 사고자들이 세뇌당하는 것을 거절해야 한다고 명시적으로 말하고 있지만,22) 여러 곳에서 학생들에게 비판적 사고자가 믿어야만 하는 것이 무엇인지를 분명하게 말하고 있다. 두 가지 예를 검토해보자. 한 곳에서 칸은 학생들에게 그들의 증조부가 떠나왔던 나라를 방문하려고 해야 하며, 광고를 보고 사소한 욕구를 충족시키는 데에 그렇게 많은 돈을 쓰지 않는다면, 그럴 여유가 있을 것이라고 말한다.23) 다른 곳에서 칸은 옛날 미국의 역사 교재들이 "우리의 역사, 우리나라, 그리고 세계에 대하여 왜곡된 견해를 피력하고 있다."고 주장한다. 이제는 "흑인과 다른 소수 집단에 대한 미국인의 태도가 바뀌고 있기 때문에" 우리의 교재들은

역사를, 그리고 우리의 제도가 어떻게 작동하는지를 과거에 그랬던 것보다 훨씬 덜 편향되게 기술한다. … 최근의 공립학교 역사와 사회과 교재들 일부는 역사적으로나 어디에서나 그 분야에서 최고이다.24)

우리는 칸의 주장을 그가 학생들에게 보수적인 정치가들에게 물어보라고 가르쳤던 바로 그 질문들을 사용해 평가할 수 있다. 현재 미국에서 긴급히 요구되는 다원주의라는 목표를 달성하는 것이 좋은 교재의 유일한 기준인가? 칸은 다른 나라와 다른 시대의 역사 교재들을 읽었는가?

만일 그렇지 않다면, 칸의 의견은 (그가 분명히 부인하더라도) "자화자찬",25) 터무니없는 편협성, 또는 ─ 더 나쁘게는 ─ 허위 선전처럼 보인다.

상황 적응 모델 『추리 입문(*An Introduction to Reasoning*)』의 공저자인 툴민(Stephen Toulmin), 리케(Richard Rieke), 자닉(Allan Janik)은 추리를 사회적 관행으로 소개한다.

> 분명히 추리는 ─ 또는 적어도 이유 제시하기는 ─ 우리 사회에서 널리 펴져 있는 현상이다. 자신의 행동이나 생각 또는 주장을 뒷받침하는 이유를 제시하는 관행은 수용된 행동 양식으로 확고하게 자리 잡고 있다.26)

저자들은 추리하기가 사회적 규범에 순응하는 일이라는 요지를 보완하는 의미에서 다음과 같이 말한다.

> 추리에 대한 요구가 무시되는 경우가 무척 많다. 그리고 그런 상황에서는, "말할 수 없습니다"나 "잘 모르겠습니다" 또는 "특별한 이유는 없습니다"나 어떤 식으로든 회피하는, 이유 요구를 무시하는 방식들이 있음은 잘 알려져 있고 또 허용되어 있기도 하다.27)

우리는 이 책이 학생들에게 어떤 특정한 맥락 안에서 이유들에 대한 요구를 평가하고 다양한 맥락에서 이유들을 제시하는 방법을 가르치기 위해서 쓰인 것임을 안다.

> 어떤 추리 과정이 적절한지는 상황에 따라 다르다. 우리가 식당에서 중역 회의실로, 과학 실험실에서 법정으로 이동할 때, 토론의 "양상"은

극명하게 달라진다.28)

이 책은 고대 아테네의 소피스트들이 했던 방식으로 추리를 가르친다. 소피스트들은 젊은 시민들에게 법정들과 다른 공적 장소들에서 나름대로 잘 대처할 수 있게 하는 사회적 기술을 가르쳤다. 이러한 교육을 뒷받침하는 직관에는 사회적으로 받아들여질 수 있는 것들에 대한 일정한 해석과 태도가 내재해 있다. 이러한 교육관에 따르면, 사회적으로 받아들여질 수 있는 것은 인간 행동의 기초이며, 따라서 인간 교육의 기초이다. 우리는 지배적 질서에 순응하면서 상황에 보다 잘 대처하는 방법을 배워야 한다.

하지만 비판적 사고를 이러한 식으로 접근하게 되면, 학생들은 어떤 종류의 비판적 분석에서든 사회적 맥락을 고려해야 한다는 점을 배우지 못한다. 예컨대 관리자 교육을 받는 학생들은 자신의 고용 방침을 정당화하는 방법을 배워야만 한다. 툴민의 비판적 사고 강좌는 이러한 점에서 그런 학생들에게 도움을 줄 것이다. 관리자 과정을 밟는 학생들은 자신의 고용 결정을 정당화하기 위해서 공적으로 무슨 말을 할 수 있는지를 결정할 수 있도록 지역 환경과 조직 환경을 평가하는 기술을 연마하게 될 것이다. 미국 북부의 몇몇 도시에서는 차별 철폐 조치에 찬성하는 입장에서 "그가 흑인이라서 고용했다."고 말할 수 있다. 그런 도시들에서는 "그가 흑인이라서 고용하지 않았다."고 말하는 것은 받아들여질 수 없을 것이다. 미국 남부의 몇몇 도시에서는 "그가 흑인이라는 걸 알고 나서 그를 고용하지 않았다."고 말함으로써, 특정한 직업군에서 백인들에게 우선권을 주는 인사정책이 받아들여질 수 있다. 툴민의 책 등으로 교육받은 "비판적 사고자"는 어떤 추리들이 왜 터부시되는지 묻도록 장려되지 못한다. 특히 이유 요구를 무시하는 강력한 사회적 압력을 받는 미국 남부 지역에서의 인종 관련 주제인 경우는 더욱 그럴 것이다.

비판적 교육학자 샤피로(Svi Shapiro)는 이유에 대한 사회적 요구에 응하는 훈련의 중요성에 대하여 경제적 해석을 하는 교육관을 내놓는 다.29) 샤피로는 미국 교육이 피교육자들을 육체노동을 하도록 운명 지어진 사람들과 정신노동을 하도록 운명 지어진 사람들로 분류한다고 조리 있게 개진한 폴란차스(Nicos Poulantzas)의 논제를 제시한다. 육체노동에 종사할 학생들은 학교의 직업 기술 교육과정에서 배우는 것이 거의 없다. 대신 그들은 규율과 권위에 대한 존중을 배운다. 정신노동에 종사할 학생들은, 특정 기능의 숙달 교육 대신 정신노동 "문화"로의 진입 자격을 부여하는 "일련의 의례들, 비밀들, 기호 체계들"30)을 학습한 다.31)

샤피로는 육체노동자를 노동계급으로 분류하고 정신노동자를 다음과 같이 분류한다.

(정신노동자는) 새로운 소부르주아, 즉 제3차 산업과 화이트칼라 업종 등 계속해서 증가하고 있는 거대한 봉급 노동자 집단이다. 공무원, 복지산업 종사자, 그리고 교육 관계 종사자들뿐만 아니라, 광고사와 보험사, 회계 및 은행 관련 업무에 종사하는 사람들도 이 부류에 속한다.32)

[이러한 부류의 사람들은 속칭 "여피족(yuppies)"*이라 불린다.] 그러나 샤피로는 이러한 집단의 사람들이 정신노동에 종사한다기보다는 오히려 "아이디어를 기록하고 제시하는" 능력과 "모종의 언어 구사력"을 과시하는 "문서 작업" 등 많은 정신노동의 상징들을 사용하는 전문직에 종사하고 있다고 지적한다.33)

비판적 사고 강좌는 의례적인 말하기, 쓰기 방식들에 관한 정보를 비

---

* [역주] 여피족은 도시에 사는 젊고 세련된 고소득 전문직 종사자이다.

롯해 어느 정도 정신노동의 "의례들, 비밀들, 기호 체계들"로 안내할는지 모른다. 비판적 사고 강좌에서 가르치는 간결하고 논리적인 양식은 오늘날 비즈니스 글쓰기의 표준이다. 오류의 명칭들은 그 명칭들을 사용하는 사람들이 교양 있는 사람이라는 것을 선언하는 상징적인 징표이다. 툴민이 말한 것처럼 비판적 사고는 사회적 의례가 될 수도 있다. 즉, 비판적 사고는 각 상황에서 어떤 종류의 이유를 제시하거나 요구해야 하는지 아는 것을 포함한다. 소부르주아 일원으로 인정받기 위해서는 법정, 건강 휴양소, 부동산 중개소, 그리고 직장 연회에서 어떻게 처신해야 하는지 배워야 한다. 이러한 해석을 따를 때 현재 통용되고 있는 비판적 사고 모델은 잘 처신하는 화이트칼라 근로자를 만드는 수단이다.

비판 이론의 관점에서 볼 때, 켈리가 경쟁하는 선택지들에 대한 비판적 평가를 강조한 것은 유권자를 수동적으로 만드는 데 기여한다. 그리고 비판적 교육학의 관점에서 볼 때, 툴민이 이유에 대한 사회적 요구를 만족시키는 법을 배우도록 강조한 것은 여피 문화를 형성하거나 적어도 유지하는 데 기여한다. 여론은 여피족이 정치적으로 수동적이며, 공화당과 민주당의 후보자들이 제시한 공약들을 선택하는 것으로 만족한다고 비판한다. 현재의 비판적 사고 모델은 특정한 사회계급의 많은 삶의 양식들을 만들어내고 유지하는 교육 프로그램의 일환인 것처럼 보인다.

비판적 사고와 읽기

비판적 사고 교육 현장에서 논리적 분석은 종종 대학 수준의 읽기 모델로 사용된다. 아래에서 나는 이러한 읽기 모델이 텍스트에 관해 정치적으로 중요한 어떤 유형의 물음들을 묻지 못하게 할지도 모른다고 주장할 것이다.

그린은 두 부류의 문학 이론가들이 옹호하는 읽기에 관한 두 가지 접근법을 소개한다. 첫 번째 접근법은 영미 문학 비평가들이 체계화한 것이다. 이 이론가들이 텍스트를 이해하는 방식은

작가의 개인사와 관계된 것을 분리하고, 독자 자신의 일상사와 연관된 것으로 텍스트를 왜곡하지 않는다.34)

텍스트는 각 독자에게 연상을 불러일으키겠지만, 독자들은 텍스트가 실제로 말하는 것과 자신의 삶을 조심스럽게 구분해야 한다. 텍스트는 생각이나 제도를 바꾸도록 독자들에게 영감을 줄 수 있지만, 이 경우에도 그 영감은 독자의 삶의 일부분이지, 텍스트의 일부분은 아니다. 텍스트와 독자의 의식 경험을 분리하는 독서법은 일종의 "정독(closing reading)"35)을 권한다는 장점이 있다. 그러나 그린은 그런 접근법에는 텍스트를 "삶과 인간의 본질적인 관심사에서 분리된 언어 게임으로" 보도록 만들 위험이 있다고 말한다.

그린이 선호하는 읽기에 대한 두 번째 접근법은 유럽의 문학평론가들이 제안한 것이다. 이 이론가들에 따르면,

문학은 하나의 창조적 발상, 즉 예술가가 자신의 경험을 언어로 구성해 이해하려는 의식적인 노력으로 여겨진다. 작품과 마주한 독자는 그 작품을 자신의 의식 속에서 재창조해야 한다.36)

이러한 시각에서 볼 때, 텍스트는 독자의 경험에 의해 왜곡되지 않는다. 오히려 텍스트는 독자의 경험에 의해 빛을 발하게 된다. 그린은 텍스트가 독자의 경험으로부터 의미를 빌려오지 않는 한 "기호들의 집합일 뿐"이라는 사르트르의 말을 인용한다.37) 텍스트는 인간 사고 및 행

위로부터 유리되어 이해되기보다는 그것들과의 관계 속에서 이해된다. 작가가 하는 일은 글을 쓰는 것이다. 독자가 하는 일은 텍스트에 생명을 불어넣는 것이다. 텍스트는 이 둘을 중개하여 독자가 작가의 경험에 참여하도록 자극한다. 그런 가운데 독자는 작가의 경험과 자신의 경험 모두를 재구성하게 된다.

읽기에 관한 두 가지 접근 방법 중에서, 현재 통용되고 있는 비판적 사고 모델은 첫 번째 방법을 선호한다. 사려 깊은 논증 분석의 전제조건은 학생이 텍스트에 대한 자신의 선입견과 태도를 텍스트에 쓰인 것과 구분할 수 있어야 한다는 것이다. 하지만 만일 논증 분석의 목적이 그것뿐이라면, 텍스트의 의미를 진정으로 조명해줄 수 있는 작가의 경험을 이해하려는 시도는 불가능할 것이다.

아래의 인용문은 1990년 7월 15일 『샬롯 옵저버(*The Charlott Observer*)』지(紙)에 실린 편집자에게 보내는 편지에서 발췌한 것으로 앞에서 말한 내용에 대한 하나의 예가 될 것이다.

간트(Harvey Gantt)*의 경력을 볼 때, 그는 어떤 일에서든 적합한 후보자가 될 수 없다. … 또한 간트는 7월 3일 롤리(Raleigh) 주(州)에서 열린 전국 인공임신중절권 행동연맹(National Abortion Rights Action League)의 시위대 앞에서 연설한 바 있다. 이 연맹은 개인적인 형편에서부터 성 선택에 이르는 온갖 이유를 근거로 합법화된 유아 살해를 지지한다.38)

기고자의 논증은 다음과 같이 요약된다. 이 글의 결론 또는 주장은 "하비 간트는 좋은 후보자가 아니다."라는 것이며, 그 근거는 "간트가 인공임신중절 옹호 집단 앞에서 연설하였다."는 것이다. 전형적으로 비

---

* [역주] 건축가이자 미국 노스캐롤라이나에서 활동한 민주당원.

판적 사고 강좌에서 가르치는 오류 목록을 참조하여 이 논증을 비판하기는 아주 쉽다. 우리는 결론을 지지하는 전제의 적합성에 이의를 제기할 수 있다. 기고자는, 간트를 연설자로 초대한 단체의 정치적 견해 일부를 거부하기 때문에, 그가 바람직한 정치적 후보자가 아니라고 주장한다. 즉, 기고자는 "연좌제"의 오류(the fallacy of "guilt by association")*를 범한다는 이유로 비판받을 수 있다.

또 우리는 기고자가 전제를 제시할 때 사용한 논리에 이의를 제기할 수 있다. 기고자는 전국 인공임신중절권 행동연맹이 인공임신중절을 지지한다는 사실로부터 이 연맹이 모든 형태의 유아 살해를 지지할 것이라고 결론 내리고 있다. 즉, 기고자는 "미끄러운 비탈길"의 오류(the fallacy of "slippery slope")**를 범하고 있다고 비난받을 수 있다.

대부분의 비판적 사고 수업에서 논증 분석은 오류를 확인하고 논증을 거부하는 것으로 끝난다. 그린이 문학 비평에 대한 영미 접근법이라 불렀던 것을 고려해볼 때, 텍스트가 말하려는 바는 논증 자체에서 밝혀진다. 독자가 하는 유일한 일은 텍스트가 말하려는 바를 거부하거나 받아들이는 것이다. 어떤 교사들은 학생들을 더 밀어붙여 텍스트에서 저자가 저지른 실수를 교정함으로써 논증을 강화시켜볼 것을 요구하기도 한다. 하지만 그들은 논리적 기법들을 가르치는 일에 역점을 두기 때문에, 저자가 논리적으로 실패한 지점에서 더욱 흥미로운 논의의 차원이 열릴 수 있음을 시사하는 강의자는 거의 없는 것 같다. **왜** 저자의 논리가 결딴났는지 묻도록 교육받은 학생도 거의 없을 것 같다. 이쯤 되면 논증이 말하고자 하는 바는 불분명해진다. 이 점을 이해하기 위해 학생들은 저

---

* [역주] 연좌제의 오류는 어떤 개인 또는 집단의 과오를 그와 가까운 사람 또는 집단에게도 추궁하는 오류이다.
** [역주] 미끄러운 비탈길의 오류는 하나의 사건이 일어나면, 그 사건이 속한 계열의 다른 사건들이 함께 일어날 것이라고 추리하는 오류이다.

자의 개인사와 관련된 정보를 끌어들이거나, 그럴 수 없을 경우 그들 자신이 연상한 것을 끌어들여야 한다.

앞에서 인용한 그 기고문이 전형적인 비판적 사고 강좌에서 분석될 경우, 오류를 확인하는 데 이어서, "무엇이 또는 누가 인공임신중절 문제를 이렇게 위력 있게 만들어 기고자로 하여금 이 문제에만 전적으로 의존하게 한 것인가?"라는 물음을 고려할 것 같지는 않다. 이러한 종류의 물음은 이 기고문에 대한 비평으로 이어질 뿐만 아니라, 독자가 기고자의 경험 형성에 작용한 힘들을 분석하고, 나아가 독자 자신의 정치적 견해를 형성하는 데 기여한 힘들에 관하여도 탐구하도록 해준다. 전형적인 비판적 사고 강좌를 수강한 학생들은 또한, "왜 그 기고자에게는 간트가 인공임신중절을 찬성하는 단체 앞에서 연설했다는 사실이 간트에 대하여 자신이 내린 결론을 뒷받침하는 충분한 근거로 보이는가?"라고 물어봄으로써, 그 기고자가 "연좌제"의 오류를 범하게 되는 이유를 이해하려고 애쓰지는 않을 것이다. 이러한 물음을 탐구하는 것은 정치적 문제에 관한 기고자의 추리 방식을 형성시켜준 힘의 배경을 부분적으로 드러낼 수 있을 뿐만 아니라, 독자가 자신의 추리 방식을 형성시켜준 영향력에 대하여도 반성할 수 있게 한다.

이러한 물음은 오류 목록 전체에 타격을 입힌다. 이 물음을 묻는 다른 방식은 "만일 '연좌제'가 오류라면, 우리는 왜 통상적으로 성공적인 의사결정을 위해 연좌제의 오류를 이용하는가?"이다. 이 물음은 또 다른 물음들로 이어진다. 비판적 사고 강좌는 왜 일상적인 추론에 "비합리적이다"라는 꼬리표를 붙일까? 비판적 사고가 상식에 반해서 정의되는 이유는 무엇인가? 지루와 사이먼(Roger Simon)은 『대중문화, 학교교육 그리고 일상생활(*Popular Culture, Schooling and Everyday Life*)』의 결론에서 부분적인 답을 내놓는다. 교육정책 입안자들은 대중문화를 하위 계급의 문화로 이해하는 반면, 미국 교육 시스템은 부르주아 문화를 떠받들고 영속시키기 위해 고안된 것이다.39) 비판적 사고는 이러한 교육 프로그램의 일환이다. 앞에서 나는 샤피로가 정신노동 문화를 발전시키기 위한 학교교육의 역할에 대하여 논의한 것이 비판적 사고 모델을 적용한 것이라 지적한 바 있다. 여기서 비판적 사고 강좌는 계급의식을 발전시키는 데 기여한다. 이러한 경우에 계급의식의 계발은 경험의 특정 측면에 대한 훈련된 무의식의 계발을 포함한다.

결론

나의 목표가 비판적 사고의 이상을 훼손하려는 것이 아님을 분명히 해야겠다. 오히려 나는 비형식논리학을 가르치는 교육으로 변질된 대학 수준의 비판적 사고 교육이 그 교육의 이상을 실현하는 데 충분한지를 묻고 있는 것이다. 만일 "비판적 사고"의 이상이 사건들과 제도들이 가지고 있는 정치적 성향을 해독하는 능력을 포함하고, 대안적인 사건들과 제도들을 구상할 수 있는 능력을 포함하고 있다면, 내가 지금까지 주장한 것은 현재의 비판적 사고 교육은 그 이상을 실현하기에 불충분하다는 것이다. 나는 내 논제에 대해 크게 두 가지 이유를 제시하였다. 첫째, 엄격한 논리적 분석의 그물망에도 불구하고 어떤 종류의 비판적인 물음들이 제기될 수 있다. 둘째, 누가 왜 대학에서 비판적 사고를 배우고 있는지를 알면, 왜 어떤 질문들이 제기되지 않는지를 설명하는 데 도움이 될 것이다.

주 ━━━━━━

1) 에니스(Ennis)의 비판적 사고 이론에 관한 설명은 다음을 보라. Harvey Siegel, *Educating Reason*(New York: Routledge, 1988), pp.18-28.
2) 폴(Paul)의 비판적 사고 이론에 관한 설명은 다음을 보라. Ibid, pp.5-10.
3) Ibid. 다음도 보라. Harvey Siegel, "Why Be Rational? On Thinking Critically about Critical Thinking," in *Philosophy of Education 1989: Proceedings of the Forty-fifth Annual Meeting of The Philosophy of Education Society*, ed. Ralph Page(Normal, Ill.: Philosophy of Education Society, 1990), pp.392-401.
4) Maxine Greene, "The Humanities and Emancipatory Possibility," in *The Hidden Curriculum and Moral Education*, eds. Henry Giroux and David Purpel(Berkeley: McCutchan, 1983), pp.384-402. 이하 *Hidden Curriculum* 으로 표기.
5) David Purpel and Kevin Ryan, "It Comes With the Territory: The Inevitability of Moral Education in the Schools," in *Hidden Curriculum*, pp.267-275.
6) Michael Apple, "Is the New Technology Part of the Solution or Part of the Problem in Education?" in *Teachers and Texts*(New York: Routledge & Kegan Paul, 1986). 다음도 참고하라. Michael Apple and Nancy King, "What Do Schools Teach?" in *Hidden Curriculum*, pp.82-99.
7) Henry A. Giroux, *Teachers as Intellectuals*(Granby, Mass.: Bergin and Garvey, 1988).
8) Paulo Freire, *Pedagogy of the Oppressed*, trans. Myra Bergman Ramos (New York: Herder and Herder, 1970).
9) Ibid., p.58.
10) Siegel, *Educating Reason*, pp.60-61.
11) David Kelley, *The Art of Reasoning*(New York: Norton, 1988).
12) Ibid., p.1.
13) Ibid.
14) Ibid.
15) Ibid., p.3.
16) Ibid.
17) Friedrich Pollock, "Empirical Research into Public Opinion," in *Critical Sociology*, ed. Paul Connerton(New York: Penguin Books, 1976), p.229.
18) Ibid.

19) Howard Kahane, *Logic and Contemporary Rhetoric*, 5th ed.(Belmont, Calif.: Wadsworth, 1988).

20) Ibid., p.xv.

21) Ibid., p.xiii.

22) Ibid., p.xv.

23) Ibid., p.216.

24) Ibid., p.275.

25) Ibid.

26) Stephen Toulmin, Richard Rieke, and Allan Janik, *An Introduction to Reasoning*, p.4.

27) Ibid., p.5.

28) Ibid.

29) Svi Shapiro, "Education and the Unequal Society: The Quest for Moral 'Excellence'," in *Schools and Meaning*, eds. David E. Purpel and Svi Shapiro(Lanham, Md.: University Press of America, 1985), pp.27-49.

30) Nicos Poulantzas, *Classes in Contemporary Capitalism*(London: New Left Books, 1975), p.258; 이는 다음에서 재인용하였다. Shapiro, "Education and the Unequal Society," p.34.

31) Ibid.

32) Ibid., p.33.

33) Ibid.

34) Maxine Greene, "Curriculum and Consciousness," in *Hidden Curriculum*, p.169.

35) Terry Eagleton, *Literary Theory*(Minneapolis: University of Minnesota Press, 1983), p.45.

36) Greene, "Curriculum and Consciousness," p.169.

37) Jean-Paul Sartre, *Literature and Existentialism*, 3rd ed.(New York: Citadel Press, 1965), p.45; 이는 다음에서 재인용하였다. Greene, "Curriculum and Consciousness," p.170.

38) Sheryl Chandler, "I Won't Vote for Gantt," *The Charlotte Observer*, 15 July 1990.

39) Henry A. Giroux and Roger I. Simon, "Schooling, Popular Culture, and a Pedagogy of Possibility," in *Popular Culture, Schooling and Everyday Life*, eds. Henry Giroux, Roger Simon et al.(Granby, Mass.: Bergin and Garvey, 1989), pp.219-253.

13

추리를 넘어서는 비판적 사고: 사고의 진가 회복하기[1]

토머스 H. 워렌

서론

지난 10년 동안 미국 교육 현장에서 아주 큰 영향력을 행사하게 된 "비판적 사고" 운동에는 근본적으로 잘못된 점이 있다. 이 논문에서 나는 (1) 비판적 사고 교육학의 일반적인 내용이 분명 인간 **사고**에 전혀 중점을 두고 있지 않고, 오히려 어떤 **다른** 중요한 능력, 즉 "추리"라고 부르는 것이 더 적합한, 근본적으로 다른 정신적 기능에 중점을 두고 있으며, (2) 단지 추리 능력을 계발하는 것만 **아니라**, 참된 사고 능력을 계발하는 것이 대단히 중요하고, 이는 개인의 도덕의식 제고에 결정적인 조건일 수 있다고 주장할 것이다. 따라서 소위 비판적 사고 운동은 부분적으로 도덕적 통찰이나 지식을 향상하려고 하지만, 이러한 점에서 실제로는 자기제한적일 수 있다.

본 논문은 추리와 사고를 구분하면서, 사고 활동의 진가(virtue)를, 즉 도덕적 가치의 면에서만 아니라 근본적인 본질의 면에서도 사고 활동의 진가를 회복시키고자 할 것이다.

추리 대 사고

"추리"와 "사고"의 다른 점을 밝히자면, 먼저 이 두 용어의 어원을 살피는 것이 좋을 것이다. (나는 『미국 전승 영어 사전(*American Heritage Dictionary of the English Language*)』을 참고하고 있다.) 이 두 용어에 몇 가지 사전적 공통점이 있다는 것을 인정하더라도, 의미론적 어원이 근본적으로 다르다는 것은 분명하다. "추리하다"는 본래 "서로 잘 맞다(to fit together)"를 의미하며, 이는 주로 합리성(논리)과 계산(예컨대 양적 분석, 논증하기, 개념 분석, 오류 인지, 삼단논법, 기호논리, 통계, "정보 처리" 등)의 기법들을 포함한다.

반면 "사고"의 특징은 본질적으로 반성, "숙고" 또는 "느낌"이다. 사고에는 놀라움과 당혹스러움이 포함된다. **추리는 측정을 중시하고, 사고는 의미의 탐색이다.** 추리 뒤에는 "얼마만큼인가?"와 "이것이 도출되는가?"라는 물음에 답하려는 충동이 있다. 반면 사고 뒤에는 (정당화를 요구하는) "왜?"와 "중요한 것이 무엇인가?"라는 물음에 답하려는 충동이 있다. 추리는 "셈하며" 사고는 "숙고한다." 추리는 엄격한 계산이며, 사고는 분명 물리적인 의미에서가 아니라 "인상"이나 직관이라는 의미에서의 "느낌"이다. 마지막으로 (그리고 가장 흥미롭게도) 사고(thinking)는 "감사하기(thanking)"인데, 이에 대하여는 논문 끝에서 더 논할 것이다.

아렌트(Hannah Arendt)는 자신의 저서 『정신의 삶: 사유(*Life of the Mind: Thinking*)』[2]에서 사고와 추리에 대한 나의 구분을 더욱 분명히 하고 있다. 아렌트는, 칸트를 따라서, "사고와 앎이라는 전혀 다른 두 가

328

지 정신 활동이 있고, 사고는 의미에 관심을 두고 앎은 인지(認知)에 관심을 둔다는 면에서, 이 두 활동이 전적으로 다르다.”3)는 점을 확인하고 있다. 아렌트는 가장 큰 “형이상학적 오류들” 가운데 하나가 “생각할 '다급한 필요성'과 '알고자 하는 욕망'4)을 혼동하는 것”이라고 지적한다. 아렌트에 따르면 앎이나 인지의 기능은, “감각적 증거 속에 자리 잡은”, **진리**에 대한 욕망에 의해 작동한다. 아렌트는 계속해서 말한다. “하지만”

이는 의미와 그 의미를 찾는 사고 기능의 경우와는 전혀 다르다. 사고는 어떤 것이 무엇인지 또는 그것이 존재하는지를 묻지 않고 — 사고 대상이 존재한다는 것은 항상 당연시된다 — 오히려 **그것이 존재한다는 것이 무엇을 의미하는지**를 묻는다.5)

나의 추리 개념이 원칙적으로 아렌트가 설명하는 인식, 인지, 그리고 진리 확정 활동들에 속한다는 것은 분명한 것 같다.

내가 염두에 두고 있는 (사고와 추리의) 차이는 플라톤이 지식의 “선분”의 윗부분에서 상세하게 다룬 바로 그 차이, 즉 “C 단계”인 **디아노이아**(*dianoia*, 수학적이거나 다른 종류의 분석적 이해 또는 진리)와 “D 단계”인 **노에시스**(*noesis*, 변증법에 따른 사고나 직관)의 차이와 같아 보인다. 나의 방식으로 말하자면 **디아노이아**는 “추리”이고, **노에시스**는 “사고”이다.6)

비판적 사고 교육학의 주된 문제는, **비판적 사고 교육학의 범위가**, 아렌트와 내가 의미의 탐색이자 놀라움, 당혹, 그리고 반성의 특징이 있다고 이해한, **가장 중요한 사고 활동(“D 단계”)을 배제한 채, 거의 전적으로 논리적 기술 또는 진리 확정 기술과 같은 “C 단계”의 추리에 제한되어 있다는 것이다.**

아래에서 나는 사고의 **노에시스** 개념을 더 발전시키고, 그 개념의 몇 가지 핵심적 특징들이 현재 비판적 사고 운동에 참여하고 있는 영향력 있는 여러 학자의 개념과 어떻게 상충하는지, 또는 어떻게 그들에 의해 무시되는지를 보여줄 것이다.

사고는 비공리주의적이다. 아렌트는 사고가 "세계로부터 물러남"을 함의하며, "평범한 인간사에서는 아무 쓸모가 없다."고 지적한다.[7] 그녀는 사고의 이러한 쓸모없거나 무목적적인 성격이 소크라테스적 사고의 핵심적인 특징이라고 주장한다. "플라톤이 쓴 소크라테스의 대화편들에서 충격적인 첫 번째 사실은 그 대화가 모두 난관에 부딪힌다는 것이다. 논증은 어디로도 귀결되지 못하거나 순환에 빠진다."[8] 아렌트는, "우리는 왜 생각하는가?"라는 물음에 대한 실질적인 대답이 없는 것은, "우리는 왜 사는가?"라는 물음에 대한 대답이 없는 것과 같다고 주장한다. 또는 "왜 아무것도 없지 않고 오히려 어떤 것이 존재하는가?"라는 하이데거의 물음에 대한 대답이 없는 것도 마찬가지다. 아렌트는 더 나아가 다음과 같은 하이데거의 견해에 동의한다.

> 사고는 학문 일반에 관한 지식을 제공하지 않는다. 사고는 유용한 실천적 지혜를 생산하지 않는다. 사고는 우주의 수수께끼들을 풀어주지 않는다. 사고는 우리에게 직접적으로 행동 능력을 부여하지 않는다.[9]

사고가 기능 면에서 목적이 없다는 이러한 생각은 비판적 사고에 대한 주요 저자들의 견해와 극명하게 대립한다. 예컨대 에니스(Robert Ennis)는 비판적 사고를 "무엇을 믿을지 또는 무엇을 할지를 결정하는 데 중점을 둔 합리적인 반성적 사고"라고 정의한다.[10] 맥펙(John McPeck)에 따르면, 비판적 사고는 "영역-의존적인 개념과 증거의 복잡한 의미 이해를 포함한 다양한 이유들을 이해하려는" 본질적으로 "인식론적인" 작업이다.11) 비판적 사고에 대한 맥펙의 "열린 구조적" 견해에서, 관심사는 논리적 타당성이 아니라 "잠정적인 증거의 참에 관한" 것이다.12) 비판적 사고에 대한 나의 노에시스 이론에 따르면, 개념적인 "영역 의존성"과 증거의 문제는 중요하지 않다. 게다가 나의 (그리고 아렌트의) 이론은, "잘못된 결정이 상해를 입히거나 약물중독, 범죄, 또는 원망스러운 부모 자식 관계처럼 장기간의 처참한 삶을 야기할 수 있는" 세상에서, 비판적 사고가 "생존"을 위하여 필수적이라는, 스크리븐 (Michael Scriven)의 주장과는 결코 양립할 수 없다.13)

소크라테스는 이상적인 사고자이다. 소크라테스에게서 우리는 사고의 결정적인 세 가지 특징을 발견할 수 있다.

가. 사고는 본래 사교적이거나 유쾌한 것이다. 등에로서의 소크라테스는 생각하지 않으면 "삶은 살 가치가 없다"는 신념으로 사람들이 생각하도록 해야 한다는 강박관념에 사로잡혀 있었다. 이러한 강박관념은 연인들이 자신들의 기쁨을 다른 사람들과 나누지 않을 수 없게 만드는 "사랑에 빠져 있음"을 암시한다. 나에게는 추리나 합리적인 활동에 이러한 유쾌한 힘이 있는 것처럼 보이지 않는다.

나. 사고자는 지식을 내세우지 않는다. 여기서 "산파"로서의 소크라테스는 자신이 (지식을) 잉태하고 있지 않으며, 기껏해야 다른 사람들이 그들 자신의 생각이나 경이감을 낳도록 도와줄 수 있을 뿐이라는 것을 자인한다.

다. 사고는 가르칠 수 없다. [에니스, 시겔(Harvey Siegel), 그리고 다른 많은 비판적 사고 이론가들의 생각과는 반대로] "가르칠" 수 있는 일단의 사고 "기법들과 성향들"이 존재하는지 의심스럽다. "노랑가

오리"로서의 소크라테스는 『메논(*Meno*)』에서 다음과 같이 말한다 (이것은 사고의 본성을 보여주는 최고의 사례이다).

　　나로 말할 것 같으면, 노랑가오리가 스스로 마비되어야만 다른 동물을 마비시킬 수 있다면, 나를 노랑가오리와 비교하는 것은 정당하다네. 내가 답을 알고 있으면서 다른 사람들을 당혹스럽게 만드는 것은 아니네. 진실인즉슨, 오히려 내가 느끼는 당혹감을 또한 다른 사람들에게 전염시키는 것이라네.14)

(사고의 특징으로서의) "당혹감"은 가르칠 수 없다.

사고는 항상 "제멋대로다." 아렌트가 주장한 것처럼, 참된 사고는

　　그것이 무엇이든 상관없이 모든 활동과 모든 일상적 행위에 훼방을 놓는다. 모든 사고는 멈추어 생각하라고 요구한다. … 실제로 의식의 과잉이 나의 자동적인 신체적 기능들을 마비시키는 것과 거의 똑같은 방식으로 사고는 나를 마비시킨다. … 이 충격적인 관찰은 … 마치 생각을 통해 현실 세계로부터 벗어나는 것처럼, 인간의 도시에 여전히 거주하는 것은 철학자(즉 사고자)의 몸뿐이라는 플라톤의 유명한 발언에서 그 기원을 찾을 수 있는, 존재와 사고의 반목을 역설하고 있다.15)

그러므로 예컨대 소크라테스, 그리스도 또는 간디 같은 대단히 유명한 사고 실천가들의 생애에서도 볼 수 있듯이, (마찬가지로 "당신이 해야 할 일은 왜 그런가 하고 이유를 생각하는 것이 아니라, 행동하고 죽는 것이다."라는 전쟁 격언이 완벽하게 타당하다는 사실에서도 알 수 있듯이) 사고 활동은 본래 "급진적"이며, 심지어는 위험할 수밖에 없는 것 같다. 나는 이와 같은 사고의 "반항적인" 측면이 비판적 사고 문헌에

서 적절히 다루어지는지를 예의 주시해야겠다.

사고는 본질적으로 "비판적"이다. 비판이 그 특성상 **위기** 감각 또는 당면한 문제의 **핵심**에 도달하려는 충동에서 비롯되는 한, 사고는 필연적으로 비판적이다. "무비판적인" 사고는 "운율이 맞지 않는" 화음이나, "비도덕적인" 책임만큼이나 생각하기 어렵다. 그러나 "비판적 추론"의 경우에는 이와 같은 중복이 있는 것 같지 않다.

사고는 변증법적이다. 사고는 궁극적으로 "당신과 당신 자신"이 나누는 "소리 없는 대화"이지만, 다른 사람과의 대화를 배제하지 않는다. 진정한 실재를 추구할 때, 사고는 근본적으로 자신의 의식적인 자아와 자신의 양심 사이의 대화이다. 아렌트는 이 점을 다음과 같이 표현한다. "사고를 진정한 활동으로 만드는 것은, 내가 묻는 자이면서 동시에 답하는 자인, 나 자신이 나 자신과 함께하는, 바로 이러한 이중성인 것이다."16)

사고는 모순을 혐오한다. 아렌트는 다음과 같이 말한다. "사고의 대화는 오로지 친구 사이에서만 이루어질 수 있으며, 대화의 기본 규범, 최상의 법은, 말하자면, '자기모순을 범하지 말라'이다."17) 이러한 모순의 관점에서 볼 때 사고와 추리는 확실히 접점이 있어 보인다.

사고는 에로스(Eros)의 열망이다. 아렌트는 **에로스** 또는 사랑이 욕구로 기술될 수 있다고 설명한다. "에로스는 자기에게 결핍된 것을 욕망한다." 사고의 의미 탐색은 사랑의 탐색과 같은 것이다. 게다가 "사고의 탐색은 일종의 바람직한 사랑이기 때문에, 사고의 대상들은 미, 지혜, 정의 등 사랑할 만한 것들일 수밖에 없다."18) 사고와 사랑의 이와 같은 관련성에 대하여는 곧 더 다뤄질 것이다.

사고는 "강한 의미"의 비판적 사고가 아니다. 폴이 정의한 "강한 의미"의 비판적 사고 능력들은 분명 자기중심성의 극복, 공감 추구, 준거틀들의 차이 인식, 자신의 원칙들을 보편화하는 감수성, 공정성, 자신의 원칙들에 따라 살려는 의지 같은 아주 중요한 특성들이다.[19] 의식 있는 교육자라면 누구나 이러한 지적 자질들의 필요불가결한 가치를 잘 알고 있으며, 우리 교육자들과 학생들 모두가 이러한 지적 자질들의 이해와 실천이 얼마나 뼈아프게 부족한지도 잘 알고 있다.

그러나 동시에 나는 이러한 일반적인 지적 자질들, 즉 "예리함, 명료함, 공정함에 대한 열정"을 가르치는 것이 (폴이 주장한 것처럼) **그 자체로** 내가 설명한 것과 같은 사고에 대한 열정을 불러일으킬 것이라고 확신하지 않는다. 비유를 들자면 좋은 글쓰기 기법들과 성향들을 통달한다고 해서 결코 **시인**이 되는 것이 아니고, 훌륭한 학문적 자질과 지성적, 이론적 엄격성을 모두 갖추었다고 반드시 과학자가 되는 것도 아니며, 다른 경우도 마찬가지다.

사고와 도덕의식

사고의 진가에 대한 나의 연구가 함의하는 것들 가운데 가장 놀라운 것들 중 하나는 도덕적 지식과 행동이 (추리, 믿음, 의지, 판단 등과 같은 어떤 다른 정신적 기능들의 특징이 아니라) **인간 사고만의 고유한 특징**이라는 아주 새로운 가능성에 대한 인식이다.

『예루살렘의 아이히만(*Eichmann in Jerusalem*)』[20]에서 아렌트는 제2차 세계대전 전범들 중 하나인 아이히만(Adolf Eichmann)이 "악마도 괴물도 아니었다."고 결론 내렸다. 아렌트는 아이히만의 잔인한 행동을 설명하는 것이 바로 "어리석음이 아니라 **사고 없음**"이라는 사실을 깨달았다.21) (아렌트가 "악의 평범성(banality of evil)"이라는 그녀의 잘 알려진 논제를 발전시킨 것도 바로 이러한 통찰에서 비롯된 것이었다.) 아렌트는 자신의 저서 『사고(*Thinking*)』에서 다음과 같은 도발적인 물음을 던진다.

선과 악의 문제 그리고 시비를 가리는 능력은 사고의 능력과 관련이 있는가? 물론 그렇다. 그러나 마치 "덕목을 가르칠 수 있"기나 하는 듯이 사고도 어떻게든 결과적으로 선한 행동을 낳을 수 있다는 의미에서가 아니라 … 사람들로 하여금 악한 행동을 하지 않게 하거나 실제로 악에 대항하게끔 "영향을 미치는" 조건들 가운데에 사고가 자리 잡고 있을 수 있다는 의미에서 그렇다.22)

나는 사고와 도덕적 통찰 및 행동 간의 이러한 특별한 관계에 대한 아렌트의 견해를 다음과 같이 해석하고 싶다.

1. 여기서 우리가 고찰하고 있는 것이, 사고의 인식론적 "대상들"이 아니라, 사고 과정 또는 사고 활동 자체라는 점은 분명하다.
2. 의미의 탐색으로서의 사고는 에로스로 표현된 "욕구"이다. ("에로스는 자신에게 결핍된 것을 욕망한다.") 앞에서 지적한 것처럼, 바람직한 사랑으로서의 사고는 아름다움이나 선함 같은 사랑받을 만한 것만을 추구할 수 있다(그리고 바로 이것이 사고의 인식론적 측면이다). 아렌트는 다음과 같이 지적한다.

추함과 악은 정의상 사고의 관심사에서 거의 배제된다. … 사고가 긍정적인 개념들을 그 본래 의미로 드러낸다면, 같은 과정이 '부정적인' 개념들을 그 본래의 무의미함으로, 즉 사고자에게 **아무것도 아닌**

것으로 반드시 드러낼 것이 분명하다. 이것이 소크라테스가 아무도 자발적으로 악을 행할 수 없다고 믿었던 이유였는데, 이는 말하자면 악이 부재 즉, 존재하지 않는 어떤 것과 같다는, 악의 존재론적 지위 때문이었던 것이다.23)

사고의 "긍정적인" 존재론적 지위는 다음과 같은 비유를 통해 잘 설명될 수 있다. 절대적으로 완벽한 "직선" 개념과 이와 대비되는 절대적으로 완벽하게 "삐뚤어진 선"의 개념을 고려해보자. 사고자는 "절대적으로 완벽한 '직선'" 개념은 이해할 수 있지만, "절대적으로 완벽하게 '삐뚤어진 선'"의 개념은, 아무리 상상을 해보아도, 이해 불가능하다는 사실을 즉각 알아차릴 것이다. "악"의 비존재론적인 지위의 도덕적 함의들은 바로 여기서 분명해진다. 예컨대 『국가 (Republic)』에서 플라톤의 과제 대부분은 이 점을 명료히 하는 데 있었다.

여기서 대단히 중요한 것은 사고의 탐색이나 충동에 내포된 약간의 심리적 요소이다. 소크라테스적인 에로스는 자기충족성, 완성, 일체성에 대한 동경, 즉 한마디로 의미에 대한 동경이다. "추함과 악함은 정의상 사고의 관심사에서 거의 배제된다." 하이데거는 사고의 "욕구" 개념을 모종의 중력적 "견인력"인 것처럼 여긴다. "사람은 그렇게 이끌릴 때마다 생각하고 있는 것이다. … 소크라테스는, 그의 생애 내내 그리고 그의 죽음에 이르기까지, 이러한 끌어당김, 이러한 흐름에 몸을 맡기고, 그 상태를 유지한 것 말고는 다른 어떤 것도 하지 않았다."24)

3. 앞에서 언급한 일체성의 특징은 우리가 검토 중인 도덕 개념에 본질적이다. "불의를 행하느니 불의를 당하는 편이 더 낫다."는 소크라테스의 권고를 생각해보자. 이 교설이 진리라는 것은 합리적인 분석에

기초하기보다는, 사고의 변증법적 본성에 관하여 앞의 논의에서 암시된, 초보적인 심리학적/철학적 이해에 기초해 있다. 아렌트는 이 점을 다음과 같이 잘 정리하고 있다.

> 만일 당신이 생각하기를 원한다면, 당신은 대화를 나누는 그 둘, 즉 의식적인 자아와 양심이 좋은 관계에 있다는 점, 이 둘이 친구라는 점을 주목해야 한다. 사고하지 않을 때를 제외하고는, 정신이 맑고 혼자일 때 활기를 띠는 이 짝은 당신이 결코 벗어날 수 없는 유일한 동반자이다. 불의를 행하느니 불의를 당하는 편이 나은데, 왜냐하면 당신은 불의를 행하는 동반자의 친구로 남을 수 있기 때문이다. 하지만 누가 살인자의 친구가 되고 싶어 하고, 함께 지내고 싶어 할까? 다른 살인자까지도 함께하고 싶어 하지 않을 것이다.25)

여기서 "일체성"은 자신의 자아와 자신의 양심 간의 연대 또는 친밀감을 포함한다.

4. 생각하기는 "감사하기"이다. "생각하다"의 어원에서 우리는 "감사하다"라는 의미를 볼 수 있다. 나는 결코 이러한 이상한 관련성을 내가 제대로 이해하고 있다고 확신하는 것은 아니지만, 이를 이렇게 설명할 수도 있을 것이다. 우리가 생각할 때, 소크라테스적인 방식으로 "에로틱한" 자기통일성의 기쁨이나 흥분을 경험하면서, 동시에 고마움이나 감사함을 표현하는 것이 가능할까? 하이데거는 이와 유사한 생각을 다음과 같이 표현하였다.

> 우리가 이러한 자질, 즉 깊이 생각해야 할 것을 생각할 수 있는 재능에 대해, 깊이 생각해야 할 것을 생각하는 것보다 어떻게 더 적절하게 감사를 표할 수 있겠는가? 그렇다면 최고의 감사는 생각하기일까? 그리고 가장 엄청난 무감사는 무사고일까? … 순수한 감사는 …

단순히 생각하는 것, 즉 진정으로 그리고 온전히 주어진 것인, 생각되어야 할 것을 생각하는 것이다.26)

결론

나의 입장이 옳다면, "비판적 사고" 운동에 참여한 우리는 근본적으로 다른 두 가지 정신 활동들인 추리와 사고를 신중하게 구분해야 한다. 나는 "비판적 사고"라는 이름 아래 가르치고 있는 내용의 거의 대부분이 보다 확실하고 의도적으로 "비판적 추리", "비형식논리학", "올바른 추리", 또는 그와 유사한 것으로 구분되어야 한다고 주장하였다. 나는 사고 활동이, 특히 사고와 도덕의식이 특별하게 관련되어 있다는 점에서, (추리와는) 질적으로 다른 정신적 경험이라고 강조하였다.27)

나는 분명히 비판적 추리를 존중하는 마음으로 "교육과정 전반에 걸쳐" "비판적 사고" 강좌들을 개설하는 것을 지지하지만, 핵심에서 다소 벗어나는 것을 무릅쓰고 주의를 환기시킬 필요가 있다고 생각한다. 비판적 사고 운동, 즉 미국을 휩쓸고 있는 이 거대한 합리적 분석 운동은 대체로 기술적이고, 양적이고, 물리적인 복잡성과 궤변이 계속해서 증가하고 있는 세계에 대한 (대중들의 의식적인, 그리고 교육자들의 그렇게까지 의식적이지 않은) 반응일 수도 있어 보인다. 실제로 1960년대에 시작된 교육에 대한 전반적인 과학적 추세가 "스푸트니크(Sputnik)"의 출현에 대한 반응이었다면, 이와 유사하게 비판적 사고 운동도 (주로) 일본의 기술적 우세에 대한 반응으로 볼 수 있지 않을까?

내 주장에 대한 증거로는, 예컨대 『U.S. 뉴스 앤드 월드 리포트(*U.S. News & World Report*)』의 최근 특집 기사 "두뇌 싸움(The Brain Battle)"을 검토해보기만 하면 된다.28) 이 기사는 어떻게 "세계 최고의 경제 대국인 미국이 어떻게 그 입지를 잃을 위험에 처하게 되었는지",

그리고 어떻게 "학교들이 그렇게 엄청난 비난을 받고 있는지"를 보고하고 있다. 이 기사는 우리의 학생들이 보다 뛰어난 비판적 추리 능력을 갖출 필요가 있다고 직접적으로 언급하고 있지는 않지만, 그러한 뜻을 함의하고 있다. 한 교육 "전문가"는 "싸움"의 정신을 (그리고 이 기사의 골자를) 다음과 같이 정확하게 포착하였다. "미국 일자리의 55퍼센트가 정보를 처리하는 일과 관련이 있다. 만일 우리가 언어, 지리, 수학, 그리고 과학에서 적절하고 탄탄한 기량을 갖추고 있지 않으면, 우리는 매우 불리한 입장에 처하게 될 것이다."

내가 우려하는 것은 단지 다음과 같은 것이다. 일반 대중의 이해와 지원을 받는 비판적 사고 운동이 어느 정도로 미국이 세계 경제 시장에서 다시 "선두"를 되찾는 데 기여하는 기본적 동력이 되는지는 차치하고, 미국 교육은 그 도덕적 정신을 빠르게 상실하고 있으며, 이로 인하여 학생들에게 진정한 비판적 사고를 일깨워줄 책임을 다하지 않게 될 뿐만 아니라, 동시에 비판적 사고의 이상을 훼손하게 된다.

이 논문에서 내가 제시한 논증이 옳다면, 우리는 대안으로 교실과 공동체 안에 **사고**를 위한 기반을 적극 재구축해야 한다. 교육자로서 우리가 진정으로 학생들에게 도덕적 품성을 길러줄 뜻이 있다면, 우리는 진정한 사고를 위한 조건들을 마련해야 한다.

우리는 (추리와 함께) 사고의 진가를 **실천**할 필요가 있다. 물론 위에서 개진한 의미의 경이감, 사색, 그리고 자기초월과 같은 것을 촉발하는 사고를 "가르치기"는 대단히 어렵다. "음미되지 않은 삶은 살 가치가 없다."는 소크라테스의 주장이 강의실에서 살아 있게 하는 일은 (도대체 가능하다 해도) 지극히 어렵다. 그럼에도 불구하고 소크라테스의 도전은 여전히 우리의 가장 근본적인 도전으로 남아 있지 않을까?

주 ━━━━━

1) 이 제목은 맥펙(John McPeck)의 논문 제목에서 영감을 받았다. "Critical Thinking Without Logic: Restoring Dignity to Information," in *Philosophy of Education 1981*, ed. Daniel DeNicola(Normal, Ill.: Philosophy of Education Society, 1982).

2) Hannah Arendt, *The Life of the Mind: Thinking*(New York: Harcourt Brace Jovanovich, 1977). [역주] 한국어 번역본은 한나 아렌트, 『정신의 삶: 사유』(홍원표 옮김, 푸른숲, 2004).

3) Ibid., p.14.

4) Ibid., p.15.

5) Ibid., p.57.

6) 내가 지금 언급하고 있는 내용은 다음 저작에 나온다. *Republic*, trans. R. M. Cornford. 다음의 책은 이 두 용어에 대한 유용한 비교를 제공한다. F. E. Peters, *Greek Philosophical Terms*(New York: New York University Press, 1967).

7) Arendt, p.88.

8) Ibid., p.169.

9) Ibid., p.xiii.

10) 다음을 보라. Robert H. Ennis, "Goals for a Critical-Thinking/Reasoning Curriculum," a paper handed out at the Fourth International Conference on Critical Thinking and Education Reform, Sonoma State University, Rohnert Park, California, August, 1986.

11) McPeck, p.220.

12) Ibid., p.223. (내가 알기로 맥펙이 매력적으로 발전시키고 있는) "열린 구조(open texture)"라는 개념은 바이스만(Friedrich Waismann)의 다음 논문에서 제시되었다. "Verifiability," in *Logic and Language*, ed. Anthony Flew(Garden City, N.Y.: Doubleday and Company, 1965), p.122.

13) 다음의 논문에서 재인용. Richard Paul, "Critical Thinking and the Critical Person," p.10, a paper presented at the Fourth International Conference on Critical Thinking and Education Reform, Sonoma State University, Rohnert Park, California, August, 1986.

14) Plato, *Meno*, 80c.

15) Arendt, pp.78-79.

16) Ibid., p.185.

17) Ibid., p.189.

18) Ibid., p.179.

19) Paul.

20) Hannah Arendt, *Eichmann in Jerusalem*(New York: Penguin Books, 1965). [역주] 한국어 번역본은 한나 아렌트, 『예루살렘의 아이히만』(김선욱 옮김, 한길사, 2006).

21) Arendt, *Thinking*, p.4.

22) Ibid., p.5.

23) Ibid., p.179.

24) Martin Heidegger, *What Is Called Thinking?*, trans. J. Glenn Gray(New York: Harper & Row, 1968), p.17.

25) Arendt, *Thinking*, p.188.

26) Heidegger, p.143.

27) 이러한 견해는 도덕적 사고의 합리주의적이고 분석적인 기초에 대한 나의 의혹을 공유하고 있는데, 이는 다음의 두 현대 도덕철학자가 제시한 견해이다. Alasdair MacIntyre, *After Virtue*, 2nd ed.(Notre Dame, Ind.: University of Notre Dame Press, 1984). [역주] 한국어 번역본은 알래스데어 매킨타이어, 『덕의 상실』(이민우 옮김, 문예출판사); Bernard Williams, *Ethics and the Limits of Philosophy*(Cambridge, Mass.: Harvard University Press, 1985).

28) Lewis Lord et al., "The Brain Battle," *U.S. News & World Report*, 19 Jan. 1987.

14

비판적 사고는 기법인가, 계몽의 수단인가

레노어 랑스도르프

서론

본 논문에서 나는 비판적 사고를 "기법"**이자** "계몽의 수단"으로서 실천하고 교육하기 위한 이론적 기초를 제안하려고 한다. 내가 보기에 현재 상황은 (교재들뿐만 아니라 학술 논문들을 보면 알 수 있듯이) 비판적 사고의 기법 개발 면에서 보다 앞서 있기 때문에, 나는 본 논문에서 "계몽"에 역점을 둘 것이다. 그래서 내가 여기서 탐구하려는 생각들은, 폴(Richard Paul)이 " '강한' 의미의 비판적 사고"에 필수적이라고 보았던, "기초적인 이론적 토대들"에 기여하려는 것이다.1) 다시 말해 나는 계몽의 수단으로서의 비판적 사고 개념을 이해하기 위한 이론적 기초를 제안하려고 한다. 그러기 위해서 나는 계몽이 무엇인지, 왜 우리 문화사의 어느 양상이 쇠퇴의 길로 접어들었는지, 그리고 어떻게 우리가 이러한 상황을 바꾸기 시작할지에 대한 몇 가지 생각들을 제시할 것이다.

본 논문은 세 부분으로 구성되어 있다. 1부에서 나는 "도구적 이성 (instrumental reason)"이라는 개념을 "판단"과는 상당히 다른 추리 양식으로 논할 것이다. 도구적 이성의 관심은 주어진 수단을 사용하여 설정된 목적을 달성하기 위한 기법들을 발전시키는 데 있다. 나는 도구적 이성 개념을 설명하기 위하여, [후설(Edmund Husserl)이 개발한] 현상학과 프랑크푸르트학파가 개발한 비판 이론을 접목한 것으로 평가받는 앵거스(Ian Angus)의 저작에 의존할 것이다.2) "변증법적인 분석 양식"을 함양시키기보다는 단순히 기법들을 응용하는 데 그치는 비판적 사고 교육에 대한 폴의 비판 가운데에 "도구적 이성"의 부적절성과 "판단"의 유망성이 분명하게 제시된 것으로 보인다.

나는 1부에서 앵거스의 "도구적 이성"을 폴의 " '약한' 의미의 비판적 사고"와 결부시키고, 앵거스의 "판단"을 폴의 " '강한' 의미의 비판적 사고"와 결부시킬 것이다. 나는 이러한 방식으로 폴의 제안들을 현상학과 프랑크푸르트학파의 전통과 연계시킴으로써 "강한 의미"의 비판적 사고를 위한 이론적 기초 작업이 다져지기를 희망한다.

2부에서는 폴의 저작에서, 자신이 옹호하는 "변증법적 분석 양식"의 출발점이면서도 비교적 간과된 것처럼 보이는 물음, 즉 자기중심적이지 않은 관점에 도달하는 것이 왜 그토록 어려운가의 물음을 다룰 것이다. 나는 2부와 3부에서 "자기(self)"와 대조되는 리쾨르(Paul Ricoeur)의 "자아(ego)" 개념에 의거하여, 자기중심성을 불가피하지만 극복할 수 있는 출발점으로 어느 정도 이해한다면, 자기중심적이지 않은 관점을 보다 성공적으로 구축할 수 있을 것이라는 견해를 피력할 것이다.3) 2부에서는 생활 깊숙이 침투해 있는 기술(텔레비전)이 "자아"를 넘어서 "자기"에 도달하고자 시도할 때 결정적으로 긴요한 능력인 상상력을 억제한다고 주장할 것이다. 이 주장에는 형식과 내용의 구분이 대단히 중요하다. 즉, 여기서 표명된 견해가 옳다면, 상상력은 단지 또는 적어도 주로 텔레비전 프로그램의 내용 때문만이 아니라 바로 그 형식으로 인하여 억제된다.

나는 3부에서 또 다른 기술, 즉 텔레비전의 형식을 공유하지 않는 인쇄물이 상상력을 억제하기보다는 자극한다고 제안할 것이다. "자아"는 "텍스트"에 참여함으로써 "자기"가 된다는 리쾨르의 논제는, 보편화된 도구적 이성이 초래한 "계몽의 전도(reversal of enlightenment)"를 원상복구시키자는 앵거스의 요청만이 아니라 폴의 비평에도 호응하는, 비판적 사고를 위한 "이론적 토대"가 될 것이다.

1부 도구적 이성과 판단

도구적 이성에 의해 정당화된 기법들의 확장은 생활 세계의 **대상들**을 단순한 잉여물로 전락시키고 … **주체**를 이론의 체계 속에서 설 자리가 없는 다수의 목적들로 환원시킨다. 결국 도구적 이성은 세계 소외와 자기소외를 초래한다. 이러한 체계적인 위기로 철학은 새로운 국면을 맞는다.4)

내가 자명한 일로 여기는 것은, 거의 모든 비판적 사고 교사들이 학생들의 일상적 추리 속으로 어떻게든 깊숙이 진입하여, 합리적인 사람이라면 자연스럽고 정당하게 갖추고 있을 건강하고 실용적이며 노련한 회의주의를 어느 정도 연마함으로써, 자신들의 교육이 광범위한 '소크라테스적인' 효과를 낳기를 원한다는 것이다.5)

나는 여기 1부에서 앵거스가 자신의 비평을 통해 밝힌 "도구적 이성"의 만연이 비판적 사고 교육을 통하여 학생들에게서 "광범위한 '소크라테스적' 효과"를 올리고자 하는 노력을 방해하는 우리 문화의 강력한 요인 가운데 하나라는 견해를 제안할 것이다. 이는 다시 말해서 도구적 이성이 우리 문화에 토착해 있기 때문에 학생들은 도구적 이성을 갖추게 되고, 결국 비판적 사고에 유해하다는 것이다.

앵거스는 자신의 비평에서 도구적 이성을, 특정한 목적을 달성하기 위하여 적절한 수단을 결정하는 데에 한정된 유형의 추리로 보고 있다. 도구적 이성은 수단들이나 목적들이 개인적이거나 사회적인 일상사나 인생사의 중요한 결정과 같은 더 커다란 맥락 속에서 적절한지를 고려하지 않는다.6) 그러한 보다 큰 (정확히는, "전방위적인") 과제를 수행하는 추리 유형에 대한 앵거스의 용어는 "판단"이다. 이들 두 유형의 추리를 연구하는 데 있어서 앵거스는, "계몽의 장래성을 쇄신"할 수 있게 해 줄 이론적 기초를 발전시키기 위하여, "현상학의 자기반성적이고 비판적인 성격"과, 특히 (논리 체계의 요소들과 같은) "이론적 객관성의 구상"에 대한 후설의 강조를 받아들임으로써, 프랑크푸르트학파가 발전시킨 바로 그 비판 이론의 관점에서 수행된 이성의 본질에 관한 연구를 확장하고 있다.7)

앵거스의 설명에 따르면, 이러한 쇄신이 요구되는 이유는 역사적 역설, 즉 이전의 철학자들과 과학자들이 인간을 자연의 예측 불가능함과 가혹함으로부터 해방시켜줄 것이라 기대했던 과학과 기술이 이제는 오히려 과학이 계몽주의 시대 이전에 존재하였던 "신화-종교적 전통"의 지배를 대체하고 있는 것처럼 보인다는 역설 때문이다.8) 앵거스는 이러한 역설적 상황이 베이컨, 데카르트, 갈릴레오가 시작한 과학이 " '왜' 사물이 존재하는가라는 고전적인 물음을 '어떻게' 사물이 존재하게 되었는가라는 근대적 물음으로 바꿀 것"을 요구하였기 때문에 발생하게 되었다고 주장한다.9) 앵거스는 자신의 분석에서 이 두 물음을 모두 다루지만, 나는 여기서 그중 하나에만, 즉 어떻게 이러한 "계몽의 전도"가 발생하는가의 물음에만 집중할 것이다.10) 왜냐하면 폴과 앵거스의 분석을 함께 고려하는 가운데, 많은 철학과들이 현재 자신들의 가장 인기 있는 강좌로 알고 있는 비판적 사고 강좌가, 앵거스가 판단이라고 부르는 "소크라테스적"이고 "전방위적인" 유형의 추리를 함양하기보다, (기껏해야) 도구적 이성을 가르친다는 것이 드러나기 때문이다.

비판적 사고가 학생(주체)이나 쟁점(대상)이 처해 있는 맥락과 관련하여 전혀 "왜"라고 묻지 않고도 "통달"되고 또 (어떤 목적을 위한 수단으로서) 적용될 수 있는 "전문적인 기법들"로서 교육될 수 있다는 "근본적이면서도 의심스러운 가정"에 기초하여, 폴이 말하는 "비판적 사고 교육의 표준적인 방식"을 따르는 한, 우리는 판단을 가르치기보다는 도구적 이성을 가르치고 있다는 것이 나의 생각이다.11) 이어서 폴은 이러한 모델에 대하여, 우리는 논증들을 "세계관"을 설명하는 "그물망"으로 다루기보다는 "원자적으로" 다루게 된다고 말한다. 우리가 이러한 비판적 사고 교육 양식 속에서 사실상 하는 것은 우리 문화의 영향으로 말미암아 도구적 이성을 어느 정도 갖추게 된 학생들에게 도구적 이성을 사용하는 기법들을 주입하는 것이다.

폴은 이를 " '약한' 의미의 비판적 사고"라 부르고, 그 일반적인 결과들을 명료하게 요약한다. 가능한 하나의 결과는 "궤변"이다. 학생은 "자신의 내면 깊숙이 자리 잡은 편견들과 비합리적인 사고 습관들을 유지하기 위하여 전문적인 개념들과 기법들의 사용법을 배운다." 또 다른 결과는 "묵살", 즉 " '느낌', '직관', '신앙', 또는 '고차적 의식'과 같은 모종의 대안들을 선호하여" 합리적 사고를 완전히 거부하는 것이다.12) 이러한 두 가지 결과는 1부를 시작하면서 언급하였던 비판적 사고 교육의 목표와는 거리가 멀지만, 목표와 결과 사이의 이러한 괴리에 대하여 우리가 보일 수 있는 반응은 다양하다. 나는 앵거스의 반응과 폴의 반응을 차례대로 간략히 설명한 다음, 폴의 반응에는 앵거스의 반응에 있는 요소들로 보완함으로써 수정될 수 있는 두 가지 부적절한 측면이 있다고 주장할 것이다.

앵거스는 (논리 체계들과 같은) 주어진 수단들을 주어진 목적들에 적용할 뿐인 도구적 이성의 한계로 인하여, "특수 과학들과 형식논리학에 의한 진정한 발전들이 철학적 계몽을 외면할 정도로 형식화를 중요시한 이성 개념에 기반을 둔", 후설이 말하는 "서양 인문주의의 위기"가 초래된 것으로 본다.13) 이러한 상황에 대한 후설 자신의 반응은 형식화가 물질적 조건들로부터 비롯된다는 것, 후설식으로 표현하자면, 형식화가 "생활 세계"에 "뿌리박고 있다"는 것을 보여주는 것이었다.14)

앵거스는, 과학의 시대가 시작된 이래로 인식론적 정당화나 존재론적 판단 기준의 근거로서 신뢰를 상실한 "신화-종교적 세계관"과 관련된 "우주론적 직관", 초월적 "구성 원리", 또는 "전통적 권위"와 같은 어떤 것에도 의존하지 않고도 논리적 구조들을 우리의 경험 전체 속에서 규범적인 방식으로 사용할 수 있다고 주장하면서, 자신의 "판단" 이론에 학문과 일상적 삶(예컨대 논리와 생활 세계) 사이의 관계에 대한 현상학적 기술을 접합시킨다.15) 논리의 규범적 사용은 오히려 생활 세계에 대한 현상학적 분석으로부터 도출된 증거를 근거로 하여 정당화된다.

> 후설의 선험적 논리학의 과제는, 논리학의 근저에 있는 형식 추상 작용(formalizing abstraction)의 '의미'에 대한 회귀적인 분석, 그리고 형식 추상 작용이 개체들에 대하여 판단할 수 있게 하는 '진리'에 대한 목적론적 탐구를 통하여, 전통 논리학의 범위 및 그 적법한 대상을 기술하는 것이다.16)

후설뿐만 아니라 앵거스에게 공히, 이러한 회귀적인 분석을 통해 발견되는 "의미"는 형식이 구조와 질서의 본래적인 양식으로서 질료 속에 나타나는 것이다. 다시 말해서 논리와 생활 세계에 관한 후설의 저작은 생활 세계가 논리를 드러낸다는 것, 즉 우리의 추리 형식이 그 내용에 내포되어 있다는 것을 보여준다. 그러므로 후설이 "경험된 생활 세계 전체를 사유 속으로 안내하는 철학의 재정위"는 실천을 항상 이론에 의해 이미 알려진 것으로서 재기술하려는 것이다.17)

만일 우리가 "형식주의는 자기폐쇄적이지 않고 진리에 대한 생활 세계의 의미와 목적을 전제하고 있다."는 후설의 논변을 받아들인다면, "인간의 행위를 기법으로 환원하는 것"을 받아들일 필요가 없다.18) 앵거스는, 논리가 일반적으로 (임의적이거나 독단적으로가 아니라) 정당하게 이론 작업에 적용될 수 있는 한, 추리를 도구적 이성의 한계 너머로 확장하는 것이 정당화된다고 주장하며, 논리가 경험에 뿌리박고 있다는 후설의 논변을 그 근거로 제시한다. 앵거스는 이러한 확장된 개념을 "판단"이라 부른다. 앵거스는 이러한 광의적인 추리 개념을 쟁점들과 논증들이 제시되고 기법들이 적용되는 **맥락들**을 합리적으로 고려하는 방향으로 발전시킨다.

맥락화된 대상들을 기법적 행위를 수용하는 대상들로 여길 때, 도구적 이성과 판단의 다른 두 가지 차이가 더 드러난다. 첫째, **목적**은 이제 **대상들**과 다른 것으로서, 그리고 어쩌면 의심스럽게 관계된 것으로서 주제화될 수 있다. 또한 대상들을 맥락들 속에서 성찰하는 가운데 판단이 발견하는 것은, "그들의 맥락들 안에서 형성되고, 그러한 형성 과정 이전에 존재한다고 생각될 수 없는 목적들의 **복수 가능성**을 성립시키는 것이 바로 기법적 목적들이 두드러지는 맥락"이라는 것이다.19)

그래서 추리는, 판단으로 이해될 때, 본질적일 뿐만 아니라 보통 눈에 띄지 않는 두 가지 차원의 활동임이 드러난다. 추리는 생활 세계의 대상들을 각 개인의 "즉각적 경험"의 **현전**(presentations)으로 주제화하며, 또한 이론을 통해 이해되는 **표상**(representations)으로도 주제화한다. 달리 말해 추리를 이렇게 개념화하는 것은, 전제된 논리 체계들(형식화)뿐만 아니라, 개인적이고 문화적인 목적들, 필요들, 그리고 가치들에 의해 형성되고, 그리하여 불가피하게 자기중심적이고 사회 중심적일 수밖에 없는, 수단-목적의 상관관계들이 본질적으로 우리의 추리에 포함되어 있다고 이해하는 것이다. 도구적 이성과는 달리 판단은 도구적 이성의 유일한 관심사에 해당하는 대상들에 **관한** 추리뿐만 아니라, 판단 활동 자체 **내**의 인식되지 못한 전제들까지도 주제화한다. 앵거스는 이에 대하여 다음과 같이 말한다.

> 판단에는 이러한 이론과 생활 세계의 관계에서 나타나는 두 가지 측면이 포함되어 있다. 이성의 위기를 극복하기 위하여 판단은 반드시 표상적일 뿐만 아니라 현전적이어야 한다. … 사고의 전통은 완전한 것으로 여겨질 수 없다. 우리는 사고를 발생시키는 생산적 경험들로 돌아가야 한다. 판단은 직접성과 비판의 상호관계이다. …[20]

판단은 본질적으로 판단 과정을 통하여 이루어지고, 이미 판단된 주제에 대한 가능한 관점들의 스펙트럼을 재현할 수 있을 뿐만 아니라, 판단 과정을 반성할 수 있는 판단 **주체**에 의해 수행된다는 점에 주목해보면, 도구적 이성과 판단이 크게 대조됨을 알 수 있다. 그렇다면 이러한 능력들을 함양하거나 발전시키는 것은 도구적 이성의 한계, 즉 도구적 이성이 생활 세계와 분리된 형식화에 한정되어 있고, 수단-목적을 숙고하는 기법에 한정되어 있다는 점 때문에 야기되는 "계몽의 전도"를 역전시키는 힘이 된다.

마지막으로 앵거스는 다음의 다소 긴 인용문에서, 우리가 그의 제안과 폴의 제안 사이의 분명한 관계를 볼 수 있도록, 자신의 판단 개념을 가지고 자기, 과정, 대상, 반성을 통합하고 있음을 강조한다.

> 판단은 존재하지 않는 것을 존재하게 한다. … 다양한 관점들로부터

획득된 표상들 사이의 양립 가능성이나 모순은 반드시 고려되어야만 한다. 문제는 각 표상들이 고립 상태에서 정확한가가 아니라, 표상들이 종합 판단 속에 어느 정도 결합될 수 있는가이다. 종합 판단은 두 번의 반성으로 이루어진다. 즉, 종합 판단은 나타나는 대상을 반성하며, 표상들을 조화시키거나 표상들의 불일치를 파악해야 하는 주체를 반성한다. … 이러한 반성 끝에 공적인 대상에 관한 단일 진술의 보편화 주장인 개별적 판단에 도달한다. 이 보편화 주장은 반박될 수 있다. 대상에 대한 판단의 탐구만이 유일한 것은 아니다. … 유사하게 … 자기의 전체성은 … 판단에 의한 구성에 열려 있다. … 판단에 의한 자기와 세계의 구성은 결코 기존 판단들로만 완성되는 것이 아니다. 그러한 구성은 구성적 판단들의 무한한 가능성을 특화한 것이다. … **판단은 비판적 사고이다.** 판단은 획득된 표상들 안팎에서 비평을 진행한다. 실제의 판단들은 공적 영역으로 나아가지만, 비판적 사고는 현존하는 것으로부터 끌어낸 새로운 요소들을 받아들이고, 새로운 개별적 판단들을 도출함으로써, 그 한계들을 평가한다. … 비평을 위한 방법은 존재하지 않는다. [비평은] 임의로 행해지지도 않지만, 하나의 방법에 고착될 수도 없다.21)

우리의 추리 능력에 대한 이와 같은 재개념화는 비판적 사고에 대한 폴의 "대안적 관점"에 이론적 기초를 제공한다.

폴이 줄곧 발전시켜온 "'강한' 의미"의 비판적 사고는, 어떤 기법도 세계와 세계 속의 우리의 위치를 다소 다른 용어로 구성하거나 개념화할 수 있게 해주는 "현실적이거나 가능한 행보들의 보다 복잡한 집합" 가운데 하나일 뿐이라는 생각에 동의하여, 원자적 기법들, 원자적 논증들, 그리고 원자적 쟁점들을 포기한다.22) 그래서 폴은 **실제** 논증이나 쟁점의 한계 안에 남아 있기보다는, 추리 과정을 개인과 사회의 **가능한** 세계관, 행위들, 그리고 판단들의 영역에 재정위하고자 할 것이다. 폴은

우리(학생과 교사)가

경쟁하는 다른 관심들을 **상상해봄**으로써 반대 관점들과 그에 근거한 반대 논증 또는 일련의 반대 논증들을 구성해볼 수 있는 것은, 주어진 어떤 논증이든 모종의 관심을 반영하거나, 정당화될 경우 그 관심에 기여한다.

는 것을 인지할 때라는 사실을 강조한다.

우리가 논증들의 강점과 약점을 보게 되는 것은 바로 두 논증을 변증법적으로 전개시킬 때이다.23)

그는 계속해서 "논증들은 물자체가 아니다."라고 말한다. 오히려 논증들은 실제적이거나 상상된 관점들(세계관들)로부터 비롯된, 사실적이거나 상상된 맥락들의 실제적이거나 가능한 현전들이다.

" '강한' 의미의 비판적 사고"를 가르치는 방법과 관련하여 폴이 제시한 사례는 어떤 방식으로든 실제적인 것에서 가능한 것으로 나아갈 필요, 즉 "주어진" 상황이나 논증들에서 "상상된" 다른 상황이나 논증들로 나아갈 필요를 반영하는 것으로 보인다. 동일한 상황(미국의 중앙아메리카 개입)을 설명하면서도 근본적으로 다른 일련의 "사실들"을 제시하는 두 영화는, "매체"는 전형적으로 "뿌리 깊은 국가적 편견들"을 제시하고, 어떤 " '자아'든 국가적 '자아'와 부분적으로 동일하다."는 폴의 인식을 잘 보여주는 한 가지 사례이다.24) 이러한 상황에 대한 탐구는 우리의 일반적인 추리 수단인 도구적 이성이 "어떤 주어진 논증"에서든 그것에 반영된 바로 그 "주어진 관심"을 넘어서지 못한다는 사실을 인식하게 하는 첫걸음이 될 수 있다. 그런 다음에야 우리는 그 관심 자체를 분명하게 드러내고, 다른 관심들을 "상상으로 구성"하여, 이러한 대안들을 변증법적인 방식으로 고려하는 방향으로 나아갈 수 있는 것이다.

그러나 나의 판단 개념에는 폴의 제안과 일치하지 않는 두 가지 측면이 있다. 내가 이 두 측면을 지적하는 것은, 폴이 확인한 문제들과 위험들(예컨대 "궤변"과 "묵살")이 있다는 것에 동의하고, 그리하여 "'강한' 의미의 비판적 사고"를 효과적으로 가르치기 위해서 추가될 필요가 있는 또 다른 "이론적 기반"을 제안하고자 하기 때문이다.

내가 폴의 견해에 보태고 싶은 판단의 첫 번째 측면은 아래 인용문에 시사되어 있는데, 이는 폴이 우리에게 "'강한 의미'의 접근을 위한 몇 가지 기초적인 이론적 기반"을 제시하면서 표명한 것이다.

추리는 인간의 모든 행위가 전제하는 본질적이고 정의적인 활동이다. 추리는 결론을 도출하기 위해서 논리 체계를 이용하는 것이다.[25]

하지만 우리가 "논리 체계"에서 그저 "주어진" 특징으로 보이는 것을 조사하지 않는다면, "어떻게"(내가 이러한 "요소들"을 사용하는가)라는 물음만을 묻고, "왜"(그 요소들이 적용되어야 하는가)라는 물음은 배제하게 될 것이다. 이렇게 하는 것은 우리의 추리 안에 도구적 이성의 강력한 특징이 남아 있도록 허용하는 일이다.

그러므로 우리는 우리 추리에 정확히 어떤 논리적 요소들이 내포되어 있는지를 발견하기 위하여, 어느 정도 현상학적 분석을 수행해야 할 필요가 있다. 형식적 체계들에 대한 후설의 분석은 이러한 분석의 모델 역할을 할 수 있지만, 나는 실제로 교실에서 이러한 분석을 수행하는 것이 윤리적인 이유들 때문만이 아니라, 이론적이고 교육학적인 이유들 때문에도 바람직하다고 생각한다. 우리가 논리 체계의 요소들을, 약사가 환자에게 약을 처방하는 것과 거의 같은 방식으로 비판적 사고 교사들이 처방하는 독립적, 추상적 규칙들로서가 아니라, 실제 논증들의 본질적 구조로 보는 입장에서 "논리 체계의 요소들의 사용"을 정당화하는 능력을 갖추게 되면, 이론적이고 교육학적인 이점들이 발생한다. 윤리적 측면은 **왜** "논리 체계의 요소들"이 우리의 논증들과 행위들에 적용**되어야** 하는지를 보여주는 우리의 능력과 관련이 있다. 왜냐하면 우리의 처방들을 정당화하는 것을 등한시할 경우 우리는 학생들에게 "만일 여러분들이 비판적 사고자가 되고 싶다면, 정확히 내가 말하는 대로 해."라고 말하는 상당히 역설적인 상황을 연출하게 되기 때문이다.

내가 폴의 제안에 덧붙이고 싶은 판단의 두 번째 측면은 폴이 관련 맥락을 언급한 다음의 인용문에 제시되어 있다.

나는 미국에서 가르치고 있다. … 세계의 다른 모든 곳과 마찬가지로 이곳의 미디어들도 뿌리 깊은 '국가적' 편향을 반영하고 있고, 학생들도 일반적으로 그 편향들을 내면화하고 있다. … 학생들의 '자아들'이 국가적인 '자아'와 부분적으로 동일화되더라도, 학생들이 그것을 체계적으로 문제시하기 시작할 수 없는 것은 … 아니다.26)

이 단락에서 사용된 "다른 모든 곳과 마찬가지로"라는 표현에도 불구하고, 폴의 주장은 보통 미국의 미디어에 대해 특히 비판적인 것으로 읽히고, 심지어 미국의 학생들과 미국의 문화가 일반적으로 다른 학생들과 다른 문화보다 더 국가주의적이라고 주장하는 것처럼 읽힌다. 이것은 그의 주장에 대한 오독인 것처럼 보이는데, 이는 그가 추리 일반에 관해 이야기하고 있는지 또는 자신이 처한 특수한 상황 속에서의 추리에 관해서 이야기하고 있는지를 분명하게 구분하지 못해서일 수 있다. 폴의 논문은, 전체적인 맥락을 볼 때, 추리 그 자체의 본성과 추리의 개선 방법을 다루고 있는 것이지, 특정한 정치적 입장의 표명이 아니기 때문에, 여기서는 자비의 원리를 적용하는 것이 적절해 보인다.

(표상과 대조되는) 현전은 앵거스의 판단 개념의 특색으로서, 여기서 두 가지 방식으로 도움을 줄 수 있다. 첫째, 현전은 우리가 "판단에 의한 자기와 세계의 구상은 결코 **기존** 판단들로만 완성되는 것이 아니다."라는 사실을 인지할 수 있도록 해주는 이론적(즉 이상적) 관점을 제공한다.27) 판단의 이러한 특징을 보여주는 (우리 자신의 인생과 소설 속에서 발견되는) 증거들을 연구해보면, **어떠한** 세계관**이든** 본질적으로 — 인간 추리의 바로 그 본성 때문에 — "무제약적인 구성적 판단의 **가능성** 중 하나의 특수화(하나의 **실제적인** 사례)"라는 사실을 알게 된다.28) 우리는 이러한 사실을 앎으로써 우리 자신의 추리가 특별히 또는 유난히 결함이 있다고 지목하는 것, 예컨대 우리 사회의 미디어는 유난히 편향적이라거나, 어떤 특정한 사람은 추리를 방해하는 심리학적 장애나 사회적 약점을 가지고 있다는 식의 함축으로 잘못 나아가게 되는 것을 피할 수 있다.

둘째, 개별적인 사례들에서 일반적인 구조들로 관심을 돌리는 것은 "체계적으로 묻는" 능력을 상실하지 않으면서 우리가 어떻게 편견들을 "내면화"할 수 있는지를 이해하는 데 도움이 된다. 이러한 일을 가능하게 하는 인간 존재의 특징은, 제안하자면, 생활 세계에 대한 현상학적 분석을 통해 확인되는, 관점들의 이론적 상호주의이다. 사실 이러한 상호주의는 한계가 있기 마련이고, 이런 점에서 비판적 사고 교육의 목표를 상호주의의 능력 계발로 이해할 수 있다. 폴은 이러한 능력을 자기중심적이고 사회 중심적인 세계관에서 변증법적인 세계관으로 나아가는 데 필수적인 것으로 언급하고 있고, 자신이 비판적 사고를 변증법적인 방식으로 가르치기 위해서 " '강한 의미'의 접근을 개발하기 시작"했다고 표명한다.29)

그러한 접근을 위한 "이론적 기반들" 가운데 (발전시킬 필요가 있다고 생각하는) 하나는 인간 존재의 불가피한 출발점인 자기중심적인 입장을 펼칠 수 있는 우리의 능력에 대한 매체의 영향이다. 그래서 나는 2부와 3부에서 두 가지 매체, 즉 텔레비전과 인쇄물이 우리의 능력, 즉 자기중심성에서 벗어나 우리로 하여금 보다 "체계적으로 물을" 수 있게 해주는 더욱 공적인 — 대화적이거나 변증법적인 — 입장으로의 전환 능력에 영향을 미칠 수 있는 방식들을 고찰해볼 것이다.

2부 텔레비전과 상상력

비판적 사고는 모든 타자의 관점들이 검열을 받을 수 있을 때에만 가능하다. 따라서 비판적 사고는, 단독적 활동일 때조차 '모든 타자'와 분리되지 않는다. … 비판적 사고는 **상상**의 힘으로 타자를 불러내고, 그럼으로써 어쩌면 공적이고 모든 측면에서 열려 있는 공간으로 나아간다. … 확장된 사고방식으로 사고한다는 것은 **타자를 방문하도록 당신의 상상력을 훈련한다**는 것을 의미한다. …30)

만일 당신이 텔레비전을 보기로 하였다면, 전자 이미지들을 나타나는 그대로 받아들이는 것 이외의 다른 선택지는 없다. 텔레비전의 첫 번째 효과는 수동적 심적 태도를 만드는 것이다. … 생각은 방해만 될 뿐이다. 다른 문제도 있다. 텔레비전 정보는 마음의 의식적인 영역들보다는 무의식적인 영역들에서 더 많이 수용되는 것 같다. … **이미지는 세계에 존재하지 않으며**, 그래서 당신이 다른 사람을 관찰하듯이 관찰할 수 없다. … 적어도 견고한 세속적 형식을 갖춘 이 비존재의 속성으로 인하여 이미지 정보는 **생각, 식별, 분석**과 같은 의식적인 과정들을 거치지 못하게 된다.31)

2부의 주제는 아마 다음과 같은 가정문의 형식으로 가장 잘 표현될 수 있을 것이다. 만일 아렌트의 주장처럼 "상상의 힘"이 자기중심성에서 벗어나게 하는 결정적으로 중요한 능력이고, 맨더(Jerry Mander)의 주장처럼 기술로서의 텔레비전이 그 **내용**(프로그램)이 아니라 바로 그 형식으로 인하여 "감각에 주어진 적이 없거나 이전에 실재 속에서 제대로 지각된 적이 결코 없었던 어떤 것의 심적 이미지를 형성하는 능력"("상상력"의 사전적 정의)을 억제**한다면**, 우리는 우리의 삶 대부분에 가장 깊이 침투해 있는 기술, 즉 텔레비전이 비판적 사고를 위한 기초적인 능력들, 즉 "상상력, 식별력, [그리고] 분석력"의 제고에 불리하게 작용하는 상황에 처해 있는 것이다.

맨더가 (비록 사변적이고 "비학문적인" 방식일지라도) 개발한 "텔레비전 제거를 위한 네 가지 논증"은 주로 "시청자들을 대상으로 한 기술"에 집중하여, 시청자들 즉, 우리가 "내용으로부터 기법"을 분리하고, 아래와 같은 점을 검토할 수 있도록 해준다.

기술이 '중립적'이라는 것은 잘못된 가정이다. 우리는 이데올로기가 기술의 바로 그 형식 속에 구축되었음을 생각하도록 배우지 못하였다.32)

맨더는 다음과 같이 주장한다. 텔레비전은 바로 그 **형식**으로 인하여

우리가 바라는 것처럼 의사소통 매체나 교육 매체이기보다는 **이미지를 심는** 도구이고, 그것도 우리가 경험하고 있는 것에 대한 어떠한 인식, 분별, 표현도 허용하지 않는 방식으로 이미지를 심는다.33)

나는 맨더의 주장을 살펴보기 전에, 앵거스와 폴의 비평에서 상상력이 하는 역할을 논하고 싶다. 그런 다음에 우리는 텔레비전의 **형식**—

바로 그 기술로 등장한 텔레비전 — 은 상상력의 발전을 저해하고, 그럼으로써 자기중심성을 넘어서서 [타자와] "만나는" 우리의 능력, 즉 대화적 사고가 진행되는 "공적인 공간"에서 판단하는 능력을 억제한다는 맨더의 주장을 고려할 수 있을 것이다.34)

앵거스는 (2부를 시작할 때 인용하였던) 상상력에 관한 아렌트의 글을 논하면서, 어떻게 상상력이 판단을 도구적 이성의 한계 너머로 확장하는지를 분명히 하고 있다.

> 표상 작용은 정신의 '자유로운 활동'이 한정된 개념에 **제한되지 않는 상상**의 기능이다. 칸트는 상상을 '수많은 직관을 하나로 모으는 일'로 기술한다. 상상은 **실제의** 현전들에만 한정되어 있지 않고, 오히려 이전의, 현재의, 그리고 **예상되는** 현전들을 결합하고 재구성하는 일이다. 이러한 상상적 재구성은 사전에 정의된 목적에 따라 이루어지기보다는, 오히려 그 자체로 보편화를 함의하는 어떤 개별자에 대하여 예상되는 단칭 판단과의 관계 속에서 이루어진다.35)

상상이 기능하는 세 가지 방식이 있는데, 이는 상상을 판단에 본질적인 것이 되도록 한다. 상상은 우리의 여러 감각이 제공한 것들을 "모은다." 상상은, 우리가 실제로 존재하지는 않지만 잠재적으로 존재하는 "예상되는" 현전들에 접근하게 해준다. 그리고 상상은 대안적 가능성을 예상함으로써 "준거틀"(한계 지어지고 "미리 결정된" 목적들)을 넘어서게 해준다. 만일 우리가 어떻게 마음이 이러한 능력들 **없이** 기능할 수 있는지를 생각해본다면, 우리를 수단-목적의 숙고를 위한 실제적 기법에 제한하는 도구적 이성에 대한 앵거스의 견해에 가까이 다가가게 된다.

"강한" 의미의 비판적 사고와 "약한" 의미의 비판적 사고의 차이에 대한 폴의 논의가 시사하는 것은, 자아가 개인적인 과제들이나 논증들을 발생시키는 특정한 상황들의 맥락에 대한 일체의 관심과 분리되어 제시되는 "원자적 논증들"을 넘어서기 위해서, 이와 같은 상상의 세 가지 기능이 필수적이라는 것이다. "강한 의미의 비판적 사고"는 이러한 논증들이 "실제로 논리적으로 유의미한 다양한 세계 참여를 반영하는 일단의 실제적이거나 가능한 보다 복잡한 행보들 중 일부이다."라는 것을 인지하는 사고이다.36) 우리는 단지 "대안적인 **가능성들**과의 관계 속에서 [특정한] 추리의 강점들과 약점들"을 평가할 수 있기 때문에, " '강한' 의미의 비판적 사고"는 **실제의** 자기중심적이고 사회 중심적인 입장들의 한계들 내에서는 결코 작동할 수 없다.

> 우리가 경쟁하는 관심을 **상상함으로써** 반대의 관점을 구상할 수 있는 것은 … 바로 주어진 논증이 … 주어진 관심을 반영한다는 사실을 인식할 때뿐이다.37)

폴이 "예시한 과제"는 확실히 상상을 이런 방식으로 이용한다. 이 과제는 학생들에게 "양립 불가능한 두 세계관을 … 검토하여 비판적으로 분석하고", "가장 지적인 두 사람이 각 관점을 옹호하는 대화를 작성할 것"을 요구함으로써, 자아가 아주 편안한 출발점과 안식처를 넘어서도록 고안된 것이다.38) 학생은 **주어진** 논증에 기법을 **적용하기**보다는, **가능한** 논증들을 대화의 형식으로 **구상하여** 연구해야 하며, 그래서 우리 모두가 애초에 가지고 있던 자기중심적인 세계관을 넘어서야 한다.

그러나 맨더가 명료하게 표현하는 바와 같이, 텔레비전 기술은 자아로 하여금 이와는 매우 반대되는 일련의 반응들을 일으키도록 고무시킨다. 맨더가 언급하는 한 연구자에 의하면, "텔레비전은 능동적인 집중력을 훈련하기보다는 억누르는 것처럼 보인다."39) 이러한 기술은 자아가 자기중심성을 넘어서기 위하여 자신의 경험과 상상을 **사용**할 것을 요구하기보다는 비유적인 의미에서뿐만 아니라 문자 그대로 가만히 있기를 요구한다.

오감에 주어진 것들을 "모으는" 상상의 기능과는 대조적으로, 텔레비전은 오직 두 가지 감각과만 관여하며, 이 두 가지 것도 기술화되기 이전의 삶의 현전들과는 상당히 다른 방식으로 분리되어 있다. 예를 들어 우리가 텔레비전에서 멀리 있는 산비탈을 걷고 있는 사람들을 보면서, 우리 곁에 있는 것처럼 그들의 대화를 들을 때 그러듯이, 시각과 청각 자극은 보통 동기화되지 않는다.

청각과 시각 사이에 존재하는 정보의 자연스러운 균형은 파괴되어 있다. 그래서 당신의 시각 정보는 청각 정보를 수정하는 데 사용되거나 그 정보를 처리하는 데 도움을 줄 수 없으며, 그것은 감각 정보들이 서로 분리되어 있고 재구성되어 있기 때문이다.40)

더구나 이러한 "분리"와 "재구성"은 우리 자신의 상상물이 아니며, 따라서 우리는 그 과정을 반성할 수 없다. 만일 우리가 그 과정을 반성할 수 있다면, 그러한 과정이 이루어질 수 있는 또 다른 방식들과 그 결과로 생산될 수 있는 것들을 주제화하도록 우리의 상상을 작동시킬 수도 있을 것이다. 그러나 그 대신 알려지지 않은 누군가에 의해 조장되고, 실제의 생생한 우리의 경험으로부터 거의 분리된 결과물을 산출시키는 숨겨진 과정이 존재한다. "부분적으로만 기능하는 두 가지 감각은 인간 존재가 환경들로부터 의미를 끌어내기 위해 이용하는 자연스럽게 혼합된 정보의 혜택을 받을 수 없다."41) 자아는 그 대신 모두 분리되어 "동등한 타당성을 가지고 순차적으로 전달되는" "심어진 이미지들"을 제공받으면서 고립되어 강화된다.42) 자아는 "실재를 자동적으로 그 자체에 한정하는 분리와 재구성 … 과정"의 산물을 수동적으로 받아들이

는 것이다.43)

이러한 분리된 자아는 논리와 논리 사용자들의 진정한 맥락인 기술화되기 이전의 생생한 경험과 실제적이고 상상적인 상호작용을 하지 **못한다**. 자아는 그러한 상호작용 (그리고 폴이 사례로 제시한 과제와 같은 상황) 속에서 대안적인 가능성들을 선택하고, 발전시키고, 그래서 경쟁하는 주장들의 타당성을 판단하기 위한 논리적인 책략들을 발견하고 발전시킬 수 있는 기회를 얻는다. 맨더의 지적처럼, "지식은 변화를 감지함으로써, 다른 사건들과 상이한 사건에 주목함으로써, 패턴들을 구분하고 정립함으로써 획득된다."44) 우리의 일상적이고 생생한 경험은 이러한 활동들이 이루어질 수 있는 기회들을 제공하지만, 텔레비전이 제공하는 (말하자면) 가공된 경험 속에는 그러한 기회들이 존재하지 않는다.

나는 지금까지 텔레비전을, 그 형식이 상상력의 발달에 미치는 영향과, 그로 인해 비판적 사고자가 되기 위한 우리의 능력 향상에 미치는 영향과 관련해서만 다루었지만, 내용에 관한 맨더의 한 가지 언급은 비판적 사고와 직접적으로 관련되기 때문에 거론할 필요가 있겠다. 시청자들이 텔레비전 프로그램에서 얻는다고 믿는 지식이 어떤 종류의 것인지를 다룬 연구에 의하면, "프로그램을 통해 알게 되었다고 보고된 지식 목록의 상단을 차지하고 있는 것은 실질적인 지식과 문제 해결에 관한 방법들이다."45)

그러나 내용을 프로그램하는 것과는 상관없이, 텔레비전의 바로 그 형식이 자아로부터 실제적이고 상상적인 경험이 제공하는 지식의 획득 조건들을 박탈한다. 특별한 기술, 예컨대 흘러가는 이미지들을 재생하거나 정지하기를 원할 때 그렇게 할 수 있는 녹음기/녹화기도 이 결점을 보완하지 못한다. 왜냐하면 우리는 그 기술이 전망하는 것들을 공급하고 녹화하는 일에 관여하지 않고, 최종적인 산물의 내적 시간 구조를 형성하는 데 어떠한 기여도 하지 않으며, 동일한 종류의 대안적 이미지들을 그 기술에 보완할 수 있는 능력도 없기 때문이다.

텔레비전을 하나의 형식으로 여기는 나의 견해는, 자기중심성에서 벗어나 아렌트가 "공적이고 모든 면에 열려 있는" 것으로 본 대화적 "공간"으로 나아가는 데 필요한 "상상의 힘"을 자아가 계발할 수 있도록 해주는 조건들을 본질적으로 억제하는 것으로서의 텔레비전의 기술에 초점을 맞추어왔다.46) 나의 입장은 내가 기술을 어떻게든 전반적으로 거부하고 있다거나, 심지어는 텔레비전은 "제거"되어야 한다는 맨더의 주장에 동의하고 있다고 해석되어서는 안 된다. 오히려 문화적 요인들이 추리 능력에 미치는 영향들에 대한 나의 관심은, 우리가 우리의 목적들에 역작용하는 문화적 요인들을 인식할 경우, "강한 의미"의 비판적 사고를 가르치려는 우리의 시도가 폴이 언급한 "좌절과 냉소주의의 순간들"을 극복할 수 있는 더 좋은 기회를 맞을 것이라는 확신에 자극을 받은 것이다.47) 아울러 나는 우리가 상상력의 계발에 도움이 되고 그래서 비판적 사고자가 될 수 있는 우리의 능력을 함양하는 데 도움을 주는 문화적 요인들을 이용하면, "강한 의미"의 비판적 사고를 효과적으로 가르치기가 더 용이할 것이라고 믿는다. 만일 리쾨르의 논제가 옳다면, 또 다른 기술인 인쇄물은 그러한 도움을 줄 것이다. 이제 텍스트와의 만남을 통하여 자아는 자기가 된다는, 즉 자기중심성을 극복한다는 리쾨르의 제안을 고려해보자.

3부 자아, 텍스트, 그리고 자기

허구는 재생산적인 상상이 아니라 **생산적인** 상상의 한 사례이다. … 모든 상징체계는 인지적인 가치가 있다. 즉, 상징체계는 실재를 이러저러한 방식으로 나타나게 한다. … 상징체계는 경험을 이해하거나 생산하기 위한 새로운 격자틀(grids)을 **생성한다**.48)

자기화(appropriation)는 새로운 존재 양식들이 출현하여 … 주체에게 새로운 자기인식의 능력들을 부여하는 과정이다. … 따라서 자기화는 새로운 종류의 소유가 아니다. … 대신 자기화는 나르시스적 자아를 축출(dispossession)하는 국면임을 함의한다. … 나는 텍스트에 대한 이해에서 나타나는 자기와 이러한 텍스트의 이해에 선행한다고 주장하는 자아를 비교하고 싶다. 탈은폐의 보편적 힘으로 자아에게 자기를 건네주는 것은 텍스트이다.49)

결론인 여기 3부의 주제는, 인류사의 현시점에서, 비(非)자기중심적인 자기로서 비판적으로 생각하는 능력은 상상된 어떤 세계를 묘사하는 텍스트, 즉 문학 텍스트와의 만남으로 향상된다는 것이다.

먼저 중요한 구분이 강조되어야 하겠다. 나는 2부에서 텔레비전의 **형식**이 상상을 억제하고, 그래서 비판적 사고의 가능성도 위축시킨다고 주장한 것처럼, 여기서는 문학 텍스트의 **형식**이 상상과 (따라서) 비판적 사고의 향상을 도우며, 심지어는 촉진한다고 주장할 것이다. 이러한 주장은 리쾨르의 텍스트 이론에 직접적으로 의존하고 있어서, 먼저 그 이론을 요약하고, 다음으로 리쾨르의 저작으로부터 끌어내어 제안할 이론적 기초에 근거하여, 비판적 사고 교육에 대한 한 가지 새로운 시도를 결론으로 짧게 언급하겠다. 그러나 리쾨르의 저작을 논하기 전에, 텔레비전 기술과 비교하여 텍스트의 기술을 다룬 맨더의 견해를 살펴보고자 한다.

기술로서의 텔레비전에 대한 맨더의 비평 속에서 줄곧 나타나는 주제는, 텔레비전의 바로 그 형식이 깊이, 미묘함, 그리고 실제 경험과의 비교를 배제하는 "이미지들을 심고", 이 모든 일을 이미지들을 "분리하고" "재구성하는" 방식으로 한다는 것이다. 그래서 맨더는, 생활 세계의 계기들로부터 이미지들의 변형을 "포착"하거나, 그들을 구분하거나, 또는 그들이 표상하고자 하는 생활 세계로 확실히 옮겨갈 "패턴을 형성"하는 일, 간단히 말해 비판적 사고가 개발하고자 하는 모든 활동이 좌절된다고 주장한다. 대신 기술적으로 생산된 이런 이미지들의 "수동적" 수용만이 고무된다.50)

내가 보기에, 맨더의 이러한 설명을 무시할 한 가지 이유는 우리가 우리의 모든 경험이 기술에 의해 "인공적으로 재구성되어 있음"을 인식하고 있다는 점에 있는 것 같다. 맨더는 우리가 "현실에 대한 이러한 해석을 우리 자신의 것으로 받아들이"거나 "[우리의] 고립된 심적 과정을 통해 독단적으로 세계를 이해하기"를 선호하여 그러한 해석을 거부하는 것뿐이라고 역설한다.51) 그러나 세 번째 대안은 기술적으로 형성된 우리의 환경 속에서 우리의 사회 중심적이고 자기중심적인 맥락을 넘어서는 데 **어느 정도** 도움을 줄 수 있는 수단들을 모색하는 것이다. 맨더는 인쇄물이 바로 그 형식 덕분에 그러한 가능성을 제공한다는 점에 주목한다.

> 인쇄물은 훨씬 심오한 깊이, 복잡성, 기분 변화, 미묘함, 디테일을 표현할 수 있다. … 책은 … 훨씬 더 느린 리듬으로 쓰일 수 있고, 오랜 읽기 과정을 통하여 지각이 점차로 강화되게 할 수 있다.52)

맨더가 인용한 글 중 하나에서 지적된 것처럼, "인쇄물에 대한 반응은 적극적인 … 반면에 텔레비전에 대한 반응은 수동적이라고 말하는 것이 적절할 것이다."53)

인쇄된 담론인 텍스트와 상호작용하는 "자기화"의 국면으로서의 "반응"에 대한 리쾨르의 분석에 의하면, 반응은 "나르시스적 자아"를 부상하는 "자기"로 대체하는 절정으로 가는 국면이다. 이 국면에서 저자의 자아와 독자의 자아는 모두 극복된다.

텍스트와 세계의 관계가 작가와 주관성의 관계를 대체하며, 이와 동시에 독자에 대한 주관성의 문제도 **대체된다.** 이해한다는 것은 자기 자신을 텍스트에 투사하는 것이 아니라, 자기 자신을 텍스트에 노출하는 것이다. 그것은 해석이 드러내어 제안하는 세계를 자기화함으로써, 확장된 자기를 받아들이는 것이다. … 허구는 … 독자 주관성의 근원적 차원이다. 독서를 통해서 나는 '나 자신을 비현실화한다.' 독서는 나를 **자아의 상상적 변이**로 안내한다.54)

그리고 우리는 "텍스트 앞에" 있는 제안된 (즉, 가능한 또는 잠재적인) 세계의 공적인 공간 속에서, "어떤 주어진 현실에도 맞서는 의지와 그에 의한 현실 비판의 가능성을 가진다."55) 텍스트에 나타난 가능한 세계와 상호작용하는 것은 "이상", 즉 시간을 초월하거나 모든 시간에 존재하는 가능성들을 수용함으로써 "현실"을 확장해나가는 것이다. 그리하여 자아가 텍스트와 만날 때는, 주어진 실제의 자기중심적인 상황이, 텍스트를 집어 들어 읽고 그래서 계몽될 수 있는 누구에게나 그리고 언제나 잠재적으로 열려 있는, 의미의 영역으로 대체된다.56)

텍스트의 의미들을 자기화하는 것은 (맨더의 설명에서처럼) 텔레비전의 이미지들을 받아들이거나, (폴의 설명에서처럼) 자아의 세계관을 투사하거나, (앵거스의 비판에서처럼) 문화적 가치들에 동화되는 것과는 매우 극적으로 대조되는 과정이다. 우리와 텍스트의 상호작용의 본성에 관한 리쾨르의 분석에서, "자기화는 거리 두기(distanciation)의 변증법적 동반자이며", 거리 두기는 이제 "텍스트 앞에서 자신을 이해하기 위한 가능성의 조건"이 된다.57) 텍스트 형식의 이러한 특징은 현재의 역사적 상황 속에서 보면 특별한 것이다. 텔레비전의 이미지들도, 문화적 가치들도 낯설지 않다. 즉, 그것들은 우리에게 주체들로서의 우리에게 낯선 대상들로 나타나지 않는다. 텔레비전의 경우에 이미지들은 거의 문자 그대로 우리의 지각 과정들 안에 들어와 있게 된다. 즉, "이미지는 세계 속에 존재하지 않는다."58) 그리고 문화적 가치들은 (도구적 이성에 의해) 이성의 고유한 영역 밖에 존재한다고 가정되는 목적들과 통합된다.

리쾨르의 자기화와 거리 두기의 변증법에 대한 증거는 현상학적이다. 즉, 그것은 생생한 경험에 대한 리쾨르의 관찰들로부터 도출된 것이다. 독자와 텍스트의 만남의 본질적인 특징(국면)으로서의 거리 두기는 시와 문학을 가르치는 교사들이 작성한 보고서들에 아주 생생하게 기록되어 있다. 교사들은 "위대한 책들"의 **내용**을 학생들이 접근하기 쉽게 만드는 데 있어서 (적어도 때로는) 절망한다. 리쾨르의 분석에 따르면, 텍스트의 세계와 오늘날의 학생들이 처한 상황들 사이의 시공간적인 거리 때문에 텍스트의 세계에 대한 자기화는 불가능해 보인다. 학생들에게 자신들의 해석을 옹호해 보라고 요구하는 것은, 폴이 비판적 사고에 대한 일반적인 대안이라고 언급한, "느낌", "직관", 그리고 "고차적 의식"을 부정하는 것과 마찬가지라고 학생들은 주장한다. 또는, 그들은 줄거리 요약 수준을 넘어서는 어떤 수준의 텍스트들도 다루기를 거부하는데, 그마저도 오직 시험을 통과할 목적으로 그러는 것이다. 어떤 결과를 받아들이든, 비록 교사가 "광범위한 '소크라테스적' 효과"가 나타날 것(심지어는, 계몽이 이루어질 것)이라는 희망을 품고 있을지라도, 폴의 용어를 사용하여 말하자면, 문학을 "약한 의미"에서, 즉 "궤변"의 수단이나 "묵살"의 장려책으로서 가르치는 것이 될 것이다.

리쾨르는 텍스트 **형식**의 한 국면(본질적인 특징)으로서의 거리 두기가 교실에서의 이러한 경험에 의해 증명된 **내용**의 거리를 결정한다고 제안한다. 이제 거리 두기의 두 가지 유형은, 자기와 세계를 "이해할 수 있는 가능성의 조건들"의 일부로서 긍정적으로 이해될 수 있다.59) 우리는 이미 그러한 방식으로 자기화의 본성을 이해하였다. 즉, 거리 두기의 본성에 관한 유사한 통찰은 우리가 이 두 국면의 공통된 특징과, 그리고 바로 그러한 특징을 매개로 한, 비판적 사고 교육을 위한 문학 텍스트들의 가치에 주목할 수 있게 해준다.

거리 두기는 지속적으로 거리를 두는, 자율적인 힘으로서의 텍스트의 현존, 즉 시간적인 반응들을 이끌어내는 "비시간적인 대상"을 가리키는 리쾨르의 용어이다.60) 이것은 소유될 수 있는 종류의 대상이 아니다. 리쾨르는 특히 "자기화"가 "새로운 종류의 소유"가 아니라고 경고한다.61) 전(全)시간성(omnitemporality)이라고 불리기도 하고 이상(ideality)이라고 불리기도 하는 텍스트의 비시간성(atemporality)은 우리에게 텍스트의 성격을 더욱 낯설게 만든다. 텍스트의 비시간성에 내재하는 본질적으로 생소한 본성은

> 자기 자신을 궁극적인 기원으로 구성하는 자아의 오만을 꺾는다. 자아는 자신을 위하여, 다른 어떤 담론 형식보다도 문학과 시가 생산하는 현실의 '상상적 변이들'에 응답할 수 있게 해주는 '상상적 변이들'을 떠올려야만 한다.62)

바꿔 말해 독자는 "일상적인 현실에 관한 거짓 근거", 특히 그것이 **단 하나의** 가능한 현실이라는 암묵적인 주장에 대한 대안들을 제시하는 어떤 대상과 대면할 때, 자신의 일상적인 현실과는 다른 관점, 즉 계속해서 현실적 자아의 중심에 자리 잡고 있지만, 더는 그 자아에만 한정되어 있지 않은 어떤 관점에서, 텍스트의 힘에 반응하도록 강요받는다.63)

우리의 (도구적 이성에 따르는) "과학적 시대"가 각인시킨 탐구 방식에 의하면, 이러한 분석에 호응하는 불가피한 물음은 "어떻게?"이다. 리쾨르의 반응은 우리를 어떤 방법(기술)이 아니라 어떤 능력으로 안내하는 것이다.

우리는 상상의 힘 속에서, 더는 우리의 감각 경험으로부터 '이미지들'을 끌어내는 능력이 아닌, 새로운 세계들이 우리 자신에 대한 이해를 형성하도록 놓아두는 능력을 깨달을 준비가 되어 있지 않은가? 이러한 힘은 이미지들에 의하여가 아니라, 우리의 언어 안에 있는 창발적 의미들에 의하여 전달될 것이다.64)

흔히 묻지 않는 물음으로서, 우리가 도구적 이성을 넘어서게 해주는 물음은 "왜?"이다. 폴과 앵거스의 비평은 그러한 물음에 대한 목적론적 반응을 제안하는데, 텍스트와 만나는 목적은 "계몽"이라는 "광범위한 '소크라테스적' 효과"라는 것이다.

그래서 텍스트의 힘은 독자의 (시간상으로 제한된) **실제의** 상황 너머에서 기인하는 (전시간적인) **이상적** 의미들 안에 있다. 만일 그러한 의미들이 독자의 특수한 상황에서 유의미해지자면, 그러한 의미들이 현실화되거나 실현되게 하는 "상상의 힘"이 행사되어야 한다.65) 이와 관련하여 독자들은 텍스트의 의미들과 만나는 가운데 그런 특수한 의미들을 (말하자면) "비현실화한다."66) 이러한 과정을 통하여 독자와 저자의 자기중심성은 극복된다. "자아는 자신에게서 자신을 탈피시키고", 독자를 "그의 고유한 실존적 상황의 한계 너머로" 나아가도록 놓아준다.67) 그리고 폴은 이것이 "'강한 의미'의 비판적 사고"가 이루어지게 될 경우 정확히 독자가 서 있을 필요가 있는 지점이라고 주장한다.

내가 가르치고 있는 대학은 우연찮게도 학생들과 우리 스스로가 우리의 자기중심적인 상황들을 텍스트에 의해 구성된 공적인 공간, 즉 세계 속에서 반성할 수 있게 하도록 문학, 비판적 사고, 그리고 글쓰기를 통합적인 방식으로 가르치는 교육 개념을 실현하고 있다.68) 우리는 책, 논리, 그리고 작문은 교실에서 기껏해야 미미한 역할을 할 뿐이라는 문화적으로 주입된 가정을 역전시키고 싶은 것이다.

그 반전을 이루는 방법은 독자, 작가, 그리고 사고자의 생활 세계 안에 있으면서, 그 생활 세계에 적용 가능한 "대상들"의 기원들을 주제로 해야 한다는 것이 우리의 가설이다. 그 목적은 철학, 문학, 그리고 작문을, 기법으로 적용되거나 어떤 형식의 "고차 의식"에 도움이 되고, 그래서 내적인 자아 논리적(egological) 상황에 한정되는 추상적 실체로 제시하기보다는, 학생들의 삶의 맥락 속에서 통합하는 것이다. 텍스트 읽기에서 일어나는 해석의 다양성은 그 통합된 맥락 속에서 자기와 텍스트의 상상으로 구축된 세계 내의 실재의 본질에 관한 상충하는 주장들을 (증명한다기보다는) 입증하는 "개연성 논리"의 적절성을 주제화하도록 사용될 수 있다.69)

학생들이 글쓰기 과정에 들어갈 때, 우리는 그들이 (리쾨르적인 의미에서) 자아보다는 자기로서 그렇게 하기를 기대한다. 우리가 고취하고 싶은 계몽된 입장은, 리쾨르가 서술한 바와 같이, "행위[또는 텍스트]의 의미를 논할 때 내가 나의 욕구들과 믿음들을 거리를 두어 제시하고, 그래서 반대되는 관점들과 직면하는 실질적인 변증법을 따르는 것이다."70) 텍스트에 의해 성립된 공적 영역 안에서의 그러한 대화가 계몽을 위한 힘으로서의 비판적 사고이다.71)

주 ━━━━━

1) Richard Paul, "Teaching Critical Thinking in the 'Strong' Sense: A Focus on Self-Deception, World Views, and a Dialectical Mode of Analysis," *Informal Logic Newsletter* 4(May 1982), pp.2-7. 이하 Paul로 표기.

2) 이와 깊이 관련된 텍스트들은 다음과 같다. 앵거스와 관련해서는 다음을 보라. Ian Angus, *Technique and Enlightenment: Limits of Instrumental Reason* (Washington D.C.: Center for Advanced Research in Phenomenology and University Press of America, 1984). 이하 Angus로 표기. 후설과 관련해서는

다음을 보라. Edmund Husserl, *The Crisis of European Sciences and Transcendental Phenomenology*, trans. D. Carr(Evanston, Ill.: Northwestern University Press, 1970). [역주] 한국어 번역본은 에드문트 후설, 『유럽학문의 위기와 선험적 현상학』(이종훈 옮김, 한길사, 1997). 그리고 *Formal and Transcendental Logic*, trans. D. Cairns(The Hague: Nijhoff, 1969). [역주] 한국어 번역본은 에드문트 후설, 『형식논리학과 선험논리학』(이종훈·하병학 옮김, 나남출판, 2010). 비판 이론과 관련해서는 다음을 보라. Marx Horkheimer and Theodor W. Adorno, *Dialectic of Enlightenment*, trans. J. Cumming(New York: Herder and Herder, 1972). [역주] 한국어 번역본은 막스 호르크하이머·테오도르 아도르노, 『계몽의 변증법』(김유동 옮김, 문학과 지성사, 2001). 그리고 Marx Horkheimer, "Traditional and Critical Theory," in *Critical Theory*, trans. M. O'Connell et al.(New York: Herder and Herder, 1972).

3) 이와 깊이 관련된 텍스트는 다음과 같다. Paul Ricoeur, *Hermeneutics and the Human Sciences: Essays on Language, Action, and Interpretation*, trans. J. B. Thompson(Cambridge, England: Cambridge University Press, 1981). [역주] 한국어 번역본은 폴 리쾨르, 『해석학과 인문사회과학: 언어, 행동 그리고 해석에 관한 논고』(윤철호 옮김, 서광사, 2003). 이하 Ricoeur로 표기. 불가피하지만 극복할 수 있는 자아중심성에 대한 논의와 관련해서는 나의 논문을 보라. "Egocentricity: What it is and Why it Matters," presented at the Fourth International Conference on Critical Thinking and Educational Reform, Sonoma State University, August 1986.

4) Angus, p.94(강조는 필자).

5) Paul, p.3

6) 앵거스가 (그의 논문 p.12, 주석 24에서) 지적한 것처럼 " '도구적 이성'이라는 용어는 호르크하이머의 것으로 보는 것이 적법하지만, 이 용어는 그가 결코 선호하는 용어가 아니다." 이 용어는 일반적으로 프랑크푸르트학파 전통에 속한 것이다. 앵거스는 이 용어에 상응하는 용어로 "판단"이라는 용어를 사용하는데, "판단"은 칸트주의와 후설주의 전통 모두에 공통된 것이다.

7) Angus, p.17.

8) Angus, p.56, p.67, p.121, pp.135-137, pp.140-141. 앵거스의 분석이 그러한 근거의 가능성을 부정할지라도 후설의 분석은 모든 주장을 "에포케(epoche) 아래에" 둔다. 즉, 그 가능성은 엄밀히 말해 부정된다기보다는 고려되지 않는다.

9) Angus, p.4; cf. p.12, p.48, p.51, p.85.

10) 이 구절은 "보편화된 도구적 이성"의 역사적 영향을 가리키기 위하여 앵거스의 책 전반에 걸쳐 사용된다.

11) Paul, p.3.

12) Paul, p.2.

13) Angus, p.19.

14) 나는 마르크스주의와 후설주의의 용어들의 이러한 "번역들"이 정확하다고 주장하고 싶지만, 그 논증을 여기서 제시할 수는 없다. 나는 (비판 이론과 같은) 신마르크스주의의 분석과 후설주의의 현상학적 분석의 몇 가지 기준들 사이의 수렴을 강조하려는 발견법적인 목적에 따라 이 번역들을 문제없는 것처럼 사용할 것이다. 나는 또한 앵거스가 이념적 구조(이론적 존재들)의 기원과 목적으로서의 생생한 경험에 대한 후설의 분석과 경제적 기초와 이데올로기적인 상부구조에 대한 신마르크스주의의 분석에서 발견한 근거의 상호의존성을 강화하기 위하여 이 번역들을 사용한다.

15) Angus, p.56; cf. 주석 8.

16) Angus, p.33.

17) Angus, p.20.

18) Angus, p.93.

19) Angus, pp.126-127(강조는 필자).

20) Angus, p.125. 개인적이고 즉각적인 경험 속에서 현전하고, 체계들 속에서 표상되는 대상에 대한 이러한 접근 가능성은 체계에 의해 구성된 대상에게만 접근할 수 있다고 보는 기호학 및 해석학 전통과 후설의 분석 사이의 중요한 차이이다. 전자의 전통에 따르면, 우리는 반성을 통해 체계에 의해 이미 한정된 (그리고 그렇게 해서 이론과 역사에 의해 형성된) 경험만을 포착할 수 있다. 그래서 선이론적인 생활 세계의 직접적인 현전의 양상들도 경험할 수 없다.

21) Angus, pp.142-143(강조는 필자).

22) Paul, pp.3-4(강조는 필자).

23) Paul, p.5(강조는 필자).

24) Paul, p.5. 나는 판단 개념에서 강조된 완고한 자기비판적 성격에 근거하여 (이 영화들 속에서 표현된 "양립 불가능한 세계관들"을 분석하게 될 학생들에게 행해진) 교육들이 문화적 가정들로 가득 차 있다는 것을 지적할 것이다. 폴은 이 두 입장을 "우파의 두뇌 집단이 주장하는" 입장과 "세계교회협의회의 영화가 옹호하는"(Paul, p.6) 입장으로 특징지었다.

25) Paul, p.4.

26) Paul, p.5.

27) Angus, p.143(주석 21에서 확인된 인용문의 맥락 안에서 인용하였다). 후설의 용어를 빌리자면, 이 단계는 "선험적 연역", 즉 특수하고 개인적인 추리 과정보다는 "어떤 주관성이든 상관없이 주관성"에, 또는 추리의 바로 그 가능성에 초점을 두는 것이 될 것이다.

28) Angus, p.143.

29) Paul, p.7.

30) Hannah Arendt, *The Life of the Mind*, Vol. 2(New York: Harcourt, 1978), p.257(강조는 필자). Angus(p.107)에서 재인용.

31) Jerry Mander, *Four Arguments for the Elimination of Television*(New York: Quill, 1978), pp.200-201(강조는 필자). 이하 Mander로 표기.

32) Mander, p.310, p.350.

33) Mander, p.204(강조는 필자).

34) Angus, p.105의 주석 20과 본 논문에서 바로 이어서 인용하는 "표상"에 관한 인용문을 보라. 이 인용문의 출처는 다음과 같다. Immanuel Kant, *Critique of Judgment*, trans. J. H. Bernard(New York: Collier Macmillan, 1974), p.15. [역주] 한국어 번역본은 임마누엘 칸트, 『판단력 비판』(백종현 옮김, 아카넷, 2009), 161쪽. "자아"를 극복하고, 비판적 사고/판단의 전제조건인 "자기"로 나아가기 위한 주체의 상상력 사용에 관한 이러한 아주 짧은 고찰로부터 "순수이성"은 "판단"에 의존할 수 있다(즉, 첫 번째 비판은 세 번째 비판에 근거할 수 있다)는 견해를 끌어낼 수 있다. 분명히, 이것은 완전히 다른 논문, 즉 칸트의 "상상력"과 앵거스, 아렌트, 맨더, 폴, 그리고 리쾨르의 "상상력"의 관계와 차이를 다루는 논문 속에서 고려할 필요가 있는 명제이다.

35) Angus, p.105(강조는 필자).

36) Paul, p.3.

37) Paul, pp.4-5(강조는 필자).

38) Paul, p.6. 비록 이 두 영화가 이러한 상상적 구성을 위한 주요한 정보 제공원이지만, 폴은 이 영화들이 다양한 감각 자극에 의해 보충되었으며, 텍스트 읽기를 포함하고 있다고 지적한다. 게다가 맨더는 영화 기법이 텔레비전과 같은 동일한 표현 기법들(예컨대 선명한 장면들과 클로즈업의 빈번한 사용)을 사용함에도 불구하고 그런 기법들에 제한되어 있지 않으며, 동일한 신경 생리학적인 기법들(예컨대 "존재하지 않는" 이미지들의 투영)에 의존하지도 않는다고 주장한다.

39) Mander, p.209.

40) Mander, p.276.

41) Mander, p.168.

42) Mander, p.291.

43) Mander, p.198.

44) Mander, p.300.

45) Mander, p.254. 맨더는 그 보고서가 "보건 교육 복지부에 제출하기 위해 국립정신보건원이 작성한" *Television and Social Behavior*, Vol. 4라고 확인한다.

46) 아렌트의 이 구절들은 2부 처음에 인용되었다.

47) Paul, p.3.

48) Ricoeur, pp.292-293(강조는 필자). 리쾨르는 자신이 굿맨(Nelson Goodman)의 용어인 "상징체계(symbolic systems)"를 "허구"와 상호 교환적으로 사용하고 있다고 언급한다.

49) Ricoeur, pp.192-193.

50) 따옴표 안의 용어들의 출처는 다음과 같다. Mander, pp.132-133, pp.197-198, pp.200-201, p.300. 이것들 모두 본 논문의 다른 맥락에서 인용된다.

51) Mander, p.87.

52) Mander, p.336; cf. pp.202-203.

53) Mander, p.208; Herbert Krugman을 인용하고 있다.

54) Ricoeur, p.94(강조는 필자); cf. p.188와 주석 35.

55) Ricoeur, p.93; cf. pp.142-143.

56) Ricoeur, p.192. 나는 자신의 회심에 대한 아우구스티누스(St. Augustine) 본인의 설명을 차용하고 있다(*Confessions*, Books 8, 9). [역주] 한국어 번역본은 아우구스티누스, 『성 어거스틴의 고백록』(선한용 옮김, 대한기독교서회, 2003). 본 논문의 언어로 표현하자면, 아우구스티누스는 하나의 자아로서 문명 속에서 수년 동안 방황한 후에 자아를 자기로 바꾸도록 권하는 텍스트를 만났고, 은퇴 후 자신의 변화를 완성시키기 위하여 시골 지역으로 내려간다. 이러한 사적인 계몽에 대한 공적인 표명은 전직하는 것이었다. 그는 수사학 교수직을 사임하고 성스러운 명령을 따른다.

57) Ricoeur, p.92.

58) Mander, p.201; 2부를 시작할 때 인용하였다.

59) Ricoeur, p.94.

60) Ricoeur, p.185.

61) Ricoeur, p.192; 3부를 시작할 때 인용하였다.

62) Ricoeur, pp.113-114.

63) Ricoeur, p.113.

64) Ricoeur, p.181.

65) 나는 허쉬(E. D. Hirsch, Jr.)를 따라서 텍스트의 세계를 확장된 주체의 세계와 구별하기 위하여 "의미"와 "중요성"을 이런 식으로 사용한다. 예컨대 다음을 보라. *Validity in Interpretation*(New Haven, Conn.: Yale University Press, 1967), 그리고 *The Aims of Interpretation*(Chicago: The University of Chicago Press, 1976), pp.1-6.

66) Ricoeur, p.94. 이러한 과정의 변증법적 본성은 반드시 강조되어야 한다. 헤겔의 용어로 설명하면, 자아는 자아 너머 저편에서부터 유래하는 객관적인 국면(텍스트) 안에서 자신을 객관화하며, 텍스트를 자기 자신의 투사로 환원하려는 자아의 시도에 저항한다. 그리고 이해 속에서 지양(die Aufhebung)이 나타난다. 즉, 주체(독자)와 대상(텍스트)의 통일로서의 자기가 성립한다.

지속적으로 이용 가능한 객관성의 국면으로서의 텍스트가 갖는 이러한 본질적인 지속성은 리쾨르의 텍스트 이론에 중요하며, 따라서 내가 리쾨르의 이론에 기초를 두고 있다고 제안하는 계몽 개념에도 중요하다. 객관적인 의미의 이용 가능성을 요구하는 구조로서 이러한 지속성은 "상상의 힘"의 변종, 즉 데리다로부터 유래했으며, 내가 "해체의 힘"이라고 부르는 것과 극명한 대조를 띤다.

해체는 텍스트에 대한 수동성을 방지함으로써 자아를 기존의 "주어진" 의미-수단 복합체들을 넘어서서 판단하지 못하도록 만드는 도구적 이성의 한계 안에 가두는 어떤 체계에 대한 흡수에도 반하는 힘을 제공한다. 따라서 해체는 리쾨르의 변증법의 거리 두기의 국면(또는 거리 두는 운동)을 이용하는 것 같으며, 심지어는 모든 것을 아우르는 과정, 즉 해체라고 불리는 기술로 대상(텍스트)뿐만 아니라 주체(저자 그리고/또는 독자)를 사라지게 한다.

그러나 기법으로서의 해체가 그 지점에 도달하는 한, 해체는 리쾨르의 변증법에서의 자기화의 국면을 실현할 수 없다. 왜냐하면 해체는 객관적인 원천, 즉 전시간적인 의미이자, 텍스트를 읽는 주체에 의한 무궁무진한 현실화에 잠재적으로 이용될 수 있는 텍스트의 해체를 초래하기 때문이다. 바꿔 말해 자아는 텍스트를 인간적으로 창조된 과정으로 설명하면서 텍스트를 객관적인 이상으로 설명한다. 그 결과 자기 구성을 위한 새롭게 상상으로 구성된 지점으로서의 이해에서 자기화할 자기중심적이지 않은 세계는 존재하지 않는다. 그 최종적인 결과는 기법(해체 과정)과 (자기와 세계를 구성할 가능성을 위한 조건을 제거함으로써 일어나는) 계몽의 역전을 제한하는 것이다.

리쾨르의 변증법을 방해하기도 하는 해체 과정을 이해하는 또 다른 방식이 있다. 만일 해체 과정이 텍스트와의 만남이 아니라 자아로부터 유래하는 것으로 이해된다면, 그런 일이 일어날 수 있다. 그래서 데카르트에게서 시작하여 가다머에게로 이어진다고 본 주관화 경향에 대한 리쾨르의 비판은 적절하다. (다음을 보라. Ricoeur, pp.190-192, pp.66-68.) 그 과정은 자아와 함께 시작하여 자아와 함께 끝나고, 마주치는 외적 국면으로서의 대상(텍스트)을 박탈하며, 자기는 출현할 수 없다. "그 자신의 주인인 나를 텍스트의 제자인 자기와 교환할" 가능성은 존재하지 않는다. (Ricoeur, p.113; cf. G. W. F. Hegel, *The Phenomenology of Spirit*, Section B.4.A.) [역주] 한국어 번역본은 게오르크 빌헬름 프리드리히 헤겔, 『정신현상학 1・2』(임석진 옮김, 한길사, 2005).

67) Ricoeur, p.191.

68) "CACTIP(Composition, Analysis of Text, Critical Thinking Integrated Program: 작문, 텍스트 분석, 비판적 사고 통합 과정)"라는 이름의 프로젝트는 교육부와 국립인문학재단의 지원을 받아 1985년 6월부터 1987년 5월까지 실시되었다.

69) Ricoeur, pp.211-213; cf. p.175. 리쾨르는 이 글의 주석 65에서 자신이 허쉬의 텍스트 이론에 의존하고 있다고 밝히고 있다.

70) Ricoeur, p.214.

71) 본 논문은 1985년 7월 소노마주립대학교(Sonoma State University)에서 개최된 제3회 International Conference on Critical Thinking and Educational Reform에서 발표되었다. 초기 버전은 1985년 3월에 샌프란시스코에서 열린 APA 태평양 지부 모임에서 발표되었다. 나는 이 논문에 사려 깊고 상세한 논평을 해준 것에 대해 앨더만(Harold Alderman)에게 감사를 표하고 싶다. 이 논문의 (2부를 독립적으로 제시한) 간략한 버전은 1985년 12월 워싱턴에서 열린 APA 동부 지부 모임의 AILACT 세션, 1986년 4월 Christopher Newport College Conference on Critical Thinking, 1986년 6월 International Conference on Argumentation in Amsterdam에서 발표되었다.
나는 여기서 본 논문의 다양한 버전의 여러 부분을 함께 논의해준 다음의 동료들과 학생들, 그리고 교사들이 준 값진 도움에 감사를 표하고 싶다. 앵거스(Ian Angus), 블룸퀴스트(Ron Bloomquist), 댄버스(Dennis Danvers), 데리다(Jacques Derrida), 존슨(Ralph Johnson), 롱가크르(Robert E. Longacre), 매코믹(Tom McCormick), 매켄지(Nancy McKenzie), 폴(Richard Paul), 피터슨(Susan Lynn Peterson), 파이크(Kenneth L. Pike), 포터(Thomas E. Porter), 리더(Harry Reeder), 그리고 리쾨르(Paul Ricoeur).

비판적 사고는 기법인가, 계몽의 수단인가 375

필자 소개

피터 엘보(Peter Elbow)는 University of Massachusetts at Amherst의 영문과 교수이다. 그는 글쓰기에 대한 세 권의 책 『교사 없는 글쓰기(*Writing Without Teachers*)』, 『힘 있는 글쓰기: 글쓰기 과정을 숙달하기 위한 기법들(*Writing With Power: Techniques for Mastering the Writing Process*)』, 『저자들의 공동체(*A Community of Writers*)』(교과서)를 집필하였고, 학습과 교육에 관한 논문집 『반대들 껴안기(*Embracing Contraries*)』의 저자이기도 하다. 또한 글쓰기와 교육에 관한 다수의 논문을 수록한 『초서에서의 대립들(*Oppositions in Chaucer*)』을 집필하였다. 그의 1990년 저작인 『영어란 무엇인가?(*What is English?*)』는 영어학계의 당면한 쟁점들에 대하여 논한다.

엘보는 「말하기와 글쓰기의 관계 전환하기(The Shifting Relationships Between Speech and Writing)」(in Conference on College Composition and Communication 36.2[October 1985])라는 논문으로 1986년 리처드 브래독 상(Richard Braddock Award)을 수상하였다.

그는 M.I.T., Franconia College, Evergreen State College, SUNY Stony Brook에서 가르쳤으며, 5년간 글쓰기 프로그램을 지도하였다. 또한 4년간 현대언어협회의 집행 위원회를 맡았고, 많은 대학에서 강연과 연수를 하였다.

엘보의 최근 관심사는 글쓰기에서의 목소리 개념, 학습과 사유와 글쓰기에서의 신체의 역할이다.

블라이스 맥비커 클린치(Blythe McVicker Clincy)는 Wellesley College의 심리학과 교수로서, 1949 클래스 윤리학 분야 의장직을 맡고 있으며, 연구 방법론 및 아동과 성인 발달학을 가르친다. 클린치는 Smith College에서 학사 학위를, New School에서 사회연구학으로 석사 학위를, Harvard University에서 박사 학위를 받았다. 그녀는 1986년 Basic Books에서 발간한 『여성들이 아는 방식들(*Women's Ways of Knowing*)』을 벨렝키(Mary Belenky), 골드버거(Nancy Goldberger), 타룰(Jill Tarule)과 공동으로 저술하였다. 그녀는 또한 유아기에서 성인기에 이르기까지의 남성과 여성의 지식, 진리, 가치 개념의 진화에 관한 논문들과 유치원에서 대학에 이르는 교육의 실천에서 이러한 발달이 함축하는 바에 관한 논문들도 출판하였다.

델로리스 갈로(Delores Gallo)는 University of Massachusetts at Boston의 비판적, 창의적 사고 대학원 과정의 부교수이다. (그녀는 1976년에 이 과정을 공동으로 설계하고 창립했다.) Harvard Graduate School of Education에서 박사 학위를 받기 전에는 자신이 다녔던 브루클린 시내 고등학교의 영어 교사였다. 그녀가 교사 교육 및 도심 학교에 미치는 영향력에 흥미를 느끼게 된 것은 바로 그곳에서였다. 대학원에서 수학한 이후 University of Massachusetts에서 자리를 잡으며 혁신적인, 학사 출신 예비 초등교사 교육과정을 10년간 설계하고 지휘하였고, 이 과정은 Carnegie and Holmes와 같은 다수의 현행 교육 보고서의 권고 사항들을 이미 담고 있다. 갈로는 (1994년) 현재 University of Massachusetts의 비판적, 창의적 사고 문학 석사 과정에서 문학과 예술의 특수 분야를 감독하고 있다. 또한 University of Massachusetts – Amherst Graduate School of Education 창의적 연구 박사 과정의 박사 과정 위원회에서 근무하면서, 교과 지도에 비판적 사고와 창의적 문제 풀이를 통합하는 방법을 학교에 제시하는 자문위원이다.

「창의성을 위한 교육(Educating for Creativity)」이 『사고하기: 한계 확장하기(*Thinking: The Expanding Frontier*)』(Franklin Institute Press, 1983)

에 수록되었고, 「미터법으로 사고하기(Think Metric)」가 『사고 기법 지도 (*Thinking Skills Instruction*)』(NEA, 1987)의 초청 논문으로 수록되었다.

케리 S. 월터스(Kerry S. Walters)는 Gettysburg College의 철학과 부교수이다. 그는 Marquette University와 University of Cincinnati에서 학위를 받았다. 월터스는 4권의 저서와 40편이 넘는 논문과 논평의 저자로, 비판적 사고 이외에 미국 지성사와 종교철학에도 관심이 있다.

앤 M. 필랜(Anne M. Phelan)은 University of Hawaii at Manoa의 교과 과정 및 지도 학과 조교수이다. 그녀는 교육과정과 교원교육 분야의 저술 및 연구 활동을 한다. 최근에는 다양한 사회적, 문화적 배경을 가진 학생과 교사들이 학교 문화와 관련하여 어떻게 자아감(a sense of themselves)을 형성하는지를 연구하고 있다. 그녀는 Hawaii School – University Partnership(HSUP)과의 공동 기획의 결과물인, 학교 기반 및 연구 기반 교사 교육 과정의 전임 요원이다. HSUP은 굿라드(John I. Goodlad)의 지도하에 설립된 교육 개혁 전국 네트워크의 한 기관이다.

제임스 W. 개리슨(James W. Garrison)은 Florida State University에서 심리학과 물리학 학사, 인문학 석사, 철학 박사 학위를 받았다. 그는 국립과학재단의 후원으로 물음 논리(erotetic logic)와 질의응답 논리를 연구하며 주니어 연구자로 2년간 박사후 연구를 하였다. 1985년에 Virginia Polytechnic Institute and State University's College of Education에서 강의를 시작하여 현재 교수직에 있다. 개리슨의 전공은 교육철학, 과학사, 과학철학, 수리논리학이며, 이 주제들에 대한 70편 이상의 학술 논문과 한 권의 저서를 발표하였고, (1994년) 현재 듀이(John Dewey)의 사회행동학과 의미론에 대한 단행본 분량의 원고를 작업 중이다.

존 E. 맥펙(John E. McPeck)은 University of Western Ontario의 사범대

교수이며, 전공 분야는 교육철학이다. 그는 『비판적 사고와 교육(*Critical Thinking and Education*)』(St. Martin's Press, 1981), 『비판적 사고 가르치기: 대화와 변증(*Teaching Critical Thinking: Dialogue and Dialectic*)』(Routledge, 1990)의 저자이다.

코니 미시머(Connie Missimer)는 『훌륭한 논증: 비판적 사고 입문(*Good Arguments: An Introduction to Critical Thinking*)』(Prentice-Hall)의 저자이다. 1974년부터 1985년까지 Los Medanos College 철학과 학과장을 역임하였다. 미시머는 이 책에 실린 논문 외에도, 주장에 대한 증거를 요구하는 대신 틀에 박힌 주장이라고 비난하는 전략의 위험성에 관한 논문을 발표한 바 있으며(*Proceedings of the Second International Conference on Argumentation*, Amsterdam, 1990), 정평이 나 있는 위대한 사상가들에 관한 역사적 증거에 기초하여, 비판적 사고를 위하여 특별한 능력이 필요하지 않다는 점을 논한 바 있다(*Informal Logic*, Fall, 1990). 그녀는 현대 비판적 사고론의 기저에 놓여 있는 이론적 가정들에 대한 연구를 수행하고 있으며, 동료 교수들을 위한 비판적 사고 워크숍뿐만 아니라 기업들의 사고 전략 세미나도 이끌고 있다. University of California at Berkeley에서 철학적 문학(philosophical literature)에 관한 연구로 석사 학위를 받았으며, 시애틀에서 남편과 딸과 함께 살고 있다.

칼 호스테틀러(Karl Hostetler)는 University of Nebraska-Lincoln, Teachers College의 조교수이다. 1976년 Dartmouth College에서 화학 학사 학위를 받고, 이후 Northwestern University에서 교육 기술 석사 학위를 받았다. 그는 Northwestern University에서 학업을 마친 후에는 시카고 지역에서 3학년과 6-8학년의 수학을 가르치기 시작하면서, 직업 교사로서의 그의 아버지의 좌절을 직접 목격하고 절대 들어서지 않겠다고 맹세했던, 교육자의 길에 들어섰다.

그는 1981년부터 1983년까지 베네수엘라의 영어 학교에서 수학을 가르쳤다. 이 시기의 말미에 Columbia University, Teachers College의 교육철학 박사 과정에 들어가 1987년에 박사 학위를 마쳤고, 같은 해에 University of Nebraska-Lincoln 교수가 되었다.

캐런 J. 워렌(Karen J. Warren)은 Macalester College in St. Paul, Minnesota의 철학과 부교수이다. 그녀는 윤리학, 환경윤리학, 여성주의(특히 생태 여성주의), 비판적 사고 분야의 논문들을 발표해왔다. 지난 20년간 대학교, 평생교육과정, 유치원에서 12학년에 이르는 과정 및 연방 교도소와 같은 다양한 곳에서 교사와 학생들에게 철학, 비판적 사고, 환경윤리학을 가르쳤고, 워크숍을 개최하였으며, 교육과정을 개발해왔다. 워렌은 생태 여성주의 철학의 첫 번째 문집인 『히파티야: 여성주의 철학지(Hypathia: A Feminist Journal of Philosophy)』(6.1: 1991)의 특별호 객원 편집자였고, Routledge 출판사의 환경철학 시리즈의 하나인 생태 여성주의 철학의 두 번째 논문집을 편집하고 있다. 또한 철학자 체니(Jim Cheney)와 함께 『생태 여성주의: 그것이 무엇이며 왜 문제인지에 대한 철학적 관점(Ecological Feminism: A Philosophical Perspective on What It Is and Why It Matters)』(Westview)의 집필을 끝내가고 있다. Prentice-Hall이 1992년 출판한 환경철학 교재의 생태 여성주의 부분의 특별 편집자이며, 미국철학협회(APA)의 『여성주의와 철학에 대한 소식지(Newsletter on Feminism and Philosophy)』 3편의 특별호인 "젠더, 이성, 그리고 합리성(Gender, Reason, and Rationality)"(88.2: 1989)과 "여성주의와 환경(Feminism and the Environment)"(Fall, 1991 and Spring, 1992)의 편집에 참여하였다. (1994년) 현재 철학자 캐디(Duane Cady)와 함께 여성주의와 평화를 다룬 특별호 『히파티야』(1994)와 미국철학협회 『여성주의와 철학에 대한 소식지』(1994)를 편집 중이다.

리처드 W. 폴(Richard W. Paul)은 Center for Critical Thinking의 감독이자, National Council for Excellence in Critical Thinking Instruction의 의

장이며, 미국과 전 세계 비판적 사고 운동의 주요 리더로 널리 알려져 있다. 폴은 지난 5년(1988-1993) 동안 비판적 사고에 관한 40여 편의 논문과 다섯 권의 책을 썼다. 그리고 모든 학년(초중고교와 대학교)에서 비판적 사고를 교육하는 방법에 관한 책을 쓰기도 했다. 그는 지난 14년 동안 정기적으로 비판적 사고를 가르쳤으며, 비판적 사고와 비판적 사고 이론을 발전시켰다. 폴은 유치원에서부터 고등학교에 이르는 교육기관에서 수백 번의 워크숍을 진행하였으며, 미국의 공영방송(PBS)에서 여덟 편에 이르는 비판적 사고 비디오 프로그램을 만들었다. 비판적 사고에 대한 폴의 견해들은 *The New York Times, Education Week, The Chronicle of Higher Education, American Teacher, Educational Leadership, Newsweek, U.S. News & World Report*, 그리고 *Reader's Digest*에 소개되었다. 폴은 미국에서 두 개의 회의와 국제적으로 아홉 개의 회의를 조직하였으며, Harvard, University of Chicago, University of Illinois, University of Amsterdam, Universities of Puerto Rico and Costa Rica을 비롯한 수많은 대학에서 강연자로 초빙되었을 뿐만 아니라, 미국의 모든 지역에서 비판적 사고 워크숍과 강연을 진행하였다. 폴은 State Department of Education in California에서 비판적 사고(K-12) 검사들에 사용된 비판적 사고 개념을 발전시키는 데 적극적인 도움을 주었으며, 글레이저(Edward M. Glaser)와 함께 Watson-Glaser Critical Thinking test를 개선하였다. 폴은 노시치(Gerald Nosich)와 함께 미국 교육성을 위한 중등학교 이후 단계의 비판적 사고에 대한 국제적인 평가 모델을 개발하였다.

폴 교수는 1987년 Council for Philosophical Studies가 수여한 "Distinguished Philosopher" 상과 1986년 Utah State University에서 수여한 O. C. Tanner Lecturer in Humanities 상, 1987년 University of Victoria에서 수여한 Lansdowne Visiting Scholar 상, 그리고 1987년 Institute for General Semantics에서 수여한 Alfred Korsybski Memorial Lecturer 상을 비롯한 수많은 훈장과 상을 받았다. 폴은 기조 연설자와 교직원 개발 리더로서 적극 추대되었다.

헨리 A. 지루(Henry A. Giroux)는 Pennsylvania State University에서 중
등교육 Waterbury 의장직을 맡고 있다. Rhode Island에서 고등학교 교사
를 양성하였으며, 비판적 교육학에 관한 그의 책은 전 세계적으로 잘 알려
져 있다. 지루는 해방 교육에 관한 저술들로 수많은 상을 수상했으며, 왕성
하게 활동하는 국제적 연설가이다. 지루는 『경계 넘기(*Border Crossings*)』
의 저자이다.

로라 두한 카플란(Laura Duhan Kaplan)은 University of North Carolina
at Charlotte의 철학과 조교수이자 여성학과 겸임 조교수이다. 카플란은 철
학 전공으로 1980년에 Brandeis University를 졸업하였으며, 1983년 Cam-
bridge College에서 석사 학위를, 1991년 Claremont Graduate School에서
철학과 교육학 박사 학위를 취득하였다. 출판된 그녀의 저술들 가운데 대
표작으로는 이 책에 실린 「지적 자율성 가르치기: 비판적 사고 운동의 실
패(Teaching Intellectual Autonomy: The Failure of the Critical Thinking
Movement)」와 「영웅으로서의 철학자(The Philosopher as Hero)」(『교육철
학(*Teaching Philosophy*)』, 1990)가 있다. 카플란은 (1994년) 현재 『태풍
의 눈에서: 철학자들, 지역 분쟁에서의 국가주의와 군국주의를 검토하다(*In
the Eye of the Storm: Philosophers Examine Nationalism and Militarism
in Regional Conflicts*)』를 공동 편집 중이다. 카플란은 교육철학과 여성주
의 철학을 전공하였지만, 대륙 철학, 특히 해석학에도 관심이 있다. 카플란
은 종종 자신이 왜 예술가를 진로로 선택하지 않았는지 궁금해할 정도로
춤, 그림 그리기, 그리고 시 쓰기를 즐긴다. 그녀가 쓴 시들 가운데 대표작
으로는 1986년 『미국 무신론자(*American Atheist*)』에 수록된 「진리와 경
험 또는 비글의 꼬리(Truth and Experience or the Beagle's Tail)」와 1992
년 『평화를 염려하는 철학자들의 소식지(*Concerned Philosophers for
Peace Newsletter*)』에 실린 「나는 벼룩을 해치고 싶지 않아(I Wouldn't
Hurt a Flea)」가 있다.

토머스 H. 워렌(Thomas H. Warren)은 1961년에 University of California at Berkeley에서 학사 학위를, 1973년에 University of California at Santa Barbara에서 철학 박사 학위를 받았다. 워렌은 정치 이론과 철학에 중점을 둔 정치학으로 이 두 학위를 받았다. 워렌의 주된 관심은 도덕철학과 정치 철학 그리고 심리철학이다. 그의 최근 논문들은 『철학사 저널(*Journal of the History of Philosophy*)』과 『교육 철학: 회보(*Philosophy of Education: Proceedings*)』에 실려 있다. 워렌은 (1994년) 현재 사고와 도덕적 이해 사이의 관계를 연구하고 있다.

레노어 랑스도르프(Lenore Langsdorf)는 1977년 SUNY Stony Brook에서 철학 박사 학위를 받고, (1994년) 현재 Southern Illinois University에서 담화 소통 학과의 조교수로 있다. 그녀의 연구는 논증, 문화와 수사학 이론에 중점을 두고 있다. 랑스도르프는 해석학적 현상학을 지향하고 있으며, 미국 실용주의와 과정철학에서 크게 영향을 받았다.

랑스도르프 교수는 『비판적 전회: 포스트모던 담론에서의 철학과 수사학(*The Critical Turn: Philosophy and Rhetoric in Postmodern Discourse*)』과 『실용주의의 목소리를 되살리기: 고전적 전통, 로티 그리고 커뮤니케이션 철학(*Recovering Pragmatism's Voice: The Classical Tradition, Rorty, and the Philosophy of Communication*)』의 공동 편집자이다. 또한 현상학적 문제들과 일상적 삶의 커뮤니케이션 철학에 관하여 수많은 논문들을 썼으며, 『합리성의 화신으로서의 매체: 커뮤니케이션 실행학에 관한 시론(*Media as Embodiment of Rationality: An Essay in the Praxiology of Communication*)』이라는 책을 썼다.

384

찾아보기

애덜슨(Addelson, Kathryn) 246-248, 265

앵거스(Angus, Ian) 344-350, 358, 368-371

업다이크(Updike, John) 151-153

에니스(Ennis, Robert) 5, 26-29, 44, 112, 164, 238, 325, 330

역동적 객관성 45, 142

역할 맡기 82, 83, 98-103

왓슨-글레이저 비판적 사고 평가 169-174

울프(Wolff, Mary Anne) 251

워즈워스(Wordsworth, William) 95

웨들(Weddle, Perry) 164

웨인스타인(Weinstein, Mark) 6, 7

『위기에 처한 국가』 20

윈치(Winch, Peter) 224

이성 82-89; ー과 정당성 계산 110-117; ー과 정서 87-89

ㅈ

자닉(Janik, Allan) 316

자유로운 글쓰기 51, 55, 56

재거(Jaggar, Alison) 257, 262

제임스(James, P. D.) 201

제임스(James, Henry) 96, 97

제임슨(Jameson, Fredric) 301

제퍼슨(Jefferson, Thomas) 180, 181

직관 117, 121-125

ㅊ

창의적 사고 84, 94-98, 101; ー와 과학 124-125; ー와 발견양상 117-125; 연
    계판단으로서의 ー 69-75, 143-146; 1차 사고로서의 ー 51-56

추리 대 사고 328-331

ㅋ

칸(Kahane, Howard) 164, 314, 315

칸트(Kant, Immanuel) 214-216, 358

커피스(Kurfiss, Joanne) 22, 111

역자 약력

김광수 서울대학교 철학과 학사. 캘리포니아대학교(샌타바버라) 철학 석사 및 박사. 비판적사고연구소 소장, 한신대학교 철학과 교수 역임. 철학연구회 회장 역임. 저서 : 『논리와 비판적 사고』, 『비판적 사고론』, 『마음의 철학』, 『철학하는 인간』 등.

박미영 한신대학교 철학과 학사, 석사. 이화여자대학교 철학과 박사과정 수료. 생명윤리정책연구소 연구원 역임. 한신대학교 외래 교수. 비판적사고연구소 연구원.

신혜운 한신대학교 철학과 학사, 석사. 비판적사고연구소 연구원.

유원실 한신대학교 철학과 학사. 이화여자대학교 철학과 석사, 박사과정 수료. 비판적사고연구소 연구원.

창의적 비판적 사고

1판 1쇄 인쇄	2018년 6월 25일
1판 1쇄 발행	2018년 6월 30일

엮은이	케리 S. 월터스
옮긴이	김광수 · 박미영 · 신혜운 · 유원실
발행인	전춘호
발행처	철학과현실사
출판등록	1987년 12월 15일 제300-1987-36호

서울특별시 종로구 동숭동 1-45
전화번호 579-5908
팩시밀리 572-2830

ISBN 978-89-7775-810-0   93170
값 20,000원